1000 VINOS
de todo el mundo

1000 VINOS
de todo el mundo

© Naumann & Göbel Verlagsgesellschaft mbH de
VEMAG Verlags- und Medien Aktiengesellschaft, Colonia
www.apollo-intermedia.de

Traducción: Concha Dueso Ruberte para Equipo de Edición S.L., Barcelona
Redacción y maquetación: Equipo de Edición S.L., Barcelona

Producción completa: Naumann & Göbel Verlagsgesellschaft mbH, Colonia
Impreso en Polonia

ISBN 3-625-10838-0

El mundo del vino

Tomar un vaso de vino vuelve a ser una buena costumbre en todo el mundo. Hasta hace unos diez años la demanda de vino había descendido a nivel mundial. En los países productores clásicos –España, Francia e Italia–, el consumo disminuyó a la mitad. Sin embargo, hoy día el vino ha recuperado el protagonismo en las mesas de la mayoría de países europeos. Así mismo, en EE UU también aumenta el consumo y en Extremo Oriente crecen las capas sociales sibaritas de gustos occidentales.

Los viticultores europeos producen menos cantidad de vino con el fin de aumentar la calidad, y esta disminución ha despertado de nuevo la competividad del Nuevo Mundo. En 1995 se podía oír en Australia que las superficies de cultivo se habrían de duplicar en diez años. Hoy día, los viticultores de las antípodas se ajustan exactamente a su calendario. Muy cerca de allí, Nueva Zelanda, donde hasta hace 30 años apenas existían vides, se está convirtiendo en un país productor de vino al que hay que tomar muy en serio. En Chile y Sudáfrica cada vez son más las extensiones de terreno que se dedican a la viticultura, y lo cierto es que el producto resultante sabe muy bien.

La intención de este libro es tratar la diversidad del vino. El deseo que recorre todos sus capítulos, como si de un *leitmotiv* se tratara, es convertir este maravilloso producto de consumo en algo accesible, de manera que un vino de Borgoña y uno de Burgenland, uno de Franconia y uno de Friuli, o un vino de Navarra y uno de Naoussa se puedan distinguir sólo por su aroma. El disfrute del vino requiere conocimiento y las siguientes páginas quieren contribuir a ello.

* A su salud
Peter Paul Falkenstein

Índice

La elaboración del vino

Por las rutas del vino

Francia

Alemania

Italia

Índice

La elaboración del vino

*En las siguientes páginas se habla de
cosas que usted seguramente no podía
soportar en el colegio: de botánica,
biología, geología y química. Estas
materias tan arduas se llenan de vida
cuando entablan relación con el vino.
Se trata de crear un buen caldo, desde
el brote de la vid hasta la cosecha,
del lagar hasta el embotellado.
Dispóngase a disfrutar de esta lectura
acompañado de una buena copa de vino
y pasee mentalmente por los viñedos,
descubra las bodegas más importantes
y conozca a viticultores expertos.
Al final, no sólo habrá saboreado
el vino, también habrá empezado
a comprenderlo y a saber disfrutar
de él con entendimiento.*

En el viñedo

Hoy en día los viticultores son más conscientes del medio ambiente y cuidan la naturaleza aún más de lo que lo hicieron sus padres.

Para la vid, el año comienza en agosto. Para entonces ha concluido el crecimiento de la cepa. Su tronco, retoños y follaje ya se han formado y llega el momento de prepararse para el futuro. La savia se destina ahora a los frutos, se almacena en el tronco como reserva y en los tallos de las hojas brotan los primeros vástagos, cada uno de ellos con capacidad para producir nuevos retoños que darán a su vez dos o tres racimos respectivamente. Se trata de una fuerza genética procedente de tiempos primitivos, cuando la vid era una planta liásica y tenía que competir con los árboles por la luz de las alturas. Hace mucho tiempo que ha pasado a ser una planta de cultivo destinada a proporcionar sabrosas uvas. Pero si hoy en día se la dejase a su albedrío y pudiera crecer sin cortapisas no tendría más que tres, como mucho cuatro años de vida, pues su propio crecimiento la asfixiaría. Si el viticultor quiere mantener la vid sana, tiene que frenar su crecimiento y podarla intensamente en las últimas semanas del invierno. A finales del verano ya puede deducir como va a ser la cosecha del otoño siguiente.

El agosto tiene que ser cálido y soleado, aunque algún pequeño chaparrón tampoco resulta perjudicial, así la cepa puede almacenar abundantes sustancias nutritivas para la próxima estación, lo que básicamente tiene como consecuencia una mayor fertilidad. Como es natural, en esta estimación previa hay algunos imponderables, por ejemplo una cruda helada o un tiempo frío y húmedo durante el mes de junio que estropee la floración.

Pese a todo, a la hora de podar en primavera el buen viticultor tendrá en cuenta la tendencia de la planta a crecer desmedidamente y hará un uso enérgico de la podadera.

Menos uvas dan mejor vino

Agosto es el mes más tranquilo para el viticultor. Ya no puede fumigar más para evitar que a la hora de la vendimia quede ningún tipo de residuo sobre las uvas. Labrar a finales del verano tampoco tiene sentido. Así pues, se puede dejar que el viñedo siga su curso natural. Los viticultores con altas aspiraciones de calidad se contentan con salir, cortar los racimitos superfluos y dejarlos caer al suelo. Se trata de una cuenta sencilla: la vid sólo puede elaborar azúcar y absorber extractos de la tierra hasta un cierto punto. Cuantas menos uvas cuelguen de ella, más se concentrará la fuerza de la cepa en los frutos restantes; finalmente el vino será más maduro y tendrá más sustancia. Además, las vides que no tienen que dar tanto fruto tienen una vida más larga. En consecuencia, el viticultor puede ahora descansar, hacer mejoras en la finca o, por fin, viajar un poco, visitar colegas en el extranjero y aprender de ellos. Debido a este periodo de tranquilidad la mayoría de las fiestas de la vendimia tienen lugar en agosto, una oportunidad estupenda para vaciar la bodega... y con la ventaja de un clima estable.

Ahora se mide el azúcar

En septiembre el viticultor se prepara para la vendimia, limpia los tanques y cubas, examina la prensa grande, engrasa el tractor y cuenta las podaderas. En estas semanas visita el viñedo regularmente para observar el estado de las uvas y exprime el jugo de algunos granos sueltos sobre el espejo del refractómetro, un pequeño aparato en forma de tubo que mediante la refracción de la luz mide el contenido en azúcar. En el mundo se usan diferentes escalas. En España y Francia se mide según el grado Baumé, en EE UU y Australia, según Brix y en Austria se emplea el nivel de mosto de Klosterneuburg (KMW). Todos estos valores indican el grado de alcohol que se puede esperar. En Alemania se determina el peso del azúcar contenido en las uvas. Como unidad de medida se usa el grado Öchsle, que recibe su nombre de Ferdinad Öchsle, un recolector de trufas de Pforzheim. Como hoy en día se prefieren los vinos frutales a los fuertes, el viticultor controla también la acidez de la uva. En caso de duda, hoy se vendimia mucho más pronto que hace 20 años.

Los viticultores experimentan el cambio climático

Septiembre y octubre, unos meses llenos de colores brillantes y aromas embriagadores, son también para los viticultores una época dura y tensa, al tiempo que satisfactoria y feliz: comienza la vendimia. En el Mediterráneo se empieza ya a cosechar en parte durante el mes de agosto.

Hasta no hace mucho tiempo –hacia finales de la década de los ochenta– octubre pasa-

El refractómetro proporciona información fiable sobre el grado de madurez de las uvas.

La elaboración del vino

ba por ser un mes de tiempo suave y especialmente estable. Sin embargo, últimamente se suele caracterizar por las lluvias tras unos veranos calurosos y demasiado secos. Los viticultores pueden confirmar este hecho, el cual complica aún más las cosechas ya que obliga a tomar decisiones rápidas sobre cúando y con qué viñedo se debería comenzar.

En el caso de las calidades sencillas la cosechadora constituye una ayuda muy importante. Es un armatoste traqueteante que se mueve ágilmente entre las vides incluso por la noche y que mediante barras horizontales de plástico va azotando las cepas de manera que los racimos maduros caen mientras que los verdes con los tallos todavía duros permanecen colgando. Las máquinas se han perfeccionado y trabajan cincuenta veces más rápido que las personas y casi con la misma fiabilidad. Cuando se trata de salvar grandes cantidades de la lluvia, los monstruos de acero no tienen rival. Sin embargo para los trabajos delicados sigue siendo necesaria la mano de obra. El viticultor hace cosechar varias veces el viñedo que le resulta interesante, eliminando en primer lugar las uvas podridas para que las sanas sigan madurando y puedan reunir más concentración de azúcar. También es posible lo contrario, es decir, que se deje en la vid todo lo que haya sido ya afectado por la *Botrytis cinerea*, la pelusilla de un hongo diminuto que extrae el agua de las uvas provocando la concentración del zumo.

Catedráticos en la vendimia

El trabajo de la vendimia es un placer báquico. El viticultor se puede sentir satisfecho si en el pueblo todavía hay unas cuantas mujeres mayores que se quieran ganar unos cuantos euros. A veces ayudan también los clientes, que de esta manera entablan una relación especialmente íntima con el vino. Si no es así, los viticultores se ven obligados a depender de los trabajadores eventuales. Los portugueses se han hecho imprescindibles en Francia, mientras que en Alemania son los polacos quienes cosechan habitualmente. Entre ellos hay personas muy cualificadas por lo que a estudios académicos se refiere, incluso catedráticos a quienes los precarios salarios de sus países de origen apenas les alcanzan para vivir. Mientras los vendimiadores cortan la uva aplicadamente, sucede a menudo que el viticultor no sabe por dónde empezar. En caso de duda opta por permanecer en el lagar y en la bodega. La cosecha tiene que realizarse con rapidez, cuidado y sobre todo con limpieza. Una regla del maestro bodeguero dice así: si el vino tiene un defecto hay que buscar la causa en el viñedo.

En noviembre los viñedos hibernan. Sólo en casos aislados los viticultores dejan racimos sin recolectar, empeñados en conseguir especialidades dulces, que se realizan a partir de uvas pasificadas, o vinos de hielo (*eisweine*), que se obtienen cosechando las uvas a más de siete grados bajo cero.

En noviembre se abonan los viñedos, aunque hoy en día ya no se hace con la intensidad de hace veinte años, cuando lo que se buscaba era el crecimiento desenfrenado. Los rociados ricos en nitrógeno de antaño están prohibidos hoy en día, porque una gran parte de ellos acababa desperdiciada en la capa freática. Hoy se utiliza más masa orgánica a partir de humus, compost, paja y fiemo aunque suponga mucho trabajo. Los viticultores prudentes hace tiempo que han reconocido que la vid sobreabonada es tan proclive a las enfermedades como la gente que come demasiado.

Cepas centenarias

Noviembre es también el momento de roturar parcelas demasiado envejecidas. Se considera que las vides van dando mejores

vinos con el paso de los años, pero llegado cierto momento dan tan pocas uvas que dejan de rendir económicamente. Las fértiles variedades tempranas como la müllerthurgau se mantienen como mucho 25 años. Una cepa de riesling, que tiene menos crecimiento, puede alcanzar los 50 ó 60 años. En el Mediterráneo, donde las vides dan menos fruto o, mejor dicho, donde se les exige menos, hay cepas centenarias, nudosas y azotadas por todos los vientos. En la actualidad las vides se mantienen más tiempo que en los años setenta también por razones económicas, ya que plantar un viñedo nuevo es muy costoso desde el punto de vista económico. Por lo demás, en noviembre el viticultor tiene mucho que hacer en la bodega. Ha de vigilar constantemente los barriles y tanques en los que no cesa de burbujear. Se desprende el ácido carbónico procedente de la fermentación, con los peligros que entraña: cada año se da el caso de algún viticultor imprudente que se asfixia en la bodega.

La «educación» de una cepa

En diciembre comienza uno de los trabajos más duros para el viticultor: la poda, que se prolonga hasta marzo y puede tener malas consecuencias para la articulación de la muñeca. Al viticultor no le gusta confiar la poda de la cepa a nadie, aunque es un trabajo que requiere mucho tiempo: hay que calcular dos minutos largos por vid. Al podar, el viticultor determina el crecimiento de la vid y su producción, cuenta los vástagos que se han formado en el agosto pasado y, si es sensato y da más valor a la calidad que a la cantidad, concluye que tres, cinco u ocho por vid ya es suficiente. Cada uno de esos vástagos aporta un nuevo retoño. Quien corte uno de ellos con un bisturí y lo observe bajo el microcospio podrá ver la estructura ya concluida de la nueva rama con todos sus racimos y pámpanos. En enero y febrero el viticultor va y viene sin cesar entre la bodega, en la que ya se trasiegan los primeros vinos de la nueva añada, y el viñedo, en el que parece que la poda no va a terminar nunca. Tiene que mejorar y tensar las espalderas de alambre, a cada una de las cuales se atará una fila de cepas, para formar después un emparrado. Hoy en día, esta forma de «educación» es habitual en

todo el mundo. Sólo en las empinadas laderas del Mosela y en el estrecho valle del Rin las cepas trepan por postes desde tiempos remotos. Allí el viticultor suele dejar al podar dos sarmientos que después se doblan en arco formando una especie de corazón. En el caluroso sur, a orillas del Mediterráneo, donde apenas llueve en verano, las cepas crecen formando arbustos bajos, dándose sombra a sí mismas y absorbiendo ávidamente todo el rocío que se acumula bajo ellas. Una vez que el viticultor ha terminado con la poda hay que sujetar a las espalderas las ramas que se han dejado. Por tradición, esta tarea la realizan las mujeres, que prefieren salir con la lluvia, pues entonces los sarmientos se dejan doblar más fácilmente. Según la costumbre, para Pascua tiene que estar terminado el trabajo.

La ideología verde al cuidado del viñedo

En abril se trozan los sarmientos cortados y se dejan en el viñedo como abono natural. Las cepas comienzan a echar hojas para crecer exhuberantemente en mayo, el mes de las flores, con la humedad del invierno todavía en el suelo y recibiendo ya por arriba el calor y la luz radiante. El viticultor se

13

las ve y se las desea para controlar el crecimiento. Se tiene que agachar continuamente para quebrar los chupones, brotes inútiles del tronco de la cepa, y volverse a estirar una y otra vez para sujetar a los alambres las ramas que proliferan. Con la flora se multiplica también la fauna. El viñedo zumba y bulle. Entre los animalitos los hay también nocivos a los que no obstante el viticultor se enfrenta con más calma de lo que lo hacía su padre, quien echaba mano de la artillería química antes incluso de avistar al enemigo. El hijo ha aprendido que también crecen animales benéficos (avispas, arañas, crisopas, mariquitas, gamasidas) que mantienen a raya a los perjudiciales y es muy avaro a la hora de emplear insecticidas, de hecho algunos años ni siquiera los utiliza. Un método ocurrente de eliminar la oruga de la vid, parásito extremadamente dañino, son las feromonas: pequeñas ampollas que expanden la sustancia olorosa sexual de las hembras. Los machos, completamente confundidos, no encuentan a sus compañeras y así no tienen descendencia. Si se observa retrospectivamente el volumen de negocio de los comerciantes de productos destinados a la agricultura en los pueblos vinícolas se puede comprobar que la demanda de abonos y productos de fumigación se ha reducido en más de la mitad respecto a 1975. La ideología verde está muy extendida entre los viticultores jóvenes. Por el modo en que emplean los herbicidas muchos de ellos podrían pertenecer a asociaciones ecologistas como Nature et Progrès o Ecovin. Sin embargo, no ingresan en ellas porque ven en este acto una forma de definición política (lo que no es cierto) y desean reservarse la posibilidad de echar mano del veneno definitivo en caso de extrema necesidad, por ejemplo, si la araña roja se multiplica rápidamente, o el mildíu

cubre el viñedo con su sucio gris. Pero única y exclusivamente en este caso.

En mayo el viticultor plantará el viñedo nuevo y trabajará el suelo, lo que hoy ya no es tan laborioso como en tiempos, pues lo que predomina en la actualidad es el verdor. Entre las cepas se deja crecer plantas, especialmente diente de león y llantén cuyas raíces esponjan el suelo. Hay viñedos, y no sólo de viticultores ecologistas, donde las vides crecen sobre un prado y se crían estupendamente. De todas formas, los suelos verdes tan «razonables» desde todo punto de vista son un invento típicamente alemán que en la actualidad se emplea también en otros países productores.

El clima de junio es decisivo

Segunda mitad de junio: un fino olor dulzón cubre el viñedo. Tiene lugar la floración. Es el momento en el que la naturaleza determina cómo será la próxima cosecha. Si predomina el tiempo cálido con brisas ligeras, las diminutas flores blancas serán polinizadas rápidamente y habrá muchos racimos. Si hace frío y llueve, las cepas padecen el corrimiento de la flor, es decir, pierden la flor, que cae sin haber sido fertilizada y al viticultor sólo le queda la esperanza. En julio despunta la vid y se podan las puntas de los sarmientos para combatir las temidas enfermedades causadas por hongos como el oídio y la peronospora. Hoy en día hay en los viñedos unos aparatos medidores muy fiables que avisan cuando acecha el peligro, para que no haga falta fumigar innecesariamente. Los granitos de uva han alcanzado ya el tamaño de un guisante y se inclinan. En julio las cepas comienzan a almacenar sustancias de reserva para el año que viene. El ciclo anual de la vid termina.

Pendientes: donde el sol sólo llega en vertical

En Karden, a orillas del Mosela; en Kaub, junto al Rin; en Norheim, en la ribera del Nahe, o en Nackenheim, en el Hesse Renano, se abonan los mejores viñedos.

Se trata de laderas empinadas, la mayoría orientada hacia el sur y cubiertas de un suelo enriquecido con minerales. En verano revolotean allí tantas mariposas como sólo se encuentran en el Mediterráneo. Cuando en otoño los atardeceres se vuelven más cortos, el sol todavía brilla en estas montañas mientras que el valle hace tiempo que está a oscuras, y esta última luz es decisiva para conseguir un buen vino. En invierno la nieve se derrite en primer lugar en los viñedos privilegiados. En semejantes emplazamientos hay grandiosas plantaciones de riesling y, sin embargo, ningún viñador se apiada de las pendientes porque el trabajo y el beneficio que se obtiene no mantienen una buena relación. El trabajo es tan ímprobo como en la alta montaña y rápidamente se alcanzan los 60°C. E incluso si algún joven y ambicioso viticultor estuviera dispuesto a volver a convertir en un viñedo el terreno asilvestrado, no podría hacerlo. Esos eriales permanecen en su mayoría inutilizados desde hace más de cien años y la legislación de la CE prohíbe la replantación, porque Europa ya de por sí se ahoga en vino.

Casi la totalidad de los viñedos aterrazados de Alemania que se encuentran a alturas vertiginosas se ha conservado, y por los vinos que se obtienen allí con un gran esfuerzo se puede pedir un precio bastante más elevado que por aquellos fácilmente vendimiados en el llano. El trabajo en las pendientes está subvencionado (a partir de los 30 grados de inclinación) y se conceden ayudas para construir muros de contención o para instalar trenecillos-cremallera. Es justo que sea así, porque, por poner un ejemplo, sin viñedos como el Leiwener Laurentiuslay o el Zeltinger Sonnenuhr, el Mosela estaría tan muerto como una cerilla quemada.

Lo mejor se produce en años frescos

Un antiguo dicho reza: «Donde el arado pueda labrar, ninguna viña ha de estar». La razón más importante para esta regla era por supuesto la necesidad de asegurar el abasto de alimentos. Entonces no había productos fitosanitarios, ni siquiera los ricos abonos, ni las fértiles semillas de que disponen hoy en día los agricultores. Cada metro del valle se necesitaba para los cultivos agrícolas. La vieja norma implica también que en la ladera pendiente es donde

crecen los mejores vinos. Allí da el sol en vertical; la lluvia corre veloz; como los suelos son casi siempre pobres y se secan rápidamente, las vides se ven obligadas a enraizar muy profundamente para obtener de inextricables grietas de la roca muchos minerales que absorben con la humedad. Los viñedos empinados dan los mejores vinos en los años frescos. Sin embargo, en los últimos veranos calurosos las cepas de las montañas han sufrido mucho con la sequía, su crecimiento se ha detenido y como consecuencia las uvas no han podido madurar. A pesar del abundante sol, el mosto ha tenido que ser enriquecido con azúcar, mientras que en los llanos que han permanecido húmedos se han vendimiado magníficas cosechas de *spätlese* (uvas tardías con alto contenido de azúcar) y *auslese* (racimos seleccionados por su avanzada maduración). En cambio, un año más tarde, los vinos de las pendientes que parecían tan insuficientes resultaron mucho más finos y refinados. Los vinos maduros de los llanos tenían más grados Öchsle, pero ya se sabe que estos grados no constituyen la característica más decisiva para determinar la calidad, aunque la única pauta de la ley enológica alemana sea la glucosa y el alcohol resultante. En contrapartida la riesling de la pendiente desprendía más fragancia, permanecía más tiempo en la lengua y satisfacía con su gama de aromas. Pero expresar semejantes pequeños prodigios en gramos y grados resulta muy difícil.

Clases de vid

La vid tiene 80 millones de años y presenta más de 5000 variedades.

Hubo décadas en las que se creó una avalancha de nuevas variedades con objeto de producir vides que hicieran alarde de gran madurez, aunque en agosto lloviera continuamente y en octubre ya hubiera nevado. Pero en la actualidad cada vez son más los consumidores y también los viticultores que dan la espalda a esos cruces sin contenido. En Alemania, por ejemplo, sólo tres variedades se podrán exceptuar: la scheurebe, con marcado sabor a grosella, y la huxelrebe, con la que se elaboran magníficos vinos de *beerenauslese* (de uvas sobremaduradas y calidad superior). A estas hay que añadir la dornfelder, con un claro sabor a arándanos,

que en estos momentos goza de una impetuosa popularidad tanto entre los consumidores como entre los viticultores. Con esta variedad se pueden elaborar aceptables tintos incluso con cosechas de mucho rendimiento y en viñedos de baja calidad.

Por lo demás, ni siquiera la kerner, que sigue ocupando el cuarto puesto entre las vides alemanas, tiene futuro. Este cruce de uvas tintas y blancas no es más que una deplorable imitación de la riesling y además siempre proclive a las enfermedades. En la actualidad, los botánicos honestos que ocupan puestos oficiales se dedican sobre todo de mejorar el material de las variedades clásicas, un trabajo razonable. Algunos investigadores se han empeñado en una tarea temeraria: cruzan variedades clásicas con vides primitivas de probada salud que aún se encuentran en Misisipí y en Amur, cuyas uvas, no obstante, tienen un sabor horrible. La meta, todavía muy lejana, es criar una cepa que sólo reúna las buenas cualidades de ambas, a saber: buen sabor y robustez. Pero ocupémonos ahora de las clásicas.

La **cabernet sauvignon** ya se conocía en la antigüedad como biturica. Su patria es Burdeos, desde donde se extendió por todo el mundo, desde El Cabo hasta California y desde Australia hasta Argentina. Cuando es joven, el tinto de cabernet sauvignon tiene un sabor áspero y amargo acentuado por el tanino y huele a pimiento verde cuando madura poco. En cambio, si madura bien presenta una multiplicidad de aromas a bayas negras, y a menudo recuerda al regaliz. Raramente se ofrece la variedad sola, casi siempre se mezcla con merlot y syrah.

La **chardonnay**, actualmente de moda en todo el mundo, está emparentada con la burgunder gris y blanca. Es típico su sabor a nueces. Esta variedad crece bien en California y aún mejor en Australia, pero donde mejor resultado da es en su patria, Borgoña. ¿Quién sabe que las grandes cosechas de Borgoña como chablis o montrachet son vinos de chardonnay?

La **chenin blanc**, la uva blanca más importante del Loira produce allí vinos agradablemente frutales que resultan en parte longevos. Los californianos suelen hacer con ella un vino de mesa sin pretensiones. Los australianos la tratan mejor. La variedad recibe también el nombre de pinau de la Loire. En Sudáfrica la llaman steen.

En 1711, el comerciante Johann Seger Ruland, natural de Speyer, descubrió en un viñedo asilvestrado la **grauburgunder** o borgoña gris, seguramente una mutación de la spätburgunder roja. Con el nombre de ruländer la uva encontró su hogar en Kaiserstuhl, donde propocionaba un espeso bebedizo de color amarillo dorado que fue muy apreciado durante mucho tiempo. Cuando este tipo pasó de moda, los viticultores comenzaron a cosechar antes, el vino se volvió más freco y más ácido, y la uva pasó a conocerse por su nombre botánico, grauburgunder. El pinot grigio de Friuli y el pinot gris de Alsacia son la misma cosa.

La **garnacha** está muy extendida en su patria, España. En plena madurez, la uva tinta proporciona un vino espeso, a menudo demasiado suave, apropiado para mezclar con tempranillo en la Rioja o con syrah en el Ródano. El mejor producto de la garnacha son los rosados.

La elaboración del vino

Merlot

Müller-Thurgau

La **lemberger** es la mejor variedad tinta de Württemberg y da, cuando sale bien, un vino suave y agradablemente lleno de tanino. El vino de lemberger (también llamado limburger) resulta mejor como blaufränkisch en Burgenland y en la región vienesa.

La **merlot** tiene un sabor suave, con matices a ciruela. Cuando está sobremadurada recuerda al chocolate amargo. La merlot proporciona su mejor resultado mezclada con cabernet sauvignon. En Sudáfrica, Argentina y sobre todo en el Tesino se elabora también sola y últimamente se han obtenido unos resultados excelentes.

Müller-Thurgau: las uvas que usó el profesor Hermann Müller de Thurgau hace más de cien años para cruzar esta variedad blanca constituyeron durante mucho tiempo su secreto. Fueron riesling y chasselas. La müller-thurgau, llamada erróneamente rivaner (no tiene nada que ver con la silvaner), es la segunda variedad de Alemania y debido a su incontrolabe fertilidad supone un problema político-enológico. Cuando la vid rinde poco proporciona un vino ligero y fresco con un leve aroma a nuez moscada. Sus mejores ubicaciones son Steigerwald, Tauber, el lago Constanza y el Trentino.

La fértil variedad tinta **portuguieser** no procede de Portugal sino de Austria-Hungría. Suele propocionar un vino claro y maduro que recuerda a los arándanos.

La **reisling** es una hija del norte de maduración tardía que no soporta demasiado calor pero ama los últimos soles de otoño. Sus mejores emplazamientos son las laderas empinadas de pizarra a orillas del Rin y el Mosela, el Sarre, Ruwer y Nahe. Son típicos sus ácidos intensos y su fragancia a melocotón, que también puede recordar a los albaricoques cuando alcanza un alto nivel de madurez. Más hacia el sur, en el Hesse Renano, Franconia, Baden y Alsacia se convierte en la variedad estrella de Alemania y se torna algo recia. Existen dos excepciones: las uvas que se recolectan en Ortenau, en la región de Baden, y en Wachau proporcionan unos vinos riesling sumamente elegantes. La welschriesling austriaca es otra variedad que resulta diferente por completo.

La uva tinta mejor y más extendida de Italia, la **sangiovese**, es una estrella especialmente en la Toscana, donde proporciona al chianti su típico sabor a cereza. Hay muchas variedades, como la brunello de Montalcino y la montepulciano de los valles de los Abruzos.

Sauvignon blanc: como la hermana blanca de la cabernet sauvignon, es cosmopolita y se encuentra como en casa en cualquier rincón del mundo. Esta variedad proporciona los mejores vinos en Graves, en la zona de Burdeos, y en Sancerre, a orillas del Loira. También en el valle de Constantia, junto a Ciudad del Cabo, y en Nueva Zelanda. Cuando el vino sauvignon no madura completamente tiene a menudo un llamativo aroma a uva espina.

Hasta hace 50 años la **silvaner** era la principal variedad de Alemania, pero entonces se

la hacía producir en masa y proporcionaba un vino muy arisco. Despúes fue sustituida por la müller-thurgau. Ahora esta variedad blanca de sabor neutro, que refleja claramente el suelo en el que crece, vuelve a cobrar actualidad. Sus mejores emplazamientos son: Franconia, el Hesse Renano y el norte de Alsacia.

Pinot noir: la matriarca de la gran familia pinot (más de cien variedades) ya era conocida en la antigüedad con el nombre de allobroga. En su patria borgoñona proporciona sin lugar a dudas los tintos más elegantes y afrutados, considerados los mejores del mundo. Se aclimata prácticamente en todas partes, tanto en el suelo de pizarra como en el de arcilla.

Fueron probablemente los marinos fenicios quienes llevaron al sur de Francia la **syrah**, la uva más antigua del mundo. Su nombre procede de la ciudad persa Shiraz. Este es también el nombre que recibe la variedad tinta en Australia, donde elaborada pura suele proporcionar magníficos vinos. En el Ródano está considerada la mejor vid, pero se la suele mezclar con variedades más suaves como la garnacha o la carignan.

La **tempranillo** es la uva mejor y más extendida de la península Ibérica y como su nombre indica madura antes que las demás variedades. No obstante, proporciona un vino tinto sólido, que se desarrolla lentamente y posee un claro sabor a grosellas. Antaño se la mezclaba siempre con garnacha, pero hoy en día se elabora cada vez más pura. Se le llama también: ull de llebre, cencibel, tinta del país y tinta roriz (en Portugal).

Traminer: el perfume a rosas silvestres es tan seductor que los viticultores europeos permanecen fieles a esta caprichosa variedad blanca que con frecuencia apenas da fruto. Su patria es probablemente el Tirol Meridional. La variedad gewürztraminer, algo más fragante, es toda una estrella en Alsacia.

La uva blanca más extendida en Italia es la **trebbiano**. Tiene muchos nombres, y sus variedades proceden de la trebulanum de la época de los antiguos romanos. Es muy típico su sabor fresco y ácido. Tanto el soa-

ve como el frascati se elaboran fundamentalmente con trebbiano. En el sur de Francia recibe el nombre de ugni blanc y se utiliza preferentemente para la elaboración de coñac.

La **trollinger**, variedad muy fecunda, tiene su patria en Württemberg y el Tirol Meridional, donde recibe el nombre de vernatsch. Suele proporcionar vinos sencillos de color rojo pálido.

En Francia, la **borgoña blanca** recibe el nombre de **pinot blanc** y no es tan apreciada. Los viticultores alemanes van descubriendo cada vez más el valor de esta variedad que se da bien en todas aquellas partes donde hace demasiado calor para la riesling, en Wonnegau, el Palatinado meridional y todo Baden. Es característico su ligero sabor a nueces. Los vinos secos que se elaboran a partir de esta uva combinan muy bien con casi todo tipo de comidas. Como pinot blanc, esta uva proporciona en el norte de Italia grandiosos vinos.

Trebbiano

19

En la bodega

Criar buena uva es un arte. Elaborar con ella un buen vino aún lo es más.

Cuando visito a un viticultor en otoño hay dos ruidos en su finca que siempre me resultan fascinantes. Uno es el chapoteo ambrosiánico que se produce cuando el zumo de uva fresco fluye de la prensa y cae en el recipiente recolector de acero inoxidable. No es que lo dulce me guste especialmente, pero ese líquido que mana de la gran prensa lleno de fructosa tiene un sabor delicioso: se trata de vino en el momento de su nacimiento. La gran prensa de las uvas es la maquinaria más importante del viticultor y de ninguna manera debe escatimar con ella.

Si la prensa estruja y tritura las uvas en exceso, irán a parar al mosto taninos indeseables y al final el vino resultará desagradablemente áspero y amargo. A menudo encuentro riesling del Mosela cuyo sabor me produce la sensación de estar mordiendo continuamente granos de uva. Ahí tenemos una cosecha básicamente maravillosa que se echó a perder en una prensa deficiente y a un viticultor codicioso que quiso extraer hasta la última gota. Las prensas modernas, cuyo precio generalmente supera los 25 000 euros, trabajan con más cuidado y detalle. Para las uvas blancas se utiliza una prensa neumática, es decir, un gran saco de plástico que mediante la presión del aire se va contrayendo poco a poco. El viticultor inteligente extrae como máximo tres cuartos de la cantidad de zumo que se podría obtener.

Limpieza y rapidez son importantes

Cuando los trabajadores han terminado su jornada en el viñedo, las uvas pasan a una especie de molino grande donde son despalilladas, es decir, se les quitan los escobajos, y luego se estrujan y se desmenuzan hasta formar un puré. El estrujado cuidadoso es necesario para facilitar luego el prensado. En Centroeuropa ya no pisa nadie las uvas, pero en Portugal hay prestigiosos viticultores que prefieren el pisado de las uvas en grandes pilas, los lagares, pues lo consideran el método más favorable. En el caso de los vinos blancos, la mezcla se prensa a ser posible esa misma noche. Todo tiene que llevarse a cabo muy rápidamente y no puede hacer demasiado calor. Por esta razón en Sudáfrica y en California se vendimia a menudo por la noche, para que la cosecha llegue fresca al prensado. Si las uvas están muy tocadas, lo que algunos años no se puede evitar, se añade algo de azufre para matar las bacterias o las moscas pequeñas e impedir que el vino tenga un gusto enmohecido. El azufre añadido desaparece durante la fermentación sin dejar casi restos. También es normal añadir levadura (la misma que se emplea en la cocina para preparar postres). La levadura liga las partículas de suciedad y después el mosto se desfanga mucho más rápido. Tras la prensa, el zumo fresco pasa a un tanque vertical, a ser posible alto y estrecho y de acero inoxidable, donde se deja hasta la noche siguiente. Durante esas 24 horas las materias que producen turbiedad, como restos de tierra u hollejos, se posan en el fondo. A continuación el viticultor bombea los cuatro quintos superiores a otro tanque. El resto se filtra minuciosamente y se emplea sólo para el vino más corriente de la región.

Una sinfonía en las profundidades de la bodega

Tras el primer desfangado se deja reposar el zumo, que ahora ya es sólo ligeramente turbio, en un depósito de fermentación. Con ello llegamos al segundo de mis ruidos favoritos. Intenten imaginarse el rumor de un arroyo de montaña, el sonido que hace la abuela amasando un pastel, el ruido que hace un niño sorbiendo la limonada con una pajita, el de un sustancioso caldo hirviendo, el de una fuente sulfurosa burbujeando y el del agua de lluvia gorgojeando en la canalera. Y todo esto a un mismo tiempo.

La elaboración del vino

Algo parecido se escucha en la bodega cuando los vinos fermentan. Sobre los barriles hay envases de cristal llenos de agua a través de los cuales se desprende, unas veces de forma precipitada y clara, otras despacio y profundamente, el ácido carbónico procedente del desdoblamiento de la glucosa. Cuanto más lentamente se lleve a cabo la fermentación, mejor.

El azúcar, un problema exclusivamente alemán

Existe una lista de todos los productos y métodos que no están permitidos en la bodega. Se trata de una enumeración muy poco apetitosa. Pero muchas de las sustancias listadas parecen por sus nombres químicos mucho peores de lo que en realidad son. En segundo lugar, algunos de los productos son indispensables para producir un sabroso vino. Y en tercero, sólo se emplean en parte y, cuando se hace, de forma muy concreta; de hecho, en la actualidad se usan con mucha menos frecuencia y en mucha menor cantidad de lo que se hacía todavía en los años setenta.

El primer fantasma que aterroriza a los consumidores desinformados es el azúcar:

si el mosto no ha resultado lo suficientemente rico debido a la falta de sol, el viticultor agrega sacarosa pura que fermenta junto con la glucosa natural de las uvas y produce algo más de alcohol. Esta práctica se denomina chaptalización y recibe su nombre de Jean-Antoine Chaptal, el primer catedrático de química de Montpellier y posteriormente ministro del Interior de Napoleón Bonaparte. En los países meridionales está prohibida la adición de azúcar porque no es necesaria. En el norte de Italia los viticultores utilizan zumo de uva concentrado. En Francia, Bollène, a orillas del Ródano, constituye la frontera al norte de la cual está permitida la chaptalización. Prácticamente a ningún vino de Borgoña ni de Burdeos se les añade azúcar, pero sí a la mayoría de los vinos alsacianos. En Alemania se distingue entre vinos de calidad chaptalizados y vinos con *Prädikat* (vinos con regulación y tipos de cosecha que se dividen en: *Kabinett, Spätlese, Auslese*), que han de tener suficiente con la glucosa natural. A menudo me invade el deseo de que algún magro *Kabinett* o algunos *Spätlese* insuficientes hubieran sido mejorados para que adquirieran un poco más de consistencia.

Utilícese solamente en caso de necesidad

Un problema que presentan a menudo los vinos alemanes es la mordiente acidez. Se puede aplacar con carbonato cálcico, que no es otra cosa que la cal del agua. Los bodegueros sensatos utilizan este método muy raramente y con sumo cuidado. Un riesling al que se haya reducido la acidez, aunque sólo sea un poco más de la cuenta, resultará al final tremendamente insulso. Si el análisis de laboratorio muestra que el vino joven contiene demasiada proteína, lo que puede dar lugar a turbiedad, se puede solucionar con bentonita, una arcilla que se esponja y cuando se hunde actúa como clarificante. De vez en cuando el vino contiene demasiado hierro, sobre todo cuando las vides están plantadas en tierra roja rica en óxido de hierro. En estos casos se agrega ferrocianuro potásico, una sustancia altamente venenosa pero que se puede eliminar por filtración junto con el hierro. Si un viticultor no sabe calcular y la agrega en exceso, cosa que sucede alguna vez, el vino adquiere un olor a almendras amargas tan penetrante que no pasa los controles de calidad y se retira de inmediato de la circulación.

El buen bodeguero sabe, por supuesto, que los productos clarificantes no sólo limpian sino que también merman el sabor, y sólo los emplea en caso de estricta necesidad.

Depósito o barril, disparidad de criterios al respecto

Con el mosto ya ha fermentado, la bodega cesa de gorgotear, burbujear y borbotear. Es necesario un segundo trasiego. El vino se bombea cuidadosamente a otro depósito, a otro barril, para liberarlo de los sedimentos que se han posado en el fondo. Entre medio es necesario agregar azufre para que el valioso líquido no se oxide y se vuelva marrón como una manzana mordida. Ahora el vino se deja descansar. La cuestión es: ¿en depósito de acero inoxidable o en barril de madera? Ambos recipientes tienen sus pros y sus contras. El acero ayuda a mantener el ácido carbónico y hace el vino chispeante; la madera redondea el sabor y lo hace más delicado. Muchos viticultores dejan el vino joven un tiempo en el depósito y luego lo pasan unas semanas al barril. Muchas fincas famosas lo hacen así.

¿Por qué el vino es tinto o rosado?

Catalina de Medici fue sin duda una de las mujeres más malvadas que han gobernado nunca Francia. Miles de hugonotes fueron asesinados bajo su gobierno. Pero la cruel italiana llevó a Francia la alta cocina y con ella el arte de elaborar un buen tinto. El borgoña era en aquella época una bebida de un color rosa desvaído aunque procedía de uvas oscuras de la variedad pinot noir. El vino de la reina en París era el bardolino del Véneto, de color púrpura brillante y considerado hoy un sencillo vino de pizzería que se bebe con agrado. Si las uvas azuladas se prensan rápidamente, fluye un zumo pálido de la prensa. Estos seudovinos blancos, llamados en Francia «blanc des noirs», pueden tener un sabor agradable y se utilizan para elaborar champaña. El pigmento de las uvas oscuras no está en la pulpa sino en el hollejo y se puede disolver con alcohol.

Lo que habrá de convertirse en vino tinto no fermenta como zumo, sino como mosto. Este puré tiene un feo color entre morado, marrón y gris. Resulta difícil creer que pueda convertirse en una bebida de brillante color rubí.

Cinco maestros bodegueros, diez respuestas

En las grandes bodegas, equipadas con todo lo necesario, el mosto se calienta brevemente a 55°C, lo cual le proporciona una gran cantidad de color sin que en principio se puedan producir defectos de sabor.

Sin embargo, los vinos, una vez elaborados, producen a menudo una impresión extremadamente afrutada y recuerdan a la mermelada. Un método empleado con mucha frecuencia en España y Francia es la «maceración carbónica»: se vierten las uvas enteras en altas cubas, donde por efecto del cálido clima empiezan a fermentar rápidamente. En la escuela nos explican que cuando se disocia la glucosa se produce alcohol y ácido carbónico, que es más pesado que el aire y por eso queda flotan-

producto «que no es ni lo uno ni lo otro», algo entre el tinto y el blanco que no tiene nada de ninguno de los dos. Quizá muchos rosados son tan mediocres precisamente por la mala fama que tienen. Yo conozco delicias de Navarra, de Tavel y Lirac, de Bergerac, de la ribera meridional del lago Garda o del Palatinado meridional, con un color entre rosa subido y salmón, brillante como el coral de un crustáceo y con una intensa fragancia a frambuesa.

Durante los últimos años los viticultores de la Provenza también han aprendido a elaborar respetables rosados. Los franceses llaman al vino de color claro «vin d'une nuit». La masa de uvas azuladas se prepara como para los tintos y se deja reposar una noche durante la cual fermenta brevemente. Con eso basta para disolver algo del pigmento de los hollejos. Después se trata el mosto como el de los vinos blancos. La normativa enológica europea con su inconmensurable bondad permite también mezclar vinos tintos y blancos, lo que rara vez produce resultados satisfactorios en cuanto a sabor porque ambos componentes maduran de forma diferente.

En Alemania, las mezclas de tinto y blanco tienen obligación de denominarse «Rotling», así el consumidor sabe al menos lo que tiene entre manos. Me permito una última observación: en todo el mundo está de moda beber el rosado muy frío y un poco dulce. De esta manera el néctar es degradado a una especie de trago largo al que sólo le faltan los cubitos de hielo y la rodaja de limón. Yo prefiero el rosado seco, a ser posible acompañando a un pollo bien rustido.

do sobre la masa de uvas como una capa protectora. Tras una semana larga se prensa todo. Se producen así unos vinos frutales, que se pueden beber muy pronto, aunque son perecederos. Un ejemplo típico es el beaujolais.

¿Cúal es el mejor método de elaboración: la fermentación clásica del mosto, el calentamiento o la maceración carbónica? Pregunte a cinco maestros bodegueros y obtendrá diez respuestas diferentes que pueden ser todas correctas. En el caso de un producto tan versátil como el vino, lo contrario de lo correcto no tiene que ser por fuerza incorrecto. Los viticultores juiciosos se rigen por un «tanto lo uno como lo otro», trabajan su cosecha de una y otra forma, y después mezclan hábilmente los diferentes productos. Esta suele ser la receta para obtener los mejores resultados.

El vino de una noche

Hay muchos amantes del vino de probada seriedad que no soportan los rosados. Los consideran un

Por la ruta de la madera

La «barricomanía», un trastorno de las terminaciones gustativas que cada vez afecta a un mayor número tanto de viticultores como de consumidores, es causada por un bacilo que se localizó por primera vez en la Toscana, desde donde se extendió rápidamente por las tierras altas de Italia, el Tirol Meridional y Burgenland, atacando finalmente a Alemania. El nombre de la enfermedad proviene de la barrica, un tonel de 225 litros de capacidad hecho de madera de roble.

En Burdeos hace siglos que existen estos recipientes y en ellos se obtienen magníficos productos. Pero, en primer lugar, los franceses saben utilizarlos y, en segundo, disponen de los vinos adecuados para ello. Los cabernet-sauvignon y los merlot son dos poderosas variedades de vino tinto con una fructuosidad obstinada, a menudo punzante, que en contacto con la madera de roble nueva se redondean y sin lugar a dudas se vuelven más finos.

Los viticultores bordeleses se atienen a las enseñanzas de su gran maestro Emile Peynaud, quien dice que hay que emplar el aroma de la madera como se emplean las especias en la cocina: tienen que manifestar y subrayar el sabor del vino, pero no dominarlo. Sin embargo, hay incontables engendros con un penetrante olor a canela y vainilla, roble y cedro. En estos casos el vino no fue modelado por la barrica sino apaleado por ella. La oferta responde a las exigencias de multitudes de consumidores que, francamente, se aferran a este vino especiado y lo pagan muy bien. Una barrica cuesta alrededor de 450 euros y se puede emplear tres veces. Algunos viticultores calculan así: un barrilito produce 600 botellas en dos veces y se puede pedir por cada una de ellas 2,50 euros más que por un vino normal (puesto que barrica es la palabra mágica para muchos consumidores). En el plazo de dos años multiplica por tres el capital invertido.

De acuerdo con la costumbre alemana se fundó una asociación absolutamente honorable, el Fórum de la Barrica, cuyos miembros intercambian su experiencia con la madera de roble fresca. Admito de buen grado que consiguen algunos vinos maravillosos, delicados y redondos, en los que los aromas de madera tan sólo se insinúan. Se trata por regla general de vinos tintos, pero en el fondo son hábiles imitaciones de los grandes modelos franceses. Está claro que a un spätburgunder de mucha madurez o a un dornfelder rebosante de fructuosidad, color y tanino les puede sentar bien la barrica, pero en el caso de los vinos blancos el uso de los pequeños barriles es más que cuestionable. Como mucho resulta apropiado para los vinos de borgoña. Así se dan casos aislados de auténticas obras de arte que se enfrentan a una auténtica marea de vinos con exceso de madera, que, de no haber sido por la barrica, habrían podido resultar unos vinos finamente afrutados. Y además, algún que otro pequeño bosque de robles seguiría todavía en pie.

Existe un método que, pese a no estar permitido en algunas zonas ya se aplica en todo el mundo, y consiste en agregar virutas de roble al mosto. Esta técnica resulta bastante económica y aporta las deseadas notas a vainilla, pero lo cierto es que sólo se trata de una simulación de baja categoría de la redondez que aporta la maduración en barrica.

Los viticultores

De un tiempo a esta parte el oficio de viticultor, con 6000 años de tradición, vuelve a ganar prestigio.

En 1993 sólo se matricularon siete jóvenes para aprender el oficio de viticultor, y eso en una región en la que hay más de 8000 empresas vinícolas. Algo parecido ocurría en Languedoc y a orillas del Loira, también en La Mancha y en Apulia. Pero esto ha pasado a la historia. Hoy las escuelas de enología vuelven a llenarse con las nuevas generaciones. Existen numerosas tentativas de explicar el interés renovado por el trabajo en las viñas. Se dice que las plazas de formación en otras profesiones son escasas y que las posibilidades de hacer una carrera rápida se han vuelto muy improbables. Por eso los hijos e hijas de los vendimiadores en vez de correr mundo prefieren quedarse en casa y prepararse para

asumir la sucesión del negocio familiar. Además, el arte de elaborar vinos se ha ganado en los últimos años el aprecio de la opinión pública. La prensa especializada elogia a los jóvenes viticultores casi tanto como a los grandes cocineros. La profesión de enólogo ha cobrado un nuevo brillo.

Una docena de profesiones reunidas en una sola

La profesión es mucho más polifacética de lo que se pueda pensar. Cuando el viticultor poda las vides para controlar su crecimiento, fortalecerlas y mejorar su rendimiento, o cuando vendimia las uvas más sanas y maduras que puede, plenas de maravilloso sabor, está realizando labores de jardinero, botánico y edafólogo. Debería, además, tener conocimientos de mecánica para mantener a punto las diferentes máquinas que utiliza. En la bodega precisa nociones básicas de física y un conocimiento muy amplio sobre el desarrollo de los procesos químicos, no para bautizar el vino sino para ser capaz de extraer del zumo de uva toda la riqueza de aromas. Por cierto, los químicos aman el vino, pues lo consideran una de las estructuras orgánicas más misteriosas que existen. El viticultor tiene que ser economista, saber vender y tener idea de *marketing*. Para terminar tendrá que conocerse de arriba a abajo y de memoria la legislación vitivinícola cuya complicidad sólo es superada por el derecho fiscal.

Los nuevos vinos elegantes

Hacer vino, actividad que antiguamente se consideraba un oficio honrado aunque especial, se ha convertido hoy en día en una ciencia, que recibe internacionalmente el nombre de enología (de la palabra griega *oinos* que significa vino). Hay facultades de prestigio en las que se puede aprender esta materia. Son famosas las de Burdeos y Montpellier. Por ejemplo en Geisenheim, a orillas del Rin, generaciones de viticultores procedentes de Alemania, Italia, Australia y Sudáfrica aprendieron las difíciles técnicas necesarias para elaborar un vino blanco de apetitosa frescura con un marcado sabor afrutado. Los licenciados por la Universidad Enológica de Davis, en California, gozan de una fama legendaria. Estos jóvenes técnicos son capaces de analizar el mosto hasta el nanogrado, pueden advertir y dirigir los cambios químicos más sutiles acaecidos durante la fermentación y controlan en todo momento el vino que se está elaborando. No se les escapa ninguna cuba, ni se producen falsos aromas. Les gusta presumir con frases como: «Dadme cualquier uva y haré con ella algo bueno». Viticultores de todo el mundo intentan hacer suyo este conocimiento, por lo que no cabe duda de que la calidad del vino ha aumentado a nivel mundial. Sin embargo, de esta manera se produce un vino elegante e internacional, pero terriblemente uniforme.

A menudo es imposible distinguir un chardonnay de California de uno del Tirol Meridional, o un merlot de Sudáfrica de uno de Chile. Me da la impresión de que la moderna enología corre el riesgo de despojar al vino de lo esencial, de su espíritu, de todo lo que el viticultor a la vieja usanza que trabaja con cuerpo y alma concibe para dar forma con primor. E incluso de aquello que hace único a un riesling de Rheingau, a un sauvignon de Sancerre o a un borgoña blanco de Terlan. Además me cuesta imaginar que los famosos técnicos de California sean capaces de conseguir elaborar un vinito del Mosela delicado como un pétalo, con una cantidad mínima de alcohol y con una finura infinita.

La elaboración del vino

El peculiar mercado del vino alemán

Hay un aspecto en el que Alemania se diferencia considerablemente de otras naciones productoras de vino: en ninguna otra parte el nivel de autonomía en lo que respecta a comercialización es tan alto como en este país. En ningún otro sitio hay tanto viticultor con formación en todos los campos. Por lo menos un tercio de la producción pasa directamente de la finca al consumidor. Si se calcula en precio, la participación en el mercado asciende a casi la mitad. Esto se debe en primer lugar a la impenetrable multiplicidad del vino alemán, al dédalo de expresiones que hace tan difícil para el profano comprar en un establecimiento. Así que el catador prefiere irse de excursión a tierra de viñedos para comprar directamente del cosechero con la esperanza de que le aconsejen bien. Los amantes del vino se resignan a reconocer que esta es la forma más cara de conseguir vino. Fuera de Alemania apenas se da esta forma de comercio. El que desee comprar un par de botellas en un *château* bordelés o en una *tenuta* toscana será enviado con más o menos amabilidad al comerciante más próximo. En la República Federal de Alemania hay más de 10 000 propiedades vitivinícolas, aunque hay que decir que muchas de las empresas

no se ajustan exactamente al significado del término. Sobre todo a orillas del Mosela algunos pequeños viticultores van tirando a base de vender a los turistas un par de cientos de botellas al año, y se llaman eufemísticamente propietarios vitivinícolas a pesar de que venden la mayor parte de la cosecha a una bodega industrial. No obstante, se cuentan en Alemania más empresas vinícolas con marca propia que en Francia o en Italia, aunque la producción de vino de estos países sea muchísimo mayor. Allí se da la clásica división del trabajo entre el agricultor que se especializa en el cultivo de las mejores uvas posibles y la bodega que posee «el saber hacer» necesario para elaborar con ellas vinos más o menos sabrosos y comercializarlos. En La Rioja, por ejemplo, apenas existen propiedades vitivinícolas en sentido alemán. La regla general son las bodegas a las que cientos de cosecheros aportan las uvas. A menudo se establecen relaciones familiares que crecen de generación en generación. Ya se sabe que este sistema conlleva rasgos feudales, pero sigue funcionando y casi siempre aporta ventajas para ambas partes. Por lo menos los viticultores riojanos no salen perjudicados y pueden implantar precios más altos.

¿Acaso sólo sobreviven los colosos?

Se calcula a *grosso modo* que la producción de vino alemana se reparte a partes iguales entre las propiedades vitivinícolas que se encargan por sí mismas de la comercialización, las cooperativas y los llamados «granelistas». Estos últimos son los más pobres del oficio.

A parte del viñedo sólo poseen una prensa y algunos depósitos, y venden vino joven a medio elaborar a las bodegas industriales, a menudo a un precio que no da ni para sobrevivir. El trato se realiza a través de comisionistas, una especie de agentes de cambio. El viticultor apenas se entera de adónde va su mosto y a los grandes embotelladores les preocupa poco de dónde proceden los vinos que elaboran. En los años sesenta quedaban cientos de bodegas a orillas del Mosela. Se trataba de empresas tradicionales con un carácter marcadamente patriarcal, que servían botellas a los comercios especializados y a los restaurantes de las grandes ciudades, y exportaban en grandes cantidades. La fuerte competencia ejercida por las grandes cadenas comerciales, que como es natural también repercutió en los precios, surtió efecto. Sólo quedó un puñado de bodegas, que son auténticos colosos. En la economía vinícola francesa, fuertemente comprometida con la tradición, todavía se conservan las antiguas estructuras. Es verdad que en el Ródano y en el Midi también hay embotelladores que son verdaderos mamuts, pero en el Loira, en Borgoña o en Alsacia los pequeños «*chais*» se han podido mantener.

A la salud de los socios

A medio camino entre los que se comercializan por cuenta propia y el negocio del granel se encuentran las cooperativas de viticultores. Se crearon en épocas de penuria, algunas a fines del siglo XIX y la mayoría después de la Segunda Guerra Mundial. Son varias las que reclaman para sí el honor de ser la más antigua. Según todos los documentos existentes fue la pequeña cooperativa de Hagnau, junto al lago Constanza, la que dio el primer paso. La fundó en 1881 Heinrich Hansjakob, un párroco de gran elocuencia al que perseguían las autoridades tanto eclesiales como profanas por su supuesta ideología socialista. Las cooperativas ejercen la antigua división del trabajo: los viñadores se encargan de las buenas uvas y el maestro bodeguero se encarga del vino, sólo que todo queda en una mano. Los socios son sus propios amos, cada uno demasido débil por sí mismo pero fuertes entre todos. Lo que en teoría suena tan convincente suele resultar desilusionante en la cruda realidad del mercado del vino. En el

pasado las cooperativas se preocuparon más por producir en cantidades estrepitosas que por vender. Quienes pasan apuros en la actualidad son las grandes bodegas surgidas de la unión de muchas asociaciones de viticultores pequeñas con el fin de equilibrar el mercado y absorber la oferta excesiva. También hay cooperativas gestionadas de modo excelente que disponen de buen vino y carecen de problemas en cuanto a beneficios. Son asociaciones ideales de viticultores con gran capacidad que dedican mucho esfuerzo a cuidar los viñedos y se pueden permitir disponer del mejor maestro bodeguero y del vendedor más eficaz. El trabajo de algunas cooperativas apenas se diferencia del de las grandes propiedades vitivinícolas. Así, la *Guía Hachette* de los vinos de Francia alude a numerosas «coopératives». En Alemania, la revista *DM* lleva décadas publicando una lista con los 100 mejores productores de vino de ese país. La honrada cooperativa de viticultores de Pfaffenweiler, en el sur de Baden, aparece en ella.

Por las rutas del vino

Francia

Los vinos de Francia son los mejores pero también los más caros del mundo. En las tiendas se ofrecen y se compran varias docenas de productos cuyo precio se sitúa por encima de los 50 euros. Otros países todavía tienen que intentar semejante hazaña. Pero el país vecino también ofrece placeres económicos. Las regiones del Ródano, Rousilan, Minervois y Madiran resultan aconsejables con tintos amables para el disfrute cotidiano. Por otro lado, los franceses tampoco tienen competencia en las categorías de precios más bajos: no hay que perder de vista sus vinos más sencillos. ¿Qué más se puede querer? Desde el Loira hasta el Mediterráneo se encuentra el vino adecuado para cualquier ocasión, sea en un día laborable, para una fiesta oficial o una celebración personal.

Champaña

Después de 300 años, el lujo del valle del Marne sigue siendo insuperable.

En alemán se emplea la expresión «tener el ánimo para champaña» para decir que se tiene ganas de juerga. Pero esto no es óbice para que este lujo del valle del Marne sea una bebida festiva, sino más bien seria, consistente, impregnada de mórbidos aromas, con un sabor casi lacio y de suma delicadeza. Este carácter se debe a su prolongado reposo con la levadura de fermentación, a los suelos de creta de Champaña y al vino de base, que suele ser una mezcla procedente de la prensa de pinot noir, de pinot meunier y la blanca chardonnay.

El cartel de las grandes marcas

Caro y famoso: este tándem sólo es posible cuando tradición es algo más que una mera palabra. Detrás se encuentran tres siglos de esfuerzo en pos de la calidad y de cuidar esmeradamente la marca. Aunque algunas de las más famosas casas productoras de champaña en Ay, en Epernay y en Reims sean entre sí enemigas acérrimas, todas se unieron para formar el Syndicat des Grandes Marques (SGM), que controla casi la mitad de la producción total de la región. Los miembros se vigilan los unos a los otros y también a veces se ponen de acuerdo clandestinamente sobre las cantidades que piensan a sacar al mercado.

Pese a ello, en el año 2000 realizaron unos cálculos erróneos. En la Nochevieja del cambio de milenio no se consumió tanto champaña como habían previsto. El hecho de que las bodegas estuvieran llenas hizo pensar que quizá los precios se estabilizarían en los años siguientes, sin embargo no fue así.

Se recomienda

Ayala
Betancourt
Billecart-Salmon
de Castellan
Deutz
Duval-Leroy
Gosset
Philipponat
A.Salon
de Venoge

Alsacia

Los alemanes son los principales clientes de los viticultores de esta región de Estrasburgo, pero ya no acuden tantos como antes.

Jean-Paul Ritzenthaler se ha jubilado por segunda vez y esta es la definitiva. Su primera gran obra fue construir la Cave Vinicole de Turckheim, a la que convirtió en la primera dirección de Alsacia. Esta cooperativa de viticultores se encuentra hoy al mismo nivel que las propiedades vitivinícolas que lideran la región. Cuando Ritzenthaler se jubiló, aún tuvo que concluir un segundo trabajo. Dirigía la comisión que había de deliberar qué viñedos de Alsacia debían recibir la designación de *grands crus* por ser los mejores de la región. Este hombre fornido gozaba de tal confianza entre los viticultores que estos respetaban su opinión sin rechistar cuando había que marcar lindes, que a menudo discurrían por el medio de viñedos ya existentes. A veces se incluía un viñedo, pero la parcela vecina tenía que quedar fuera porque en ese lugar la pendiente variaba de orientación o el tipo de suelo cambiaba.

Reglas estrictas para los grands crus

Los trabajos se prolongaron 18 años. Hoy hay *50 grands crus* delimitados que van desde Steinklotz, en Marlenheim, cerca de Estrasburgo, hasta Rangen, en Thann, en la frontera suiza. Es obligatorio cosechar poco y con un alto grado de madurez. En estas viñas sólo se pueden cultivar cuatro variedades de vid: riesling, pinot gris, muscat y gewürztraminer. *C'est tout.*

FRANCIA

El champaña se elabora principalmente a base de vino tinto prensado como blanco. Hay bodegas en Ay y Reims que emplean más chardonnay blanco para conseguir un sabor más fresco. Tienen muy buena acogida en la gastronomía. Por cierto: no deja de ser sorprendente el hecho de que raramente se sirva champaña para acompañar las comidas a pesar de lo apropiado que resulta. Sólo es habitual servirlo con las ostras.

Para los viticultores de Mittelbergheim fue espantoso. Su maravilloso viñedo de Zotzemberger fue designado *grand cru*. Sin embargo, esta colina a los pies de la legendaria Odilienberg es famosa por su silvaner. Tenían dos posibilidades: arrancar las vides que habían hecho famoso al lugar o prescindir del título de *grand cru*. La mayoría de los viticultores optó por la tradición. Pero otro tipo de resistencia se alzó contra los planes previstos. Viticultores de renombre como Hugel et Fils, en Riquewihr, se cerraron en banda. Argumentaban que era disparatado querer imitar la enfermiza obsesión del mercado alemán por el nombre de los viñedos, la cual sólo llevaba a la confusión. Sin embargo, no se salieron con la suya. Los *grands crus* elevan el prestigio de Alsacia en todo el mundo y los vinos de esas viñas supremas alcanzan precios muy altos. Por su parte, los viticultores de Alemania, donde 2600 viñedos son iguales

ante la ley y la normativa de denominación no permite ningún tipo de patente, envidian el reglamento claro y estricto de sus colegas alsacianos.

Momento estelar en Düsseldorf

Después de la Segunda Guerra Mundial, Alsacia era una región de vinos rurales comunes, con contadas excepciones. Los viticultores fueron pronto conscientes de que tenían que buscar la calidad. Arrancaron las variedades de vid sencillas como la chasselas y las sustituyeron por pinot gris y riesling. También aprendieron mucho acerca de la técnica de prensado. Empezó a florecer la exportación, sobre todo a la República Federal, que hoy sigue siendo el principal comprador. El día en que empezó esta racha de buena suerte se conoce con exactitud. El 28 de noviembre de 1973,

Paul Sauner, por entonces jefe de la asociación de cooperativas de viticultores alsacianos, se situó a la puerta de un gran almacén de la avenida Kö de Düsseldorf y comenzó a vender vino. Había apostado con el dueño del establecimento que los alemanes, quienes sólo sabían apreciar los vinos dulces, acabarían aceptando la oferta de secos provenientes del Alto Rin francés. Y ganó. Al caer la tarde había vendido varios cientos de botellas. A partir de entonces se pudo encontrar riesling y sylvaner de Alsacia en tiendas alemanas. Hubo temporadas en que los *vignerons* alsacianos exportaban a la República Federal hasta un quinto de su cosecha. Después el éxito se evaporó. Hoy día los alemanes sólo compran en la region de Estrasburgo la mitad de lo que adquirían. Si bien, como sucede con todas las estadísticas, estas cifras necesitan una aclaración. Es cierto que en Alemania la nueva generación prefiere libar *vino d'Italia*. Pero si en vez de atender a las cantidades los alsacianos atienden a los beneficios económicos, el retroceso de la exportación no es ni mucho menos tan grave.

Adieu edelzwicker

Lo que ya no tiene aceptación es el edelzwicker (vino joven). Los viticultores no tienen por qué lamentar esta perdida, pues en contrapartida venden a Alemania sus vinos buenos con un aumento creciente de los caros *grands crus*. Y eso sin tener en cuenta una forma especial de venta que no se refleja en las estadísticas aunque no por eso sea menos considerable: las exportaciones en el maletero del coche. Multitudes de alemanes viajan regularmente a Alsacia para proveerse. Para ellos la provincia de Storchen es una parte de Francia donde se habla alemán. Y cuando regresan a casa se llevan vino. No obstante, esta tendencia también decrece. Antes los productores del sur de Baden elaboraban vinos flojos, con lo que sólo conseguían lanzar a los clientes en brazos de la competencia, pero ahora ofrecen un excelso vino seco, tanto tinto como blanco, y además sus vinos son más baratos que los de sus colegas al otro lado del Rin. El aumento de calidad que ha registrado el Palatinado meridional ha ayudado a desviar de Alsacia el flujo de clientes.

Un vino no es sólo alcohol

También los alsacianos tienen parte de culpa en el retroceso que experimenta la exportación. Les gusta hacer un vino opulento y denso, porque es el que mejor acompaña a la sustanciosa cocina regional. Los *grands crus* son bombas alcohólicas que oscilan entre 13 y 14 grados. Y con bastante frecuencia se agrega azúcar a los vinos más sencillos hasta alcanzar la frontera de lo permitido para que adquieran así un sabor realmente denso. La revista suiza *Vinum* habla de «una chaptalización excesiva». Mientras, en el Alto Rin aumentan las voces que advierten que un vino no sólo se hace con alcohol. Se ha vuelto normal ofrecer riesling y pinot gris con un par de gramos de azúcar residual. Ya no resulta fácil encontrar vinos que hayan fermentado por completo. Pierre Hering, de Barr, es uno de los que siguen cuidando el tipo seco de otros tiempos. Precavidamente se limita a afirmar: «No es mi estilo». Tampoco los vinos con un contenido en glucosa de entre 15 y 20 gramos por litro responden al estilo alsaciano.

Un simple reparto

Los productos alsacianos son parecidos, aunque con matices considerables en cuanto a calidad. Por mucho que los *snobs* discutan sobre las diferencias entre el riesling de Kaysenberg y el de Kientzheim (ambas localidades se hallan a un kilómetro de distancia), el degustador sin complicaciones se dará por satisfecho con la siguiente división: en el Bajo Rin, la parte norte entre Estrasburgo y Selestat, los vinos son ligeros y vivos, a menudo más expresivos. Al sur de esta zona, en el Alto Rin, alrededor de Colmar, el sabor se vuelve más brioso. Un consejo más: a quien le desagrade el intenso perfume a rosas del gewürztraminer, la estrella de Alsacia, le recomiendo que lo pruebe con un buen queso de la región, el munster. Seguro que cambia de opinión.

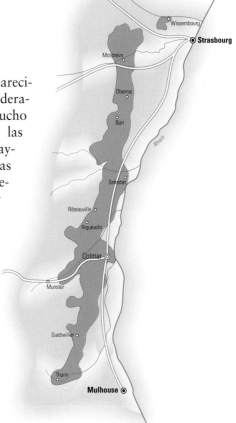

FRANCIA

Estudiar el vino de Alsacia es fácil. Los viticultores entre Estrasburgo y Mullhouse no emplean más que siete tipos de vid: pinot blanc, gris y noir, riesling, sylvaner, muscat y gewürztraminer. La variedad borgoña blanca se emplea casi exclusivamente para elaborar crémant. A ello hay que añadir que los vinos son secos o por lo menos casi secos, con excepción de los vinos dulces de calidad, como vendages tardives *y los* sélections de grains nobles.

Loira

En el valle del Loira hay grandes y raros vinos, pero también otros de grandes producciones.

En primer lugar nos serviremos de la literatura para intentar explicar por qué el paisaje a orillas de la corriente más larga de Francia, las gentes que viven allí y sus vinos son como son. Seguramente ya habrá oído hablar de François Rabelais. Su obra principal narra con un lenguaje aparentemente festivo pero cargado de ironía como el gigante Gargantúa, que se bebe el vino poco menos que a barriles, se dedica amorosamente a la educación de su hijo Pantagruel, a quien intenta hacer llegar los ideales humanístico-liberales, pero también instruye en el arte de los placeres físicos. Si el padre bebe sin mesura, el hijo come sin freno. Semejantes figuras sólo podían surgir en la opulenta Turena, el «Jardín de Francia». El poeta creó con ellos ejemplos que las gentes del Loira imitan aplicadamente. Y para poder explicarme mejor voy a facilitar algunas reseñas climatológicas: según Jacques Pusais, uno de los enólogos de primer orden de Francia, el valle del Loira posee «el mejor clima de este país, con precipitaciones increíblemente regulares desde hace cien años». La lluvia que de vez en cuando llega desde el Atlántico alterna con un sol brillante. En los fértiles suelos de aluvión se cría de todo en abundancia. Las gentes de esta región nunca han tenido que arrebatar nada a la naturaleza. Esto les proporciona un carácter alegre y bastante desenfadado, similar al de los renanos. Los hijos del Loira siempre encuentran un motivo de celebración. Les encantan las comidas pantagruélicas acompañadas de francachelas gargantuescas. Si se tiene que relacionar con esta gente, si quiere concertar con ellos algún tipo de cita, ármese de paciencia. O váyase de fiesta con ellos.

Para el marisco y el queso de cabra

Es sabido que la cocina del Loira no es de las más refinadas, sino más bien de una rusticidad original. De no ser así, ¿para qué iba a necesitar Tours su propio mercado del ajo? Los vinos que se producen en este valle sinuoso de 400 kilómetros de ancho están a la altura, casi sencillos y frescos, soberbios para acompañar el marisco y las verduras pero también el clásico queso de cabra de la zona. Hace veinte años, el vino del Loira se tomaba como un solemne caldo del país con el pescado y las ostras. Luego descubrieron los franceses su afición por los vinos blancos. El chablis con el que habían acompañado hasta entonces las ostras se volvió de repente muy caro. Así que los *gourmets* parisinos se desviaron hacia Sancerre hasta que sus productores empezaron igualmente a elevar en exceso el listón de sus precios. Este vino blanco está considerado el mejor de la región del Loira, aunque se podría discutir mucho al respecto. Sancerre es una bella ciudad construida en torno a un castillo. También llevan el nombre de Sancerre los vinos blancos procedentes de una docena de municipios vecinos como Bué, Chavinol o Ménétréol, donde se hallan buenos viñedos con suelos de creta. La uva sauvignon, que en otras partes puede tener un sabor muy acusado a nuez moscada, alcanza allí una delicadeza asombrosa. Un buen sancerre es agradablemente seco y suave, el compañero ideal del buen pescado y de los crustáceos y con un precio de entre 10 y 13 euros.

¿A qué sabe pues el pedernal?

En las catas de sancerre las opiniones discrepan. Hay unas ligeras notas que no molestan a algunos catadores, mientras que otros no las pueden aceptar. A los viticultores les gusta hablar de «sabor de pedernal». Con toda franqueza, hasta el día de hoy todavía no sé lo que es eso (¿quién va por ahí masticando pedernal?). Yo más bien encuentro en el vino aromas a humo, que aún son más intensos en los productos del municipio vecino de Pouilly-sur-Loire, los cuales además no son tan caros. Allí, con la uva chaselas se elaboran principalmente grandes cantidades de un vino blanco sencillo. Los viticultores venden sus mejores productos con la apostilla *fumé*, lo que provoca frecuentes confusiones, pues existe un chardonnay blanco de la Borgoña meriodional denominado pouilly-fuissé que tiene un sabor completamente diferente. La existencia de ciertos sancerres y algún que otro pouilly-fuissé cuyo precio no está a la

altura de su calidad se debe a una economía bodeguera poco limpia y al hecho de que hoy en día la oferta de vino con ese nombre sea tres veces mayor que hace 20 años. Mucho más económicos aunque no por eso de menor calidad son los vinos de sauvignon-blanc de la pequeña comarca de Menetou-Salon situada al oeste. En el comercio especializado se encuentran de vez en cuando botellas de Quincy y Reuilly. Estos viñedos a orillas del afluente Cher se sitúan tanto geográfica como gustativamente entre Sancerre y Chablis. Sus vinos no son peores que los de tan famoso nombre, pero su coste sí que resulta mucho más económico.

Y finalmente, en Cheverny, situado aún más al oeste, encontramos un vino económico y agradable –muy apropiado para acompañar el marisco–, que se elabora con la uva romorantin, una variedad que se cultiva exclusivamente es esta zona.

FRANCIA

Entre los ganadores de la Primera Guerra Mundial se cuentan los elaboradores de champaña. En el Pacto de Versalles quedó establecido que nadie más podía utilizar el nombre. Hoy en día también existen finos vinos espumosos en otros lugares de Francia, en el valle del Loira, en Alsacia, en Borgoña, que se elaboran siguiendo el mismo método que en Champaña, pero esto no puede constar en la etiqueta. Entre esos crémants se encuentran delicias con un precio muy aceptable.

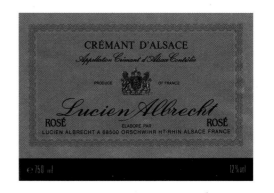

Botellas del siglo XIX

En el hermoso municipio de Blois comienza la Turena, donde los reyes de Francia construyeron los castillos más suntuosos: Chambord, Cheverny, Chenonceaux, Amboise y Azay-le-Rideau. El visitante inteligente elude los idílicos paisajes de tarjeta postal y desviándose un par de pasos encuentra bellezas que todavía no ha fotografiado ningún japonés. La uva de la región es la chenin blanc, que, aunque a menudo resulta algo recia, produce unos vinos blancos con una longevidad asombrosa. Los expertos opinan que la razón reside en las canteras de toba, de donde se extrajo la piedra para construir los grandes castillos. En las cuevas que se formaron así, los vinos descansan excelentemente protegidos. En esas canteras abandonadas se encuentran a menudo viviendas que resultan inesperadamente acogedoras, con una temperatura uniforme tanto en invierno como en verano. Si la chenin madura en exceso puede aparecer azúcar residual en el vino, lo que hace que se conserve ilimitadamente. Es el caso sobre todo del vouvray semiseco. En las bodegas de esta localidad se almacenan botellas del siglo XIX que todavía se pueden degustar. En la Turena, el chenin va desplazando cada vez más al sauvignon, un vino fresco que se puede beber joven pero que no es ni con mucho tan longevo. El chenin blanc resulta también muy apropiado para la elaboración de crémant del Loira, un placer económico que se puede disfrutar casi cotidianamente.

Un tinto muy conocido y no precisamente barato

Al oeste de la Turena hay dos pequeños territorios donde se producen unos tintos muy apreciados. La variedad principal es la cabernet franc, que (de forma totalmente injusta) está considerada la hermana menor de la estrella de Burdeos, la cabernet-sauvignon. A la izquierda del Loira, en la desembocadura del Vienne se halla la pintoresca ciudadela de Chinon, cuna del poeta Rabelais, autor de *Gargantúa y Pantagruel*. Todos los miles de personas que visitan la ciudad quieren probar allí el vino tinto, razón por la que el chinon resulta escaso y no precisamente barato. La publicidad alaba su aroma a violetas, que no es más que un signo de su escasa maduración en botella. El vino tinto no se debería beber tan pronto como se suele afirmar. Después de dos o tres años su sabor se vuelve más agradable.

La ciudad de Bourgeil, en la orilla opuesta del Loira, es menos vistosa y turística, pero en contrapartida sus vinos son un poquito mejores, con más cuerpo y a menudo, más económicos. Un buen bourgeil tiene que oler a frambuesa y se puede beber sin miedo a una temperatura más bien fresca, a unos 14°C. Así acompaña magníficamente al cabrito asado. Pero los degustadores tienen que evitar cometer un error que he observado con frecuencia, beberlo acompañando al apreciado queso de cabra de la región. A este le va mucho mejor un vouvray semiseco.

De interés para algunas casas elaboradoras de champaña

El siguiente distrito siguiendo río abajo es Anjou, conocido por su agradable rosado. Pero en el paisaje que rodea a la ciudad de Angers hay productos significativamente mejores. El seco cabernet de Anjou es un vino ligero, con sabor a grosellas, pero también a pimiento verde que acompaña muy bien a los platos de caza. Más importantes aún son dos vinos blancos, ambos elaborados a base de chenin blanc y que, sin embargo, no pueden ser más distintos. El raro y caro savennières es seco como el polvo e impregnado de una acidez enérgica. El mayor error es beberlo joven. Es un vino que necesita años para después resultar sobresaliente. Por el contrario, a orillas del riachuelo Layon impera un clima como el de Sauternes o el del lago Neusiedler. Las nieblas matinales del otoño favorecen la expansión de la podredumbre noble. De las uvas arrugadas se obtiene un vino con una elevada concentración de azúcar. El de Quarts de Chaume es toda una celebridad. Saumur merece cita aparte. Se trata de una ciudad que parece construida para el cine. La fortaleza del siglo XIV que domina sobre las casas encaladas de blanco impresiona de un modo singular. Los viticultores de Saumur

han conseguido imponer la propia denominación para su vino blanco seco y apetitoso. Más importante resulta su vino espumoso al que se niegan a llamar crémant del Loira. Llenos de orgullo escriben en las etiquetas el nombre de su ciudad. Estos vinos espumosos son tan buenos que alguna gran bodega de Champaña también ha hecho compras en Saumur. De la localidad vecina, de nombre Saumur-Champigny, procede un vigoroso tinto.

Un juego arriesgado con la levadura

El valle del Loira se expande en dirección al Atlántico. En Nantes, cuarto tramo de esta corriente del vino, se encuentra la patria del muscadet, el favorito de todos. Su nombre no pertenece a una localidad sino a una variedad de vid, y se desconoce por completo la razón por la que se la denomina así. Su verdadero nombre es melon, proviene de Borgoña y proporciona un vino neutro con una magnífica acidez fresca. Resulta muy agradable para acompañar mejillones y otros crustáceos y además es excepcionalmente económico.

En el moderado clima de Nantes no se dan añadas malas. Los datos de la etiqueta solamente sirven para indicar cuándo es el mejor momento de consumir el vino. A ser posible, un año después de su cosecha. Con frecuencia se ofrece muscadet *sur lie*. Esto quiere decir que hasta el momento del

embotellado ha estado reposando en sus propias lías de fermentación, lo que en el mejor de los casos le confiere un sabor especialmente chispeante. Pero si el maestro bodeguero no ha trabajado con el cuidado necesario, el vino recibe entonces un tufo que recuerda al de los calcetines tras una larga marcha.

FRANCIA

El dicho «Vivir como Dios en Francia» requiere para los no alemanes una explicación. En la actualidad significa algo así como «vivir como un rey», pero en su origen la expresión tenía un significado negativo. Proviene de los tiempos de la Revolución francesa, cuando se negaba la existencia de Dios. Hoy en día todo aquel que desea «vivir como Dios en Francia» se encamina hacia el valle del Loira, en el que hay de todo en abundancia: delicadas verduras, jugosas frutas, sabrosos quesos y vinos, tanto tintos como blancos, y algunos crémant grandiosos.

Goulaine
SANCERRE
Appellation Sancerre Contrôlée

A Royal River 1999 La Loire Royale
75 cl 12,5% vol.
mis en bouteille
par Marquis de Goulaine
à Mouzillon
FRANCE
Château de Goulaine 44115 Haute-Goulaine

PRODUCE OF FRANCE
Domaine la Vieille Cure
2000
MUSCADET
SÈVRE ET MAINE
Appellation Muscadet Sèvre et Maine Contrôlée
SUR LIE
12 % vol. Mis en Bouteille au Domaine 75 cl
PAR EARL MARZELLEAU-COUPRIE
44690 St FIACRE

SANCERRE
APPELLATION SANCERRE CONTRÔLÉE
THAUVENAY

Domaine MASSON-BLONDELET
Propriétaire-Récoltant à Pouilly-sur-Loire 58150 France 750 ml
PRODUCE OF FRANCE Mis en bouteille au Domaine 12,5%vol.

Marquis de Goulaine
MUSCADET SÈVRE & MAINE
APPELLATION MUSCADET SÈVRE ET MAINE CONTRÔLÉE
SUR LIE
CHÂTEAU DE GOULAINE
12% vol. 75 cl
2000
FRANCE

Comte Lafond
OMNIA PRO PETRI SEDE

SANCERRE
APPELLATION SANCERRE CONTRÔLÉE

ALC. 12,5% BY VOL. PRODUCT OF FRANCE 750 ml
MIS EN BOUTEILLE PAR de LADOUCETTE
AU CHÂTEAU DU NOZET, POUILLY-S/-LOIRE (NIÈVRE) FRANCE

1998
Marquis de
Goulaine
Muscadet Sèvre et Maine sur Lie
Appellation Muscadet Sèvre et Maine sur Lie Contrôlée
CHÂTEAU DE GOULAINE
12% vol. 75 cl
Mis en bouteille au château
FRANCE

PRODUCE OF FRANCE
DOMAINE DU CLOS DU BOURG
TOURAINE
APPELLATION TOURAINE CONTRÔLÉE
SAUVIGNON
12 % Vol. ℮ 750 ml
MIS EN BOUTEILLE AU DOMAINE
MOREAU-PERCEVAL - Vignerons à SASSAY - Loir-et-Cher

Récolte 1995
Sancerre
APPELLATION SANCERRE CONTRÔLÉE
Les Vignolles
Sélectionné à la propriété et mis en bouteille par
Guy SAGET
GUY SAGET à 58150 France
PRODUCT OF FRANCE
12,5% vol. 750 ml

GRANDE CUVÉE
Comte Lafond
12,5% vol. 75 cl
SANCERRE
APPELLATION SANCERRE CONTRÔLÉE
1994

Le Bois Perron
1999
MUSCADET
SÈVRE & MAINE
Appellation Muscadet Sèvre et Maine Contrôlée

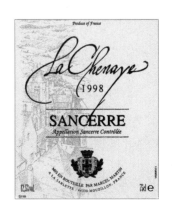

Produce of France
La Chenaye
1998
SANCERRE
Appellation Sancerre Contrôlée

MIS EN BOUTEILLE PAR MARCEL MARTIN
A LA SABLETTE, 44330 MOUZILLON, FRANCE
12,5% vol. 75 cl

Borgoña

Cuando los borgoñas son buenos superan todo lo demás, pero también se pagan.

La fuente de luz parece un mechero más grande de lo normal. Como la sala se halla en penumbra, es posible ver la llama desde lejos. Se alimenta con gas y se gradúa de manera que brille exactamente 30 segundos. En ese intervalo los comerciantes de vino tienen que hacer sus pujas. Si nadie se atreve a pujar, el subastador vuelve a encender la llama disimuladamente. Hasta que se venden los 80 ó 90 barriles pueden transcurrir cinco, y hasta seis horas. Los participantes resisten, pues al fin y al cabo son testigos de un gran espectáculo. La subasta de la nueva añada en los hospicios de Beaune, la capital de la Borgoña, es seguida en todo el mundo con tanta expectación como si en Sotheby's se subastara un Rembrandt.

Peleas por el primer barril

El acto que se celebra el tercer domingo de noviembre tiene primordialmente fines benéficos. Los hospicios de Beaune poseen valiosos viñedos, la mayoría donados por ciudadanos que esperan así asegurarse un lugar cerca de los ángeles o simplemente se la quieren jugar a los herederos. Con el producto de la venta del vino se financian asilos y hospitales. Pero esta subasta influye también de forma considerable en el mercado de borgoña. Se dice que los precios obtenidos determinan los negocios de los meses siguientes. Si las pujas son altas, los amantes del ya de por sí caro vino de Borgoña tendrán que rascarse aún más los bolsillos. A finales de los noventa los ánimos eran más bien tibios. Se echaban a faltar esas peleas encarnizadas, que tan impresionantes resultan en la televisión, por conseguir el primer lote, el cual según una ley tácita pertenece a la casa comercial Patriarche Père et Fils. Los récords de 1985, cuando por un barril de 228 litros se pagaron casi 52 000 francos, unos 8500 euros, hace tiempo que pasaron a la historia. Los precios bajaron, pero a partir de 1997 remontaron. Está claro que los norteamericanos, con sus dólares sobrevalorizados, se lo pueden permitir. Pero en un futuro inmediato el borgoña no volverá a ser tan caro como fue. Ahora el interés de los ricos se orienta más hacia Burdeos.

Vinos como pavos reales

Lo curioso del caso es que, contradiciendo la demanda mundial de vino tinto, en las subastas de Beaune son siempre los vinos blancos los que alcanzan los precios más elevados. Cuando se anuncian las mejores partidas del famoso blanco Corton-Charle-

magne, la puja se reaviva. Y cuando se trata del viñedo Nicolas Rolin, llamado así en honor del creador de la fundación, es posible alcanzar cotizaciones que superan los 16 000 euros. Si el ganador intentara obtener el beneficio correspondiente del comprador final, la botella costaría más de 100 euros. El mejor charlemagne cuesta en las tiendas alrededor de 75. ¿Demasiado dinero para un buen vino? Sí y no. El viñedo, que hace 1200 años perteneció realmente a Carlomagno, mide 63 hectáreas, lo cual explica que su rendimiento sea bajo. Al año da unas 140 000 botellas que todo el mundo desea beberse. Las cepas charlemagne se encuentran más arriba del pueblecito de Aloxe, al pie de una cumbre boscosa que detiene el viento del noroeste y acumula la humedad. El suelo magro de caliza está totalmente erosionado y se seca con rapidez. Para llegar hasta el agua las cepas hunden sus raíces a muchos metros de profundidad y absorben muchos minerales de la tierra.

En años regulares el vino alcanza ya 13 grados de alcohol, sin que el maestro bodeguero tenga que agregar azúcar, lo que de otro modo es normal en Borgoña. La exquisitez sorprende en la copa con matices siempre

FRANCIA

La pinot noir es la matriarca de una familia que abarca más de 100 variedades de vides. Es la más noble, pero también la más exigente de todas las uvas tintas. Da muy buenos resultados en Alsacia, en Alemania, en Burgenland, a veces también en Suiza y en Oregón. La reina tinta de las vides resulta insuperable en las pendientes calizas de la Côte d'Or borgoñona.

Réserve
Pierre André
BOURGOGNE
Appellation Bourgogne Contrôlée
PINOT NOIR

maison fondée en 1923
mis en bouteille par
Pierre André
négociant-éleveur au château
de corton andré à aloxe
corton côte-d'or ✠ france
red burgundy wine ✠
product of france ✠ alcohol
12% by volume ✠ net
contents 750 ml

Ce Grand Vin de Bourgogne a été sélectionné et élevé par Pierre André, au Château de Corton André. Les Cuvées les plus fines y ont été élaborées pour réaliser La Réserve Pierre André.

Issu du noble Cépage Pinot Noir, La Réserve Pierre André est la parfaite expression de son origine prestigieuse.

PRODUIT DE FRANCE

Bourgogne Pinot

APPELLATION BOURGOGNE CONTRÔLÉE

1995

12,5 vol.   375 ml

CHOISI ET MIS EN BOUTEILLE PAR
PAUL BEAUDET
A PONTANEVAUX 71570 FRANCE

GEVREY-CHAMBERTIN
Mise du Château

APPELLATION GEVREY-CHAMBERTIN CONTRÔLÉE

S.C. DOMAINE DU CHATEAU DE MARSANNAY
PROPRIÉTAIRE À MARSANNAY, CÔTE D'OR - FRANCE

13% vol.   DISTRIBUTEUR EXCLUSIF   D. DE L'ARGILLIÈRE   MARSANNAY CÔTE D'OR
FRANCE   75 cl

PRODUCE OF FRANCE   MISE EN BOUTEILLE
75 cl   A LA PROPRIÉTÉ

MÂCON SUPÉRIEUR ROUGE

Appellation Mâcon Supérieur Contrôlée

CAVE DES VIGNERONS DE BUXY - SAINT GENGOUX LE NL - 71390 BUXY - FRANCE

VIN
DE
BOURGOGNE
1989

Bourgogne

PINOT NOIR
Appellation Bourgogne Contrôlée

75 d   12,5 % vol.

PRODUIT ET MIS EN BOUTEILLE PAR
Y. ET C. CONTAT-GRANGÉ
VITICULTEURS
À DEZIZE-LES-MARANGES
71150 - FRANCE

PRODUIT
DE
FRANCE

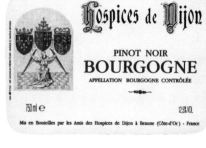

Hospices de Dijon

PINOT NOIR
BOURGOGNE
APPELLATION BOURGOGNE CONTRÔLÉE

750 ml e   12,5% VOL

Mis en Bouteilles par les Amis des Hospices de Dijon à Beaune (Côte-d'Or) - France

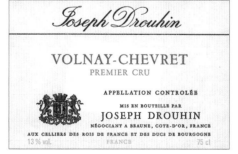

Joseph Drouhin

VOLNAY-CHEVRET
PREMIER CRU

APPELLATION CONTRÔLÉE

MIS EN BOUTEILLE PAR
JOSEPH DROUHIN
NÉGOCIANT A BEAUNE, COTE-D'OR, FRANCE
AUX CELLIERS DES ROIS DE FRANCE ET DES DUCS DE BOURGOGNE
13 % vol.   FRANCE   75 cl

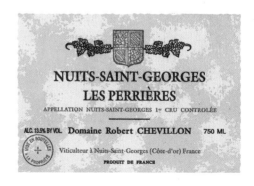

NUITS-SAINT-GEORGES
LES PERRIÈRES
APPELLATION NUITS-SAINT-GEORGES 1er CRU CONTRÔLÉE

ALC. 13.5% BY VOL.   Domaine Robert CHEVILLON   750 ML
Viticulteur à Nuits-Saint-Georges (Côte-d'or) France
PRODUIT DE FRANCE

PATRIARCHE
PÈRE ET FILS

Musigny
GRAND CRU
Appellation Contrôlée

13,5% VOL.   Elaboré et mis en bouteilles par Patriarche Père et Fils   750 ml e
Négociants Eleveurs au Couvent des Visitandines à Beaune France depuis 1780

nuevos. Los autores inspirados hablan unas veces de miel y avellana, otras de canela y arándanos, y al parecer también hay trufa. Resumiendo, estos vinos rebuscados, que en el floreado idioma de los franceses «despliegan en la lengua una cola de pavo real», son indescriptibles y sin embargo inequívocos. En esta cuestión suabios (conocidos por su sentido de la economía) y franceses tendrían con toda seguridad respuestas diferentes. ¿Producen acaso más placer diez botellas de un buen borgoña blanco *spätauslese* a 7,50 euros cada una? ¿O debería una persona permitirse una vez en la vida un Corton-Charlemagne para experimetar el sabor del Olimpo?

Los viejos monjes venden

Pero no todo lo que se embotella en Borgoña es olímpico. De la Côte d'Or, «La Ladera de Oro», que desde Dijon se extiende a lo largo de 40 kilómetros hacia el sur y está considerada la mejor parte de esta zona, provienen muchos productos masificados que se comercializan con precios más que exagerados, aludiendo descaradamente a la tradición. Los monjes cistercienses que en el siglo XIII plantaron los primeros y mejores

viñedos siguen contribuyendo a la venta de un modo excelente. Cuando Europa terminó de limpiar las ruinas después de la Segunda Guerra Mundial y empezó otra vez a ganar dinero se produjo una violenta demanda de los «*vins de Bourgone*». La oferta era escasa y la tentación de ampliar la producción desmesurada. Las viñas conquistaron las llanuras en las que a la valiosa pinot noir no se le había perdido nada. Se criaron clones de gran rendimiento y el uso de productos de fumigación aumentó de forma pavorosa. Joseph Belland, propietario de una finca vitivinícola en Santenay, hacía el siguiente cálculo: «Cuando yo era joven se consideraba que 20 hectolitros eran mucho. En la actualidad 60 hectolitros ya no resultan una excepción». Y todo se vendía. La exportación floreció, sobre todo a Estados Unidos. Hasta que en 1985 el curso del dólar experimentó un drástico descenso y los norteamericanos limitaron sus compras en la *Good Old Europe*. Las bodegas de las grandes casas de Beaune y Nuits-Saint-George se quedaron llenas. Por primera vez desde la Guerra Mundial los precios bajaron. Los viticultores han vuelto a entrar en razón: ya no quieren forzar tanto la naturaleza, producir tanto; vuelven a concentrarse en las cosechas de calidad. La

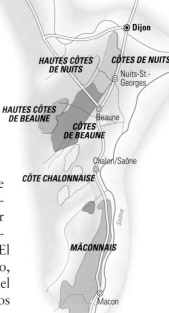

asociación Groupe des Jeunes Professionels de la Vigne (grupo de jóvenes profesionales de la viña) cuenta con 500 miembros, que vuelven a profesar las virtudes de sus abuelos. La Borgoña desciende de las altas nubes y se acerca al consumidor, lo que en vista de las buenas añadas resulta satisfactorio.

O se compra lo mejor o no se compra nada

El típico amante del borgoña es un fanático del «todo o nada», que es capaz de soportar meses de renuncia para poderse permitir una vez el gran chambertin. El emperador Napoleón, que era un mezquino, acostumbraba a beberse este vino mezclado con agua. Cuando las cosechas de la Côte d'Or son buenas, no tienen rival. En ninguna otra parte del mundo da la pinot noir unos resultados tan completos. Los viticultores borgoñones se quejan continuamente de que los *gourmets* sólo reclaman los mejores *crus*, las mejores añadas.

Rigurosamente clasificado en cinco categorías

La viticultura borgoñona está sometida a un riguroso sistema de cinco categorías. En la base se encuentra la AOC Bourgogne (denominación de origen controlada de Borgoña). Un «borgoña aligoté» es un modesto vino blanco varietal. Por encima se encuentran las *appellations régionales* (denominaciones regionales), como «Côte de Beaune» o «Côte de Nuits-Villages». Las cosechas de calidad comienzan con las *appellations locales*, que casi siempre son buenos cuvées propios de un municipio como Volnay, Chambolle-Musigny, Pommard (tinto) o Mersault (blanco). Hay bodegas de gran honestidad, como Jean Marie Délauny, Joseph Drouhin, Louis Jadot, Louis Latour o Louis Lesanglier, que cuando un barril sólo satisface las exigencias del maestro bodeguero en un 98% mezclan con los vinos municipales alguna partida de los mejores viñedos. El segundo nivel de calidad está constituido por los *premiers crus* procedentes de viñedos situados a la mitad de altura de los mejores. Estos sólo son superados tanto topológica como cualitativamente por los *grands crus*,

los 32 mejores viñedos de la Borgoña, esos «magnates» en el sentido que Goethe daba a la palabra, que se reparten entre sí la jerarquía.

En la cumbre de la cultura vitivinícola

Si viaja usted en dirección a Dijon la primera localidad viticultora de importancia que encuentra es Gevrey-Chambertin. El municipio doble está situado a los pies de una montaña de viñas, cuyos vinos tanto gustaban a Napoleón. Si en la etiqueta no aparece en primer lugar «Gevrey» sino «Mazys» o «Charmes», se trata de un producto delicioso. El mejor es el chambertin sin aditamento, puro fuego embotellado. Siguiendo hacia el sur se encuentran los encantadores pueblos de Morey-St-Denis y Chambolle-Musigny, cuyos vinos son agradablemente delicados, con un sabor casi un poco mórbido. No tiene que ser necesariamente un *grand cru*, también las denominaciones locales con el nombre del municipio son buenas. A continuación vienen tres localidades que forman juntas la cumbre de los grandes tintos de Borgoña. En primer lugar Volnay, con su legendario Château, sede de la noble cofradía de los Tastevins. El *clos* que rodea al castillo produce unos vinos poderosos que resultan algo toscos cuando son jóvenes y tardan en desarrollarse. En Flagey-Échezaux y en Vosne-Romanée se encuentran muchos de los viñedos de calidad, como La Tâche o Romanée-Conti, que constituyen

FRANCIA

CHABLIS
Appellation Chablis Controlée
12% Alc./vol.   AUFFRAY   750 ml
ANCIEN DOMAINE AUFFRAY A CHABLIS FRANCE
Produce of France

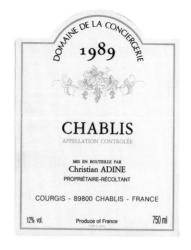

DOMAINE DE LA CONCIERGERIE
1989
CHABLIS
APPELLATION CONTROLÉE
MIS EN BOUTEILLE PAR
Christian ADINE
PROPRIÉTAIRE-RÉCOLTANT
COURGIS - 89800 CHABLIS - FRANCE
12% vol.   Produce of France   750 ml

PRODUIT DE FRANCE
DOMAINE DE LA
MOLLEPIERRE
&
BOURGOGNE CHARDONNAY
APPELLATION BOURGOGNE CONTROLÉE
1995
12% vol.   MIS EN BOUTEILLE AU DOMAINE   750 ml
pour PAUL BEAUDET-PONTANEVAUX-71570 FRANCE

POUILLY-FUISSÉ
APPELLATION POUILLY-FUISSÉ CONTROLÉE
13% vol.   750 ml
Domaine Abélanet - Laneyrie
MIS EN BOUTEILLE AU DOMAINE
Eric Abélanet, Viticulteur-Récoltant 71570 CHAINTRÉ - France
PRODUIT DE FRANCE

PATRIARCHE
PÈRE ET FILS
Chablis
Appellation Controlée
750 ml e   Clos et mis en bouteille par Patriarche Père et Fils   12,5% VOL.
Négociants-Eleveurs au Couvent des Visitandines à Beaune France depuis 1780

MUSIGNY
GRAND CRU
APPELLATION MUSIGNY CONTROLÉE
CUVÉE VIEILLES VIGNES
Domaine Comte Georges de VOGÜÉ
CHAMBOLLE-MUSIGNY (CÔTE-D'OR)
Réserve numérotée
1993   Mis en bouteilles au domaine
L M 033   13% vol.   750 ml   PRODUCE OF FRANCE   par SD Comte Georges de Vogüé
Chambolle-Musigny - France

Joseph Drouhin
CHASSAGNE-MONTRACHET
MORGEOT
PREMIER CRU
APPELLATION CONTROLÉE
MIS EN BOUTEILLE PAR
JOSEPH DROUHIN
Maison fondée en 1880
NÉGOCIANT A BEAUNE, CÔTE-D'OR
AUX CELLIERS DES ROIS DE FRANCE ET DES DUCS DE BOURGOGNE
12,5 % vol.   FRANCE   75 cl

Produce of France   Mis en bouteilles à la Propriété
Puligny-Montrachet
APPELLATION CONTROLÉE
750 ml   13,5% vol.
DOMAINE LEFLAIVE
PROPRIÉTAIRE A PULIGNY-MONTRACHET (CÔTE-D'OR)

Récolte   1982
Pouilly-Fuissé
APPELLATION CONTROLÉE
"POUILLY"
750 ml
Les Fils de R. REVEL, Propriétaires à POUILLY-SOLUTRÉ (S.-&-L.)
Mise en bouteille par les Ets AUVIGUE - BURRIER & REVEL à 71000 CHARNAY-LES-MACON

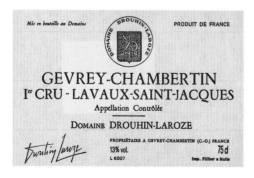

Mis en bouteille au Domaine   PRODUIT DE FRANCE
DOMAINE DROUHIN-LAROZE
GEVREY-CHAMBERTIN
Iᵉʳ CRU - LAVAUX-SAINT-JACQUES
Appellation Contrôlée
DOMAINE DROUHIN-LAROZE
PROPRIÉTAIRE A GEVREY-CHAMBERTIN (C.-O.) FRANCE
13% vol.   75 cl
L 6007   Imp. Fillber a Nuits

ESTATE BOTTLED   MISE DU CHATEAU
CHATEAU DE MEURSAULT
MEURSAULT 1ᵉʳ CRU
APPELLATION MEURSAULT 1ᵉʳ CRU CONTRÔLÉE
SOCIÉTÉ CIVILE DU
DOMAINE DU CHATEAU DE MEURSAULT
PROPRIÉTAIRE A MEURSAULT, CÔTE-D'OR, FRANCE
DISTRIBUTEUR EXCLUSIF COMTE DE MOUCHERON chateau de meursault
13,5% vol.   75 cl
FRANCE

54

Meursault
« LES NARVAUX »
Appellation Meursault Contrôlée

75 cl   Pierre BOUZEREAU-ÉMONIN
VITICULTEUR A MEURSAULT (COTE-D'OR) FRANCE
MISE EN BOUTEILLE A LA PROPRIÉTÉ

ANTONIN RODET
Depuis 1875

Bourgogne Aligoté
Appellation Bourgogne Aligoté contrôlée

12,5% vol.   750 ml
MIS EN BOUTEILLE PAR ANTONIN RODET A MERCUREY (SAÔNE-&-LOIRE) FRANCE
PRODUCE OF FRANCE

Joseph Drouhin

Montrachet
GRAND CRU
APPELLATION CONTROLÉE
Marquis de Laguiche

MIS EN BOUTEILLE PAR JOSEPH DROUHIN
DISTRIBUTEUR EXCLUSIF, NÉGOCIANT A BEAUNE, COTE-D'OR, FRANCE
13,5% vol.   FRANCE   75 c l

Hospices de Dijon

CHARDONNAY
BOURGOGNE
APPELLATION BOURGOGNE CONTRÔLÉE

750 ml e   12,5% vol.
Mis en bouteilles par S.D.V. à F 21200 Côte-d'Or France
Distributeur exclusif pour l'exportation : Patriarche Père et Fils à Beaune Côte-d'Or France

M^ON FONDÉE   EN 1750

BOURGOGNE ALIGOTÉ
APPELLATION BOURGOGNE ALIGOTÉ CONTRÔLÉE

Chanson Père & Fils

750 ml e   Mis en bouteilles par   Alc. 12% Vol.
CHANSON PÈRE & FILS, NÉGOCIANTS A BEAUNE (COTE-D'OR) FRANCE

Bourgogne. Chardonnay.
APPELLATION BOURGOGNE CONTROLÉE
MIS EN BOUTEILLES PAR LE
Domaine Joseph Matrot Propriétaire à Meursault 21.
Alc 12,5% by vol.   PRODUCT OF FRANCE   750 ml

El *chardonnay* se puso de moda y luego dejo de estarlo. Los consumidores llegaron a pedir los llamados vinos «ABC» (abreviatura de: Anything But Chardonnay, *que significa, cualquier cosa menos chardonnay*). Odiaban el sabor impuesto por California, que recordaba a la manteca de cerdo y a la vainilla. Muchos aficionados al vino desconocen que los blancos más caros proceden de la prensa de chardonnay. Los viticultores de la Borgoña disponen de los mejores viñedos, de vides antiguas y, además, saben elaborar muy bien esta variedad.

la cumbre de la cultura vitivinícola. Nuits-St-Georges es la cabeza de distrito que da nombre al tramo inferior de la Côte d'Or. Allí se producen vinos longevos, pero casi siempre austeros.

Donde el sabor de la madurez aún encuentra acogida

La parte sur de la Côte d'Or recibe el nombre de Beaune, su centro. El primer y mejor municipio es Aloxe-Corton donde hay un tinto pujante y el ya mencionado blanco charlemagne. Beaune posee buenos viñedos con vinos briosos, casi barrocos. A continuación vienen mis favoritos: el vino de Pommard con un ligero aroma a hierba y el de Volnay, que sabe a grosellas y para mi gusto es el borgoña clásico. Meursault produce unos blancos opulentos y melancólicos. Estas cosechas desarrollan todo su encanto al cabo de tres o cuatro años. Resulta satisfactorio que aún encuentren acogida. En cualquier otro lugar todos los blancos se beben jóvenes. Parece como si a nadie le gustara ya el sabor maduro. Las localidades de Puligny y Chassagne, al sur de Meursault comparten la segunda de las magníficas lomas donde se crían borgoñas blancos, Montrachet. El mejor vino es aquel que lleva el nombre sin aditamento. Por el contrario los puligny-montrachet y los chassagne-montrachet no son más que chardonnays.

¿Por qué reducir el alcohol?

Pero la Côte d'Or constituye sólo una parte de la región de Borgoña. Al noroeste de Dijon, a orillas del pequeño río Serein, se encuentra la ciudad de Chablis, cuyas laderas producen el vino blanco más nombrado del mundo. Los buenos caldos de allí disfrutan la fama de ser los acompañantes idóneos de las ostras. Al menos hasta hace treinta años. El chablis que se ofrece hoy en día es casi siempre delicado y con un alto contenido en azúcar residual. Es decir, está fuertemente chaptalizado. Los viticultores insisten en que ese precisamente es el sabor que prefieren los clientes de todo el mundo. Al sur de Borgoña llama la atención la ciudad de Macon. Sus blancos eran antiguamente frescos y ligeros, excelentes para acompañar todo tipo de pescado. Hoy son idénticos al chablis, aunque un poco más expresivos. En Fuissé, al lado de Macon, algunos productores elaboran un blanco pouilly-fuissé (no confundir con el pouilly-fumé del Loira) que no resulta tan pujante. Quien quiera saber cómo era antiguamente el sabor del chablis, ese sabor fresco, mineral, con un regusto a acero, tiene que dirigirse al extremo norte de Borgoña, a la romántica ciudad de Tonnerre. Allí y en la vecina localidad de Épineuil, los jóvenes viticultores han vuelto a trabajar viñedos que llevaban veinte años abandonados y son más escrupulosos a la hora de ayudar a la naturaleza en la elaboración del vino.

Beaujolais

Resulta sorprendente lo perdurable que está resultando la moda de beber el inmaduro primeur. Beaujolais tiene mejores vinos que ofrecer.

Antiguamente se lo recibía como a un rey. A mediados de la década de 1980, la entonces redactora jefe de la revista gastronómica alemana *essen & trinken*, Angelika Jahr, todavía alquilaba el tercer domingo de noviembre el Brenners Parkhotel de Baden Baden para ofrecer una recepción en su honor. Estamos hablando de Su Majestad Beaujolais Primeur. En la actualidad, el tinto joven del sur de Borgoña es acogido más bien como un simpático conocido. Se beben una o dos copitas con los amigos y eso es todo. El barullo en torno al beaujolais primeur se ha aplacado sensiblemente, al menos en Alemania. No obstante, el atractivo que desprende la nueva añada del

recién nacido sigue teniendo la fuerza suficiente para seducir a la gente hasta el punto de que el tercer domingo de noviembre se bebe más vino que cualquier otro día del año.

Puntualmente incluso en Japón y Texas

En los años setenta el primeur era una cuestión local limitada a un par de *bistros* de Lyón. Los hombres de negocios de allí se dedicaban algunas tardes después del trabajo a probar vino a medio elaborar. Pero la moda pronto se extendió a toda

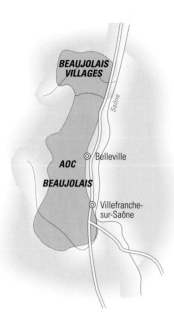

Europa. Gracias a la eficacia de las empresas transportistas se logra que al día siguiente de su entrega el beaujolais primeur se pueda servir de Berlín a Birmingham y de Maastricht a Moscú. Comienza una carrera entre los conductores que ha llegado a producir accidentes mortales. El desfase horario y el ultrasónico Concorde han hecho posible que japoneses y texanos puedan probar el jovencito al mismo tiempo que los europeos. En el caso de esta inmadura bebida –en la que se emplean las técnicas bodegueras más refinadas para hacerla bebible y a la que el transporte destroza por completo– apenas se puede hablar de disfrute. Un consumo confiado de este producto puede provocar por la noche la misma taquicardia que beber café a jarras. Y no hay que olvidar el dolor de cabeza al día siguiente, pues el vino que antiguamente se describía como ligero ha adquirido hoy en día más grado alcohólico debido a una chaptalización sin escrúpulos.

El extraño aroma a plátano

Para los productores de beaujolais el vino es un negocio que resulta muy barato. En cuestión de días venden la mitad de sus cosechas. Hay dinero de inmediato y no hay costes de almacenamiento ni intereses que pagar. En los años ochenta los viticultores ampliaron notablemente su superficie de cultivo. Plantaron sus vides en la llanura arenosa que se extiende al sur de la capital, Villefranche, y abonaron y fumigaron con prodigalidad. Pero los altos rendimientos no sentaban bien al vino, que adquiría un gusto inmaduro con un extraño aroma a plátanos verdes que los comerciales avispados gustaban de resaltar como una peculiaridad especial. En esta región básicamente ultraconservadora se empezaron a alzar voces de disconformidad. «Yo he aprendido que el beaujolais tiene aroma a frambuesa, como mucho, a violetas, pero jamás a plátanos», increpó Maryse Allarousse, la primera francesa que adquirió el título de «maestro bodeguero del año». Hace tiempo que los viticultores contemplan su primeur con desconfianza y no gastan ni un *sou* en su adquisición. Se preguntan con recelo qué pasará si un día el joven vino se queda sin demanda. Ahora, 25 años después de su aparición parece que la moda va pasando. Aunque en Alemania hace tiempo que no se consume ni mucho menos lo que se consumió en 1988, aún se vacían unos ocho millones de botellas en pocos días.

Allí donde crece el auténtico beaujolais

La exportación ha descendido en cantidad pero ha aumentado en euros, lo cual quiere decir que ahora los consumidores se interesan más por el buen beaujolais, el verdadero. Ese vino que trastorna amablemente al degustador y que no es tan perecedero como se afirma. Esta exquisitez suele llevar el título añadido de *villages* y proviene del hemoso paisaje poblado de colinas al norte de Villefranche. El territorio que Gabriel Chevallier describe tan agradablemente en su novela titulada *Clochermerle*. Once pueblos ostentan el derecho de utilizar la denominación de origen (*appellation*). Entre ellos compiten amigablemente para ver quién prensa el mejor y más típico beaujolais. En mi opinión, sin duda, es el de Fleuri.

Como el nombre del bonito lugar, también los vinos son florales con un nítido aroma a violetas. El sabor recuerda simultáneamente a la frambuesa y el mirtilo. A este tipo de vino, juguetón y femenino, pertenecen también el de Saint-Amour y Chiroubles. No hay que despreciar el de Brouilly de pícara acidez, mientras que los de Juliénas, Chénas y Morgon son algo más consistentes y solemnes. Los vinos de Moulin-à-Vent están considerados el cénit del beaujolais. Estas cosechas se aproximan ya a un buen borgoña. Se mantienen un mínimo de cinco años y cuestan bastante más de diez euros por botella.

Resulta casi increíble: los viticultores de Beaujolais tan sólo trabajan una variedad de vid, la gamay, que en principio está considerada como de segunda clase, pero que en determinadas regiones (como ocurre también, por ejemplo, en Wallis, Suiza) produce unos vinos ágiles. En el municipio de Moulin-à-Vent, la gamay casi supera a la pinot noir. Los viticultores alemanes, que piensan que han de probar todo tipo de vid, incluso aquellas que no se adaptan lo más minimo al clima alemán, deberían aprender de esta sabia restricción.

Se recomienda

Domaine de Boischampt
en Juliénas

Jean-Paul Brun
en Charnay

Guy Depardon
en Fleurie

Georges DuBoeuf
en Romanèche-Thorins

Château des Labourons
en Fleurie

Hubert Lapierre
en Chénas

Château Moulin-à-Vent
en Romanèche-Thorins

Domaine des Pillets
en Morgon

Château Thivin
en Odenas

Francis Tomatis & fils
en Chirouble

FRANCIA

Cada tercer domingo de noviembre la gente se reúne en torno al nuevo producto: ese día todo el mundo se traga el primeur, una bebida incompleta y bastante indigesta. De todas formas, la moda ya ha empezado actualmente a declinar. Los consumidores se orientan cada vez con más frecuencia hacia los mejores vinos de Beaujolais: los villages. Son el doble de caros que los vinos jóvenes de la región pero saben tres veces mejor y se mantienen incluso hasta dos y tres años.

Beaujolais Villages
APPELLATION BEAUJOLAIS VILLAGES CONTRÔLÉE

PRODUCE OF FRANCE

Domaine de la Sorbière

12% vol   Mis en bouteille au Manoir de Montmay   750 ml e
SARL DES DOMAINES JEAN-CHARLES PIVOT
"MONTMAY" 69430 QUINCIÉ-EN-BEAUJOLAIS - FRANCE

Domaine "Le Pavé"

Beaujolais-Villages
APPELLATION BEAUJOLAIS-VILLAGES CONTRÔLÉE

12,5% Vol.   MIS EN BOUTEILLE AU DOMAINE   75 cl
EVELYNE ET CLAUDE GEOFFRAY, LE PAVÉ - 69220 SAINT-LAGER FRANCE
PRODUIT DE FRANCE

Château Bonnet

CHÉNAS
APPELLATION CHÉNAS CONTRÔLÉE   75 cl

MIS EN BOUTEILLE AU CHÂTEAU

PIERRE PERRACHON · PROPRIÉTAIRE-RÉCOLTANT
CHÂTEAU BONNET · 71570 LA CHAPELLE-DE-GUINCHAY · FRANCE

PRIMEUR   SEIT 1831
R&U

2000
Réserve
Chateaubriand®
Beaujolais
Appellation Beaujolais Contrôlée
Mis en Bouteille dans la Région
de Production
France

12% vol   Mis en bouteille par S.N.J.P. à St-Georges-de-Reneins (France)   100 cl e
et sélectionné par Reidemeister & Ulrichs à Bremen (Allemagne)

PRODUCE OF FRANCE - VIN DU BEAUJOLAIS

RÉGNIÉ
APPELLATION RÉGNIÉ CONTRÔLÉE

13% Vol.   Jean-Marc Aujoux   750 ml e
MIS EN BOUTEILLE PAR JEAN-MARC AUJOUX, ST-GEORGES-DE-RENEINS - FRANCE

PRODUCE OF FRANCE

CHATEAU DES LABOURONS
FLEURIE
APPELLATION FLEURIE CONTRÔLÉE

COMTE B. DE LESCURE
PROPRIÉTAIRE-RÉCOLTANT A FLEURIE (RHÔNE)
Mis en Bouteilles au Château   75 cl

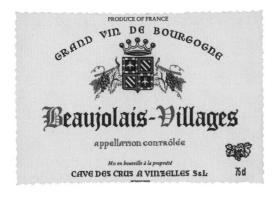

PRODUCE OF FRANCE

GRAND VIN DE BOURGOGNE

Beaujolais-Villages
appellation contrôlée

Mis en bouteille à la propriété
CAVE DES CRUS A VINZELLES S&L   75 cl

PRODUCE OF FRANCE - VIN DU BEAUJOLAIS

BEAUJOLAIS-VILLAGES
APPELLATION BEAUJOLAIS-VILLAGES CONTRÔLÉE

12,5% Vol.   Jean-Marc Aujoux   750 ml e
MIS EN BOUTEILLE PAR JEAN-MARC AUJOUX, ST-GEORGES-DE-RENEINS - FRANCE

PATRIARCHE
PÈRE ET FILS
GRAND VIN DU BEAUJOLAIS

Fleurie
Appellation Contrôlée

Mis en bouteilles par Patriarche Père et Fils
Négociants-Éleveurs au Couvent des Visitandines à Beaune France, depuis 1780

750 ml e   FRANCE   13% VOL

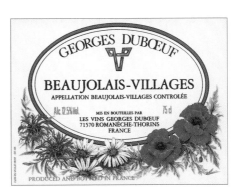

GEORGES DUBŒUF

BEAUJOLAIS-VILLAGES
APPELLATION BEAUJOLAIS-VILLAGES CONTRÔLÉE

Alc. 12,5% Vol.   MIS EN BOUTEILLE PAR   75 cl
LES VINS GEORGES DUBŒUF
71570 ROMANÈCHE-THORINS
FRANCE

PRODUCED AND BOTTLED IN FRANCE

Jura y Savoya

Las dos pequeñas regiones al este de Francia producen vinos singulares.

El fenómeno solamente se da dos veces en todo el mundo: en el caso del fino de Jerez y en el del *vin jaune* de Jura. Mientras el vino descansa en los toneles se forma en su superficie una capa de levaduras. Esta capa recibe el nombre de flor y cubre todo el líquido herméticamente enriqueciéndolo con misteriosas sustancias que hacen que el vino amarillo de Jura se mantenga fresco durante décadas. Aún hoy sigue desconociéndose la razón por la que ocurre esto.

Los blancos veteranos

Los viticultores de Jura se dedican principalmente a los vinos blancos, entre los que se cuentan algunos tradicionales elaborados con las variedades poulsard y trosseau que sólo se cultivan allí y se dejan madurar largo tiempo en barrica. Estos veteranos líquidos cuentan con un círculo de amistades ferviente, aunque limitado.

Lo que beben los esquiadores

Al sur del lago Leman yace Savoya. Rodeada por los Alpes, la zona es un destino vacacional en toda época del año. En sus viñedos montañosos, que se extienden por toda la región, se plantan sobre todo variedades blancas. Los mejores vinos se obtienen en Roussette y Seyssel. En Savoya hay una uva tinta singular, la mondeuse. Negruzca y rica en taninos, proporciona un vino lleno de carácter del que prácticamente no hay una sola botella que salga de la región.

Valle del Ródano

El valle del Ródano ofrece cosechas de calidad y precio altos, pero también un buen vino redondo y económico.

A los viticultores de la llamada Côte du Rhône (valle del Ródano) no les resulta difícil producir buenos vinos al alcance de todos los bolsillos. Lo que se puede explicar por dos razones. En primer lugar, la zona de cultivo es grande. Sólo en la parte meridional, que se extiende entre Montélimar, capital del nougat, y Aviñón, hay más de 40 000 hectáreas de viñas. Se trata de una región próspera, mimada por el sol, con suelos ligeros y ricos en minerales, que se calientan rápidamente y a los que el subsuelo propociona agua sin cese. En el Ródano no existen años malos. Jacques Reynaud es dueño de Château Rayas, la mejor finca de Châteauneuf-du-Pape, y no tiene reparos en afirmar: «Aquí no resulta demasiado difícil producir buenos vinos. Sólo hay que estar algo pendiente de la temperatura».

El maestro bodeguero tiene que procurar que la bodega esté fresca en otoño, para que el mosto no empiece a fermentar inmediatamente y se evaporen los finos aromas. Con un poco de atención los vinos siempre resultan como deben ser, con un paladar intenso, redondo y delicado, así como un agradable aroma a cerezas y ciruelas. Todo esto ya lo sabían los antepasados. Seiscientos años antes de Cristo los comerciantes griegos que remontaron el río trajeron las vides. En la actualidad, la variedad de uva más importante en el Ródano es la syrah, cuyo nombre procede con bastante probabilidad de la ciudad persa de Shiraz, situada en Asia Menor, la cuna de la viticultura mundial.

FRANCIA

Saint Joseph
Grand Avannon

1998

CHAMPIN LE SEIGNEUR
CÔTE-RÔTIE
APPELLATION CÔTE-RÔTIE CONTRÔLÉE
JEAN-MICHEL GERIN
MIS EN BOUTEILLE À LA PROPRIÉTÉ A AMPUIS - 69420 F

Jaillance
CLAIRETTE DE DIE
APPELLATION CLAIRETTE DE DIE CONTRÔLÉE
TRADITION

Saint Joseph
APPELLATION SAINT JOSEPH CONTRÔLÉE
La Boisselée

Récolte 1999
Les Marelles
Crozes Her Mitage
Appellation Crozes-Hermitage Contrôlée

Maison fondée depuis 1781
Cornas
APPELLATION CORNAS CONTRÔLÉE
J. VIDAL-FLEURY

Côte-Rôtie
Appellation Côte-Rôtie Contrôlée
G.a.e.c. Jamet, Jean-Paul et Jean-Luc
Viticulteurs - 'Le Vallin', Ampuis (Rhône) - France

DOMAINE de BONSERINE
Côte Rôtie
CÔTE BRUNE
1996

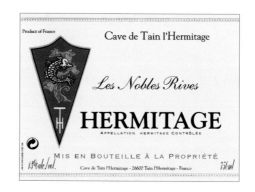

Cave de Tain l'Hermitage
Les Nobles Rives
HERMITAGE
APPELLATION HERMITAGE CONTRÔLÉE
MIS EN BOUTEILLE À LA PROPRIÉTÉ

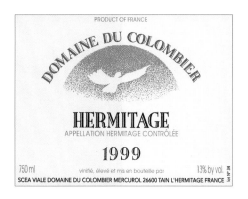

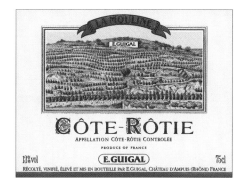

El término «septentrional» aplicado a una zona vitivinícola suele resultar desalentador. Pero los productores de la parte norte del Ródano no tienen el menor problema en usarlo. El hecho de que en sus tierras no se padezca el ardiente calor de Aviñón constituye una gran ventaja. Así, casi siempre a base de la variedad syrah, producen unos tintos caprichosos y bastante angulosos mientras son jóvenes, que resultan grandiosos cuando maduran.

Francia

CÔTES RÔTIE
CONDRIEU
Vienne

CÔTES DU RHÔNE

RHÔNE NORD
HERMITAGE
CROZES HERMITAGE

CORNAS ST. PERAY
Valence

CLAIRETTE DE DIE

CÔTES DU RHÔNE

CÔTEAUX DU TRICASTIN
RHÔNE SUD

CÔTES DU RHÔNE VILLAGES
RASTEAU

GIGONDAS
CÔTES DU VENTOUX

CÔTES DU RHÔNE
Orange

CHÂTEAUNEUF DU PAPE

LIRAC TAVEL
Avignon

CÔTES DU LUBERON

La mezcla es lo que cuenta

La segunda razón es la siguiente: el territorio en torno a Aviñón es el centro de la economía bodeguera francesa. Numerosas empresas, entre ellas varias millonarias en hectolitros, suministran a las grandes cadenas comerciales de todo el mundo. A parte de vino del Ródano, también embotellan borgoña, beaujolais y rosado de Provenza. Por todo ello, la posibilidad de mezclar variedades en abundancia resulta muy tentadora. Sin embargo, creo que en general todo se lleva a cabo limpiamente, pues la cantidad de vino bueno disponible es más que suficiente y además hay un centinela enconado que lo vigila todo: se trata del departamento de Hacienda que recauda el impuesto enológico. En cualquier otra parte de Francia se ha producido ya algún que otro escándalo, pero no en el Ródano. Seguro que algún borgoña que haya resultado demasiado flojo se habrá resaltado con algún denso producto de Aviñón, o algún Côtes du Rhône demasiado espeso será refrescado con algún chispeante beaujolais. Los franceses no son tan estrictos, siempre y cuando el resultado final sea sabroso y saludable. Las grandes empresas bodegueras dominan el *coupage*, el arte de elaborar una buena mezcla a base de los ingredientes más variados que resulte más agradable al paladar de lo que lo habrían sido los componentes por separado. La gente de buena fe habla de *mélange*, *mariage* o *cuvée*, y hace hincapié en el festivo champaña, la taza de café y el especiado cigarro habano del Caribe, todos ellos producto de tales mezclas.

Las mejores casas también tienen vinos sencillos

La viticultura entre Lyón y la desembocadura del río está organizada según una clara jerarquía. Por encima de los vinos de mesa anónimos se encuentran los *vins du pays* (vinos del país), vinos regionales cuyas denominaciones más conocidas son Coteaux du Pont du Gard, Coteaux des Baronnies y Sables du Golf du Lion. Por encima de estos y clasificados a tres niveles se encuentran los vinos de calidad con denominación de origen o *appellation d' origine contrôlée* (AOC). La denominación más

amplia es la de Côtes du Rhône, que abarca toda la región. Bajo este nombre se puede encontrar un buen vino de *domaine*, como llaman en Francia a las explotaciones vinícolas, con un precio de unos 7,5 euros; o una mezcla de diferentes mostos más o menos conseguida por la que se pagan unos 2,5 euros. Al menos en Francia, el precio es la referencia más fiable respecto a la calidad. El consumidor indeciso se fija en si el vino ha sido embotellado por un *éleveur* (comerciante) o un *récoltant* (productor). En la zona no se considera indigno embotellar un Côtes du Rhône. Lo hacen también casas nobles como Chapoutier o Guigal, que bajo esa denominación ofrecen también sus vinos sencillos, los cuales, no obstante, no dejan de ser buenos.

Los vinos de village

Los vinos de calidad superior llevan el sufijo *villages*, cuyo significado no es otro que pueblo. Unos 60 municipios poseen esta denominación, y de ellos 16 pueden incluir su nombre en la etiqueta. Los más conocidos son Cairanne, Chusclan, Rasteau, Sablet y Séguret. De allí proceden vinos que resultan de lo más agradable a los cuales los expertos denominan «carnosos», es decir, que se pueden morder. En lo más alto de la categoría se encuentra finalmente una docena de localidades que debido a tradiciones antiquísimas poseen sus propias denominaciones locales, *appellations locales*. Las más famosas son Châteauneuf-du-Pape y el municipio del rosado, Tavel. Hay dos ambiciosos pueblos de viticultores que hace algo más de cinco años han conseguido llegar a la cumbre de la categoría *village*. El primero fue Gigondas y después Vacqueyras (la «s» se pronuncia). Estas localidades tienen vinos excelentes, densos y vivos, de una solemnidad barroca y con la fructuosidad de las ciruelas frescas: Ródano de la mejor calidad.

En los alrededores de Lyón suben los precios

La región vitivinícola con una extensión de más de 200 kilómetros se divide claramente en dos partes. En la zona alta, en torno a Lyón, se hallan la mayoría de las más

nobles denominaciones de origen locales, sólo conocidas por iniciados con el billetero bien lleno. Allí se encuentran vinos acreditados con una cierta astringencia. Son asombrosamente longevos y su sabor se sitúa entre el borgoña y el vino del sur del Ródano, pero sin la solemnidad del uno, ni la sensualidad del otro. Las cosechas son reducidas y la mayor parte de las pocas botellas que se obtienen se escancia guarnecida con mucho patriotismo local en los restaurantes provistos de estrellas de Lyón. Ya sea de Cornas o de Condrieu, no se obtienen al año más de 300 000 botellas. La denominación Château-Grillet no abarca más que las 1,4 hectáreas de viñedo de una sola propiedad. Por esta razón asalta la duda de si no será la escasez el motivo de la fama que impulsa los precios. No quiero caer en la ironía del que quiere y no puede: Côte-Rotie o Saint-Joseph son cosechas fantásticas, pero cuestan 25 euros y más. El vino más famoso del Alto Ródano es el Crozes-Hermitage, que me ha defraudado con bastante frecuencia. Llegado el caso prefiero «morder» un vino de Vacqueyras, que será carnoso pero no resulta tan caro.

FRANCIA

La variedad de vid garnacha procede de España y sólo madura en regiones especialmente soleadas. Ahora bien, allí produce vinos agradablemente delicados e intensos, con profundo aroma a ciruela. La garnacha es la variedad principal del ancho y cálido valle situado en torno a Aviñón. Cuando se mezcla con la syrah, que es más tánica, produce un vino de considerable largura, cuyo cénit es el de Châteauneuf-du-Pape.

Domaine Roger Perrin

CÔTES DU RHÔNE
APPELLATION CÔTES DU RHÔNE CONTRÔLÉE
1998   Mis en bouteille au Domaine
DOMAINE ROGER PERRIN - PROPRIETAIRE-RECOLTANT
ROUTE DE CHATEAUNEUF-DU-PAPE - 84100 ORANGE (VAUCLUSE)
Alc. 12,5% by Vol.   PRODUCT OF FRANCE   750 ML

1999
DOMAINE DE LA VAUSSIERE
TAVEL
APPELLATION TAVEL CONTRÔLÉE
MIS EN BOUTEILLE A LA PROPRIÉTÉ
A.P.V.T. 30126. TAVEL -FRANCE
13,5% Vol.   730 ml

DOMAINE CHAPOTON
1995

ROCHEGUDE
CÔTES DU RHÔNE VILLAGES
Appellation Côtes du Rhône Villages Contrôlée
13% Vol.
Mis en Bouteille au Domaine
A. REMUSAN - DOMAINE CHAPOTON - 26790 ROCHEGUDE FRANCE
PRODUIT DE FRANCE
L. 96.2. RG

MIS EN BOUTEILLE AU CHATEAU

CHATEAU MONT-REDON
Châteauneuf-du-Pape
APPELLATION CHÂTEAUNEUF-DU-PAPE CONTRÔLÉE
Propriétaire Récoltant
S.A. D'EXPLOIT. DU CHÂTEAU MONT-REDON A CHÂTEAUNEUF-DU-PAPE (VAUCLUSE) FRANCE
13,5% vol.   PRODUCE OF FRANCE   750 ml

TEMPTATION

CAIRANNE
Côtes du Rhône Villages
APPELLATION CÔTES DU RHÔNE VILLAGES CONTRÔLÉE
Mis en Bouteille à la Propriété
CAVE DE CAIRANNE
84290 CAIRANNE VAUCLUSE FRANCE
750 ml   13,5% vol.

DOMAINE DES SÉNÉCHAUX

1993
CHÂTEAUNEUF-DU-PAPE
Appellation Châteauneuf-du-Pape Contrôlée
S.C.E.A. Domaine des Sénéchaux Propriétaire Récoltant
à Châteauneuf-du-Pape France
750ml.   Alc. 13,5% by vol.
PRODUCE OF FRANCE

PRODUCE OF FRANCE
Domaine Sainte-Anne
Saint-Gervais
Côtes du Rhône Villages
APPELLATION CÔTES-DU-RHÔNE VILLAGES CONTRÔLÉE
Alc 13% / Vol   Mis en bouteille au Domaine   e 75 cl
E.A.R.L. DOMAINE SAINTE-ANNE "LES CELLETTES" F 30200 SAINT-GERVAIS - FRANCE
L. 94 . R .CV

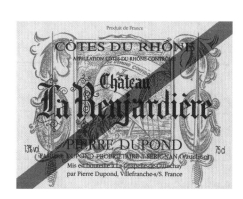

Produit de France
CÔTES DU RHÔNE
APPELLATION CÔTES DU RHÔNE CONTRÔLÉE
Château
La Benjardière
PIERRE DUPOND
FAMILLE DUPOND PROPRIÉTAIRE A SERIGNAN (Vaucluse)
13% vol.   75 cl
Mis en bouteille à la Chapelle de Guinchay
par Pierre Dupond, Villefranche-s/S. France

PRODUCE OF FRANCE
Coudoulet de Beaucastel
CÔTES-DU-RHONE
APPELLATION   COTES-DU-RHONE   CONTROLÉE
Sté FERMIÈRE DES VIGNOBLES PIERRE PERRIN
AU CHÂTEAU DE BEAUCASTEL COURTHEZON (Vse) FRANCE
12,5% alc./vol.   MISE EN BOUTEILLES DU CHATEAU   750 ml

DOMAINE LE POINTU
VIEILLI EN FÛT DE CHÊNE
1998   1998
Châteauneuf du Pape
APPELLATION CHÂTEAUNEUF DU PAPE CONTRÔLÉE
MIS EN BOUTEILLE A LA PROPRIÉTÉ
PAR S.C.A. A F 84350
750 ml   MAURICE COSTE, PROPRIÉTAIRE-RÉCOLTANT A COURTHEZON - FRANCE   14% vol.
PRODUIT DE FRANCE

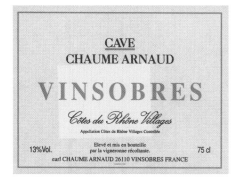

CAVE
CHAUME ARNAUD
VINSOBRES
Côtes du Rhône Villages
Appellation Côtes du Rhône Villages Contrôlée
13% Vol.   Elevé et mis en bouteille   75 cl
par la vigneronne récoltante.
earl CHAUME ARNAUD 26110 VINSOBRES FRANCE

Francia

Se recomienda

Domaine des Anges
  en Montmoiron
  (Côtes-du-Ventou)

Château d'Aquéria
  en Lirac

Domaine de Cabasse
  en Séguret

Domaine Chapoton
  en Rochegude

Max Chapoutier
  en Tain-l'Hermitage

Domaine Durand
  en St.- Joseph

Etienne Guigal
  en Ampuis

Gabriel Meffre
  en Gigondas

Domaine de Mont-Redon
  en Chârteauneuf-du-Pape

Domaine Maby
  en Tavel

Château de la Nerthe
  en Châteauneuf-du-Pape

Domaine La Réméjeanne
  en Sabran

Marcel Richeaud
  en Cairanne

Domaine de la Soumade
  en Rasteau

Château du Trignon
  en Gigondas

Domaine du Vieux Chêne
  en Camaret-sur-Aigue

Domaine du Vieux Télégraphe
  en Châteauneuf-du-Pape

De la época de los antipapas

Siguiendo corriente abajo nos encontramos en primer lugar con uno de los parajes más inhóspitos de Francia: el valle lleno de industria y con el reactor nuclear de Pierrelatte en su centro. Al sur de la ciudad de Bollène el entorno vuelve a ser más placentero. Allí, el valle del Ródano se ensancha dando lugar a una región cálida y rica que se centra en el cultivo de jugosa fruta y de vinos redondos, de una finura femenina. En la orilla izquierda se encuentran los *villages*, la segunda categoría en la jerarquía de calidad, y en la derecha dos denominaciones locales de gran tradición: Lirac y Tavel. Esta última produce el que está considerado como el mejor rosado del mundo. Es un vino delicado y opulento, casi de color cobre, con un encanto que se diría matriarcal. Al untuoso vino de Tavel se le suele llamar rosado de invierno, para distinguirlo de los ligeros refrescos de Provenza. Lirac produce tintos y rosados bastante asequibles que no defraudan nunca, pero que sólo merecen hasta cierto punto distinguirse como denominación propia. Côtes du Rhône termina con un vino cuyo nombre evoca la música de órgano: el poderoso Châteauneuf-du-Pape, criado al calor del sol en suelos cubiertos de guijarros rojos. A menudo se produce mezclando una docena de uvas diferentes, algunas de las cuales son realmente raras, como la cournoise o vaccarise. Estos vinos tienen como mínimo 13° de alcohol. A pesar de los muchos avances técnicos de las bodegas, el vino de Châteauneuf-du-Pape se sigue elaborando prácticamente como en el siglo XIV, cuando en el castillo que corona Aviñón residían los antipapas. Los viticultores han sabido mantener el nombre muy alto. Las vides sólo se pueden plantar en superficies escogidas alrededor del antiguo palacio papal y los rendimientos se mantienen muy bajos, de manera que por metro cuadrado no se cosecha más que un cuarto de litro, un vaso bien colmado. A mí me gusta saborear este vino sobre todo cuando afuera está helando y en el interior la calefacción no acaba de calentar lo suficiente. En esos momentos el calor del sol embotellado es lo que mejor me sienta. Aunque en los últimos años este placer se ha vuelto muy, muy caro.

Los elegantes vinos del extremo

Para terminar nos queda mencionar que el 99% de lo que produce el Ródano francés son tintos. Hay unos pocos vinos blancos, bastante costosos, que casi siempre resultan densos y delicados, plenos de aromas maravillosos, más apropiados para meditar que para consumirlos alegremente. Côtes du Rhone aporta también dos excelentes vinos de postre: el de Rasteau y el de Beaumes de Venise, además del fresco espumoso de Clairette de Die. La publicidad enológica regional no suele hacer mención de determinadas denominaciones situadas casi siempre en la margen izquierda del río como Tricastin, Côtes-du-Luberon o Côtes-du-Ventoux. Son vinos económicos, nada desdeñables para el día a día.

Burdeos

Burdeos ofrece los vinos mejores y más caros del mundo, pero también una clase media-alta.

Esta es una de las diferencias básicas entre galos y germanos. Al contrario de los franceses, a los alemanes les resulta muy difícil el trato con las tradiciones. Esto se puede aplicar sobre todo a los taberneros. Los grandes nombres que infunden respeto rara vez perduran en Alemania, ya sea porque sus portadores carecen de persistencia a largo plazo para seguir aspirando a la más alta calidad, o bien porque los competidores se apropian del título descaradamente y abusan de él hasta que pierde todo sentido, para perjuicio de todos. Por ejemplo, ¿qué significan hoy en día los Prädikat? Han pasado a ser palabras rimbombantes que sirven como galardón a los más mínimos méritos. Por el contrario, los franceses protegen un término que ha crecido con honor,

miman a sus purasangres porque saben que a la sombra de su fama es más fácil avanzar.

Una dura tarea para los comerciantes de vino

Todo esto se puede demostrar de forma evidente mediante una lista de las mejores fincas vitivinícolas que tiene su origen en 1855. Con motivo de la Exposición Universal de París, el emperador Napoleón III, aficionado a las cosechas del Médoc, pidió a los comerciantes de vinos bordeleses presentes que elaborasen para él una relación de los mejores *châteaux* de cada distrito. Como se puede imaginar, la solicitud constituyó una difícil tarea para los negociantes,

quienes la llevaron a cabo utilizando un recurso tan simple como perspicaz. Los comerciantes buscaron en sus libros los vinos que en los últimos años habían alcanzado los precios más elevados y desarrollaron con ellos una jerarquía. En ella se incluyeron los 61 nombres de aquellas fincas que siempre eran las más caras y las ordenaron en cinco grupos. La tesis de los comerciantes según la cual los vinos más caros por cálculo humano también debían ser los mejores, resulta cierta, al menos en Francia. La lista de los mejores *châteaux* de Médoc ha permanecido invariable hasta hoy con una única excepción: en 1973 Mouton-Rothschild fue ascendido con toda razón de la segunda a la primera categoría.

Con 150 años de antigüedad y todavía válida

En los últimos 150 años han cambiado muchas cosas en el Médoc. Los propietarios ya no son los mismos; algunas empresas fueron a la ruina en varias ocasiones; consorcios de bebidas ingleses y japoneses han adquirido importantes fincas, y se han vendido o intercambiado los viñedos. Prácticamente en ninguno de los *châteaux* seleccionados los lindes de los campos coinciden con los que tenían en el siglo XIX. Sin embargo, esto contradice la idea básica de la legislación enológica francesa, según la cual es el viñedo con sus suelos peculiares y su microclima especial lo que determina la calidad del vino. Pero a nadie se le ocurriría en Francia poner en duda esta clasificación digna de un museo. Sería como si alguien quisiera derribar la Torre Eiffel. Sólo los periodistas del ramo sin escrúpulos han intentado en repetidas ocasiones reelaborar la vieja lista. Por fin una revista se permitió la diversión de pasar por la picadora todas las listas alternativas y realizar con ellas una superclasificación. El resultado fue asombroso: tras 150 años, la mayor parte sigue siendo correcta. Sólo catorce de los sesenta y un *châteaux* ocupan en opinión de los críticos un lugar completamente inadecuado, es decir, que están situados o muy por encima o muy por debajo del rango que realmente merecerían. Hay siete empresas que deberían desaparecer: Belgrave, Croizet-Bages, Dauzac, Ferrrière, Lynch-Moussas, Pédescaux y La Tour Carnet. En compensación hay otras siete casas de gran honestidad, incluidas en los *crus bourgoises*, las cosechas burguesas, que deberían ascender a la primera división. Se trata de: Gloria, Lanessan, Meyney, De Péz, Phélan-Segur, Poujeau y Sociando-Mallet. Si de mí dependiera incluiría a mi favorito, Chasse-Spleen, y también a Angludet. La lista aumentaría pues en dos nombres. Como conozco y aprecio a los franceses, sé que la lista seguirá teniendo validez en los próximos 150 años. En este siglo tan vertiginoso resulta impresionante que una jerarquía que se creó poco más que por casualidad siga siendo correcta en más de sus tres cuartas partes tanto tiempo después.

Un disparatado tumulto en primavera

Esta perseverancia es la razón de que el *vin de Bordeaux* disfrute de una extraordinaria posición. En el extremo opuesto se encuentra el desfile que cada primavera tiene lugar en la región de la Gironda. Una muchedumbre de comerciantes y comentaristas de vinos se trasladan de bodega en bodega para probar la nueva añada. Acto seguido en la prensa *gourmet* de todo el mundo se puede leer que entre los más altos, esta vez Lafite resulta dos centésimas mejor que Mouton, y que Latour aporta dos coma dos puntitos más de untuosidad que las demás testas coronadas del paraíso del vino bordelés. También existen consumidores acaudalados, que con independencia de su propia opinión aceptan inmediatamente lo que se publica y en consonancia con ello hacen sus encargos en primavera por medio de las subscripciones de los comerciantes. Sin embargo, nadie puede saber cómo van a ser los vinos que en este momento se encuentran en el tonel. Sólo un insensato compra siguiendo el consejo de insensatos que pretenden ser capaces de juzgar un burdeos seis meses después de la cosecha. Probar un vino que todavía es tan inmaduro es como morder un melocotón verde. En la boca no se experimenta más que acidez y amargor. A esto hay que añadir que los vinos nunca se embotellan como se les dan a probar a los curiosos visitantes. Un burdeos de primera calidad no se embotella hasta el cabo de dos años. Antes del embotellado, el maestro bodeguero prepara el correcto *assemblage*, elaborando a base de los componentes más diferentes el *cuvée* que personifica el típico sabor del *châteaux*.

Las compras por adelantado no compensan en absoluto

Burdeos se toma su tiempo y lo mismo debería hacer el aficionado al vino. El comercio local ofrece botellas de una madurez magnífica en todas las categorías de precios. Las existencias no son tan escasas, así que el cliente puede esperar hasta que los vinos estén en condiciones de degustarse. Quien piense que comprando por subscripciones ahorra, se equivoca casi siempre. Por ejemplo, quien compró vino de 1997, una añada mediocre y con un precio exagerado, se pudo dar cuenta de su error. El comercio no pudo dar salida a este vino del que sólo consiguió desprenderse mediante drásticas rebajas. La añada de 1998 fue considerablemente mejor y no resultó tan cara. Después volvieron a subir los precios, pues los clientes norteamericanos con dólares fuertes como toros com-

FRANCIA

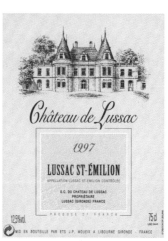

Desde los últimos años del siglo XX, los vinos de Saint-Émilion y de la localidad vecina de Pomerol se han encarecido vertiginosamente. Su sabor es más delicado y aterciopelado que el de las cosechas del Médoc, lo que agrada especialmente a los críticos de vinos norteamericanos. Además, desde que la ciudad de Saint-Émilion, de orígenes romanos, fue declarada patrimonio de la humanidad se han multiplicado sus visitantes.

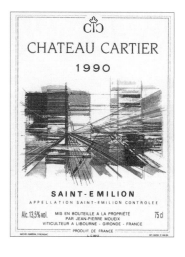

GRAND VIN DE SAUTERNES
1996
Château Climens
1er CRU
BARSAC
APPELLATION BARSAC CONTRÔLÉE
S.F. DU CHÂTEAU CLIMENS A BARSAC GIRONDE
14 % vol. MIS EN BOUTEILLE AU CHATEAU 75cl
PRODUCE OF FRANCE

Saint-Émilion Grand Cru
Château La Tour Figeac
Grand Cru Classé
Appellation Saint-Émilion Grand Cru Contrôlée
1995
S.C. Château La Tour Figeac
Propriétaire à Saint-Émilion - France
13,2% vol. Product of France 750 ml
MIS EN BOUTEILLE AU CHATEAU

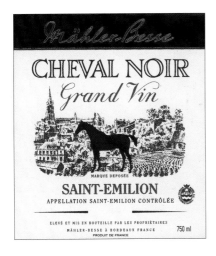

Mähler-Besse
CHEVAL NOIR
Grand Vin
MARQUE DEPOSÉE
SAINT-EMILION
APPELLATION SAINT-EMILION CONTRÔLÉE
ELEVÉ ET MIS EN BOUTEILLE PAR LES PROPRIÉTAIRES
MÄHLER-BESSE À BORDEAUX FRANCE 750 ml
PRODUIT DE FRANCE

ANGELUS
1er GRAND CRU CLASSÉ
CHATEAU
ANGELUS
1997
St-Emilion Grand Cru
DE BOÜARD DE LAFOREST & FILS
PROPRIETAIRES A SAINT-EMILION - FRANCE
Appellation St-Emilion Grand Cru Contrôlée
13% vol. PRODUCE OF FRANCE 750 ml.
MIS EN BOUTEILLE AU CHATEAU

Château CHEVAL BLANC
1er Grand Cru Classé
1995
St-Emilion Grand Cru
SPÉCIMEN
APPELLATION SAINT-ÉMILION GRAND CRU CONTRÔLÉE
Mis en bouteille au Château
13% BY VOL.
St Civile du Cheval Blanc, Hrs FOURCAUD-LAUSSAC
PROPRIETAIRE à ST-EMILION (GIRONDE) FRANCE 750 ml

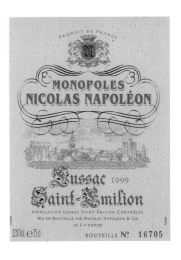

PRODUIT DE FRANCE
MONOPOLES
NICOLAS NAPOLÉON
Lussac 1999
Saint-Emilion
APPELLATION LUSSAC SAINT-ÉMILION CONTRÔLÉE
MIS EN BOUTEILLE PAR NICOLAS NAPOLÉON & CIE
3A A F-93720
12% Vol. 75cl
BOUTEILLE N° 16705

scc
Petrus Desáois
1997
Château St.Georges
St Georges St Emilion
12.5 % Alc. / Vol. Product of France 750ml
Appellation St Georges-St Emilion contrôlée
mis en bouteilles au château

Château Soutard
GRAND CRU CLASSE
APPELLATION St-EMILION GRAND CRU CONTROLEE
MIS EN BOUTEILLE AU CHATEAU
1996
Comte et Comtesse des LIGNERIS
Propriétaires à Saint-Emilion
13% vol. 750 ml

Château La Pointe
1997
Pomerol
APPELLATION POMEROL CONTRÔLÉE
12,5% vol. Mis en bouteille au Château 75 cl
S.C. CHATEAU LA POINTE FRANCE d'ARFEUILLE
PROPRIÉTAIRE à POMEROL (GIRONDE) PRODUCE OF FRANCE ADMINISTRATEUR

Además, los esnobs, que se abastecían de las buenas añadas no sólo con frecuencia, sino también en abundancia, tienen ahora las bodegas repletas y han reducido las compras.

Una sólida clase media

En los próximos años debería haber una abundante oferta a la espera de compradores y lo grato es que por doquier hay buena calidad. Al fin y al cabo son siempre las mismas 30 ó 40 cosechas a las que se hace referencia, aquellas a las que la prensa especializada dirige sus mayores alabanzas y por ende son ambicionadas por esnobs, coleccionistas y especuladores. Pero en torno a la Gironda se agolpan alrededor de 7000 *châteaux*, fincas que producen y embotellan ellas mismas. Gracias a la excelente enseñanza que imparte la Facultad de Enología de la Universidad de Burdeos, el nivel de la técnica bodeguera es muy alto. Al contrario que en Borgoña, donde sólo merecen la pena los vinos de la categoría más alta, Burdeos ofrece unos caldos de clase media hechos con amor y buen hacer.

Las cosechas bourgeoises

Echemos un vistazo al interesante grupo de vinos cuyos precios oscilan entre los 12 y los 18 euros. En esta categoría de precios se encuentra la mayoría de los *crus bourgeoises*. Hay que reconocer que el precio es elevado para una botella de vino, pero por lo general las cosechas *bourgeoises* ofrecen a cambio un placer para disfrutar los domingos. Cuando en el siglo XIX la nobleza enológica de la famosa clasificación se estableció definitivamente, los comerciantes, admirados, se aseguraron los viñedos colindantes a las famosas fincas. No son quizá los mejores terrenos, pero los viticultores *bourgeoises* lo saben compensar con una técnica bodeguera perfectamente estudiada y mucha ambición. Mientras que los monumentales *crus classés* están casi siempre controlados por grupos comerciales anónimos, los vinos *bourgeoises* los elabora gente con casta. En 1932 se creó una clasificación de *crus bourgeoises* que seguía fielmente el ejemplo de la lista de 1855. Como esta, estaba ordenada en sutiles categorías:

praron desenfrenadamente. Los comerciantes europeos respiraron cuando la añada de 2000 no se encareció más de un 15% por término medio. Con esta subida parece haberse alcanzado por una larga temporada el techo de los precios. En el aspecto dionisíaco, el último milenio se despidió muy dignamente. El vino con la cifra mágica es el mejor que se ha embotellado nunca en la región bordelesa. No hay duda de que anteriormente hubo vendimias grandiosas, pero la técnica bodeguera nunca había tenido el alto nivel de hoy en día. Los barones del viñedo girondés, atacados por el orgullo, deben prestar atención para no volver a sufrir una crisis de beneficios como en la que se vieron sumidos a principios de los ochenta y los noventa.

crus exceptionnels, crus supérieures y *grands crus bourgeoises*. Estos titulitos se siguen imprimiendo (ahora ilegalmente) en las etiquetas, aunque hoy ya no significan nada. Para el comprador informado es importante saber que en la actualidad hay unas 280 fincas reunidas en el Syndicat des Crus Bourgeoises. Esta asociación ha fijado un estricto reglamento: quien quiera ser miembro tiene que ser bueno. Como es natural, hay diferencias entre unos y otros, pero se pueden reconocer sin problemas por los precios. Los mejores vinos, como los de Chasse-Spleen, Gloria, Meyney o Poujeau, se pueden permitir ser bastante más caros.

Las estrellas impagables

Cuando se escribe acerca de la región vitivinícola de Burdeos, suele hacerse referencia sobre todo al Médoc, lo que sin duda es efecto de la antigua clasificación. Cuando se creó, los vinos de los demás distritos alrededor de Burdeos pasaron a ser de menor importancia. La única empresa no perteneciente al Médoc que aparece en la vieja lista es la finca puntera de Haut-Brion, situada en Graves, al sur de la capital. Pero el otro lado de la Gironda hace tiempo que ha recuperado terreno. Por las cosechas de Saint-Émilion y Pomerol se piden hoy precios mucho más elevados. Al contrario que en Médoc, donde domina la tánica cabernet-sauvignon, las grandes cosechas del entorno de Saint-Émilion proceden sobre todo de la prensa de la temprana uva merlot. Estos vinos aterciopelados resultan del gusto de los críticos norteamericanos, que en este momento son líderes de opinión en cuanto a Burdeos. Mencionaré dos ejemplos: fincas como Le Pin en Pomerol o Mondotte en Saint-Émilion, cuyo nombre apenas conocía nadie hace 15 años, han sido aclamadas como estrellas en EE UU hasta tal punto que hoy en día sus vinos ya no se pueden pagar. Los viticultores en las otras zonas al norte de Burdeos, como Côte-de-Blaye, Côte-de-Bourg, Lalande, Libourne, Lussac o Castillon pretenden subir al tren de los precios, aunque suministran productos más sencillos por dos motivos: porque no disponen de los ligeros suelos de guijarros del Médoc, que tan bien drenan la lluvia y tan rápidamente se calien-

tan (allí predomina la arcilla pesada) y por la falta de entusiasmo de los viticultores. Los terrenos que ocupan los márgenes de la región bordelesa están considerados de tercera categoría y los vinos tienen ya de entrada una fama moderada. ¿Para qué se van a esforzar?

Delicado, redondo y temprano

Saint-Émilion, sin lugar a dudas la ciudad más hermosa de la región bordelesa, declarada patrimonio cultural de la humanidad, contiene restos arqueológicos de tiempos romanos. Está situada en la fractura de una poderosa meseta caliza con suelos pobres en los que las cepas tienen que hundir profundamente sus raíces para conseguir agua y alimento. Sus vinos son algo delicados, ligeramente accesibles y maduran antes que los del Médoc. Las fincas de esta zona querían tener también una categoría que diera tantos beneficios como los de los famosos competidores de la otra orilla. Desde 1954 existe en Saint-Émilion una clasificación con dos grupos: 63 *grands crus classés* y 11 *premiers grands crus classés*, presididos por los impagables A-Châteaux Ausone y Cheval Blanc. La lista tiene un pequeño defecto estético: no fue elaborada por comerciantes independientes, sino por la aso-

FRANCIA

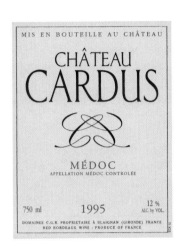

El Médoc no supone siquiera la cuarta parte de la superficie de viñedos de la región bordelesa. Sin embargo, esta subregión marca la pauta y su historia es la más extensa. En los municipios de Margaux, Pauillac y St-Estèphe, las casas legendarias se apiñan unas contra otras. Los vinos de Médoc, que se elaboran sobre todo con uva cabernet-sauvignon, son cosechas serias, muy arraigadas, ásperas en la juventud, pero longevas.

ciación vitivinícola local conjuntamente con el Instituto Nacional de Denominaciones de Origen (INAO) de París. En Saint-Émilion es un secreto a voces que algunas buenas fincas no fueron aceptadas porque sus propietarios pertenecían al partido político «equivocado». En general, la clasificación es correcta. Es más actual y por lo tanto más exacta que la del Médoc.

Con el corrimiento de la flor suben los precios

Al noroeste de Saint-Émilion limita el pequeño territorio de Pomerol, situado sobre un lecho de arena y guijarros. Allí domina la tradicional vid merlot, que produce un vino redondo y aterciopelado. Hasta hace 50 años esta zona no revestía interés alguno para los expertos en vino, hoy sus cosechas se cuentan entre las que alcanzan precios más elevados en la región bordelesa. Muchos productores de allí, como Vieux Château Certan, La Conseillante, Trotanoy y Petrus, el productor de vino tinto más caro del mundo, han trabajado duramente para superarse. También contribuye a elevar los precios el predominio de la vid merlot, que en primavera tiende a sufrir el corrimiento de la flor. Los racimos pierden muchas uvas y la cosecha en otoño es más escasa. A mí me encantan los sabrosos vinos de Pomerol, aunque resultan demasiado caros. Los viticultores de Lalande-de-Pomerol intentan a veces sumarse a los nada desdeñables precios de sus famosos vecinos, pero raramente lo consiguen. Merece la pena mencionar otro pequeño territorio que limita con Saint-Émilion: Fronsac, que en los últimos años ha hecho recaer la atención sobre él gracias a sus buenos vinos. Los productores locales intentan

con ahínco salir del anonimato. Sus tintos son mejores cada año y aún son económicos. Destacan los Châteaux Moulin Haut-Loroque y los Du Pavillon. Justo enfrente de la capital hallamos los Premiers-Côtes-de-Bordeaux. El nombre es algo rimbombante, pero en este rincón se aprecia desde hace un tiempo mucha ambición viticultora. Aquí existen vinos de alto nivel que no cuestan demasiado. Jean-Jacques Lesgourges, famoso por la selección de semillas que le reportó grandes beneficios económicos, ha adquirido los Premiers-Côtes del Château Cadillac. Seguro que hace de ellos algo grande.

«Entre dos mares»

Lo que ya no se conoce tanto es que en la región bordelesa se produce igual cantidad de vino blanco que de tinto. La mayor parte de los *vins blancs* procede de Entre-deux-mers, la ancha y plana región entre los ríos Dordoña y Garona (denominada «entre dos mares»). Se trata de vinos frescos, sin grandes aspiraciones y bastante asequibles. A una categoría superior de vinos blancos secos pertenecen los de Graves, al sur de Burdeos, como los de Châteaux Carbonnieux, buenos pero realmente caros. Y ya en Graves, hay que mencionar sus tintos, algunos de los cuales se cuentan entre los mejores, como los de Haut-Brion, La Mission Haut Brion y Pape Clément. Finalmente, para los amantes de los vinos dulces hallará en Barsac y Sauternes algunas de las mejores cosechas del mundo. Son vinos raros y exquisitos y con precios exhorbitantes, pero tienen la ventaja que se conservan casi *sine die*. He tenido oportunidad de probar un sauternes de cien años que seguía siendo delicioso.

Donde en el pasado lucharon los mosqueteros, hoy en día los viticultores llevan a cabo heroicidades.

Al francés le gusta pasar las vacaciones en la costa. Sólo un grupo excepcional de la población gala viaja en verano al suroeste para disfrutar en los valles del Tarn y del Garona, admirar el encanto del paisaje y degustar los intensos vinos y la sabrosa cocina de la región. En la fría primavera de 1980, Alain Dominique Perrin marchaba por el estrecho y sinuoso valle del Lot. Encontró un *château* en ruinas llamado Lagrézette de 800 años de antigüedad. Se enamoró al instante del edificio amurallado y unos meses después lo adquirió. Invirtió una cantidad de dos cifras de millones de francos en la rehabilitación y construyó la bodega más moderna de todo el contorno. El acaudalado señor, que en su tiempo libre prefiere vestir ropa ajada, dispone de dine-

ro suficiente, pues se trata del presidente del noble consorcio Cartier.

Vino tinto para los zares

Lagrézette esta situado en Cahors, la parte más bella del suroeste de Francia. En el siglo XIX, esta región vitivinícola podía presumir de suministrar a casas reales. Los zares de Rusia degustaban el «vino tinto» de Cahors. La bebida se elaboraba con la antiquísima uva tannat, cuyos granos pequeños y de hollejo duro contienen un pigmento similar a la tinta pero también abundantes taninos. Antiguamente, la cosecha se prensaba y fermentaba junto con los escobajos. El resultado, en un principio,

Francia

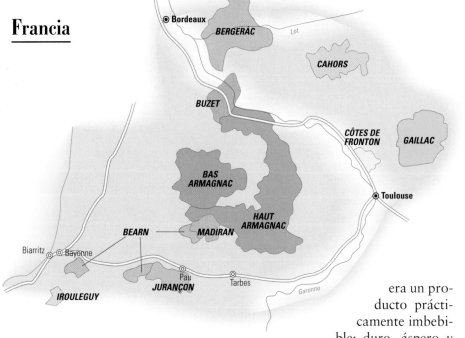

máxima es una carrera continua en pos de la calidad. Los nobles viticultores ya no producían el «vino tinto» de antaño y junto a la vieja uva tannat plantaron la variedad temprana merlot, más delicada. Por eso el vino de Cahors hoy ya no es tan oscuro, y sí mucho más sedoso; además, continúa siendo increíblemente longevo. En su quinto año de vida alcanza la madurez y ya no resulta tan diferente de un buen burdeos como lo era en tiempos, aunque el aroma a endrino y grosella le sigue siendo propio.

Al hijo del campesino se le abrieron los ojos

La pequeña región vecina de Madiran es muy similar a Cahors en cuanto a paisaje, historia y vino. El renovado impulso que ha experimentado también se debe a un solo hombre: Alain Brumont. Era un hijo de campesinos que en un principio plantaba maíz, hasta que oyó que con las cepas también se podía ganar dinero y comenzó a plantarlas. Cosechaba en grandes cantidades y elaboraba el vino en tanques de acero inoxidable. Todo cambió en 1980, cuando un conocido somelier viajó a la zona con la esperanza de poder descubrir algún caldo especial. El hombre cató y sólo dijo: «*¡De la merde*! Como todos los vinos del suroeste». Brumont decidió que aquello no podía quedar así. Viajó a Burdeos y cuando vió con qué meticulosidad se trabajaba en las famosas fincas, se le encendió una luz. En la actualidad su Château Montus es una de las direcciones más elogiadas de Francia.

era un producto prácticamente imbebible: duro, áspero y amargo, que hacía contraer la boca. Tenía que madurar años en barrica hasta que desaparecía el tanino. Del viejo vino de Cahors se decía que tenía que madurar dos décadas antes de poderse beber, pero que después se mantenía todo un siglo. La filoxera destruyó casi todos los viñedos y la región cayó en un profundo letargo. Cuando los franceses tuvieron que desalojar el norte de África llegaron al suroeste de Francia numerosos colonos argelinos, los llamados *pieds-noirs* (pies negros), que habían perdido su hogar e intentaron cultivar los viñedos. Eran gentes muy trabajadoras pero sin ninguna tradición vinícola que producían vinos de mesa baratos. La región no se enriqueció con ello y la decadencia prosiguió hasta que Alain Dominique Perrin volvió a traer vida al apartado territorio. El destacado colono de París pronto se alió con nueve dominios de la zona, entre ellos Château de Caix, que pertenece a la casa real danesa, y fundó el club Seigneur du Cahors, cuya principal

El gran enemigo se llama Burdeos

La rivalidad con Burdeos es la fuerza que mantiene unido al suroeste de Francia. La región, situada a ambas orillas del Garona, es muy extensa y de diversidad fácil de comprobar. En el aspecto vitivinícola está considerada una unidad a pesar de comprender los viñedos más diferentes. ¿Qué tienen en común los equilibrados blancos de Jurançon con los opulentos rosados de Béarn? ¿O los delicados tintos de Marmande con los dulces de calidad de Monbazillac? Los puntos multicolores que componen el mapa del suroeste de Francia comparten un pasa-

do. Comerciantes y productores padecieron juntos bajo la dictadura bordelesa que sangraba a todo el que bajaba navegando por el Garona. El cultivo vitivinícola de la región comienza en Gaillac, cerca de Toulouse. A los viticultores les gusta llamar a su zona la «madre de Burdeos», lo que en vista de los pobres vinos que se producían allí antaño no dejaba de ser algo raro. Pero desde que el joven maestro bodeguero Alain Boutrit, que estudió en Burdeos, se alistara en la cooperativa de Tecou se producen en Gaillac unos vinos densos y expresivos que cuestan algo más de 10 euros y casi siempre superan a los Burdeos del mismo precio. Al noroeste de aquí yace Bergerac, la región que más sufrió bajo la dictadura bordelesa. Durante mucho tiempo los vinos de Bergerac no fueron nada extraordinario, pero sí baratos. Sin embargo, en los últimos años a algunos viticultores les ha entrado la ambición y, como disponen de las mismas variedades de vid, producen unos vinos que no tienen nada que envidiar al buen burdeos y son mucho más baratos. Algunos de los mejores rosados del mundo se producen en Bergerac. Quien hace auténtica competencia a Burdeos es Monbazillac, cuyo vino puede medirse con los blancos de calidad de Sauternes y su precio es considerablemente inferior.

Un maestro bodeguero: Rothschild

Buzet, en el curso bajo del Garona, está situada casi a las puertas de Burdeos. Los comerciantes de vinos de la metrópolis se las supieron arreglar siempre para impedir que en su territorio se vendiera ni una sola botella de Buzet. Pero lo que no quiero saber es cuánto vino de esta región habrá llegado a los comercios, ya sea puro o mezclado, bajo la denominación de *Bordeaux supérieur*. En los años setenta surgió en la zona oprimida una honesta cooperativa. Allí existe la conmovedora historia del maestro bodeguero del «*super-château*» bordelés Mouton-Rothschild, quien se entretenía en la vejez asesorando a los viticultores de Buzet. El resultado son unos vinos buenos y vigorosos, que ofrecen mucha calidad por un precio no demasiado elevado. La región del suroeste de Francia comprende al sur la vieja región de los mosqueteros, Gascuña, y el País Vasco francés. Las viñas se extienden hasta los valles de los Pirineos septentrionales. Los vinos blancos de Jurançon, que han sido tradicionalmente dulces, en otros países, como Alemania, a menudo se elaboran mayoritariamente secos, frescos y afrutados. Y además no resultan nada caros.

Se recomienda

Chateau Barréjat
  en Maumusson (Madiran)

Château La Borderie
  en Sigoulès (Monbazillac)

Château Les Bourgets
  en Vindrac (Gaillac)

Château La Caminade
  en Parnac (Cahors)

Château du Cèdre
  en Viré (Cahors)

Domaine d'Ecausses
  en Ste-Croix (Gaillac)

Château La Jaubertie
  en Bergerac

Château Lagrézette
  en Caillac (Cahors)

Domaine Mouréou
  en Maumusson (Madiran)

Max Pignou
  en Gaillac

Château Tour des Gendres
  en Ribanac (Bergerac)

Château Tourmentine
  en Sigoulès (Bergerac)

Les Vignerons Réunis
  en Damazan (Buzet)

FRANCIA

La antigua riqueza de Burdeos no sólo se debía al vino, sino también a una forma especial de asaltar los caminos. Todo comerciante del interior que bajara con su barco por el Garona tenía que amarrar en la ciudad y pagar un elevado impuesto. No es de extrañar pues que la viticultura de Buzet y Bergerac, de Cahors y Madiran no acabara de prosperar. Pero gracias a hombres audaces, en la región del suroeste de Francia hay mucha actividad últimamente.

DB
SELECTION

JURANÇON

APPELLATION JURANÇON CONTROLÉE

1993

Pascal Labasse
VIGNERON

S.C.E.A. DOMAINE BELLEGARDE
64360 MONEIN FRANCE
PRODUCE OF FRANCE

14,5% vol. 75 cl

DOMAINE CAPMARTIN

1989   1989

Madiran

APPELLATION MADIRAN CONTRÔLÉE

13% vol.   750 ml

Guy CAPMARTIN
Vigneron - Récoltant à MAUMUSSON - 32400 RISCLE - FRANCE

MIS EN BOUTEILLE AU DOMAINE
CUVÉE DU COUVENT
Vieilli en fûts de chêne neuf

ARMES DE GASCOGNE

RÉCOLTE 2000

LE TAPIE®

VIN DE PAYS
DES
CÔTES DE GASCOGNE

VINIFIÉ PAR PATRICK AZCUE
MIS EN BOUTEILLE PAR
UNION DE PRODUCTEURS PLAIMONT St M.F. 32400 RISCLE
GERS - FRANCE

11% vol.   75cl ℮

PRODUIT DE FRANCE

PRODUCE OF FRANCE

Moulin des Dames
1994

BERGERAC SEC

APPELLATION BERGERAC SEC CONTRÔLÉE

MIS EN BOUTEILLE PAR FAMILLE DE CONTI
PROPRIÉTAIRE-RÉCOLTANT
RIBAGNAC - F 24240

11,5% vol.   750 ml ℮

PATRICK DUCOURNAU

Chapelle Lenclos

MADIRAN

APPELLATION MADIRAN CONTRÔLÉE

1986   Mis en bouteilles au Domaine   vieilli
en fûts
Maumusson - Gers   de chêne
PRODUIT DE FRANCE

12,5% vol.   75 cl

1985

**CHATEAU
LAGREZETTE**

Dame   Honneur

APPELLATION CAHORS CONTRÔLÉE

S.C.A. DOMAINE DE LAGREZETTE
A.D. PERRIN NÉGOCIANT A GAILLAC (LOT) FRANCE

PRODUCE OF FRANCE

75cl

**LE PASSÉ
AUTHENTIQUE®**
2000

CÔTES DE SAINT-MONT

Appellation d'Origine Vin Délimité de Qualité Supérieure

MIS EN BOUTEILLE PAR
GROUPEMENT DE PRODUCTEURS
VIGNOBLE DE GASCOGNE
32400 SAINT-MONT - FRANCE

PRODUIT DE FRANCE

75cl
13% vol.

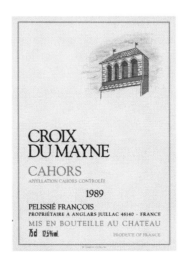

**CROIX
DU MAYNE**

CAHORS

APPELLATION CAHORS CONTRÔLÉE

1989

PELISSIÉ FRANÇOIS
PROPRIÉTAIRE A ANGLARS JUILLAC 46140 - FRANCE
MIS EN BOUTEILLE AU CHATEAU

75 cl   12,5% vol.   PRODUCE OF FRANCE

PRODUIT   DE FRANCE

GAILLAC

APPELLATION GAILLAC CONTRÔLÉE

*Méthode Champenoise
Méthode Traditionnelle*

Château Lastours

J.H.F. de FARAMOND

PROPRIÉTAIRES - 81310 LISLE SUR TARN - FRANCE

11% vol.   75cl

ÉLEVÉ ET MIS EN BOUTEILLE PAR LE RÉCOLTANT
DANS LES CAVES MILLÉNAIRES DE L'ABBAYE SAINT-MICHEL A GAILLAC

El Midi

Ya se han acabado los tiempos de la superproducción. En Languedoc-Roussillon cada vez se elaboran mejores vinos.

Xavier de Volontat ya había hecho suficiente dinero: era el dueño de la mayor fábrica de cristal de Francia. Y en ese momento le atacó la crisis de los cuarenta que habría de cambiar su vida de un modo asombroso y especialmente creativo. A comienzos de los ochenta vendió su empresa y decidió hacerse viticultor. En aquella época los que decidían dar un giro a su vida se instalaban en la Provenza, pero él consideraba que la zona estaba demasiado poblada; buscaba algo más solitario. Así que se mudó con su mujer, Anne, al tranquilo rincón de Fabrezan, más allá de Narbona, donde adquirió una antiquísima finca vitivinícola en el centro de Corbières. Esta zona de viñedo era enton- ces desconocida, aunque tenía una larga historia. De Volontat comprobó que su propiedad ya estaba documentada en el año 859 y en el siglo XIX la finca adquirió su nombre actual, Château les Palais. En 1988, la prensa gastronómica parisina comenzó a interesarse por los vinos del Languedoc-Roussillon. La revista *Revue du Vin de France* publicó una lista de los mejores vinos del Midi. La encabezaba el Cuvée Randolin de Château les Palais. Para Volotat, y para toda la economía vitivinícola del sur de Francia, este hecho supuso una ruptura. Mejor dicho, fue el comienzo de una nueva ascensión. Pues el Languedoc-Roussillon ya había sido en la antigüedad una región productora de buenos vinos.

Más caro que Burdeos

Cerca de la pequeña ciudad de Ensérune, entre Béziers y Montpellier, unos campesinos desenterraron una vasija antigua. Estaba muy bien conservada y mostraba claramente la imagen de una vendimiadora. Se dató en torno al 300 a.C. Así que, por lo menos, esa es la antigüedad que tiene el cultivo de la vid en el Midi. Las condiciones son ideales: una ladera de pizarra que se extiende a lo largo de más de 200 kilómetros, desde la desembocadura del Ródano hasta los Pirineos, y un clima más bien duro, con borrascas y lluvias hasta mayo y un calor abrasador en verano que sienta bien al vino. Las uvas maduran siempre. La prohibición de añadir azúcar al mosto (al contrario que en Burdeos) resulta en principio superflua. Hubo temporadas a lo largo del siglo XIX en las que los comerciantes de vinos valoraron más el Languedoc que el Burdeos. El éxito conllevó una expansión de las superficies de cultivo. Los viticultores descubrieron que podían producir buen vino en grandes cantidades para abastecer a las nuevas zonas industriales del norte. En su punto álgido, la región de viñedos del sur media 500 000 hectáreas, un cuadrado de 225 kilómetros de lado cubierto de viñas que era cinco veces mayor que la superficie de viñedos de Alemania. Quien se dé un paseo por las poblaciones de la comarca de Coteaux du Langedoc, en el interior de la región, todavía podrá apreciar restos en decadencia del esplendor de aquella época. Los viticultores se alimentaron largo tiempo de la buena fama del pasado. Demasiado tiempo. Cuando el azúcar bajó de precio otras regiones de Francia pudieron suministrar cantidades de vino con un alto contenido en alcohol. El gigante Languedoc cayó en el letargo. Después de la guerra de Argelia llegaron los colonos franceses del norte de África, los *pieds noirs*, una gente muy laboriosa. Hasta entonces la viticultura del Midi había tenido un carácter campesino, pero ahora en la amplia meseta en torno a Béziers surgieron grandes cooperativas, similares a fábricas. Sobre todo se plantó aramon, una variedad de vid muy fértil pero en absoluto refinada. Y aunque sólo se pagaban un par de céntimos por kilo de uvas, con la enorme cantidad que se producía se ganaba dinero. Los viñedos siguieron extendiéndose por las riberas de los ríos Hérault y Aude. El bodeguero bordelés Alexis Lichine describía el Midi en los años setenta como el desierto verde. En una ocasión, mirando por la ventanilla de un avión, pensó: «*Mon dieu*, esto no se lo bebe ni el mundo entero».

Una buena idea: vino del país

Las gentes del Midi simpre han sido levantiscas. Proceden de los cátaros, que estaban continuamente enzarzados en luchas con

FRANCIA

El mejor invento de los franceses en los últimos 25 años fue el vin de pays, *un vino del país controlado y producido según estrictas reglas. La denominación existe también en el Ródano y el Loira, pero el auténtico reino del vino del país es el Languedoc-Roussillon. Allí se elaboran con este nombre unos caldos sabrosos y asequibles que resultan muy apropiados para el consumo cotidiano.*

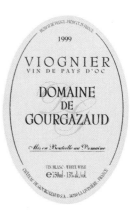

Francia

París. Los comunistas poseían baluartes en Languedoc. Para evitar tensiones, los gobiernos conservadores siempre han mimado a este pueblo revoltoso. Los viticultores producían excedentes sin cese, pero una *garanti de bon fin* estatal les garantizaba que obtendrían su dinero. Y cuando los parlamentarios de París advertían de la supresión de tales subvenciones, los viticultores bloqueaban la autopista de Nîmes un par de días o incendiaban camiones cisterna cargados de vino de mesa italiano. El dinero seguía fluyendo. El aquelarre acabó cuando los socialistas subieron al poder en la capital francesa. La izquierda no necesita andarse con miramientos con los suyos. Pero la política enológica francesa tuvo un par de buenas ideas para salvar al sur, que se ahogaba en su propio vino. La primera y mejor fue crear el *vin de pays*. Esta nueva categoría, consistente en un vino del país de calidad elaborado según reglas estrictas y con garantía de procedencia, fue un éxito desde el principio. El Estado francés invirtió millones en promoción y los viticultores del Midi aprendieron que cuantas menos uvas da la cepa mejores vinos producen. Está permitido obtener 90 hectolitros por hectárea y se prohíbe la adición de azúcar para aumentar el grado de alcohol. Así, la producción de vino del país está sometida a reglas muy estrictas. La política francesa ha seguido animando y obligando. Se dejó de financiar los excedentes de vino, pero se siguió subvencionando a todos aquellos que decidieron arrancar las cepas. Desde entonces se han roturado 120 000 hectáreas, más que la superficie de viñedo que posee Alemania, por ejemplo.

Esperando la denominación

El gran triunfo de la política para estimular a los viticultores a producir un vino de más calidad fue insinuar la concesión de una AOC. Esta denominación de origen controlada distingue a una región como productora de vino de calidad. Es un título muy codiciado y los franceses son muy parcos a la hora de concederlo. Si un rincón del sur subía a la primera división de las AOC, ello significaba ponerse al nivel de Burdeos o el Ródano. De la concesión y control de estas denominaciones se encarga el INAO de París. Esta autoridad semiestatal es conocida por lo mucho que hace esperar a los solicitantes y por la frecuencia con que rechaza las solicitudes. Cuando finalmente el INAO acepta un territorio, sigue examinando los vinos durante años, para comprobar si están conseguidos y si son inequívocamente típicos. Los controladores viajan por la región recogiendo muestras del suelo y datos climatológicos, para finalmente delimitar las fronteras, que pueden discurrir por la mitad de una finca. Desde que se presenta la solicitud hasta que se obtiene la denominación transcurren a menudo más de diez años.

París lanza un globo sonda

La primera AOC del Languedoc le fue concedida a Fitou y para París equivalió al lanzamiento de un globo sonda. Este rincón al sur de Narbona produce unos 700 000 litros anuales de un vino tinto agradablemente cálido y con una buena capacidad de envejecimiento. Su designación no alteró la oferta de vinos de calidad franceses, oferta que se mantiene intencionadamente escasa, pero para los viticultores del Midi fue un incentivo que los motivaba a intentar conseguir quizá nuevas inclusiones en el grupo de cabeza. Para desconsuelo de los viticultores del Languedoc, la siguiente denominación recayó en la segunda parte del nombre compuesto, el Roussillon, una región más catalana que francesa situada en las estribaciones surorientales de los Pirineos. Sus viñedos se encuentran en laderas empinadas, lo que impide la obtención de grandes cosechas. Los vinos son oscuros, robustos y rústicos. Tienen un paladar a ciruelas maduras, si bien el catador detecta también el aroma de las hierbas que crecen en la zona: tomillo, romero y lavanda. El Roussillon está impregnado por la tradición y allí no se implanta la moderna agricultura del Languedoc. Lo que conquistó a los examinadores del INAO fue la búsqueda incondicional de la calidad de la cooperativa Vignerons Catalans, cuyos vinos siguen resultando un placer al cabo de diez y doce años. Entre tanto, en el Roussillon existen también las excepcionales denominaciones de *villages*, siguiendo el ejemplo de Côtes du Rhône. El mejor viñedo es el de Caramany.

Para empezar, sólo privaciones

Volviendo la vista atrás se puede observar perfectamente como el INAO acució a los viticultores del Languedoc. Hizo el papel del maestro pedagógicamente correcto pero desagradable que quiere llevar a su clase hasta la élite, agitando siempre ante los ojos el diploma con la denominación y elevándolo a la vez a una altura apenas alcanzable. Los languedocianos tuvieron que someterse a examen una y otra vez y poner en orden viñedos y bodegas (en la misma época, a los viticultores de la Provenza se les ofreció la denominación en bandeja sin tener que hacer nada para ello). La masifi-

FRANCIA

GRAND VIN DU ROUSSILLON

CHATEAU DE CANTERRANE

Ex Lapidibus Domini ✠ *Effunditur Voluptas*

1994

COTES DU ROUSSILLON
APPELLATION COTES DU ROUSSILLON CONTROLEE
PRODUIT DE FRANCE

12.5% vol.   MAURICE CONTE, PROPRIÉTAIRE A 66300 TROUILLAS   75 cl.

MIS EN BOUTEILLE AU CHATEAU

1994

Domaine des Mouleyres

Mis en Bouteille à la Propriété
Les Crus Minervois - 34210 - Aigne

Produce of France
12,5%Vol.
75cl

MINERVOIS
APPELLATION MINERVOIS CONTROLEE

PRODUIT DE FRANCE

Cuvée Vieilles Vignes
DOMAINE TERRE ARDENTE
FITOU
APPELLATION FITOU CONTRÔLEE

13% vol.   1989   750 ml

MIS EN BOUTEILLE AU DOMAINE

SCEA FONTANEL PROPRIÉTAIRE RÉCOLTANT 11510 CAVES

Château La Baronne
MONTAGNE D'ALARIC
CORBIERES
APPELLATION CORBIERES CONTROLEE

Suzette et André Lignères
Propriétaire récoltant

MISE EN BOUTEILLE AU CHÂTEAU

COTEAUX DU
LANGUEDOC
APPELLATION D'ORIGINE CONTROLEE

Picpoul de Pinet

1989   PRODUCE OF FRANCE

MIS EN BOUTEILLE A LA PROPRIÉTÉ

75cl   -12% Vol.

CUVÉE LUDOVIC GAUJAL

CLAUDE GAUJAL PROPRIÉTAIRE RÉCOLTANT 34850 PINET

1995

CHATEAU
Pech-Céleyran
SAINT-EXUPÉRY

LA CLAPE
CÔTEAUX DU LANGUEDOC
APPELLATION COTEAUX DU LANGUEDOC CONTROLEE

MIS EN BOUTEILLE AU CHÂTEAU

750 ML ⊝ Alc 12%/vol.
COMTE J. DE SAINT-ÉXUPÉRY PROPRIÉTAIRE-RÉCOLTANT
À SALLES-D'AUDE - FRANCE - PRODUCE OF FRANCE

Faugères
Appellation d'Origine Contrôlée

Jacques Pons
1992

MIS EN BOUTEILLE A LA PROPRIETE
13,5% Vol.   Jacques PONS, Propriétaire-Récoltant, AUTIGNAC 34480   75 cl.

1995
DOMAINE
DE LA CLOUTADE
CORBIÈRES
APPELLATION CORBIERES CONTROLEE

MIS EN BOUTEILLE A LA PROPRIETE

CAVE DES VIGNERONS 11360 EMBRES
PRODUIT DE FRANCE

75 cl   12% Alc/vol.

LA MAGNANERIE

Coteaux du Languedoc

APPELLATION COTEAUX DU LANGUEDOC CONTRÔLÉE

1 9 9 7

MIS EN BOUTEILLE PAR VICA À PERPIGNAN (FRANCE)
ET SÉLECTIONNÉ PAR REIDEMEISTER & ULRICHS
À BREMEN (ALLEMAGNE)

12% vol   PRODUIT DE FRANCE   75 cl

LANGUM 32-575-POV

CHATEAU
DE
CANTERRANE

MUSCAT
DE RIVESALTES
APPELLATION MUSCAT DE RIVESALTES CONTROLEE
VIN DOUX NATUREL
MIS EN BOUTEILLE AU CHATEAU

15.2%Vol.   G.F.A. DOMAINE DE CANTERRANE   75 cl
PROPRIÉTAIRE-ÉLEVEUR - 66300 TROUILLAS FRANCE

CORBIÈRES
APPELLATION CORBIÈRES CONTRÔLÉE

CHATEAU LES PALAIS
1990

MIS EN BOUTEILLE AU CHATEAU
ANNE ET XAVIER DE VOLONTAT, PROPRIÉTAIRES-RÉCOLTANTS
11220 SAINT-LAURENT-DE-LA-CABRERISSE · FRANCE
PRODUCT OF FRANCE

SYRAH
JANINY

PRODUCT OF FRANCE
DOMAINE DE JOLIETTE
1992   1992
Côtes du Roussillon
Appellation Côtes du Roussillon Contrôlée
Mis en bouteille au Domaine
Alc. 12,8% by vol.   750 ml.
N° 003956

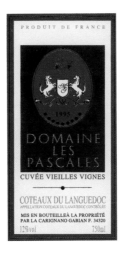

PRODUIT DE FRANCE
1995
DOMAINE LES PASCALES
CUVÉE VIEILLES VIGNES
COTEAUX DU LANGUEDOC
APPELLATION COTEAUX DU LANGUEDOC CONTRÔLÉE
MIS EN BOUTEILLE À LA PROPRIÉTÉ
PAR LA CARIGNANO GABIAN F. 34320
12% vol.   750ml

CUVÉE PRESTIGE
CHARDONNAY
DOMAINE SAINT HILAIRE
Vin de Pays d'Oc
MIS EN BOUTEILLE AU DOMAINE
A. N HARDY VIGNERON ÉLEVEUR
34530 MONTAGNAC. PRODUIT DE FRANCE
13% vol.   75 cl
1997

Quien quiera descubrir vinos buenos y nada caros tiene que visitar la feria VINISUD que se celebra todos los años en Montpellier durante el mes de febrero. Allí se reúnen los jóvenes talentos viticultores del Languedoc-Roussillon, una región que hasta hace 25 años era denominada despectivamente «el desierto verde» debido a su masificada producción. En la actualidad, este territorio que abarca desde los Pirineos hasta la desembocadura del Ródano es un paraíso para los degustadores.

Francia

cada variedad aramon ya no estaba permitida y también hubo que arrancar la mitad de las modestas vides carignan. En su lugar se plantaron las variedades más apropiadas para el Midi: syrah, mourvèdre y garnacha. Semejante cambio entraña un enorme gasto, unido a una pérdida de ingresos. Replantar una hectárea (100 veces 100 metros) costaba unos 10 000 euros y durante cuatro años no producía uva. Jacques Bergès, el gran pionero de la region de Corbières, cerca de Carcasona, quien luchó por la denominación, abrió camino dando apasionado ejemplo en su propia finca, La Voûlte-Gasparets, y estuvo a punto de arruinarse. Cuando en la Navidad de 1985, el Boletín Oficial del Estado anunció finalmente que los viticultores de Corbières podían vender una parte de su producción como vino de calidad, el ambiente estuvo más bien marcado por el desánimo y el agotamiento: no hubo fuegos artificiales ni se bailó en las calles. Al principio la denominación sólo produjo pérdidas. Las cosechas obtenidas eran la mitad de grandes que antaño, y en el mercado no se pagaba por ellas mucho más.

La California de Francia

Los viticultores aprendieron a vender por sí mismos. Fundaron *domaines* y *châteaux* que aumentaron la fama de la zona. Tanto los vinos de Corbières como los del vecino territorio de Minervois, en la otra orilla del Aude, que también habían ascendido poco después a la primera división de las AOC, mejoraron en todos los sentidos de año en año. En ningún otro sitio están los viticultores tan bien preparados como en el Languedoc. El resto de la *Grande Nation* habla hoy con respeto de la «California de Francia». Los barrocos tintos y los rosados de crujiente frescor todavía son asequibles. Por entre cuatro a diez euros por botella no se encuentra en el mundo nada mejor. Finalmente las mejores partes del Côteaux de Languedoc, que forman un total de 14 distritos, también fueron admitidas entre las AOC. Están situadas sobre un suelo de pizarra en las estribaciones meridionales de Cevenne. Muchas de estas subdenominaciones sólo tienen importancia local, como Vérargues, Pic-Saint-Loup o Quatourze. El degustador debería recordar tres nombres: Saint-Chinian, Faugères y La Clape. Estos vinos siempre resultan correctos y todavía económicos. De todos ellos los más peculiares son los de La Clape, con un claro aroma a buen tabaco. Una denominación nueva y muy buena es la de Cabardés, en las proximidades de la ciudadela de Carcasona. Los vinos de allí no son demasiado densos. Se empieza a notar ya la influencia del Atlántico.

Provenza

Por qué en la vieja provincia Gallia Narbonensis resulta especialmente difícil hacer buen vino.

Ha pasado ya algún tiempo, pero los viticultores de la Provenza siguen sintiendo un escalofrío cuando piensan en lo ocurrido en julio de 1995. Los viñadores de Côtes de Provence querían saber por una vez con exactitud qué opinión merecían de cara al mundo. Entre todos organizaron una importante cata en la que estaban representadas casi todas las fincas y bodegas. Se pidió la opinión de un jurado de expertos. Y esta fue, al menos en parte, muy desfavorable. Sobre todo los rosados, el orgullo de la Provenza, obtuvieron puntuaciones muy bajas. Ninguna botella alcanzó los 13 puntos, que en una escala internacional habitual equivalen a la calificación de «bien». Asombrosamente, los blancos quedaron un poco mejor y los tintos merecieron por lo general calificaciones que oscilaban entre «bien» y casi «muy bien». En verano de 2000 se repitió este *concours des vins*, o concurso de vinos. El resultado fue bastante mejor. Hubo tintos entre buenos y selectos; y blancos deliciosos. Los rosados volvieron a defraudar. Es sabido que la elaboración del rosado, que en la Provenza supone más de cuatro quintos del total, requiere mucho tacto. La cosecha tiene que estar sana y sólo puede llegar fría a la prensa. De la variedad de vid carignan se debería emplear lo menos posible y es indispensable que el prensado se haga con precaución. Pero los viticultores de otras regiones también se enfrentan a las mismas dificultades. En Bergerac, Minervois y Corbières los rosados son en general mejores y además más baratos.

Designación polémica

«Es un problema de los turistas», se burla Hervé Robert, enólogo jefe de la cadena alemana de tiendas de vino Jacques' Wein-Depot. Y no le falta la razón. La Provenza puede deslumbrar maravillosamente. Los colores de ese paisaje no sólo han cautiva-do al gran pintor Paul Cézanne. Cuando el atardecer trae el frescor después del calor del día y tiñe el monte Sainte-Victoire de rosa y violeta, cuando compiten los aromas del tomillo, el romero y la lavanda, en esos momentos un vaso de rosado parece el mayor placer sobre la superficie de la Tierra. En un marco semejante, casi cualquier vino sabe

bien, sólo hace falta que se sirva lo suficientemente fresco. ¿Para qué se van a esforzar más los viticultores, si pueden vender bien sus productos por un alto precio? El problema es que toda la belleza del paisaje no se puede meter en la maleta cuando acaban las vacaciones. El vino que se lleva uno a casa no satisface del mismo modo. Hervé Robert ha evaluado cientos de rosados de la Provenza en la frialdad del laboratorio y ha quedado «casi siempre consternado». Cuando Côtes de Provence recibió en 1977 la *appellation d'origine contrôlée* (AOC), la designación como región productora de vino de calidad, se alzaron las voces de protesta. En cualquier otro lugar del sur de Francia los viticultores se habían esforzado mucho más para entrar a formar parte de la primera división. Al parecer las AOC estaban pensadas para estimular *a priori* el ansia de calidad.

Los extranjeros trajeron la viticultura

Ahora bien, hay que reconocer en favor de los viticultores de la Provenza que es cierto que se ha trabajado mucho. En las bodegas se ha invertido mucho dinero y conocimientos técnicos. La proporción de la masificada variedad carignan se ha reducido del 50 al 25%. Se expanden las vides nobles como mourvèdre, syrah y cinsault. La asociación viticultora de Les Arcs ofrece un amplio asesoramiento. Se aspira a conseguir un rosado de color melocotón, con aroma de frambuesas y, por supuesto, ningún tipo de dulzor. En cambio, no se mira tanto la variante de color rosa que suele tener un exagerado sabor a caramelo. En los viñedos que se extienden de Niza hasta Aix lo que ha favorecido sobre todo a la viticultura ha sido la afluencia de extranjeros, que han aportado a la remolona región no sólo dinero sino también ambición. Los advenedizos compraron granjas ruinosas y las reconstruyeron de manera ejemplar. También resultaron ser asesores de primera clase en materia de bodegas. El alsaciano Marcel Ott, que instaló un *domaine* ejemplar en Taradeau, está considerado pionero de los esfuerzos provenzales en pos de la calidad. Se han incorporado antiguos industriales suizos, daneses hambrientos de sol y alemanes en busca de un nuevo modo

de vida. Ahora son los japoneses quienes quieren hacer inversiones en la Provenza. Los interesados sobrevuelan la región en helicóptero para descubrir propiedades que merezcan la pena y buenos viñedos.

El futuro está en el tinto

La ambición de los colonos viticultores parece desviarse últimamente del rosado, que a fin de cuentas sólo se ve como una atracción para los turistas y, a pesar de los esfuerzos de sus productores, fuera de la región está considerado como un vino demasiado sencillo y barato. Los buenos maestros bodegueros se concentran ahora en los buenos blancos y tintos, que hasta el momento en la Provenza se habían considerado de menor importancia. Las catas mencionadas reflejan claramente estos esfuerzos, sobre todo en lo que se refiere a los tintos. A las clásicas vides provenzales se une ahora la cabernet-sauvignon de Burdeos, que con la cinsault y la mourvèdre casa muy bien. En las bodegas se han sustituido los viejos toneles por nuevos. Todo esto repercute en unos precios nada despreciables. También aquí hay que remarcar que Minervois y Corbières ofrecen tintos de igual calidad bastante más baratos. La Provenza comprende en total ocho denominaciones. Las mayores son Côtes de Provence, al sureste, y Côteaux Aix-en-Provence. En esta última región se encuentra la mayoría de las buenas empresas. Al margen de todo lo dicho hay que mencionar tres peculiaridades. De las pequeñas poblaciones pesqueras de Casis y Bellet, en los alrededores de Niza proceden excelentes vinos blancos. Y los mejores tintos para mi gusto, elaborados únicamente con uva mourvèdre, provienen de Bandol, cerca de Toulon.

Se recomienda

Domaine du Bagnol
  en Cassis
Domaine de Bastide
  en Le-Puy-Ste-Réparade
Château de Crémat
  en St-Roman (Bellet)
Domaine de Frégat
  en St-Cyr-sur-Mer (Bandol)
Château de Fonscolombe
  en Le-Puy-Ste-Réparade
Domaines Ott
  en Antibe
Domaine des Planes
  en Roquebrune
Domaine Richeaume
  en Puyloubier
Château du Seuil
  en Aix-en-Provence

FRANCIA

Tanto antes como ahora Provenza evoca el nombre de «rosado». Y no falta motivo, ya que más de dos tercios de lo que se produce entre Aix y Niza son vinos rosados. No obstante, los viticultores ambiciosos cada vez más centran su atención en el tinto, que mejora su calidad de año en año, aunque resulta también bastante caro.

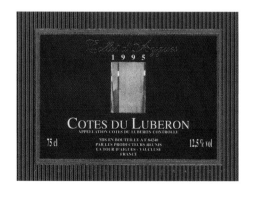

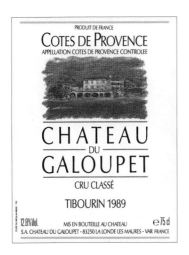

PRODUIT DE FRANCE
CÔTES DE PROVENCE
APPELLATION COTES DE PROVENCE CONTROLEE

CHATEAU
DU
GALOUPET
CRU CLASSÉ
TIBOURIN 1989
12,8%Vol.   e 75 cl
MIS EN BOUTEILLE AU CHATEAU
S.A. CHATEAU DU GALOUPET · 83250 LA LONDE LES MAURES · VAR FRANCE

CÔTES · DE · PROVENCE
Château
DE
PAMPELONNE

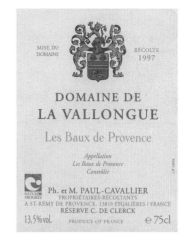

MISE DU DOMAINE   RÉCOLTE 1997
DOMAINE DE
LA VALLONGUE
Les Baux de Provence
Appellation
Les Baux de Provence
Contrôlée
Ph. et M. PAUL-CAVALLIER
PROPRIÉTAIRES-RÉCOLTANTS
A ST-RÉMY DE PROVENCE, 13810 EYGALIÈRES / FRANCE
RÉSERVE C. DE CLERCK
13,5% vol.   PRODUCE OF FRANCE   e 75cl

CHATEAU
SAINT-PIERRE
CÔTES DE PROVENCE
APPELLATION CÔTES DE PROVENCE CONTRÔLÉE
1998
Tradition
75 d   12,5 % vol
Mis en bouteille au Domaine par J.Ph. Victor
Propriétaire-Récoltant Les Arcs sur Argens Var - France
Produit de France

1985
Coteaux d'Aix-en-Provence
Appellation Coteaux d'Aix-en-Provence Contrôlée
CHATEAU DE BEAUPRÉ
Baron Double Viticulteur à 13760 St-Cannat France
MIS EN BOUTEILLE AU CHATEAU
Produce of France
750 ml
Ce vin spécialement sélectionné pour ses arômes a été élevé
en barriques de chêne. Il en a été tiré un nombre limité de bouteilles.

le Pool
COTES DE PROVENCE
APPELLATION CÔTES DE PROVENCE CONTRÔLÉE
MIS EN BOUTEILLE PAR LA S.C.A.
LES MAITRES VIGNERONS DE LA PRESQU'ILE DE St-TROPEZ
GASSIN - VAR - FRANCE
Prestige   PRODUCT OF FRANCE

12,5 % vol.   750 ml
1990
MIS EN BOUTEILLE
AU DOMAINE DE
La Courtade
LA COURTADE
PORQUEROLLES
83400 FRANCE
CÔTES DE PROVENCE
APPELLATION D'ORIGINE CONTRÔLÉE

DOMAINE
RICHEAUME
APPELLATION CÔTES DE PROVENCE CONTRÔLÉE
CABERNET SAUVIGNON
1999
13,5% Alc.Vol.   MIS EN BOUTEILLE AU DOMAINE   750 ML
S.C.E.A. HOESCH   13114 PUYLOUBIER FRANCE
PRODUCT OF FRANCE
L.CA. 99
Vin issu de raisins de l'Agriculture Biologique
certifié par Qualité France

Saint Roch-les-Vignes
1998
12,5% vol.   APPELLATION COTES DE PROVENCE CONTRÔLÉE   750 ml
MIS EN BOUTEILLE POUR LA CAVE DE ST ROCH-LES-VIGNES - CUERS - VAR
PAR LES MAITRES VIGNERONS DE LA PRESQU'ILE DE ST TROPEZ F. 83580
PRODUCT OF FRANCE

COTEAUX D'AIX-EN-PROVENCE
APPELLATION COTEAUX D'AIX-EN-PROVENCE CONTRÔLÉE
CHATEAU DE BEAUPRÉ
75 cl   *Mis en bouteille au Château*   1986
BARON DOUBLE VITICULTEUR A 13760 ST-CANNAT - FRANCE

8017071   Product of France   CÔTES DE PROVENCE   Appellation Côtes de Provence Contrôlée
BLANC DE BLANCS
Domaines **Ott** ★
1896
BLANC DE BLANCS
Société anonyme des Domaines Ott
750 ml
13 % Alc./Vol.
1998
Domaines **Ott** ★
CRU CLASSÉ
Mise en bouteille au CLOS MIREILLE · 83250 La Londe-Les-Maures - FRANCE

Por las rutas del vino

Alemania

Time, *una de las revistas más importantes del mundo, se expresa favorablemente acerca del riesling alemán. En las cartas de vinos de los buenos restaurantes de Nueva York, San Francisco y Londres se incluyen vinos del Rin. En España aumenta el número de degustadores que se interesan por los vinos especialmente afrutados de Alemania. Y parece ser que hay incluso franceses a los que no les parece indigno probar* vin allemand. *El vino procedente de Alemania todavía no ha recuperado la fama legendaria de la que disfrutaba a principios del siglo pasado. Pero los tiempos en los que el* german wine *era menospreciado (por su propio mérito) como* cheap'n'sweet *parecen haber quedado definitivamente atrás. Merece la pena observar de cerca esa variada región vitivinícola que se extiende desde el Elba hasta el lago Constanza.*

Este de Alemania

Las pequeñas regiones vitivinícolas en torno a Dresde y Naumburg han experimentado una gran recuperación respecto al pasado.

Una vez desvanecidos los espíritus del socialismo, los viticultores del este de Alemania también estaban ansiosos por adoptar los adelantos occidentales. En el Elba, Saale y Unstrut se instauraron rutas del vino como en el Palatinado. En el monasterio de Pforta se creó un centro viticultural siguiendo el ejemplo de la abadía benedictina de Eberbach en Rheingau. Los viticultores rebosaron de orgullo cuando Sandra Hake, natural de Sajonia-Anhalt, fue coronada reina del vino alemán. Sólo hubo un punto en el que los orientales no

cambiaron de actitud. Cuando un asesor occidental les sugirió que ofrecieran también vinos dulces, se negaron en redondo. En una declaración interna de la Asociación Vitivinícola de Saale-Unstrut se puede leer en dos ocasiones: «Los vinos serán elaborados como manda la tradición, secos (con menos de 2 gramos de azúcar residual por litro), nota característica de la región». De la misma opinión son los viticultores sajones. Con muy pocas excepciones, a orillas del Elba desde hace ya más de mil años sólo hay vinos sin azúcar residual. Incluso

Región Saale-Unstrut

en tiempos de la RDA fue así. Cuando Erich Honecker ofrecía una recepción siempre se servía un vino muy seco.

Viñedos con un pasado real

Aunque Saale-Unstrut sea la segunda región vitivinícola más pequeña de Alemania (de hecho, sólo el municipio de Leiwen, en el Mosela, tiene más viñedos), se extiende por tres *länder* diferentes. Una parte de los pueblos vinícolas de Unstrut pertenece a Turingia. A ellos se añaden también tres hectáreas en Werder, junto al río Havel. Están situadas en Brandemburgo, ante las puertas de Berlín, y son los viñedos más septentrionales del mundo registrados por la legislación enológica. Meissen, el municipio vitivinícola más importante a orillas del Elba, está situado a la altura de Düsseldorf. ¿Cómo se va a criar allí un buen vino? Los visitantes de la ciudad se asombran a la vista de las pendientes plantadas de vides. Después de visitar la legendaria fábrica de porcelana se dirigen de inmediato a una de las numerosas tabernas. Para explicar el hecho de que sólo se les ofrezcan vinos muy secos recurren a la ubicación septentrional de la zona, lo que por supuesto es una tontería. Junto al Elba, en Saale y Unstrut, la primavera comienza puntual y en verano puede llegar a hacer mucho calor. Dresde, la antigua ciudad real, era llamada la «Florencia del Elba» no tan sólo por sus joyas arquitectónicas, sino también por la bonanza de su clima. Algunos viñedos llevan el adjetivo «real» porque en tiempos pertenecieron a la casa de los soberanos sajones, y la corte de Dresde era famosa por sus delicias gastronómicas. La media anual de las temperaturas en las viñas del este es más alta, por ejemplo, que en Nahe o en el Rin Central. No obstante, también se dan con frecuencia severas heladas en mayo, que echan a perder comarcas enteras de vid.

Otras cien hectáreas no estarían nada mal

Los viñedos de Sajonia y Sajonia-Anhalt no suponen en total ni un 1% de la superficie total de viñas de Alemania. Sus escasas cosechas se venden rápidamente. A los viticultores les favorece que sus vinos sigan teniendo el aliciente de lo poco común, cosa que hace que los curiosos alemanes occidentales estén dispuestos a pagar un par de euros más. Junto a los tintos del Aare, los rieslings y borgoñas blancos del este son los vinos más caros de la República Federal. Los ingresos se necesitan con urgencia para invertir en los viñedos y bodegas que han estado abandonados durante decenas de años. En principio sería posible aumentar los campos de vid orientales en un cuarto de su superficie sin que esto supusiera una merma de la calidad. Si cada alemán occidental que viaja hasta allí para admirar las bellezas de Dresde, Meissen y Naumburg comprara en el lugar una única botella de vino, la producción resultaría totalmente insuficiente. El príncipe Georg zur Lippe fue anteriormente asesor de empresas en Munich y después de la reunificación, volvió a reconstruir con grandes esfuerzos la finca abandonada que sus antepasados poseían en Porschwitz, cerca de Meissen. Está seguro de que el vino también se venderá bien en el futuro, «siempre y cuando la calidad esté a la altura». Y esto es algo que por desgracia no siempre sucede. Especialmente de las cooperativas proceden, entre otros, vinos lamentables. Pero se va mejorando. El ánimo empresarial del príncipe y su ejemplo en cuestión de calidad están creando escuela. Hay jóvenes viticultores que han edificado sus propias fincas. De ellos se espera mucho y bueno.

ALEMANIA

En el este de Alemania se encuentran los viñedos más septentrionales de Europa. El paralelo 51 sobre el que se sitúa Dresde, ciudad que disfruta del vino, atraviesa también Terranova. Y sin embargo, el clima allí es tan suave que hasta «la reina de las vides», la exigente riesling, madura. A orillas de los ríos Elba, Saale y Unstrut se da poco vino y a los viticultores se lo arrebatan de las manos. Ello explica que los precios sean altos.

SCHLOSS
PROSCHWITZ
TRAMINER
Spätlese
Qualitätswein mit Prädikat
Sachsen
1999
Weingut
Schloss Proschwitz
Prinz zur Lippe
Gutsabfüllung
D 01665
MEISSEN
12,5% by vol   750ml
L/A. P. Nr. 10 06 00

WINZERVEREINIGUNG
FREYBURG - UNSTRUT eG
1999er
BLAUER ZWEIGELT
Qualitätswein b.A.
L-Amtliche Prüfungsnummer 001-050-00
Saale-Unstrut
11,5% vol   Erzeugerabfüllung   0,75 l
D-06632 Winzervereinigung Freyburg/Unstrut eG

Sachsen
1998er
Seußlitzer
Heinrichsburg
Weißburgunder
Qualitätswein mit Prädikat
Kabinett
Erzeugerabfüllung
Weinstube Joachim Lehmann
D - 01612 D.-Seußlitz/Elbe
L/A.P.Nr.   030999
11,5% Vol.   0,75 l

WINZERVEREINIGUNG
FREYBURG - UNSTRUT eG
Saale-Unstrut
PORTUGIESER
QUALITÄTSWEIN b.A.
BACH
11,0% vol   0,75 l
Erzeugerabfüllung: D-06632 Winzervereinigung Freyburg/Unstrut eG L/AP.Nr 001-061-00
1999

WINZERVEREINIGUNG
FREYBURG - UNSTRUT eG
Saale-Unstrut
ANDRÉ
QUALITÄTSWEIN b.A.
HÄNDEL
Erzeugerabfüllung: D-06632 Winzervereinigung Freyburg/Unstrut eG L/AP.Nr 001-062-01
1 9 9 9

WINZERVEREINIGUNG
FREYBURG - UNSTRUT eG
Saale-Unstrut
SILVANER
QUALITÄTSWEIN b.A.
TELEMANN
11,5% vol   0,75 l
Erzeugerabfüllung: D-06632 Winzervereinigung Freyburg/Unstrut eG L/AP.Nr 001-056-01
2 0 0 0

Landesweingut
KLOSTER - PFORTA
2000
SAALHÄUSER
WEISSBURGUNDER
SPÄTLESE
Qualitätswein mit Prädikat
trocken
GUTSABFÜLLUNG
SAALE · UNSTRUT

Anno 1873
Vincenz Richter
Sachsen
1999er Meißner Kapitelberg
Riesling
Qualitätswein b. A.
halbtrocken
0,75 l   11%vol
Gutsabfüllung
A.P.Nr. 14/0/00
Weingut Vincenz Richter - D-01662 Meißen

Anno 1873
Vincenz Richter
Sachsen
2000er Schieler®
Bereich Meißen
Qualitätswein b.A.
Rotling - trocken
0,75 l   11,5%vol
Gutsabfüllung
A.P.Nr. 14/01/01
Weingut Vincenz Richter D-01662 Meißen

Freyburger Herrenberg
1999er
Kerner
Qualitätswein mit Prädikat
Spätlese
trocken
Erzeugerabfüllung
A. P. Nr. 004 019 00
alc. 12,0% vol.
Weingut Deckert
D 06632 Freyburg/Unstrut   0,75 l
SAALE·UNSTRUT

Sachsen
2000er
SEUSSLITZER
HEINRICHSBURG
Qualitätswein b. A.
BLAUER ZWEIGELT
trocken
Erzeugerabfüllung
Weinstube Joachim Lehmann
D-01612 Seußlitz/Elbe
11,5%Vol.   0,75 l
L/A.P.Nr.   030901

Rin Central y Aare

La región vinícola entre Bonn y Bingen apenas se conoce. Con Aare sucede todo lo contrario.

Cuando los habitantes de Colonia quieren disfrutar de los viñedos viajan a orillas del Aare; los degustadores de Frankfurt se dirigen sobre todo a Rheingau; y entre medio, muy abandonada, se encuentra la región del Rin Central. Casi cien trenes expresos y de alta velocidad pasan diariamente a lo largo del río, ante los castillos de Katz y Maus, ante Loreley y Kauber Pfalz. La mayoría de los viajeros es gente de negocios que levanta la vista de sus documentos unos instantes para admirar de pasada las ruinas de antiguas fortalezas que coronan los viñedos. «¡Qué bonito!», exclaman. Y siguen estudiando sus cifras. Para el viaje de vuelta,

deberían tomar un tren más lento y bajarse quizá en Rhens, atravesar el gran meandro de Hamm llegar hasta Boppard, y probar allí el extraordinario riesling con su intenso

aroma a menta y salbia. O acabar el día en Bacharach, tomando un trago acerado de vigoroso sabor a manzana y con un maravilloso efecto diurético.

Retirado a la mejor zona

El Rin Central no carece precisamente de visitantes, pero son en su mayoría excursionistas que llegan en barco y autobús y que no protestan si se les pone delante un vino barato del Hesse Renano. A fin de cuentas, en la botella también se lee «Rin». Los viticultores han ido abandonando uno tras otro. Hace cien años había 2200 hectáreas de viñedo, de las que hoy en día se siguen cultivando 630. El turismo de tarta y café va en descenso y cada vez llegan más degustadores que no sólo desean admirar el tan alabado paisaje sino también los vinos que se crían en él. Peter Jost, la estrella de Bacharach, tiene una visión positiva y afirma: «El Rin Central se ha retirado a su mejor zona. Lo que se cría aquí también se vende». A los que mejor les va es a los viticultores de Siebengebirge. Los visitantes de Bonn se maravillan de que a la puerta de su casa se produzcan unos vinos tan densos. La primera localidad vinícola importante situada río arriba es Leutesdorf, cuyo riesling expande delicados aromas a tierra y es muy longevo. Un poco después de pasar Coblenza comienza el Bopparder Hamm, el mayor viñedo del Rin Central. Produce tristeza observar cómo alrededor de las rocas de Loreley, el corazón de la región, se ha ido abandonando la mayoría de los viñedos. Oberwesel y Bacharach, que tienen un gran encanto arquitectónico, atraen a muchos amantes del riesling.

Húespedes tranquilos y buen vino

La situación es completamente distinta a orillas del Aare, el riachuelo que baja serpenteando desde el Eifel. En los fines de semana soleados del otoño todavía siguen llegando a Ahrweiler y Mayschoss «excursionistas con sombrero de paja» que convierten el valle del Aare, por lo general tan sereno, en un estruendoso recinto ferial. Pero el número de vocingleros bebedores se reduce mientras aumenta el de turistas tran-

quilos que entre mayo y septiembre vienen para practicar el senderismo y al fin de la jornada degustan el vino con calma y conocimiento. El vino es como los huéspedes. Antiguamente los viticultores escanciaban una bebida ligeramente dulzona, carente de acidez y de un color rojo pálido a la que llamaban burgunder. Hoy en día se encuentran en el Aare unos tintos a los que hay que tomar muy en serio. Son un poco más suaves y claros que las potentes cosechas mediterráneas, pero tienen cuerpo y una rica fructuosidad, a veces con un seductor aroma a frambuesas. En una lista de las 100 mejores fincas vitivinícolas de Alemania, la diminuta región está más que representada con cuatro nombres.

En el estrecho valle se acumula el calor

El tinto supone cuatro quintos de la producción total de vino, siendo mayoritariamente seco. La mitad de la superficie de viñedo está plantada con la valiosa variedad spätburgunder. También se encuentra algo de riesling, pero no acaba de alcanzar la elegancia de un mosela. Aunque el Aare se encuentra en una zona fría, el resguardo del Eifel, el calor que se concentra en el estrecho valle y los cálidos vientos que soplan en la cuenca de Neuwied proporcionan a la pequeña región vitivinícola un clima que permite elaborar también vinos briosos. Se suelen recoger cosechas de uva spätburgunder que superan los 130 grados Öchsle. Los vinos tienen un color profundamente oscuro, lo cual demuestra que el elevado grado de madurez no puede deberse a la podredumbre noble, como suele ser lo habitual, pues esta destruye el color. Sólo el calor del sol, fortalecido por la capacidad de acumulación de la pizarra que cubre la empinada ladera meridional produce estas exquisiteces.

Se recomienda

J.J. Adeneuer
en Ahrweiler

Bernhard Didinger
en Osterspay

Hahnenhof Jost
en Bacharach

Peter Hohn
en Leutesdorf

Kreuzberg
en Dernau

Goswin Lambrecht
en Dellhofen

August Perll
en Boppard

Ratzenberg
en Bacharach-Steeg
(¡vino espumoso!)

Sonnenhof Görres & Linden
en Bad Neunahr

Florian Weingart
en Spay

ALEMANIA

Un poeta guillermino llamado Ernst Bertram alabó el tinto del Aare con estas palabaras: «Última copa antes del norte. Fuego postrero, ¡qué bien fluyes!». Suena como si detrás de Remagen comenzara el páramo de hielo. Pero no. El Aare ofrece spätburgunder de gran madurez y a los viticultores les va de maravilla. Muy distintas son las cosas en el vecino Rin Central, donde el magnífico riesling se ha retirado a unas pocas laderas de viñedos.

Weingut
Peter Hohn

2000er
Leutesdorfer Forstberg
Dornfelder Rotwein
trocken

MITTELRHEIN

Erzeugerabfüllung
Qualitätswein b.A.

A.P. Nr. 1 655 016 201

Peter Hohn
In der Gartenley 50 · D-56599 Leutesdorf
Telefon (0 26 31) 7 18 17

0,75 l   12 % vol

1997er Kauber Blüchertal
Sekt b. A. — aus dem Lesegut von Herbert Beul
Riesling brut — Flaschengärung
12 % vol   A. P Nr. 1 687 004 19 99   0,75 l
WEINGUT BAHLES · D-56349 KAUB
MITTELRHEIN

AHR

1999

Spätburgunder

Qualitätswein

trocken

13,5% vol   0,75 l

WINZERGENOSSENSCHAFT
MAYSCHOSS/ALTENAHR e.G.
Mayschoss/Ahr · Deutschland

2000
RIESLING
Qualitätswein
Trocken
Amtliche Prüfungsnummer 1 794 190 002 01
AHR
12% vol   0,75 l
WINZERGENOSSENSCHAFT MAYSCHOSS/ALTENAHR e.G.

Weingart
MITTELRHEIN

1996er
Bopparder Hamm Feuerlay
Riesling Spätlese
halbtrocken

Gutsabfüllung

WEINGUT DER
FAMILIE
FLORIAN
WEINGART
D-56322 SPAY
AM RHEIN

QUALITÄTS-
WEIN MIT
PRÄDIKAT

PRODUCE OF
GERMANY

A. P. Nr.
165612300897
alc. 11,0%
by vol.

750 ml

500 JAHRE   IN DER FAMILIE

1999er

J. J. Adeneuer No. 1

AHR
SPÄTBURGUNDER · AUSLESE
TROCKEN
QUALITÄTSWEIN MIT PRÄDIKAT
GUTSABFÜLLUNG · A.P.-NR. 1 791 006 41 00

14,0%vol   ROTWEINGUT *Adeneuer* D-53474 AHRWEILER 0,75 l

BASTIAN

BACHARACH

MITTELRHEIN
1999er
Bacharacher Insel Heyles'en Werth
Riesling Kabinett
TROCKEN
Qualitätswein mit Prädikat

Gutsabfüllung · Weingut Fritz Bastian · D-55422 Bacharach/Rhein
750 ml · AP-Nr. 1 698 006 10 00 · 11,0 % alc. by vol.

MEYER-NÄKEL

AHR

1999er

us de la meng

QUALITÄTSWEIN TROCKEN
A.P.-Nr. 1792150030   ABFÜLLER: MEYER-NÄKEL, D-53507 DERNAU
750 ml   alc. 13,0% vol.

**Weinhaus
Heilig Grab**

2000
Bopparder Hamm Feuerlay
Riesling Auslese
halbtrocken

Weingut   Gutsabfüllung   Weinstube

Qualitätswein mit Prädikat · A.P.Nr.: 1 671 069 10 01
D-56154 Boppard, Zelkesgasse 12, Tel. 0 67 42/23 71

10,5%vol   Mittelrhein   0,75 l

WEINGUT MÜLLER

2000
Bopparder Hamm
Mandelstein
Riesling Spätlese
halbtrocken
Gutsabfüllung

11% vol   0,75 l

Qualitätswein mit Prädikat

A.P. Nr. 1 656 110 15 01

MITTELRHEIN

Matthias Müller · D-56322 Spay am Rhein · Tel. (0 26 28) 87 41

A·D **1479** N

WEINGUT · NELLES

RUBER

CUVÉE 1999

Ahr
Qualitätswein trocken
Gutsabfüllung
A.P.Nr. 1 791 638 11 00
D-53474 Heimersheim

750 ml
Alc. 12,5% vol.

Mosela-Sarre-Ruwer

Tras la desesperación y el resurgimiento parece que vuelve a reinar la calma en la región de los tres ríos.

Cada vez son más los viticultores del Mosela que sólo ponen en su trabajo la mitad del corazón. Esto es una broma bienintencionada que comprende inmediatamente todo aquel que pasee por los viñedos de esta zona en primavera con los ojos bien abiertos. Mientras que en otros lugares las cepas se fijan a espalderas de alambre como un emparrado, en el Mosela las vides llevan trepando por postes desde la antigüedad, lo que facilita el trabajo en las empinadas laderas de pizarra. A la hora de podar, el viticultor suele dejar dos sarmientos que después ata juntos formando un corazón. Cada vez son más los viticultores que se dan cuenta de que las bodegas están llenas a desbordar y de que la calidad mejora sensiblemente cuantas menos uvas cuelgan de la cepa. Así pues, cuando podan dejan un solo sarmiento que da lugar a medio corazón.

Cuando las uvas aún están bastante verdes

De todas formas, los productores sensatos no suelen ser la norma. Frente a ellos hay todo un ejército de viticultores que no cree poder sobrevivir a menos que coseche hasta la última uvita de su viñedo y exprima en el lagar hasta la última gota. Como los funcionarios enólogos del Mosela se sienten subordinados a esta mayoría, han hecho propia la mentalidad de las grandes cantidades, aunque saben perfectamente que es imposible vender tanto vino a precios lucrativos. Cuando se plantean deliberaciones en materia de normativa enológica, los delegados de Mosela siempre se acaban arrogando con amenazas el derecho a obtener el máximo rendimiento. Y como en el caso de tales cosechas la mayoría de la uva suele estar todavía bastante verde, las exigencias en cuanto a madurez no pueden ser muy altas. El resultado es una marea de vinillos flojos que sólo se pueden hacer bebibles a base de añadir abundante azúcar.

Una región dispersa

Pero esta es sólo una de las caras, la mala. La otra resplandece y brilla. El Mosela tiene más virtudes que el resto de las regiones vinícolas alemanas, más empresas con categoría y más viñedos de calidad. En los estrechos meandros del río, en medio de los peñascos, son pocos los viñedos amplios; en la mayoría de los casos se trata de estrechos campos. En ninguna otra parte del mundo hay tanta finca en un espacio tan angosto. Esta dispersión de la propiedad es consecuencia del reparto real de Napoleón, que en caso de herencia dividía casa y finca a partes iguales entre los descendientes. Tiene que haber algo especial para que en una lista de las cien mejores fincas vitinícolas el Mosela esté representado con venticinco direcciones. Y los nuevos productores vienen con fuerza. Están hartos del tira y afloja, de las quejas y envidias de los viejos viticultores y no desean otra cosa que producir un buen vino, cosa que allí no resulta fácil.

La madurez se prolonga hasta las nieblas de noviembre

El vino del Mosela suele tener un alto contenido en acidez que sólo resulta apetitoso cuando va aliado a abundantes extractos procedentes sobre todo de minerales. Y esto únicamente se consigue renunciando a producir grandes cantidades. También padece una carencia del alcohol que proporciona a los vinos de las cosechas meridionales la misma suavidad que da la nata a las salsas. Un buen vinito del Mosela es puro como el agua de la fuente, marcadamente afrutado,

juguetón, casi picante, además de sutil y delicado. Ya sabemos por otras artes que lo más ligero es lo que más cuesta. El mejor resultado en cuanto a paladar lo ofrece este vino como semiseco, a ser posible tras tres o cuatro años de maduración. Es entonces cuando el vino del Mosela sienta mejor, el paladar experimenta una refinada gama de aromas sutilmente señalados y no obstante con mucha persistencia. Todo esto responde a la especial relación entre clima y suelo. En el valle del Mosela no hace demasiado calor, pero precisamente por eso las uvas pueden madurar despacio, a menudo hasta haber comenzado las nieblas de noviembre, y durante todo este tiempo absorben extractos del subsuelo. En las laderas empinadas la capa de tierra es delgada y las vides tienen arraigan profundamente para llegar al agua que se acumula en las grietas de las rocas. El suelo de pizarra y capas de lodo de origen prehistórico es rico en minerales.

Vino en tierras de pasto

Hablamos de riesling, pues ningún otro vino aporta esta finura. Clemens Wenzeslaus, príncipe y arzobispo de Tréveris, hombre enérgico y gran aficionado al vino, sabía exactamente lo que hacía cuando en 1786 ordenó que en su dominio no se plantara otra cosa que riesling, la uva real. El clérigo no estaba satisfecho con la variedad kleinberger, llamada actualmente elbling, que era la más utilizada en aquella época, sobre todo por su gran rendimiento. Con este veredicto, Clemens Wenzeslaus hizo famoso el Mosela. Dos años más tarde sería traicionado. Actualmente la proporción de riesling es del 55%. Como un viticultor

Alemania

*Región
Sarre-Ruwer,
Alto Mosela
y Moseltor*

reserva con juicio el buen viñedo para la variedad noble, lo cual demuestra que entre Coblenza y Tréveris también hay superficies mediocres en las que sería mejor no criar vino. Con frecuencia son resultado del trabajo de asesores enológicos estatales de los que había enjambres en los años sesenta y que convencieron a los viticultores de que a la larga sólo podrían sobrevivir plantando nuevos viñedos. Para ello se emplearon nuevos cruces con una madurez extremadamente temprana, es decir, que también eran capaces de alcanzar el grado Öchsle requerido para los vinos con *prädikat* incluso en climas más fríos y en terrenos no tan buenos. Así surgieron amplias superficies de viñedos en lo que antiguamente habían sido prados de pasto y huertos frutales, sobre todo entre Bernkastel y Tréveris, donde el valle del Mosela se ensancha. La consecuencia inevitable fue que el vino del Mosela que en los años de la posguerra era una exquisitez e incluso más caro que el de Burdeos hoy se haya convertido en un producto en gran medida masificado.

Juegos de niños con la cálida corriente de aire

No cabe duda de que a orillas de este río, donde primero los celtas y luego los romanos ya plantaron vides, hay también viñedos extraordinarios en los que se crían exquisiteces sin igual. Y aunque la estupidez no muera nunca, tampoco se consigue reprimir totalmente la inteligencia. Siguiendo nuestro camino río arriba encontraremos gentes sensatas capaces de seguir pensando. Nada más pasar Coblenza se halla Winningen, un lugar encantador donde a pesar del bullicioso turismo florece la viticultura. El orgullo del viticultor es Uhlen, una montaña de vertiginosa pendiente donde se cría riesling en muchas terracitas que asemejan nidos de pájaros. Justo al lado, un imponente viaducto se tiende sobre el río. Quien viaje por la autopista A61 dirección al sur debería detenerse en el área de descanso del Mosela. Desde allí, un sendero conduce hasta la cima de la montaña Uhlen. En verano los niños se divierten lanzando papeles desde arriba y observando cómo el calor de las rocas vuelve a impulsar las hojas hacia lo alto. El riesling de Uhlen es de lo mejor que ofrece el Mosela. Una parte de este terreno de la mejor calidad llega también hasta la localidad vecina de Kobern, sede del municipio comarcal del Bajo Mosela. Figura destacable del lugar es Franz Dötsch, un hombre canoso y esquinado que no elude nunca una discusión. El ex alcalde no quiere aceptar que el Bajo Mosela es la región vitivinícola más antigua y con el clima más cálido, aunque estuviera

mucho tiempo olvidada. En los antiguos atlas de vinos los mapas del Mosela terminaban en Traban-Trarbach y los restantes 100 kilómetros hasta la desembocadura en el Rin no existían.

El Bajo Mosela va en ascenso

Hace 25 años Dötsch fundó junto con una cincuentena de viticultores, en parte entusiasmados y en parte reticentes, la Agrupación de Productores Deutsches Eck, cuyos miembros se someten a un estricto reglamento: cultivo lo más natural posible, nada más que riesling, cantidades reducidas, alto grado de madurez y doble control de los vinos. A la agrupación pertenecen hoy en día 80 empresas que venden con éxito su riesling. Se las reconoce por el empleo en la botella de una cápsula verde oscura. Los clientes saben que han de pagar algo más, pero a cambio reciben buena calidad. Los vinos del Bajo Mosela seguramente no son tan afiligranados ni tienen una fructuosidad tan acusada como los de la zona de Bernkastel, sino que resultan un pelín más densos y terrosos. Por ello, son muy adecuados para acompañar una buena comida.

Toda la riqueza del Mosela Central

Suenan fanfarrias, acordes de órgano y un gran coro. ¡El Mosela Central! El Bernkasteler Ring (círculo de Bernkastel) ha despertado de un largo letargo y se ha puesto a favor del nuevo vino, tanto de palabra como de obra. Los miembros son empresas burguesas y orientadas al cliente que no se cuentan entre las estrellas del Mosela, pero que disponen de unos viñedos de lo mejor y producen un riesling por lo menos tan bueno como el de la gente del Grossen Ring, la asociación de fincas con *prädikat* de Tréveris. En las presentaciones anuales celebradas en la Fundación Cusanus de Bernkastel se exhibe un nivel asombroso, espléndidos vinos de la primera a la última botella. En estos actos se despliega toda la riqueza del magnífico viñedo del Mosela Central de Erden, Ürzig, Zeltingen, Wehlen, Graach, Bernkas-

tel-Kues, Brauneberg, Kesten, Wintrich y Trittenheim. Y también de Leiwen.

El milagro de Leiwen

Hace 15 años el resto del Mosela señalaba este lugar con el dedo. Sus habitantes tenían fama de ser trabajadores como hormigas, muy buenos para el comercio y totalmente incultos. En primer lugar plantaron a lo grande todos aquellos cruces de moda con madurez muy temprana, como optima y ortega, que incluso en las pendientes del nordeste producían vinos de *auslese*, pero que sabían igual que huele en la peluquería. Dio lo mismo, la gente de Leiwen hizo dinero con ellos, al menos durante algunos años. «Estábamos considerados los parias del Mosela», recuerda Bernhard Werner, quien con otros amigos fundó el Grupo de Jóvenes Viticultores de Leiwen. Los jóvenes, que por aquel entonces rondaban los 25 años de edad, se juraron respetar la máxima moral del riesling. Y para dar otra muestra de su ambición, después de meses de trabajo agotador, consiguieron volver a hacer cultivable la mejor parte del viñedo Laurentiuslay de Leiwen. La montaña que se alza en pendiente pertenece a los mejores viñedos de Leiwen, pero se había abandonado en gran parte por ser

La Porta Nigra de Tréveris.

Región de Bernkastel (Mosela Central)

ALEMANIA

Si se pregunta a un viticultor de Australia o Sudáfrica qué tipo de vino aprecia especialmente, la respuesta será inmediata: «El riesling del Mosela». Ningún otro vino ofrece tanto sabor con tan poco alcohol. Esto se debe al largo periodo de madurez de las uvas, que se extiende hasta mediados de noviembre. Los mejores vinos de este río tan sinuoso son realmente insuperables.

WEINGUT **MILZ** TRITTENHEIM
LAURENTIUSHOF

1998
Dhron Hofberger
Riesling - Kabinett
Halbtrocken

Qualitätswein mit Prädikat - A. P. Nr. 2 607 184 02 99
Product of Germany - Gutsabfüllung

750 ml   MOSEL · SAAR · RUWER   ALC. 10.5% BY VOL

MOSEL · SAAR · RUWER

Produce of Germany
L - A. P. Nr.
2 576 185 004 01
750 ml
alc. 8,0% vol
Qualitätswein mit Prädikat

Gutsabfüllung
Weingut
Peter Nicolay
Inh. Dr. Pauly-Bergweiler
D-54470 Bernkastel · Mosel

Ürziger Goldwingert
Lage im Alleinbesitz

PETER NICOLAY

2000
Ürziger Würzgarten Spätlese
Riesling

MOSEL-SAAR-RUWER

Die Weinhex von Winningen

Winninger
Weinhex
Riesling · Qualitätswein

A. P. · Nr.
1 658 065 01 01
Erzeugerabfüllung

10,0%vol
1,0 l

WEINGUT GERD KNEBEL
D-56333 WINNINGEN/MOSEL

MOSEL · SAAR · RUWER

RIESLING BATTERIEBERG
IMMICH-BATTERIEBERG
ENKIRCH a.d/Mosel

ENKIRCHER
BATTERIEBERG
1999
RIESLING · SPÄTLESE
750 ML   TROCKEN   ALC 11,5% BY VOL

QUALITÄTSWEIN MIT PRÄDIKAT
GUTSABFÜLLUNG · A. P. Nr. 2 581 397/3/00   REINES RIESLING-WEINGUT
PRODUCT OF GERMANY   CARL AUG. IMMICH-BATTERIEBERG
D - 56850 ENKIRCH/MOSEL

Freiherr von Heddesdorff

RIESLING

2000er
Winninger Röttgen
Auslese

Weingut Freiherr von Heddesdorff · D-56333 Winningen
http://www.vinonet.com/heddesdorff.html

Selection

KALLFELZ RIESLING

2000er
Riesling - Hochgewächs
trocken
Qualitätswein
A.P.Nr. 1 640 682 34 01
Gutsabfüllung Weingut Albert Kallfelz
D-56856 Zell-Merl/Mosel
alc 11,5% vol
0.75 l
Mosel-Saar-Ruwer

Weingut Clüsserath-Weiler
Das Haus an der Brücke
D-54349 Trittenheim an der Mosel
Tel.: 0 65 07 / 50 11

2000
Riesling - Spätlese**
Trittenheimer Apotheke

Mosel-Saar-Ruwer
Qualitätswein mit Prädikat
Gutsabfüllung - A. P. Nr. 2 607 073 18 01
Product of Germany
Alc. 8.0 % by vol   750 ml

Helmut Clüsserath-Weiler

Weingut
Gebr. Knebel   Winningen
BACHSTRASSE 39 TELEFON 539

0,375 l   Wappen der Knebel   8°/vol

1987er Winninger Brückstück
EISWEIN
Riesling · Qualitätswein mit Prädikat · Erzeugerabfüllung
Amtliche Prüfungsnummer 1 658 065 18 88

MOSEL-SAAR-RUWER
FRIES

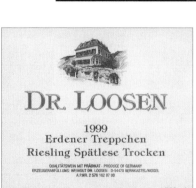

DR. LOOSEN

1999
Erdener Treppchen
Riesling Spätlese Trocken

QUALITÄTSWEIN MIT PRÄDIKAT - PRODUCE OF GERMANY
ERZEUGERABFÜLLUNG: WEINGUT DR. LOOSEN, D-54470 BERNKASTEL/MOSEL.
A.P.NR. 2 576 162 07 00

alc. 11.5% by Vol   Mosel·Saar·Ruwer   e 750 ml

Bernard-Massard
Crémant
MOSEL-SAAR-RUWER
Riesling Brut

MOSEL-SAAR-RUWER
ABFÜLLER · WEINKELLEREI
Schmitzius-Müllers
D-54536 KRÖV/MOSEL

1999
Trabener Würzgarten
RIESLING - TROCKEN
Erzeugerabfüllung des eigenen Weingutes
Karolingerhof, D 54536 Kröv
Qualitätswein - A. P. Nr. 2 588 348 5 00
11 % vol - 75 cl e

GRANS-FASSIAN®
2000
Weisser Burgunder
trocken

ALC.12.0% BY VOL.   MOSEL-SAAR-RUWER   750 ML.

En el Mosela Central hay magníficos viñedos. En la foto, Brauneberg.

Con todo, los ánimos están más bien deprimidos en ambos valles. Los viticultores padecen las consecuencias de una política enológica miope. Un ejemplo drástico de cómo se mezcla lo mejor con lo mediocre con el único fin de aumentar las ventas es el de Scharzhofberg, en Wilting, el viñedo más digno de la zona. Veinte pueblos de los alrededores están autorizados a vender vinos ínfimos bajo el nombre de Wiltinger Scharzberg. Ningún aficionado al vino es capaz de distinguir ambos nombres, confusión que se provoca intencionadamente. Los viticultores del Sarre no tienen más remedio que resignarse.

Un consejo del presidente

Los viticultores del Alto Mosela están intentando llevar a cabo una pequeña rebelión. Precisamente ellos, que se dedican a la variedad elbling, aquella kleinberger que maldijo Clemens Wenzeslaus. Hasta hace algunos años esta uva era considerada despreciable, a lo sumo justa para alargar riesling destinado a ofertas especiales o a desaparecer convertido en vino espumoso. Pero es que los suelos de arenisca roja y restos calcáreos de conchas propios el Alto Mosela son poco apropiados para la reina de las vides y, además, con la elbling se puede elaborar un soberbio vinillo sin complicaciones con un vigoroso sabor a manzana. Walter Scheel amaba esta seca bebida y siendo todavía presidente federal intentó convencer a los habitantes del Alto Mosela para que en vez de esconder su vino hicieran de él un caldo como está mandado. Y lo consiguió. En la región se dieron cuenta de que esta variedad era incluso mejor que la riesling para elaborar espumoso brut.

poco rentable. Entre las 100 mejores fincas figuran hoy cuatro empresas de esta localidad menospreciada durante mucho tiempo. Bernhard Werner fue admitido en el Bernkasteler Ring, cuyos miembros antiguamente no hubieran estrechado la mano a nadie de Leiwen.

Insuperable en años buenos

En los libros antiguos sobre enología suele afirmarse que los mejores vinos del Mosela crecen en el Sarre, incluyendo tácitamente el riesling del vecino riachuelo Ruwer. Hace bastante más fresco que en Uhlen, pero en años buenos el riesling, arrolladoramente afrutado como una manzana en el Sarre y con delicado aroma a grosellas negras en el Ruwer, lo supera todo. Estos vinos ofrecen el mejor paladar con un trazo de dulzor, se desarrollan lentamente y son longevos. Las cosechas de *beerenauslese* (uvas sobremaduradas de calidad superior) rara vez se dan en el Sarre y el Ruwer, pero se cuentan entre los vinos blancos más longevos del mundo.

En Deutsche Eck, junto a Coblenza se vuelven a producir vinos de la máxima calidad.

Nahe

La pequeña región ha despertado por completo. Los «vinos del centro» son cada vez mejores y aún resultan económicos.

A los viticultores de Nahe les gusta decir que su riesling está «entre Sarre y el Palatinado». Esta descripción es sin duda acertada pero tristísima. De ahí que el vino de Nahe tenga fama de tener un poco de todo, pero ningún carácter propio, y no es justo. Especialmente en el curso medio del río, entre Bad Münster y Sobernheim, allá donde el suelo es de roca volcánica y los viñedos de máxima calidad se alinean uno tras otro, se logra una acidez de fruta fresca y un cuerpo denso de excelente sabor mineral.

Grandes cosechas y una política inteligente

La región de Nahe estuvo durante mucho tiempo sumida en el letargo, pero desde hace algún tiempo los viticultores se esfuerzan por precisar la imagen de una región de contornos un tanto nebulosos. Ya iba siendo hora. El número de empresas vitivinícolas descendía continuamente, algunas fincas de rango mundial ya no existen, y los mejores viñedos en Norheim o en Schlossböckelheim están yermos. Promotora de la inaciativa es la Verband der Prädikatsweingüter, o VDP (asociación regional de fincas productoras de vino con *prädikat*), bajo la dirección de su presidente Armin Diel, un hombre provisto tanto de elocuencia como de visión de futuro a largo plazo. Además, los miembros de la VDP practican una política inteligente. Elaboraron una lista (bien comprensible) de los mejores viñedos de Nahe y se comprometieron a aplicar la denominación de *lage* (viñedo de calidad equiparable sólo al riesling procendente de las laderas benditas). El resto de la producción aparece en la lista de precios sólo con el nombre del productor o de la localidad. Es una forma indirecta de clasificar los mejores viñedos contra la que nadie puede decir nada.

ALEMANIA

NAHE

PORTUGIESER
ROTWEIN
HALBTROCKEN

2000
WALDBÖCKELHEIMER
KRONENFELS

GUTSABFÜLLUNG
QUALITÄTSWEIN B. A.

WEINGUT HEHNER-KILTZ
D-55596 WALDBÖCKELHEIM

A.P.NR. 7 777 023 14 01

ALC. 11.0 % VOL   750 ML

Sitzius
WEINGUT · BOSENHEIM

1999

RIESLING

SPÄTLESE · HALBTROCKEN
KREUZNACHER PARADIES

0,75 L   NAHE   11,5% ALC.
ERZEUGERABFÜLLUNG: QUALITÄTSWEIN MIT PRÄDIKAT A.P.Nr.: 7 710 271 04 01
WEINGUT A. SITZIUS · D-55545 BAD KREUZNACH · BOSENHEIM · TEL.: 0671/64187

EDEN
RIESLING CLASSIC

2000

250 ml   NAHE QUALITÄTSWEIN   11,5% vol.   alc.
Erzeugerabfüllung   A. P. Nr. 7 745 062 027 01
Winzergenossenschaft Rheingrafenberg eG   D-55566 Meddersheim

1999
Cöllner Rosenberg
Riesling + Traminer
trocken
Qualitätswein

Gutsabfüllung · A. P. Nr. 7 786 010 5 00
Weingut Hahnmühle, P.+ M. Linxweiler
D-67822 Mannweiler-Cölln
DE-039-Öko-Kontrollstelle
Product of Germany

0,75 l   NAHE   12% vol

Weißer Burgunder

2000
Obermoscheler
Geißenkopf
Qualitätswein trocken

A.P. Nr. 7 785 033 21 01

NAHE   0,75 l

Gutsabfüllung   12,5 % vol

Weingut Schmidt · D-67823 Obermoschel

Hexamer

1999er
WEISSBURGUNDER

Auslese halbtrocken

Meddersheimer Rheingrafenberg
Qualitätswein mit Prädikat - A. P. Nr. 7 745 044 016 00
Erzeugerabfüllung
Weingut H. Hexamer
Sobernheimer Str. 3 - D-55566 Meddersheim
Telefon 0 67 51 / 22 69 · Fax 0 67 51 / 9 47 07

13,0% vol   0,75 l
NAHE

Emrich-Schönleber

Nahe

1999

Monzinger Halenberg
Riesling Kabinett trocken

alc 11,5% vol   Qualitätswein mit Prädikat   750 ml
Gutsabfüllung · A.P.Nr. 7 748 066 14 00
Produce of Germany · D-55569 Monzingen an der Nahe

Nahe

Qualitätswein b. A.   A. P. Nr. 7 779 144 10 00

SCHLOSS WALLHAUSEN
1999
Riesling
trocken

Gutsabfüllung aus ökologischem Anbau

Prinz zu Salm-Dalberg'sches Weingut

750 ml alc. 11.0% vol.   D-55595 Wallhausen

Produce of Germany

WEINGUT

DR. CRUSIUS
TRAISER
2000
WEISSBURGUNDER
TROCKEN

NAHE 12,0% vol · Qualitätswein · Gutsabfüllung · Weingut Dr. Crusius · D-55595 Traisen · A. P. Nr. 7 775 009 003 01   750 ml

Nahe
Qualitätswein mit Prädikat
1992er
Meddersheimer
Altenberg
Riesling
Auslese »trocken«

Erzeugerabfüllung · A. P. Nr. 7745 062 64 93

alc. 12,0% vol   1,5 l

Winzergenossenschaft Rheingrafenberg eG
D-55566 Meddersheim, Tel.: 06751/2667

WEINGUT
SCHÄFER-FRÖHLICH

NAHE

2000
BOCKENAUER
FELSENECK

Riesling

TROCKEN

Qualitätswein
Product of Germany
GUTSABFÜLLUNG

WEINGUT SCHÄFER-FRÖHLICH · D-55595 BOCKENAU/NAHE
alc.12% vol   „L" A.P.Nr. 7 713 041 13 01   750 ml

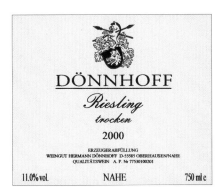

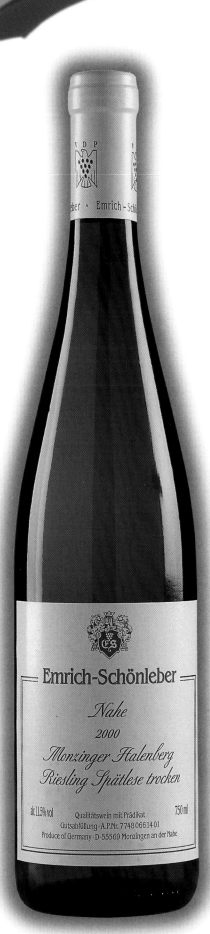

El riesling de Nahe seduce por sus inconfundibles aromas minerales, que le propociona la roca volcánica. También las variedades blancas de burgunder dan allí un resultado excelente. Los vinos son fundamentalmente más vigorosos y equilibrados que los similares de Wonnegau y Baden. En su calidad seca, las cosechas de Nahe resultan muy recomendables para acompañar platos de pescado. Además, todavía son asequibles.

En Rotenfels las temperaturas veraniegas alcanzan fácilmente niveles mediterráneos.

Exigencias muy bajas en cuanto a maduración

El rieslieng, que en todo tipo de tierra resulta equilibrado y elegante, vuelve a ser el número uno de la zona. En las empinadas laderas del Nahe Central encuentra las mejores condiciones: suelos ricos en minerales, mucho sol y poca lluvia. Hunsrück y Soonwald protegen el estrecho valle del fuerte viento. Los viticultores deberían haber pensado

hace ya tiempo en elevar las exigencias en cuanto a la maduración de la uva. El territorio de Nahe goza de un clima tan favorable como el de Rheingau. ¿Por qué entonces se han de conformar con tan pocos grados Öchsle para elaborar un vino de *spätlese*? Cada vez va aumentando más el cultivo de burgunder. Se elaboran vinos secos de burgunder blanca y gris provistos de una fresca acidez, los cuales resultan excelentes vinos de mesa, mucho menos pesados que los de Baden o el Palatinado.

Un tipo de suelo cada cincuenta metros

Del nordeste hasta el suroeste, de la desembocadura en el Rin hasta su fuente en Sarre-Bergland, el río cambia continuamente de aspecto. Hace millones de años, tumultuosas fallas tectónicas alteraron el paisaje de forma tal que el tipo de suelo varía cada 50 metros. En la desembocadura, frente a Bingen y en Trollbachtal, se hallan algunos de los mejores viñedos de Nahe sobre pizarra renana. Más arriba, el valle se ensancha produciendo una impresión similar a la del Hesse Renano y los vinos son más amplios y densos. En Bad Kreuznach comienza la mejor parte de la región. El valle se convierte en angosto y pizarro, al norte se levanta Rotenfels, el más alto de los macizos al norte de los Alpes. El sol quema en verano a sus pies. Y a continuación se extienden grandiosos viñedos, en parte plantados de manera ejemplar por el Estado prusiano entre los siglos XIX y XX. En la parte alta del Nahe, cerca de Monzingen y en el desconocido valle de Alsenz, que llega hasta el Palatinado, se encuentran vinos limpios, con cuerpo, mucho vigor y muy longevos.

Rheingau

En los alrededores de Wiesbaden lo tienen todo: viñedos de lo mejor, viticultores laboriosos, vinos extraordinarios y buenos clientes.

Por fin se aprobó el «Erste Gewächs». Con ello Rheingau fue la primera de las trece regiones vitivinícolas alemanas con una clasificación de los mejores viñedos similar a la de los *grand crus* de Alsacia. Para ello hubo que modificar la legislación enológica del país, que consideraba todos los viñedos iguales ante la ley, ya se tratara del Marcobrunn de Erbach o de un campo de nabos de la meseta palatina destinado ahora al cultivo de la vid. El Erste Gewächs de Rheingau tiene por desgracia algunos defectos estéticos, pues se negoció y regateó durante demasiado tiempo. Así, los viñedos selectos abarcan un tercio de la superficie total, lo que no acaba de resultar plausible. Y la idea original consistente en sacar al mercado con esa denominación sólo vinos secos de calidad tampoco se pudo imponer.

Ahora también pueden llevar el título vinos dulces de *spätauslese*, lo que no resulta especialmente esclarecedor para los clientes. Por otra parte, los productores de tinto del municipio de Assmannshausen consiguieron imponer que además de riesling también se adoptara spätburgunder, variedad que en Rheingau está considerada de segunda categoría. Una cosa hay que reconocer: los primeros vinos presentados con la denominación Erste Gewächs han sido grandiosos, riesling de lo mejor. Mas, no obstante, ninguna botella costó menos de 12,50 euros. El signo que identifica estos tesoros son tres pequeñas ventanas románicas.

ALEMANIA

También las bodegas dedicadas al sekt o vino espumoso han contribuido a consolidar la fama de Rheingau. Nombres como Henkell, Söhnlein, Mumm, Burgeff o Schloss Vaux han hecho historia. Muchas de estas casas han dejado de existir o han crecido hasta convertirse en poderosas industrias. Junto a las marcas que dominan el mercado hay o vuelve a haber en Alemania pequeñas empresas elaboradoras de un sekt que no tiene nada que envidiar al cava.

WÜRTTEMBERG SEKT B.A.
KLASSISCHE FLASCHENGÄRUNG
SANKT VEIT
SAMTROT TROCKEN

BADEN
Schloss Münzingen
RIESLING
0,75 l
SEKT b.A.
EXTRA TROCKEN
GRÄFLICH VON KAGENECK'SCHE WEIN- & SEKTKELLEREI GMBH
D-79206 BREISACH AM KAISERSTUHL

FRANKHOF
RIESLING
EXTRA DRY
11,5 % vol   Hersteller R 3 561 011 in D 07 211 000 · A. P. Nr. R 3 561 011 019 93   0,75 l
Frankhof-Kellerei GmbH · 6203 Hochheim / Rheingau · Deutschland

MENGER-KRUG
CUVÉE ZERO
★ Brut Natur ★
★ Klassische Flaschengärung ★
★ aus Weinbergen der Familie Menger-Krug ★

RUDOLF MÜLLER   CLASSIC PRIVAT
Rhein-Cuvee
Brut
DEUTSCHER SEKT
0,75 l   11,5 % vol

SCHLOSS ZELL
1999 JAHRGANGSSEKT MILD
10.5% vol   0,75 l
VERTRIEB: SEKTKELLEREI SCHLOSS ZELL GMBH   D-56856 ZELL/MOSEL

RATZENBERGER
Riesling Brut
1998er Bacharacher Kloster Fürstental
alc. 13% by vol.   MITTELRHEIN - SEKT
A. P. Nr. R 16981791500
750 ml   Traditionelle Flaschengärung
Hersteller: Weingut Ratzenberger, D-55422 Bacharach

Splendid
MILD
10,5%vol   VERTRIEB: SPLENDID SEKTKELLEREI MÜLLER GMBH · D-56856 ZELL/MOSEL   0,75 l

Gebrüder Müller
11,5% vol   PINOT   0,75 l
Blanc de Noirs
EXTRA BRUT
1995 MERDINGER BÜHL
BADEN
A.P. NR. 258/200/99
BADEN SEKT B.A. HERSTELLER WEINGUT GEBRÜDER MÜLLER · D-79206 BREISACH

FRANZ KELLER PINOT
JAHRGANG 1997
BRUT
BADEN SEKT B.A.   0,75 l
A. P. NR. 019 200 99 · 12,5 % VOL.
FRANZ KELLER · SCHWARZER ADLER
D-79235 VOGTSBURG-OBERBERGEN

Hessische Bergstraße · Bereich Umstadt
1998er
Umstädter Stachelberg
RIESLING TROCKEN
A. P. Nr. H 559 161 008 99
11,5% vol   DEUTSCHER SEKT b.A.   0,75 l
VERSEKTET FÜR ODENWÄLDER WINZERGENOSSENSCHAFT eG · D-64823 GROSS-UMSTADT
in Deidesheim

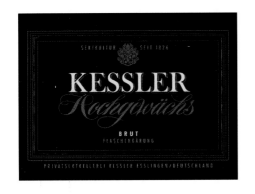
SEKTKULTUR · SEIT 1826
KESSLER
Hochgewächs
BRUT
FLASCHENGÄRUNG
PRIVATSEKTKELLEREI KESSLER ESSLINGEN/DEUTSCHLAND

Sekt b.A.
Hessische Bergstrasse
1997
13,5% vol
A.P.NR H.428 160/002 99
Grauer Burgunder brut
Hersteller
Bergsträsser Winzer eG
D-64646 Heppenheim
versektet in
D-67433 Neustadt
traditionelle Flaschengärung   0,75 l

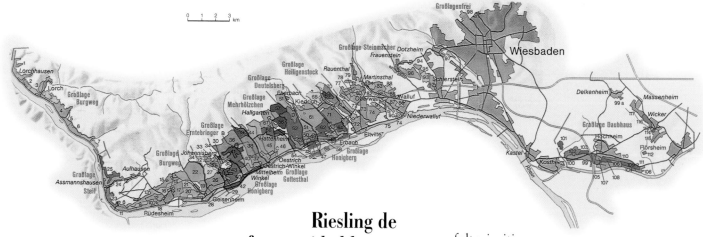

Riesling de fructuosidad barroca

Quienes beben a menudo vino procedente de los alrededores de Wiesbaden conocen esos arcos de medio punto. Son el símbolo de Charta. La asociación, fundada en 1984, agrupa en la actualidad unas cincuenta fincas y se propuso preservar el clásico riesling de Rheingau. Quien se guíe por la pequeña ventana geminada puede estar seguro de adquirir un vino extraordinariamente bueno, de sabor seco y marcadamente frutal. No hay ningún otro símbolo de calidad en Alemania en el que el degustador pueda confiar tan plenamente. La fundación de Charta fue un grandioso mérito en materia de política enológica que contribuyó en gran medida al progreso de Rheingau. La pequeña región disfruta la fama de ser provincia pionera en Alemania en materia de vid: de la desembocadura del Meno hasta Binger Loch es todo como un único y magnífico viñedo mimado por un clima extraordinariamente suave y explotado por viticultores capaces. La variedad riesling, que allí posee una fructuosidad barroca con un marcado aroma a melocotón y albaricoque, cubre cinco sextos de la superficie de vid. Los rendimientos son por término medio de los más bajos de Alemania y las técnicas de cultivo respestuosas con la naturaleza son un hecho consumado sobre el que no hace

falta insitir.

La economía bodeguera tiene un alto nivel, entre otras razones gracias al Centro de Investigación Enológica de Giesenheim, de prestigio mundial. El territorio Rin-Meno es fuerte económicamente y la clientela puede permitirse gastar un par de euros más por botella.

La nobleza se aletargó

Y sin embargo en años anteriores Rheingau no se libró de los problemas. La fama puede adormecer. La autocomplacencia se extendió por aquel territorio que Goethe llamaba «las latitudes benditas». Las enseñas de la región, las casas de la nobleza, de los Metternich, Greiffenclaus, Schönborn y Löwenstein, dejaron de ofrecer sus mejores resultados y llovieron las críticas por parte de la prensa gastronómica. Desde ese momento los aristocráticos viticultores vuelven a ofrecer vinos extraordinarios. El mejor riesling de Rheingau proviene de empresas burguesas y resulta satisfactorio que aparezcan nuevos y jóvenes viticultores que empujan en la cima.

No hay que temer a Rüdesheim

Rheingau comienza en el Meno ante las puertas de Frankfurt. La primera localidad vitivinícola que encontramos río abajo es Hochheim, de cuyo nombre deriva la palabra *hock*, que desde tiempos de la reina Victoria es sinónimo para los ingleses de buen vino del Rin. El riesling de Hochheim se cría sobre un suelo fuertemente cálcareo, por lo que siempre resulta un poco terroso, recordando casi al de Franconia. Por debajo de Wiesbaden comienza el clásico Rhein-

gau con sus suelos pesados de loes y guijarros. Esta tierra convierte al riesling en un rey, al conferirle una fructuosidad única en el mundo. Aunque allí apenas llueve, el subsuelo siempre está bien irrigado; nombres como Wisselbrunnen y Nussbrunnen, que aluden a la existencia de pozos, se encargan de ello. La ladera que se extiende a lo largo de 20 kilómetros entre Wiesbaden y Rüdesheim es como un único viñedo, orientado casi siempre al sur-sudoeste. Como mucho se puede distinguir entre los viñedos situados abajo, junto al Rin, en Eltville, Hattenheim, Erbach, Oestrich, Winkel, Geisenheim, y los más elevados, emplazados en Martinsthal, Rauenthal, Kiedrich y Hallgarten. Allí la temperatura es un poco más fresca, pero en los años cálidos en estas localidades se produce el mejor riesling. Los empinados viñedos de Rüdesheim están exáctamente orientados hacia el sur. El valle fluvial se estrecha y el sol quema. El riesling obtiene allí un seductor sabor a melocotón. No hay que tener miedo de Rüdesheim: la localidad es algo más que la Drosselgasse y también alberga viticultores

muy capaces. Si se sigue río abajo se llega a una peculiaridad de Rheingau, Assmanhausen, con su famoso viñedo Höllenberg, en el que sólo crece spätburgunder tinta. La región termina en Lorch, cuyos vinos de sabor terroso y mineral hacen ya referencia al Rin Central.

Una botella sin tradición

Un experimento que no ha resultado es la nueva botella que los viticultores de la región de Wiesbaden quisieron crear como marca inconfundible, algo similar al *bocksbeutel*, la botella abombada de Franconia. Entre muchas propuestas se acabó eligiendo por una gran mayoría una elegante botella. Pero muchas de las empresas importantes se niegan a emplearla. Tienen razón cuando alegan que el diseño es demasiado a la moda, demasiado artificial, caro y carente de cualquier símbolo referente a la tradición de Rheingau. ¿Por qué no conservan los viticultores la clásica botella delgada en forma de maza que se inventó en la región?

Uno de los mejores viñedos: Kiedricher Gräfenberg.

ALEMANIA

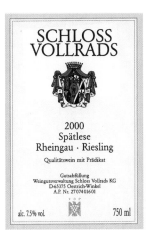

Al parecer, el primero que reconoció el valor de Rheingau fue Carlomagno. Cuando después de una noche de intensa nevada se asomó al Rin desde su palacio en Ingelheim, vislumbró una colina donde el blanco esplendor ya se había derretido. En esa colina de Johannisberg se erigió un monasterio, que sería luego propiedad del príncipe de Metternich. Una región vinícola con semejante historia sólo puede ofrecer productos de calidad.

Hessische Bergstraße

La región de viñedos al sur de Darmstadt es diminuta y apreciada. Allí siempre hay muy poco vino.

En Würzburg y Colonia, ciudades conocidas por su clima suave, empiezan a brotar los capullos en marzo. Para entonces en la Bergstraße ya han florecido los almendros. «Aquí comienza Italia», exclamó al parecer el recién coronado emperador José II en la primavera de 1765, al detenerse en Heppenheim. A sus cualidades climatológicas se añaden las geológicas: los empinados viñedos están cubiertos de guijarros que se calientan rápidamente pero también permiten el drenaje de las abundantes lluvias. La riesling, la más exigente de las vides blancas, se encuentra allí muy a gusto. Cuando los romanos construyeron la Via Strata Montana de Damstadt a Heidelberg (actualmente, la carretera nacional 3) ya encontraron viñedos en esta zona.

Una tradición antigua con nuevos límites

Por en medio de la Bergstraße discurre el límite entre el *land* de Hesse y el de Baden. Habría sido oportuno convertir toda la franja de terreno en una región vitivinícola, pero los de Baden se negaron. También se rechazó la idea de agregar la parte de Hesse a Rheingau, pues los vinos son demasiado diferentes. El riesling de la Bergstraße tiene un sabor más suave, más delicado que el de los alrededores de Wiesbaden. De este modo, la franja se convirtió en una región vitivinícola independiente de sólo 15 kilómetros de largo y 400 hectáreas de superficie. Las localidades de Dienheim y Westhofen, situadas ambas al otro lado del Rin, tienen más extensión de viñedos.

Franconia

Quien haya conocido a fondo la silvaner original del Meno ya no querrá probar nada más.

Los viejos viticultores aún recuerdan los tiempos en los que al menos cada tres años se producía una helada tardía que echaba a perder cosechas enteras. Cuando los otoños eran largos se ofrecían oraciones en acción de gracias. Hace tiempo que esta forma natural de equilibrar las cantidades ya no funciona. Las últimas heladas ocurrieron en 1985 y desde entonces sólo ha habido años suaves con cosechas desbordantes. En este tiempo ha aumentado la superficie de viñedo en una quinta parte. A comienzos del nuevo milenio la autoridad enológica en Wuzburg reconoció por primera vez que las bodegas a orillas del Meno estaban a rebosar. Pero a los viticultores de esta provincia no sólo les interesa la cantidad. El nivel de

exigencia en cuanto a la maduración de la uva es alto. No sólo tienen en cuenta el grado Öchsle; también los extractos responsables del sabor tienen que alcanzar unos valores mínimos, lo que no sucede en ninguna otra parte de Alemania. Los viticultores señalan con orgullo que sus vinos son mayoritariamente *fränkisch trocken* (secos de Franconia), es decir, sin azúcar residual.

La lucha por la bocksbeutel

Se han endurecido las reglas para el uso de la *bocksbeutel*. El vino que contenga ha de tener diez grados Öchsle más, para que de su interior sólo salga un sabor maduro y

ALEMANIA

Los mejores vinos del Meno se elaboran con uva silvaner, la variedad auctóctona de Alemania. Por desgracia, esta uva sumamente buena sólo es la número dos en Franconia. Con las magníficas especialidades locales, como las salchichas bratwurst, los blauzipfle, knäuterle, la lengua agria o la cada vez más rara cabeza de ternera al horno, no hay nada que sepa mejor que un vino de silvaner completamente seco, terroso y criado sobre un suelo de restos calcáreos de conchas. Franconia es una región para degustadores.

DOLCE VITA

FRANKEN

Randersacker

WINZERGENOSSENSCHAFT

2 0 0 0
RIESLING
TROCKEN

GUTSABFÜLLUNG FÜRSTLICH · CASTELL'SCHES DOMÄNENAMT

1997
Casteller Bausch
Müller-Thurgau Kabinett
Qualitätswein mit Prädikat
trocken
A. P. Nr. 5000-030-98
750 ml   FRANKEN   alc.
D-97355 CASTELL   12% vol.

ESCHERNDORFER LUMP
2000 RIESLING

HORSTSAUER

SPÄTLESE

FRANKEN

FRANKEN

2000er
Randersackerer
Sonnenstuhl · Silvaner

Spätlese · trocken

Qualitätswein mit Prädikat
Gutsabfüllung
A. P. Nr. 3143-012-01
12,5 % vol
0,75 l

Weingut Störrlein · D-97236 Randersacker

Weingut
Paul Schmitt

2000er
Randersackerer
Sonnenstuhl
Rosé
Trocken
12,5% vol · 0,75 ℓ
Qualitätswein
A. P. Nr. 3120-003-01
RZ: 0,6 g/l
Erzeugerabfüllung

Franken

Franken
1999er
GRANAT
Rotwein
trocken
Im Barrique gereift

HORSTSAUER
ESCHERNDORF

2000

MÜLLER-THURGAU + RIESLING

TROCKEN

QUALITÄTSWEIN
GUTSABFÜLLUNG · APNR. 4397-030-01
11.5%VOL. · 0,75L

FRANKEN

FRANKEN

WEINGUT MICHAEL FRÖHLICH

11,5%vol.   2000er   0,75l
Escherndorfer Lump
Riesling · Spätlese
Qualitätswein mit Prädikat
Gutsabfüllung
A. P. Nr. 4866-015-01

WEINGUT ZEHNTHOF THEO LUCKERT
2000er
Qualitätswein mit Prädikat
Sulzfelder Cyriakusberg
Riesling
Spätlese trocken
Amtl. Prüf. Nr. 4050-019-01
GUTSABFÜLLUNG
12,5% vol   0,75 l
D-97320 SULZFELD FRANKEN KETTENGASSE 3-5

Randersacker

WINZERGENOSSENSCHAFT

1999

MÜLLER-THURGAU
Randersackerer
Ewig Leben
Qualitätswein
A. P. Nr. 3125-094-00

HALBTROCKEN

10,5%vol   FRANKEN   1,0 l
ERZEUGERABFÜLLUNG der WG D-97236 Randersacker

131

con cuerpo. Esta botella abombada es una especie de insignia de cristal de Franconia. Casi 20 años duró la disputa ante los más altos tribunales para conseguir el derecho de su uso exclusivo. Los viticultores saben lo que les aporta esta discreta vasija. Cualquier diseñador debería sentirse feliz de ser el autor de semejante modelo, tan inconfundible, univalente, sólido y manejable. El simple gorgoteo que se produce al servir el vino despierta los sentidos. Está claro que tras el proceso que duró años había mucho de espectáculo propagandístico, pues así tanto el silvaner como el müller-thurgau, por lo común tan baratos, se pueden vender más caros embotellados en la *bocksbeutel*.

Transformación de un vino raro

En los años sesenta apenas se podía encontrar la *bocksbeutel* fuera de Franconia. Se la veía como un vestigio de tiempos del abuelo. El vino del Meno se consideraba una peculiaridad a la que sólo se acercaban los enólogos curtidos. La mayoría no sabía apreciar este estilo seco, con una nota terrosa tan marcada. Lo que se valoraba entonces eran los vinos dulzones. En los años setenta, se apoderó de los habitantes de la República Federal un estado de ánimo básicamente conservador y Franconia se hizo popular. Ahora parece que la región que se extiende desde Schweinfurt hasta Aschaffenburg vuelve a pasarse de moda. Aún quedan desgustadores que se sienten atraídos por el vino de Franconia de la vieja escuela, aunque por desgracia el sabor primitivo ya no resulta tan evidente. Lo que más irrita a la afición es el retroceso de la variedad silvaner, que alcanza su mejor punto en el suelo de restos calcáreos de los alrededores de Wurzburg. En su vino se reúnen los fantásticos aromas terrosos de un lodo con millones de años. Quien prueba este vino tan desacostumbrado ya no quiere degustar nada más. En lugar de silvaner, los viticultores plantan variedades en boga, que dan vinos cortos y muy perfumados. Es incomprensible que en los mejores viñedos se plante bacchus y scheurebe.

La bodega más bella del mundo

El núcleo de la región de viñedo de Franconia lo constituye el llamado Bereich Main-Dreieck (territorio del triángulo del Meno), triste nombre para un paisaje tan hermoso que se extiende a lo largo del río hasta más abajo de Würzburg. Aquí se encuentran algunos de los mejores viñedos, como el Eschendorfer Lump, el Randersackerer Pfülben y, sobre todo, el Würzburgs Stein. La parte más bella de la zona la forma el angosto recodo del Meno en Volkach, desde donde se divisa el monasterio de Vogelsburg, en el que las monjas agustinas producen vino biológico. El corazón del vino de Franconia late en Würzburg. Toda la ciudad es puro monumento; en una noche de 1945 quedó totalmente arrasada, pero se volvió a reconstruir como si no hubiera pasado nada. Bajo el hemoso palacio residencial yace la bodega más bella del mundo, diseñada por el arquitecto barroco Balthasar Neumann.

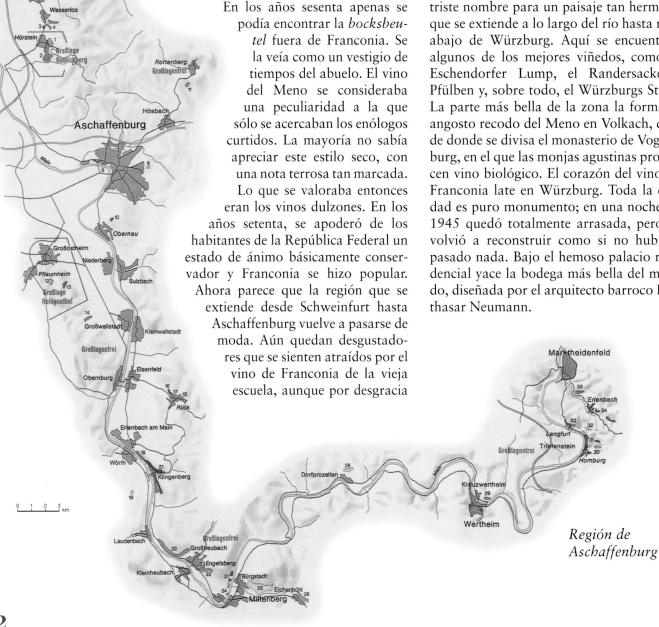

Región de Aschaffenburg

Hesse Renano

La región de viñedos más grande de Alemania tiene algo más que ofrecer que productos dulces masificados.

La asociación Pro Riesling es una honorable institución, lo mismo que el Premio Riesling, instituido para honrar a la reina de las vides. La misma importancia enológico-cultural se otorga a los Días del Borgoña, pues un borgoña bien conseguido siempre merece una fiesta. En cambio, un Fórum de la Silvaner produce la misma impresión que si se quisiera hacer rivalizar la amapola con la rosa, pues la silvaner se considera una variedad tan proba que casi provoca la risa realizar celebraciones en su honor. Y sin embargo, en mayo de 1995 los viticultores del Hesse Renano solicitaron a personajes versados que conferenciaran sobre esta variedad original. Cocineros de rango confeccionaron en torno a la silvaner un fabuloso menú, demostrando así que un vino descrito a menudo como burdo es más que apropiado para acompañar deliciosos platos. Más tarde este fórum celebrado en

Maguncia fue calificado por unanimidad como una jornada de los más altos placeres y los organizadores se pueden atribuir el mérito de haber dado un paso más por el largo y penoso camino que supone ganarse una reputación con la que también quieren ganar el favor de los bebedores de vino más exigentes.

El temor ante la caída del dólar

Tanto antes como ahora, la región de viñedo más grande de Alemania sigue padeciendo la fama de no ser capaz de producir otra cosa que no sean dulzonas ofertas especiales. ¿Ha de ser la buena de la silvaner la que contribuya a solucionar tanta desgracia? La variedad procedente de los

Alemania

Un símbolo: la Torre de los Ratones de Bingen.

Balcanes, que tan maravillosamente refleja los aromas del suelo, es la vid autóctona del Hesse Renano. La región que rodea Maguncia posee con 3500 hectáreas la mayor superficie de cultivo de silvaner del mundo. Después de la Guerra Mundial aún era tres veces mayor. Los viticultores apreciaban esta uva porque producía cosechas sanas y seguras, lo cual no quita para que con rendimientos altos proporcione una pócima sumamente áspera. En los años sesenta prefirieron la müller-thurgau, una variedad temprana y suave que pronto se puso en cabeza, pero sin llegar a desterrar completamente a la silvaner. La vieja y buena variedad se destinó en su mayor parte a la elaboración de los dulces liebfraumilch, que constituyeron durante mucho tiempo un éxito de exportación del que los norteamericanos nunca tenían suficiente. Mientras el valor del dólar estuvo fuerte encargaron un barco tras otro. Pero la divisa estadounidense empezó a caer, los habitantes de Nueva York o Detroit prescindieron de la suave mezcla del Hesse Renano y ya no quisieron saber nada más de su dulzura. ¿Qué hacer con el excedente de silvaner? Fue entonces cuando los viticultores tuvieron una buena idea resumida en dos letras: «RS».

Rheinhessen-Silvaner

O silvaner del Hesse Renano. Con este nombre hacen referencia a un vino sin dulzor, impregnado de una estimulante acidez frutal, pero también de finos aromas terrosos. Ha de tener un sabor neutro para poder acompañar una buena comida, como por ejemplo, los espárragos de la llanura del Rin. No debe ser demasiado denso, pero ha de ser sabroso, como la buena música, fácil de escuchar pero con profundidad. En resumidas cuentas, «RS» es un trago muy apropiado al momento. Para que los vinos se puedan distinguir desde lejos se les ha provisto de etiquetas unitarias en amarillo y negro, los colores de la provincia. Los viticultores que deseen elaborar «RS» tienen que ajustarse a un reglamento estricto; los vinos son examinados tres veces para comprobar su pureza y su sabor típico.

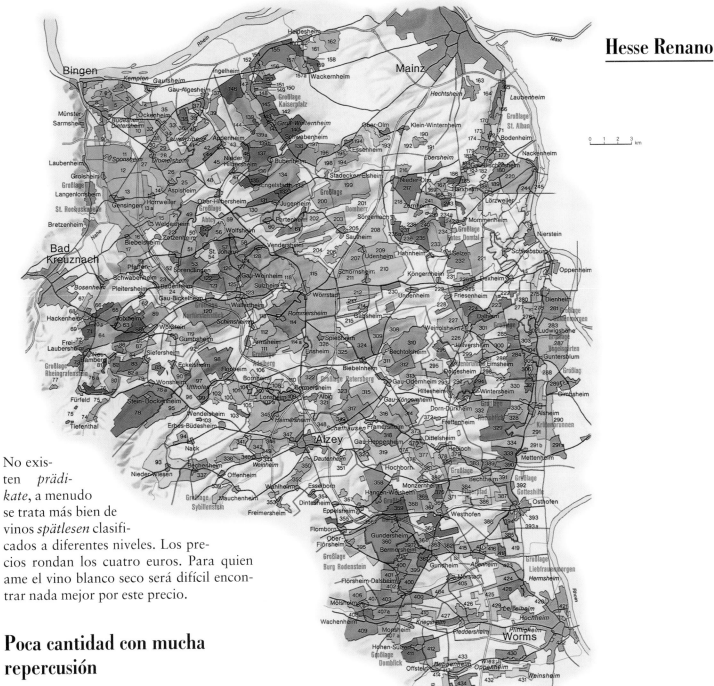

No existen *prädikate*, a menudo se trata más bien de vinos *spätlesen* clasificados a diferentes niveles. Los precios rondan los cuatro euros. Para quien ame el vino blanco seco será difícil encontrar nada mejor por este precio.

Poca cantidad con mucha repercusión

Al principio en el Hesse Renano esperaban obtener un gran éxito de ventas. Veían ya el vino de las dos letras en todas las tiendas de alimentación. No fue así. Hoy, 20 años después, se les han abierto los ojos y saben que el «RS» es demasiado caro para la tienda de alimentación, mientras que para el comercio especializado no es lo bastante aceptable. En consecuencia, el «RS» se va a seguir vendiendo sólo en fincas vitivinícolas. Unas cincuenta empresas forman parte del programa y envasan menos de 100 000 botellas al año, una cantidad ridícula que no supone ni la cuarta parte de la cosecha del Hesse Renano. Sin embargo, nadie se atreve a afirmar que la idea ha sido un fracaso. Al contrario, con poco «RS» se ha logrado una gran repercusión. De cara al exterior, Maguncia ha demostrado que es capaz de ofrecer algo más que perfumados *spätlese* destinados al consumo general. Más importante aún ha sido la repercusión interna. Los viticultores que antaño sólo consideraban buena una comida cuando las dimensiones del filete rebosaban el plato han constatado para su estupefacción que con un poco de ambición son capaces de elaborar vinos dignos de acompañar la cocina de dos estrellas y que pueden cotejarse con el tan de moda chardonnay. En el dulce Hesse Renano crece hoy la proporción de vinos secos y tras años de decadencia se vuelve a plantar más silvaner.

Lo mejor de lo mejor

El Hesse Renano quiso subir el listón y creó el «Selection», una categoría especial de vinos exquisitos. Como es de suponer, los

135

ALEMANIA

WEIN
1998

Niersteiner Glöck
Riesling Spätlese trocken

Staatliche Weinbaudomäne
Oppenheim

KÖSTER·WOLF
WEINGUT

2000

SILVANER
CLASSIC

QUALITÄTSWEIN
A.P. NR. 4 251 072 11 01
GUTSABFÜLLUNG
ALC. 12% VOL · 0,75 L

Weingut Köster-Wolf, D-55234 Albig
PRODUCE OF GERMANY

RHEINHESSEN

GUTS·ABFÜLLUNG·RHEINHESSEN
WEINGUT·BÜRGERMEISTER·
CARL·KOCH·ERBEN·
D 55272 · OPPENHEIM · AM · RHEIN

Oppenheimer Sackträger
Riesling Beerenauslese
Qualitätswein mit Prädikat
A.P.Nr. 4 387 090 011 00
Estate bottled in Germany
Alc. 9.5% vol.   750 ml

SCHLOSS WESTERHAUS

A.P.Nr.4066221080O
13,5% vol

GRAUER BURGUNDER

0,75l

1999 · SPÄTLESE · TROCKEN

WEINGUT DER FAMILIE VON OPEL

SCHLOSS WESTERHAUS · D-55218 INGELHEIM
QUALITÄTSWEIN MIT PRÄDIKAT RHEINHESSEN
GUTSABFÜLLUNG

WEINGUT
KURT ERBELDINGER UND SOHN

CHARDONNAY
1999
Spätlese trocken

GUTSABFÜLLUNG

12,0% vol   Rheinhessen   0.75 l

G & M
MACHMER
WEINGUT

1994er
Spätburgunder Rotwein
trocken
Bechtheimer Heiligkreuz

Qualitätswein b. A.
A. P. Nr. 4 257 141 39 95
Gutsabfüllung

Weingut G + M MACHMER
D-67595 Bechtheim, Tel. (0 62 42) 77 04

12% vol RHEINHESSEN 0,5 l

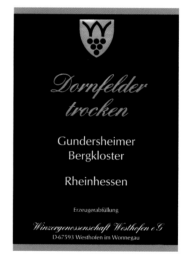

Dornfelder
trocken

Gundersheimer
Bergkloster

Rheinhessen

Erzeugerabfüllung

Winzergenossenschaft Westhofen eG
D-67593 Westhofen im Wonnegau

BRENNER

AMTLICHE PRÜFUNGSNUMMER 4 257 934 002 00
RHEINHESSEN
QUALITÄTSWEIN MIT PRÄDIKAT

123
JAHRE

0,375 l - 11% vol

1999er
Spätburgunder Weißherbst
Eiswein
Bechtheimer Hasensprung

GUTSABFÜLLUNG
BRENNER'SCHES WEINGUT · D-67595 BECHTHEIM

2000
Weißer Burgunder

TROCKEN

Gutsabfüllung · Qualitätswein b. A.
A.-P.-Nr. 439906701001
Weingut Manz
D-55278 Weinolsheim
Telefon 0 62 49 / 79 81

12,5% vol   0,75 l

KELLER

Erzeugerabfüllung
Weingut Keller
D-67592
Flörsheim-Dalsheim
Product of Germany

2000
Riesling Spätlese
trocken

RHEINHESSEN

2000
Dalsheimer Hubacker
Riesling Spätlese trocken
Qualitätswein
mit Prädikat
A. P. Nr. 4 275 043 39 01

alc. 12% vol
750 ml

SCHICK

D-55270 JUGENHEIM, TELEFON (061 30) 258

1999er
Chardonnay
Spätlese trocken
Qualitätswein mit Prädikat
ERZEUGERABFÜLLUNG
A. P. Nr. 4367 11938 00

0,75 L   alc.
13,0% vol

RHEINHESSEN

Riesling Kabinett

FEINHERB
1998

FREIHERR HEYL ZU HERRNSHEIM

Nierstein am Rhein

LIEBENAUER HOF

Weingut
Fritz und Karl May

1999
SPÄTBURGUNDER

trocken

e 0.75 l   Rheinhessen   12% vol

WEINGUT EUGEN WEHRHEIM

2000er
Niersteiner Bildstock
Riesling Auslese

Qualitätswein mit Prädikat A.P.Nr. 4 382 306 17 01
Gutsabfüllung Produce of Germany
Nierstein am Rhein, Deutschland

750 ml   RHEINHESSEN   alc. 9,5%vol

1999er
Blauer
Spätburgunder
trocken

Hedesheimer Hof
WEINGUT

Stadecker   Lenchen

Brüder Dr. Becker

2000
Riesling

Kabinett trocken
Dienheimer Paterhof

Alc. 11,5% vol. Rheinhessen 750 ml

1999   Rhein

BRUDERSBERG
Riesling

FREIHERR HEYL ZU HERRNSHEIM

1998er
Jugenheimer Hasensprung
Spätburgunder
Auslese halbtrocken

Qualitätswein mit Prädikat
Erzeugerabfüllung · A. P. Nr. 4 367 119 42 00

WEINGUT ADOLF SCHICK · D-55270 JUGENHEIM

13% vol RHEINHESSEN   0,5 l

GEIL

RIESLING
TROCKEN

2000

BECHTHEIMER GEYERSBERG
SPÄTLESE

GUTSABFÜLLUNG
WEINGUT OEKONOMIERAT JOH. GEIL I. ERBEN
D 67595 BECHTHEIM

RHEINHESSEN
750 ml QUALITÄTSWEIN MIT PRÄDIKAT 12 %VOL
A.P. Nr. 42570781501
PRODUCT OF
GERMANY

La lista de direcciones recomendadas en el Hesse Renano ha crecido mucho. De hecho, en la rica región llena de colinas que se extiende desde Maguncia hasta Worms abundan especialmente las fincas vitivinícolas con gran prestigio. Quien busque vinos secos y jugosos para la cena cotidiana tiene en el Hesse Renano la mejor dirección.

Alemania

requisitos para su elaboración son estrictos: sólo se prensan uvas muy maduras, totalmente sanas y cosechadas a mano. No se puede cosechar más que la mitad de la cantidad permitida por la ley, o sea que el viticultor tiene que podar en verano los frutos excedentes para que la fuerza de la cepa se concentre en menos uvas. Para controlar que esto se haga, los responsables han ingeniado un método sencillo y efectivo: quien desee ofrecer calidad «Selection» tiene que anunciarlo colocando un llamativo cartel en medio del viñedo. Así los vecinos envidiosos se encargan de vigilarlo. Una vez que los vinos han sido elaborados, se someten a catas muy críticas, ya sea en depósito o tras el embotellado. Menos de un cuarto de las catas realizadas supera el examen. Las que quedan pertenecen a la cumbre mundial. Los viticultores del Hesse Renano desempeñan todos los años un gran papel en la feria internacional del vino Pro Wein de Düsseldorf. Allí las antiguas cenicientas de la enología alemana demuestran que son capaces de elaborar grandes vinos. Hay que felicitarlas porque el programa «Selection» haya sido adoptado por el resto de la República Federal desde el otoño de 2001.

Tesoros de la «Ladera Roja»

El Hesse Renano tiene que ver con Hesse lo mismo que un automóvil y una autobiografía. En realidad, pertenece más bien a Renania-Palatinado. Sobre el mapa, el territorio tiene la forma de un triángulo rectángulo con dos lados iguales y una base de 50 kilómetros. Los vértices son Maguncia, Bingen y Worms, localidades de gran importancia histórica. En lo que respecta a política enológica, el Hesse Renano se divide en tres distritos: Bingen, Nierstein y Wonnegau. Aunque según el sabor de los vinos habría que dividirlo más bien en cuatro partes. La parte norte discurre a lo largo de la autopista Bingen-Maguncia y es un paisaje caracterizado por los suelos de caliza cuyos vinos tienen mucho cuerpo. Dos peculiaridades: de Bingen, cuyo suelo es de pizarra renana, procede un riesling de exótica fructuosidad, mientras que Ingelheim mima al degustador con un spätburgunder de opulenta delicadeza.La parte del Hesse Renano es sin duda el frente del Rin, al este. Paralela a las localidades de Nackenheim, Nier-

stein y Oppenheim se eleva la «Rote Hang» (la ladera roja). El monte plantado de viñedos está cubierto de pizarra de color ladrillo y ofrece un panorama desacostumbrado sobre todo en primavera, cuando las vides aún no tienen follaje. En ninguna otra parte del Hesse Renano da la riesling cosechas tan elegantes y vigorosas. La fructuosidad del vino seco que oscila entre melocotón y albaricoque acompaña muy bien a los platos de ternera o aves. Como cosecha de *auslese*, los riesling de Oppenheim y Nierstein expanden una riqueza de aromas que los amantes del vino tildan de «wagneriana».

La región de las mil colinas

La parte sur del frente del Rin se caracteriza por el loes, un suelo formado por el polvo compacto que hace millones de años fue arrastrado por el viento. Allí tanto los vinos de silvaner como de burgunder blanca son de una finura especial. Al sur limita Wonnagau (o Wormser Gau). La región del Rin primitivo tiene suelos de aluvión de una fertilidad paradisíaca, donde todo se da bien: espárragos, jugosa fruta y buena cebada para cerveza. En el caso del vino, el viticultor ha de prestar una atención constante para no cosechar demasiado. La mejor variedad local es la burgunder blanca, con la que cada vez más se tiende a elaborar vinos sin azúcar residual, razón por la que resultan excelentes para servir a la mesa. Los precios de la zona todavía son asequibles. Con todo esto el degustador olvida pronto que Wonnegau es la auténtica cuna del insignificante liebfraumilch. Las colinas que se extienden por los alrededores de Alzey, la antigua cabeza de distrito, un paisaje que produce la impresión de estar cubierto por grandes olas, constituyen el Hesse Renano primitivo que fue colonizado hace 80 000 años, tal como atestiguan los hallazgos arqueológicos. Esta parte de la región es la más bella y la más desconocida. Los suelos son de greda, lodo procedente de tiempos prehistóricos, cuando el Hesse Renano era un mar interior poblado de voraces tiburones y elefantes marinos. Allí se produce silvaner de la mejor calidad. Pero el encanto de esta zona sólo se revela al viajero tranquilo. El cicloturista que no se deja amedrentar por alguna que otra subida descubre en la región de las mil colinas hallazgos como las *trulli*, las

casitas de tejado puntiagudo construidas en el siglo XIX por los temporeros italianos que acudían a vendimiar. La época en la que más bonito está el Hesse Renano es en septiembre, cuando el paisaje se enciende con colores propios del Mediterráneo.

Lo más antiguo y lo más cálido

El Hesse Renano ostenta algunos récords alemanes. Es la mayor de las trece regiones vitivinícolas y la más antigua al norte del Danubio, según atestiguan miles de hallazgos arqueológicos. Cuando cien años antes de Cristo las tropas romanas fundaron el campamento Mogontiacum, la actual Maguncia, en el punto donde el Meno desemboca en el Rin, ya encontraron un abundante cultivo de la vid. Es la zona que goza de mejor clima, con más de 1500 horas de sol al año y sólo 500 mililitros de precipitaciones. Y aún posee otro récord, aunque los viticultores ya no se sientan orgullosos de él: en ninguna otra parte hay tantas varie-

dades de vid. Esto último se debe a la ambición de los técnicos del Centro de Investigación de Alzey. Muchos de los cruces que se probaron con el fin de conseguir una maduración temprana y un mayor rendimiento ya no satisfacen en cuanto a sabor. El ímpetu experimental de entonces nos ha dejado dos variedades aprovechables: la scheurebe, cuyo aroma a grosellas con una pizca de dulzor resulta muy excitante, y la huxelrebe que cuando se cosecha sobremadurada produce exquisiteces dulces de calidad.

Palatinado

La naturaleza desbordante: el Palatinado abandona con éxito la producción masificada de vino.

Tal y como se esperaba, la ruptura llegó en 1997. Desde entonces el Palatinado tiene derecho a calificarse como región del riesling, un acontencimiento decisivo en la historia de este territorio mimado por la naturaleza. En 1997 empezaron a rendir muchos viñedos que habían sido replantados con riesling en la amplia llanura del Rin. Actualmente la reina de las vides es la número uno y ha desplazado al segundo puesto a la müller-thurgau, que hasta ahora era la variedad principal. Para los viticultores del Palatinado constituye un motivo de orgullo, pues estaban considerados principalmente como productores de grandes cantidades de un vino correcto, pero algo rústico. Con casi 5000 hectáreas de riesling, casi el doble de lo que posee Rheingau, el Palatinado demuestra claramente que en años anteriores se han llevado a cabo auténticos esfuerzos por dejar de lado los vinos de masas. Ya se sabe que la selecta variedad no ocupa siempre los mejores viñedos y que con frecuencia se planta sólo porque la industria del *sekt* necesita mucho riesling y lo paga bien. Pero ¿cómo era la situación anterior? Hace 35 años, el

Mosela era mucho más apreciado por los consumidores que hoy en día. Para poder suministrar las cantidades deseadas de Piesporter Goldtröpfchen y Zeller Schwarze Katz las bodegas de Tréveris y Bernkastel encargaban abundante mosto al Palatinado Meridional. El tinto de Ingelheim se elaboraba también con cantidades nada despreciables adquiridas en el entorno de Bad Dürkheim. La legislación enológica de 1971 puso fin a la mezcolanza interterritorial consentida hasta entonces. Los vinateros de la región tuvieron que replantearse su capacidad y lo consiguieron. Hoy una de cada siete botellas que se descorchan en Alemania procede del Palatinado.

Donde maduran higos y kiwis

Es una región bendecida por los dioses, con un clima cálido y una fertilidad derrochadora. Aquí comienza la primavera cuando el norte todavía se encuentra paralizado por el hielo. En el Palatinado prospera el cultivo de limones, kiwis e higos. Más de una docena de viñedos llevan nombres como Mandelberg (monte de los almendros) o Mandelhöhe (alto de los almendros). En verano, el calor alterna con fuertes chaparrones. El suelo, de caliza mezclada con nutritiva arcilla que encierra con frecuencia restos carbónicos de vegetales prehistóricos, tiene metros de profundidad, por eso mantiene la humedad. En la región se sigue elaborando vino en exceso. Quien sube hasta Madenburg, una de las ruinas más bellas del país, queda atónito ante el verdor de las vides que se extienden hasta donde alcanza la vista. No obstante, las visitas regulares a las ferias menores de vinos de Mittelhardt, en Dürkheim, y de la Weinstrasse meridional, en Landau, muestran que en conjunto el vino mejora continuamente. En especial el Palatinado Meridional, en el pasado desacreditado como cuna de acerbas desfachateces, ha mejorado notablemente en cuanto a calidad. Incluso sus productos más sencillos y abocados merecen atención. Reflejan fielmente la alegría de vivir del Palatinado, una mezcla de la capacidad de disfrute francesa y la firmeza bávara (la región perteneció mucho tiempo a Francia y después a Baviera). Los meros nombres de los viñedos ya ponen de buen humor: Sauschwänzel (colita de cerdo), Meerspinne (araña de mar),

Honigsackel (saquito de miel), Eselshaut (piel de asno). Igual de apropiadas son las especialidades gastronómicas del Palatinado, como los *buwespitze* (fideos gruesos de patata) o el célebre *saumagen* (estómago de cerdo relleno).

La «Puerta del Vino»

La mejor publicidad para el Palatinado es la Deutsche Weinstraße, que va trazando curvas a través de viñedos a lo largo de 85 kilómetros, desde Schweigen en la frontera con Alsacia hasta Bockenheim. La mejor época para hacer este recorrido es a finales de agosto, cuando muchos tramos se hallan cerrados al tráfico y en todas partes se montan tenderetes de vinos. La Deutsche Weinstraße ha pasado incluso a formar parte de muchos topónimicos, habiéndose olvidado hace ya tiempo que fue un invento del dirigente local Josef Bürckel, un esbirro nazi especialmente infame. En julio de 1935, estando sentado junto a otros compatriotas en la taberna de Schweigen «El Cazador Bávaro», se le ocurrió la idea de la ruta de la vid, que debía comenzar con una ostentosa puerta. La construcción se llevó a cabo en pocos meses. La teutomanía que se fomentó es ridícula. Los habitantes del Palatinado eran y son cualquier cosa menos germanos.

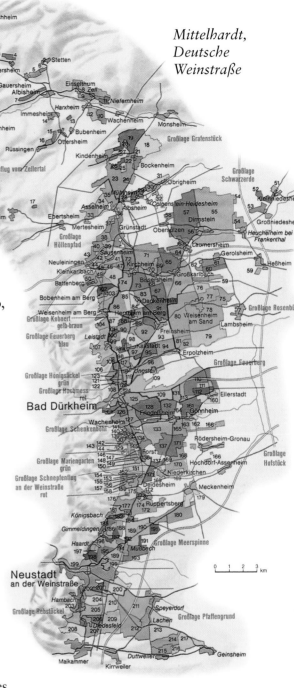

Mittelhardt, Deutsche Weinstraße

ALEMANIA

La mejor parte del Palatinado es la llamada Mittelhaardt, entre Bad Dürkheim y Neustadt. Pero el Palatinado Meridional, que hasta hace 35 años suministraba vinos masificados y de mezcla, ha mejorado muchísimo. Sobre todo las variedades burgunder se dan estupendamente en el magnífico paisaje de la Weinstrasse meridional. A partir de estas variedades se encuentran vinos plenos que pueden acompañar una comida festiva y además son económicos.

KARL PFAFFMANN
W·E·I·N·G·U·T

2000
Riesling
Spätlese · trocken

Gutsabfüllung
12,5 % vol   PFALZ   750 ml
Weingut Karl Pfaffmann - D-76833 Walsheim

Weingut Weegmüller

2000er
Silvaner
trocken
PFALZ

0.75 l   11,0% vol

PFALZ   PFALZ

Vier Jahreszeiten

WEISSER BURGUNDER
TROCKEN

Koehler-Ruprecht

1999 KALLSTADTER SAUMAGEN
Riesling Auslese trocken

Erzeugerabfüllung Weingut Koehler-Ruprecht Bernd Philippi D-67169 Kallstadt

Qualitätswein mit Prädikat   A.P.Nr. 51231472000   Produce of Germany
alc. 13,0 % by vol.   P F A L Z   750 ml

Weingut Dr.Deinhard
D-67146 DEIDESHEIM

PFALZ

Qualitätswein mit Prädikat · A.P.Nr. 510632701800
1999er Deidesheimer Mäushöhle
Riesling Kabinett halbtrocken

alc.11,5% vol   GUTSABFÜLLUNG   750 ml e

HALBTROCKEN

1999
Kallstadter Kobnert
Silvaner - Kabinett
Qualitätswein mit Prädikat

LANGENBACH

Abfüller: RP 907 299 in D - 07 235 083
für Langenbach & Co. GmbH - Trier/Mosel
L-A.P.Nr.: 5 907 299 02 00

10,0 % vol   0,75 l

Weingut Geheimer Rat
Dr. von Bassermann-Jordan
D-67142 Deidesheim
Pfalz   2000
Forster Ungeheuer
Riesling Spätlese
trocken
Qualitätswein mit Prädikat
B. P. Nr. 5 106 064 12 01 Produce of Germany
750 ml   Gutsabfüllung   alc.12% vol

EYMANN

RIESLING KABINETT
TROCKEN

1998

Aus dem   Rheinpfalz
Weingute   Deidesheim
Dr. v. Basser

2000 Deidesheimer Hohenmorgen
Riesling Auslese

Qualitätswein mit Prädikat
A.P.Nr. 5 100 064 20 01   Pfalz

375 ml Alc. 10.5% by vol.   Weingut v. Bassermann-Jordan, D-67142 Deidesheim   PRODUCE OF GERMANY

WEINGUT
DR. WEHRHEIM
D-76831 BIRKWEILER WEINSTRASSE

2000
BIRKWEILER
CHARDONNAY
SPÄTLESE TROCKEN
PFALZ

750 ml
14,0%

WEINGUT SIEGRIST
LEINSWEILER · SÜDLICHE WEINSTRASSE

PFALZ
1999 WEISSBURGUNDER
SPÄTLESE TROCKEN
LEINSWEILER SONNENBERG

QUALITÄTSWEIN MIT PRÄDIKAT · GUTSABFÜLLUNG
A.P.NR. 6 051 049 14 00 · PRODUCE OF GERMANY
WEINGUT SIEGRIST · D-76829 LEINSWEILER

750 ml   alc. 13% vol

*Weinstraße
meridional*

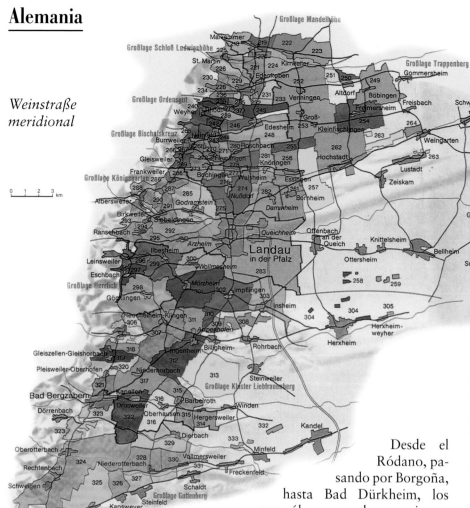

Desde el Ródano, pasando por Borgoña, hasta Bad Dürkheim, los arqueólogos pueden seguir un rastro de añicos de ánforas griegas, vasijas de vino encontradas en las tumbas de los príncipes celtas que dan testimonio de que el cultivo de la vid en el Palatinado comenzó antes de la época romana. Al final de la Guerra Mundial, las tropas francesas arrasaron la localidad fronteriza de Schweigen. Lo único que dejaron en pie fue la Weintor (Puerta del Vino), que usaron como arco triunfal para su entrada en Alemania.

Una cierta nobleza campesina

Comenzamos nuestro viaje por el Palatinado (como es habitual de norte a sur), por Zellertal, el «punto sobre la i», con sus magníficos viñedos de riesling, sin duda tan buenos como los de la famosa región de Mittelhaard, aunque por desgracia estén totalmente olvidados. Sobre el mapa, la Deutsche Weinstraße parece exactamente el trazo de una «i». Pero el viñedo intensamente verde no termina en su extremo, Bockenheim. Hacia el noroeste, un poco apartado e ignorado por los turistas, se encuentra el «puntito», Zellertal, donde un puñado de honestos viticultores intenta mantener con vida la cultura del riesling,

tan elogiada en otros tiempos. Y del punto a la «i». La primera etapa de la Weinstraße parte de Bockenheim en dirección sur hasta las puertas de Kallstadt y atraviesa un paisaje de suaves colinas donde sobre suelos ricos en nutrientes crece la materia prima de unos vinos robustos, poco elegantes pero con una cierta nobleza campesina. Bajo el nombre de comarcas desconocidas se ofrecen productos sencillos a precios económicos y en excesivas cantidades. Es una pena, pues la zona tiene cosas mejores que ofrecer, pero sufre las consecuencias de un gran desconocimiento por parte del público. Además ¿qué nombre habría de recibir? «Unterhaardt», como se la llamó en tiempos, se considera un desprestigio, y la denominación «Nördliche Weinstraße» (Weinstraße septentrional) tampoco proporciona ninguna publicidad. Los viticultores locales no han sabido nunca resaltar sus dones naturales y se sentían más que contentos de poderse agarrar de la falda de la renombrada Mittelhaard.

El mayor municipio vitivinícola de Alemania

La mejor parte del Palatinado comienza en Kallstadt, donde las vides crecen sobre caliza pura. Son suelos calientes que producen vinos pujantes, «granadas de mano que le tapizan a uno la boca», como dice la gente del Palatinado. Lo mismo se puede aplicar a Ungstein y su Herrenberg, donde se halló un lagar de tiempos de los romanos. En la ciudad de Bad Dürkheim, con su balneario y su casino, comienza la clásica región de Mittelhaardt, el corazón de la viticultura palatina. Wachenheim, Forst y Deidesheim son localidades muy populares donde indiscutiblemente se hallan los mejores viñedos. Allí se elabora un riesling equilibrado, de fructuosidad y acidez acentuadas y el formato de un riesling de Rheingau. En Mussbach, la siguiente parada en la Weinstraße, el vino vuelve a ser sabroso y terroso, como gusta a los incondicionales de los caldos del Palatinado. El territorio de Mittelhaardt-

Deutsche Weinstraße termina en el heterogéneo centro de Neustadt. La ciudad cabeza de distrito con 2100 hectáreas de viñedo (el doble de la superficie total del Sarre) es el mayor municipio vitivinícola de Alemania. No obstante, esta riqueza sólo ha sido posible gracias a numerosas anexiones. Al principio pueblos viticultores tan vitales como Königsbach, Gimmeldingen, Hambach o Diedesfeld perdieron junto con la autonomía un poco de seguridad en sí mismos aunque ahora están volviendo a recuperarla. Y con todo derecho, pues, aparte de precio-sas fachadas, estos pueblos pueden exhibir agradables vinos. La misma Neustadt merece una visita. Su centro constituye un entramado cambiante y enmarañado de calles y callejas con los más variados estilos arquitectónicos, lleno de impresionantes iglesias y casas burguesas.

Palatinado de Alsacia

Karl-Heinz Wehrheim de Birkweiler es uno de los mejores productores del Palatinado Meridional y está orgulloso de todo lo que se guisa y se cuece en su región, y de que

Los viticultores del Palatinado han reducido el montante de sus cosechas y vuelven a producir más calidad.

Alemania

cada mes surjan nuevos talentos viticultores que tanto dan que hablar. «Si la Weinstraße meridional fuera una sociedad anónima, hace tiempo que habría comprado un buen paquete de acciones». Resulta literalmente embriagador apreciar los riesling y borgoñas tan plenos de vigor y jugosidad que se sirven allí, entre ellos, intensos tintos. Hasta hace 35 años la región aún era la nada, vista con desprecio por los orgullosos señores de la fina región de Mittelhaardt. Desde Neustadt, la última etapa de la Weinstraße discurre por los más bellos paisajes del Palatinado Meridional, recorriendo pueblos idílicos con las típicas fachadas de entramado de madera cuyos nombres terminan todos igual: Burrweiler, Gleisweiler, Frankweiler, Birkweiler, Leinsweiler… Es imprescindible desviarse para visitar las localidades más bellas de la zona: St. Martin y Rhodt. Y será un loco quien no deje el coche para subir, por ejemplo en Leinsweiler, a la villa del gran impresionista Max

Slevogt o pasear por las callejuelas de Rhodt. Quien experimenta más de cerca la riqueza del paisaje es el senderista que marcha entre el bosque y las vides. Lo que sólo saben los iniciados es que el viñedo del Palatinado termina en suelo francés. Las mejores laderas del Schweiger Sonnenberg se elevan por encima de Wissenbourg, que pertenece ya a Alsacia. Los viticultores del lado alemán disfrutan de derechos antiquísimos que les permiten explotar los viñedos y recoger las cosechas allende la frontera. Los consumidores de Wissenbourg se negaron férreamente durante mucho tiempo a beber el vino procedente de su demarcación sólo porque estaba elaborado por alemanes. Ahora en la carta de vinos de los restaurantes del lado alsaciano se encuentra algún que otro riesling alemán o burgunder blanco de Schweigen. Incluso ha corrido la voz por Wissenbourg de que en Schweigen, la localidad de la Weinstraße meridional, están las mejores direcciones de viticultores.

Württemberg

Los viticultores suabios tienen problemas con la venta. No dejan prácticamente nada para la exportación.

Cuando Dieter Schnitzius se mudó del Mosela a Württemberg para hacerse cargo de la gerencia de la cooperativa vitivinícola de Heuholz, expresó en voz alta lo que pensaba acerca de que las mejores laderas de viñedos estuvieran plantadas con la variedad trollinger de segunda clase. Lo que correspondía plantar allí era la valiosa spätburgunder. Los *wengerter*, como se llama allí a los viticultores suabios, conocen estos reproches, pero siguen elaborando trollinger. Las asambleas de Heuholz se pueden prolongar hasta entrada la madrugada. Al principio Schnitzius bebía agua con gas hasta que el presidente le dio un codazo en las costillas y mientras le servía abundante trollinger le dijo: «Eh, ¿no pensarás beber agua toda la noche?». «Debieron de ser por los menos dos litros», recordaba, «sin embargo al día siguiente tenía la cabeza clara». Desde entonces ha mejorado mucho su opinión sobre esta variedad.

«La leche de los suabios»

Sobre una cuarta parte de la superficie de viñedo de Württemberg crece trollinger (idéntica a la vernatsch del Tirol Meridional). Con ella se producen al año entre 25 y 20 millones de litros que resultan de todo punto insuficientes. «Leche de los suabios» es el nombre que recibe este bebedizo, que puede ser extraordinariamente placentero cuando se elabora con amor (lo que por desgracia no siempre sucede). Un menú suabio de cinco platos consiste en un

ALEMANIA

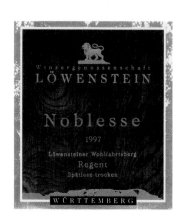

La palabra favorita de los suabios es schlotze, que se puede traducir más o menos por «sorber placenteramente». El natural de Württemberg necesita por la noche sus tres cuartos de litro. Así que el vino ha de ser placentero y sin complicaciones y, lo más importante, ha de sentar bien. Por eso en la región se elaboran sobre todo vinos suaves y sencillos. También hay algunas grandes cosechas, pero como mucho se regalan en Navidades como motivo de cortesía.

KARL HAIDLE
WEINGUT

WÜRTTEMBERG

**2000er
Stettener Pulvermächer
Riesling Kabinett
Trocken**

Qualitätswein mit Prädikat
Gutsabfüllung
0,75 l   A.P. Nr. 94603301   12% vol
D-71394 Kernen-Stetten i.R.

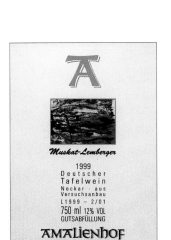

Muskat-Lemberger

1999
D e u t s c h e r
T a f e l w e i n
Neckar · aus
Versuchsanbau
L 1999 – 2/01
750 ml 12% VOL
GUTSABFÜLLUNG

AMALIENHOF
Fam. Strecker · D-74074 Heilbronn

WEINGÄRTNER   GENOSSENSCHAFT
HEUCHELBERG·KELLEREI
D-74193 SCHWAIGERN/WÜRTTEMBERG

Schwaigerner
Grafenberg

Spätburgunder
K A B I N E T T

1999

Schlossgut Hohenbeilstein

2 0 0 0
SCHILLERWEIN KABINETT
TROCKEN

GUTSABFÜLLUNG

WÜRTTEMBERG

Ulmer Schachtel   Württemberg

1997er   Winterbacher
Hungerberg
Spätburgunder
Auslese
trocken
13 % vol.
0,5 l

Erzeugerabfüllung
Weingut
J. Ellwanger
D-73650 Winterbach
für die WEIN-BASTION, Ulm
A.P.Nr. 270 026 99

W Ü R T T E M B E R G

R

**Spät-
Burgunder**

Im Barrique gereift

Remstalkellerei
ERZEUGERABFÜLLUNG

WEINGUT DES
Grafen Neipperg

1999   1999

LEMBERGER

TROCKEN

ERZEUGERABFÜLLUNG

1999
HABERSCHLACHTER
D A C H S B E R G
Schwarzriesling
SPÄTLESE

WEINGÄRTNERGENOSSENSCHAFT
BRACKENHEIM

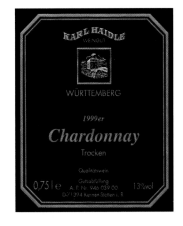

KARL HAIDLE
WEINGUT

WÜRTTEMBERG

1999er
Chardonnay
Trocken

Qualitätswein
Gutsabfüllung
0,75 l   A.P. Nr. 946 039 00   13% vol
D-71394 Kernen-Stetten i. R.

WÜRTTEMBERG

1999

Untertürkheimer

SPÄTBURGUNDER
AUSLESE
TROCKEN

WGU

ERZEUGERABFÜLLUNG
WEINGÄRTNERGENOSSENSCHAFT
UNTERTÜRKHEIM EG

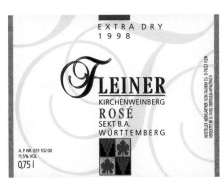

EXTRA DRY
1 9 9 8

Fleiner

KIRCHENWEINBERG
ROSÉ
SEKT B.A.
WÜRTTEMBERG

A.P. NR. 031 102 00
11,5% VOL
0,75 l

HERSTELLER WEINGÄRTNER FLEIN-TALHEIM EG, D-74223 FLEIN
VERSEKTET IN D-74182 OBERSULM-WILLSBACH

Alemania

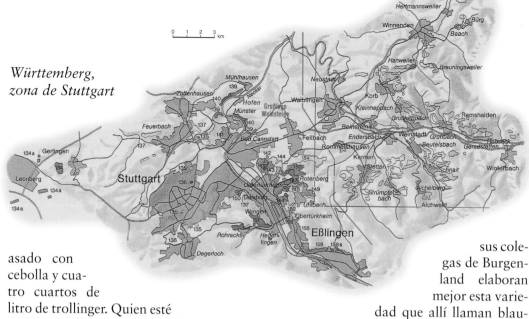

*Württemberg,
zona de Stuttgart*

asado con cebolla y cuatro cuartos de litro de trollinger. Quien esté acostumbrado a un vino mediterráneo no llamará tinto a esta curiosa bebida algo pálida ni con la mejor voluntad. El *wengerter* Martin Heinrich de Heilbronn aconseja: «Te tienes que imaginar que es un rosado y entonces te parece que tiene un color precioso». Heinrich, que es un hombre tan laborioso como persuasivo e inteligente, creó hace algunos años un concurso de trollinger que ha resultado bastante positivo. De la difícil añada de 2000 surgieron sorprendentemente buenos vinos con un jugoso sabor a guindas y un fino aroma a almendra. El segundo puesto entre las vides tintas corresponde a la lemberger, que en el mejor de los casos produce un vino oscuro cuyo tanino convierte en aterciopelado. Theodor Heuss, el inolvidable primer presidente federal, «tardaba siempre una botella» a la hora de escribir un buen discurso. Sin embargo, los suabios han de escuchar que sus colegas de Burgenland elaboran mejor esta variedad que allí llaman blaufränkisch. Resulta difícil de creer pero la variedad más importante de Württemberg es la riesling. Y aunque el vino tinto resulta escaso en la región, puede haber exceso del que se elabora con la reina de la vid. Esto se debe a que los viticultores suabios no tienen el valor de podar a conciencia las cepas en invierno y de retirar los racimos de sobra en verano. Si se cosechara menos, con la riesling, que en el valle del Neckar crece sobre suelos de trías y restos calcáreos de concha, se podría producir un buen vino noble.

Vides con vistas a fábricas automovilísticas

La parte inferior de Württemberg, en torno a Heilbronn, es un paisaje de delicado verdor y suaves colinas que en su mayor parte ha conservado su carácter campesino. Allí la vid tiene superficie para crecer y hace más calor, lo que es bueno para las variedades tintas. Sin embargo, en la zona industrializada de Stuttgart la viticultura ha sufrido pérdidas en años pasados. No obstante, en la lucha entre *häusle* (casitas) y *träuble* (uvitas) han ganado con frecuencia estas últimas. Demos gracias a Baco. La viticultura ha impedido en Remstal una urbanización mucho más demoledora y en Oberlauf se han conservado rincones idílicos. Stuttgart posee 400 hectáreas de viñedo, casi tantas como el Rin Central, y en el centro de la ciudad se alza el viñedo Kriegesberg. Untertürkheim no sólo está dominado por la industria del automovil, sino tambien por las vides, y en las localidades periféricas de Uhlbach y Rothenberg hay rincones en los que el visitante se puede sentir como si estuviera en un pueblo cosechero.

Baden

Menos es mucho más. Baden llevó a cabo una especie de ayuno. Ahora ya no se produce tanto vino, pero el que hay es de mejor calidad.

Franz Keller, el viticultor y propietario de la taberna Schwarzen Adler de Oberbergen, hizo furor en toda la república y no sólo como gastrónomo de alta categoría y enólogo. Su apodo, «el Rebelde de Kaiserstuhl», permite deducir un carácter dado a la controversia con gran repercusión en la opinión pública. Y esta controversia ha tenido mucho que ver con el desarrollo de la viticultura de Baden. Keller consiguió ganar un pleito contra la autoridad enológica de su tierra, gracias al cual, en nombre de Dionisio y de Justicia, se le permitió seguir cultivando schwarzriesling, una variedad oriunda de Württemberg, que en el Baden Meridional no estaba permitida hasta hace algunos años. Para el testarudo germano se trataba de una cuestión de principios. Por fin consiguió su voluntad y ya no ha habido nada que se opusiera a los planes que perseguía la viticultura del Alto Rin.

Tesoros de viejas cepas

Tanto los críticos de la política enológica de Baden como Franz Keller tienen que reconocer que la viticultura de la región ha puesto en marcha todo lo que exigieron incansablemente durante tres décadas: disminución de los rendimientos con el consiguiente aumento de la calidad, niveles más altos de maduración, dedicación de la mitad de la producción a los vinos secos y un mayor respeto hacia la

151

naturaleza. Desde 1990, los viticultores entre el lago Constanza y Tauber no cosechan más del equivalente a una botella por metro cuadrado, alrededor de un tercio menos que sus colegas de Württemberg, el Palatinado o el Mosela. En Baden obtienen varias ventajas de sus bajos rendimientos: los vinos tienen un sabor más acentuado, tal y como demuestran las catas comparativas (aunque no se pueda demostrar categóricamente en el análisis). Además, las cepas viven más tiempo. Las cosechas de cepas viejas destacan especialmente y gozan de bastante aprecio, a pesar de ser algo caras. Por otra parte, Baden ha puesto orden en la multicolor diversidad de vides y apuesta claramente por la burgunder, ya sea tinta, gris o blanca. Se elaboran mayoritariamente vinos secos apropiados para acompañar todo tipo de platos e imprescindibles en el panorama gastronómico alemán. La limpieza de las hileras de viñedo está poco menos que concluida. Además de la burgunder se ha conservado en Baden como especialidad la gutedel en la región del Margraviato y la riesling en Ortenau. No hay duda de que en un futuro próximo no cabe despedirse de la barata müllerthurgau que tanto rendimiento proporciona, pero ya no desempeñará el papel principal. Cuando la thurgauer, también llamada últimamente rivaner, se poda a fondo, se

Baden, zona de Tauberfranken

puede producir con su uva un ligero e incluso agradable vino de verano, especialmente en el lago Constanza y en el valle del Tauber.

La maravillosa transformación de la ruländer

A principios de los años ochenta Baden seguía siendo insaciable respecto a la producción de vino. Había una demanda continua de uva y mosto por parte de la entonces aún llamada Zentralkellerei Badischer Winzergenossenschaften (ZBW o bodega central de las cooperativas de viticultores de Baden), con sede en Breisach. Esta institución controlaba un tercio de la viticultura de la región y recibía la producción de más de 20 000 viticultores. Era especialmente apreciado el vino de Breisgau, Kaiserstuhl y Tuniberg, sobre todo el elaborado con ruländer, cremoso y dulzón. Pero la moda ha cambiado y el vino a la antigua ya no tiene salida. La gente moderna de hoy en

día (y los que lo quieren ser) prefiere beber pinot grigio, aunque la uva de la que se prensa esa ubicua bebida italiana no es otra que la vieja buena ruländer. Hace tiempo que en Baden ya no producen un vino tan espeso y dulzón. Las uvas de ruländer se cosechan puntualmente, mientras conservan una acidez fresca, y con ellas se elabora un vino de mesa sin azúcar residual fresco, no demasiado intenso pero con cuerpo que recibe el nombre biológicamente correcto de grauburgunder o borgoña gris.

Cuando las bodegas rebosaban

La grandilocuente ZBW ha pasado a llamarse modestamente Badischer Winzerkeller (bodega viticultora de Baden). Los jefes no sienten en absoluto haber dejado de dirigir la mayor bodega de Europa. Al contrario, se alegran con cada litro de vino que dejan de recibir. Tras el otoño de 1989, que produjo en Baden la segunda mayor cosecha de todos los tiempos, los depósitos quedaron llenos a rebosar. La Badischer Winzerkeller se encontró en la bodega con cinco veces más de la cantidad necesaria para un año. Desde entonces las cosechas de Baden se han reducido estrictamente. Las cooperativas aconsejan (o mejor dicho, obligan) a sus miembros podar drásticamente las vides en primavera y eliminar en verano los racimos superfluos. Los viejos viticultores lo consideran un pecado similar a tirar el pan. Pero los más jóvenes comprendieron a regañadientes que no tiene sentido producir más de lo que se puede vender. Los viticultores ganan ahora bastante menos que antes. La viticultura de Baden se ha sometido a una especie de ayuno terapéu-

tico que sólo fue posible llevar a cabo sin que se produjeran revueltas porque son las cooperativas quienes tienen la última palabra. Las asociaciones de viticultores nacidas en tiempos precarios fueron y siguen siendo una especie de segundas familias que aportaron el bienestar. No es difícil pronosticar que el vino de Baden conquistará de nuevo su mercado, con menos cantidad pero mayor calidad. Inevitablemente subirán los precios, pero la relación calidad-precio está

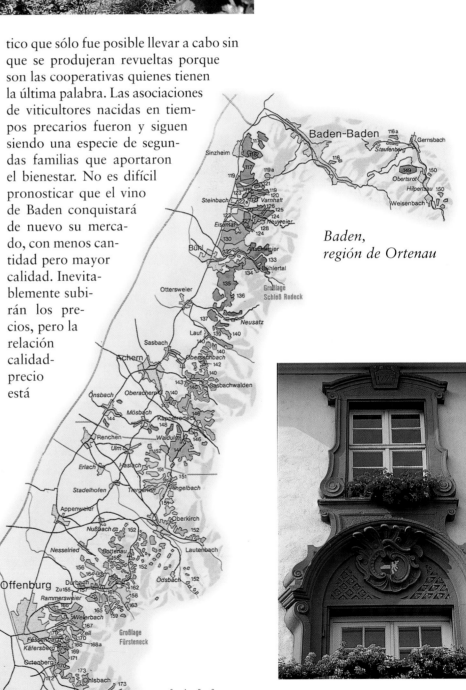

Baden, región de Ortenau

Baden, localidad de paisaje variado y numerosos monumentos.

ALEMANIA

En ningún otro land de la República Federal se cocina tan bien
como en Baden. En la llanura del Rin que se extiende desde Karlsruhe hasta la frontera suiza se suceden los restaurantes de calidad.
Y desde hace algún tiempo los viticultores del sudoeste ofrecen los
vinos adecuados para acompañar la gastronomía: el vigoroso
grauburgunder de Kaiserstuhl, el aterciopelado spätburgunder de
Tuniberg y el riesling de Ortenau, marcadamente afrutado.

155

Baden,
región del norte de Heidelberg

garantizada. (En la lista anual de las cien mejores fincas vitivinícolas aparece una cooperativa de Baden, la de Pfaffenweiler, en el Margraviato.)

Las siete caras de Baden

Resulta sorprendente que Baden se presente como una unidad pese a ser la más diversa de las regiones vitivinícolas de Alemania. En realidad consta de siete regiones con distinto clima y suelo, y con vinos con un carácter propio, las cuales se extienden desde el Dertinger Mandelberg a orillas del Meno hasta el Konstanzer Sonnenhalde junto al lago Constanza. Empecemos por la «Siberia de Baden», apelativo que recibe el valle del Tauber, donde son habituales las heladas. La mitad del norte de Baden pertenece a Franconia y desde hace muchísimo tiempo puede embotellar sus vinos en la *bocksbeutel*. No tienen un sabor tan punzante y terroso como los del extremo de Würzburg, pero a cambio son más frutales. En especial el vino de müller-thurgau alcanza una finura insospechada. Siguiendo hacia el sur, la parte de la Bergstrasse que corresponde a Baden y Kraichgau fue antaño un territorio único, pero hoy vuelven a marchar en direcciones opuestas. Sus paisajes y vinos no podían ser más distintos. Los vinos de la Bergstrasse maduran pronto y son delicados, mientras que los de Kraichgau son muy densos, a veces resultan angulosos y necesitan una larga maduración. Los viticultores de la zona apuestan infatigablemente por el riesling, que suele presentar un sabor muy áspero; en cambio el vino de burgunder blanca de Karlsruhe tiene más encanto.

Aromas de albaricoque y zarzamora

Entre Baden-Baden y Offenburg florece Ortenau, el tramo más bello del cinturón de viñas de Baden. Allí se encuentran los viñedos más empinados de todo el territorio, que suelen estar aterrazados, como antiguamente. El granito erosionado y el neis proporcionan a los vinos una fructuosidad propia que los distingue de todas las demás cosechas de Baden. Allí se da el mejor riesling del sudoeste, que en años buenos expande un aroma de albaricoque. No son pocos los amantes del vino que lo prefieren frente al de Rheingau. La segunda exquisitez es el vino de spätburgunder, que destaca con un aroma pleno a zarzamora. Los viticultores de Ortenau son lo bastante inteligentes como para concentrarse en esas dos variedades selectas. Como una especialidad al margen, se recomienda el vino de gewürztraminer de Durbach. Los vinos de esta zona se agotan rápidamente, por eso los precios son altos. La cooperativa de Durbach está considerada la más cara, pero ofrece vinos de toda confianza.

Los socios jóvenes se independizan

Al sur limita inmediatamente Breisgau, cuyas condiciones climáticas y geológicas son sin duda extraordinarias, aunque no lleguen a alcanzar las de Ortenau. La alargada franja entre Lahr y Friburgo sufre las consecuencias de llevar casi todo el vino desde tiempos inmemoriales a la cooperativa central de Breisach. Para la antigua ZBW, Breisgau era una fuente inagotable de vinos masificados, que con un nombre unitario se vendían al público por un precio bajo. En otoño los campesinos llevaban formalmente sus uvas al lagar local, si bien desconocían el sabor del vino que se elaboraba con ellas. Desde que la central de Breisach ha pasado a llamarse modestamente Badischer Winzerkeller, sus dirigentes intentan fomentar entre sus proveedores de Breisgau una mayor conciencia enológica. Cada vez son más los jóvenes socios que dimiten y se independizan con una pequeña finca vitivinícola. De allí se esperan buenos productos; en Schutterlindenberg o a los pies de la ruina de Lichteneck hay algunos viñedos que se prestan a la producción de grandes vinos.

Se recomienda

Hans-Friedrich Abril
  en Bischoffingen (Kaiserstuhl)

Bercher-Schmitt
  en Oberrotweil (Kaiserstuhl)

Freiherr von und zu Franckenstein (Ortenau)

Ernst Heinemann
  en Scherzingen (Margraviato)

Reichsgraf zu Hoensbroech
  en Michelfeld (Kraichgau)

Schlossgut
  en Istein (Margraviato)

Kalkbödele
  en Merdingen (Tuniberg)

Lämmlin-Schindler
  en Mauchen (Margraviato)

Andreas Laible
  en Durbach (Ortenau)

J. und P. Landmann
  en Waltershofen (Tuniberg)

Josef Michel
  en Achkarren (Kaiserstuhl)

Konrad Schlör
  en Reicholzheim (Tauber)

R. und C. Schneider
  en Endingen (Kaiserstuhl)

Helmut Seeger
  en Leimen (Bergstraße)

Weingut Stadt Lahr (Breisgau)

Winzergenossenschaft
  en Achkarren (Kaiserstuhl)

Winzergenossenschaft
  en Durbach (Ortenau)

Winzelkeller Hex vom Dasenstein
  en Kappelrodeck (Ortenau)

Winzerverein
  en Hagenau (lago Constanza)

Winzergenossenschaft
  en Jechtingen (Kaiserstuhl)

Winzergenossenschaft
  en Königschaffhausen (Kaiserstuhl)

Winzergenossenschaft
  en Pfaffenweiler (Margraviato)

Condiciones óptimas para las burgunder

El Kaiserstuhl se alza imponente sobre la llanura, impulsado hacia el cielo hace treinta millones de años por el hundimiento de la fosa del Alto Rin. Conforma el corazón de Baden con algo más de 4000 hectáreas de vides entre las que brotan plantas mediterráneas y revolotean raras variedades de mariposas. La esquina sudoeste junto a Ihringen es el punto más cálido de Alemania. Allí se eleva una corriente térmica tan poderosa que las nubes que llegan del oeste son alzadas por encima del macizo y derraman su lluvia en la Selva Negra. El suelo de Kaiserstuhl está cubierto de fértiles loes donde sólo de vez en cuando sobresale la roca volcánica. Las laderas son ideales para las burgunder. Los vinos, a menudo briosos, alcanzan los 13 grados de alcohol. A pocos kilómetros al sur se alza como un hermano menor el Tuniberg , cuyas 1000 hectáreas constituyen desde 1991 un distrito vitivinícola propio. Los viticultores de la zona han tenido que esforzarse para darse a conocer desde que dejaron de ser un apéndice de Kaiserstuhl. Han apostado por una viticultura repetuosa con la naturaleza y por su spätburgunder de suavidad aterciopelada. A continuación limita el Margraviato. Esta respetable comarca se extiende entre la Selva Negra y el Rin hasta las puertas de Basilea. Es la patria de la gutedel, que en Suiza recibe el nombre de fendant o dorin. Los vinos son allí bastante más caros sin que por ello tengan mejor sabor. Los naturales del sur de Baden aman estos vinos que tan bien combinan con los *spätzle*, la pasta típica de la región. En otros lugares habrá vinos más destacados, pero ningún otro sitio de Baden es tan acogedor como el Margraviato. La última estación es el lago Constanza. La extensa superficie de agua que rebota la luz del sol como si fuera un espejo posibilita la viticultura. La müller-thugau, criada ex profeso para esta zona, da un vino ligero y afrutado. Más apreciado es el rosado de spätburgunder, fresco y con matices a frambuesa.

Baden, región de Heidelberg y Bruchsal

Por las rutas del vino

Italia

Ningún otro pueblo ha influido tanto en el mundo durante los últimos años en cuanto a estilo y paladar como los italianos. La gente se viste con moda italiana, decoran su vivienda con diseño milanés, comen pasta y antipasti *y beben* vino de Italia. *Pero quien busque lo bueno no se debería conformar con un simple* soave *o un ubicuo* chianti. *El país al sur de los Alpes tiene más exquisiteces chispeantes que ofrecer. Participe en un viaje desde el valle del Etsch hasta el Etna y descubra los desconocidos, los auténticos tesoros de la viticultura italiana. Muchos de ellos pueden encontrarse fácilmente en las tiendas especializadas.*

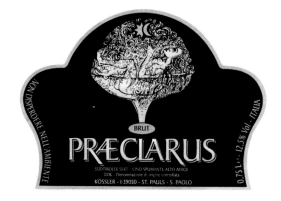

El spumante classico es para los italianos lo mismo que el *crémant* para los franceses, fermenta tradicionalmente en botella y también se gira a mano como el champaña. Pero toda alusión a este último está totalmente prohibida. El champaña es sacrosanto. Los buenos vinos espumosos proceden del Trentino; los mejores, de Lombardía (elaborados con frecuencia como vino del Trentino). Incluso en el Tirol Meridional hay un buen número de bodegas productoras de espumoso, pequeñas pero de calidad.

Del Tirol Meridional a Lombardía

Hoy en día también los italianos se toman en serio los vinos del norte de su país.

Los campesinos del valle del Etsch llaman pérgolas a los armazones de madera por los que trepan las vides. Los viticultores del Tirol Meridional son los únicos del mundo que practican a gran escala este tipo de viticultura. Esos pasillos de follaje, que dan una sombra tan agradable, caracterizan la imagen del hermoso paisaje. Los turistas quedan fascinados con el panorama. Las pérgolas ya eran conocidas en tiempos del emperador Tiberio y de repente, después de casi 2000 años, se supone que han dejado de ser buenas. Por ejemplo, Christof Tiefenbrunner de Entiklar, nacido en 1966, ha arrancado todas las pérgolas en las que su padre y su abuelo criaban la vid. Ahora sujeta las vides a soportes metálicos, lo que no resulta ni de lejos tan romántico. Pero el cuidado de las cepas resulta así más fácil y lo que es aún más importante para Tiefenbrunner, el rendimiento se reduce a la mitad, lo que hace el sauvignon y el char-

donnay el doble de buenos. Los blancos de Tiefenbrunner se encuentran en las cartas de vinos de los mejores restaurantes. Su padre vendía el mosto a granel a Suiza.

Ahora se toma a los jóvenes en serio

Se llaman Tiefenbrunner, Haas, Foradori, Wildmann y Filippi, rondan la treintena y han armado bastante revuelo en la antigua región vinícola del Alto Etsch. Su credo es: el Tirol Meridional ni debe ni puede seguir inundando el mundo con un bebedizo insípido y barato. En una Europa donde el consumo sufre un continuo descenso sólo es posible sobrevivir con cosechas de alto nivel. La mayoría de los jóvenes ha estudiado en San Michele, en una de las mejores escuelas de enología del mundo. Y llevan la ambición en la sangre. No hará más

162

de quince años los italianos todavía se reían de los vinos del norte de su país. Por sus nombres, los vinos parecían alemanes y, por lo tanto, indignos de ser tomados en serio. Pero paulatinamente los jóvenes viticultores han conseguido ser distinguidos con «tres copas» por la elitista guía de vinos *Gambero rosso*, un honor por lo demás sólo concedido al mejor barolo o al *vino nobile*. El ejército de viticultores mayores, con un carácter marcadamente campesino, observa desconcertado a la joven generación. Arrancar las pérgolas es para ellos un acto de vandalismo cultural, y el recorte de los racimos superfluos en agosto un pecado contranatura. Durante siglos se enorgullecieron de sus abundantes cosechas, ¿cómo es posible que por culpa de unos críos ya no lo puedan seguir haciendo?

Bodegas industriales

Y hasta hace veinte años los campesinos tenían razón. En esa época los alemanes bebían cantidades ingentes de una sustancia paliducha llamada Lago di Caldaro. Envasada en botellones de litro y medio, era un auténtico éxito de ventas en la República Federal. Eso se acabó. En la actualidad, sólo a Suiza se siguen mandando grandes cantidades de ese vino ligero, de color rojo pálido y seco en sus orígenes. Pero los habitantes de la Confederación Helvética no han tocado nunca el producto dulzón que consentían beberse los alemanes. En honor de los viticultores del Lago di Caldero hay que decir que nunca hicieron el vino tal y como llegaba a Alemania. Este era producto de bodegas industriales, la mayoría con sede en Baviera, que no tenían escrúpulos a la hora de obrar en beneficio propio. Los viticultores del Tirol Meridional crearon asociaciones para defenderse y consiguieron para su producción la *denominazione di origine controllata* (DOC), una garantía de origen. Negociaron con los alemanes para que el mejor Lago di Caldero pudiera llevar la apostilla de *auslese*. Pero no sirvió de nada. Los viticultores tampoco están libres de culpa. Cuando se produjo tal demanda de su vino, ampliaron su zona de cultivo, que en principio se limitaba a los viñedos situados en torno al Lago di Caldero, hasta multiplicarla por diez, de manera que incluso llegaba hasta la vecina Trentino.

Un vástago problemático llamado vernatsch

Los viticultores aprovecharon la fertilidad de su variedad principal, la vernatsch (que no tiene nada que ver con la italiana vernaccia, pero sí con la trollinger de Württemberg), y se dedicaron a abonar y regar las pérgolas sin cese. Pero cuando las existencias de un vino aumentan de continuo la experiencia nos dice que al final las grandes embotelladoras mezclan sin escrúpulos hasta agotar el paladar del consumidor. Han pasado más de 400 años desde que un médico de la corte llamado Hypolitus de Guarinone escribiera que «no hay en Tirol nada que se pueda comparar a los vinos de Lago di Caldero». A los veraneantes les sigue gustando beber vino de vernatsch, ligero, de color rojo claro, pobre en taninos y acidez. Se puede degustar sin complicaciones, acompañando a la panceta y al pan típicos de la zona. Pero este consumo no basta para dar salida al rendimiento de

ITALIA

Hasta hace quince años el vino del Tirol Meridional era despreciado por los italianos y empleado en otros países para elaborar productos masificados, baratos y dulzones. Este periodo ha quedado definitivamente atrás. Los jóvenes talentos viticultores ofrecen tintos intensos y blancos con temperamento. Lo más increíble de este cambio es que ha sido principalmente obra de las grandes cooperativas bodegueras.

FRANZ HAAS

TRAMINER AROMATICO
ALTO ADIGE
DENOMINAZIONE DI ORIGINE CONTROLLATA
· 1998 ·

750 ml   IMBOTTIGLIATO DA FRANZ HAAS   13,5% vol
                MONTAGNA · BOLZANO · ITALIA
ITALIA · NON DISPERDERE IL VETRO NELL'AMBIENTE · L. 9812

1999
TOR DI LUPO
WOLFSTHURM
SÜDTIROLER
DENOMINAZIONE DI ORIGINE CONTROLLATA · DOC
QUALITÄTSWEIN b. A.
CHARDONNAY
ERZEUGERABFÜLLUNG
ANDRIANER KELLEREI
ANDRIAN · BZ · ITALIA

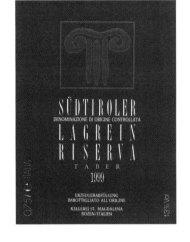

SÜDTIROLER
DENOMINAZIONE DI ORIGINE CONTROLLATA
LAGREIN
RISERVA
TABER
1999
ERZEUGERABFÜLLUNG
IMBOTTIGLIATO ALL'ORIGINE
KELLEREI ST. MAGDALENA
BOZEN/ITALIEN

WEINGUT
Pfitscherhof
SÜDTIROL-ALTO ADIGE
DENOMINAZIONE DI ORIGINE CONTROLLATA
PINOT NERO
BLAUBURGUNDER
MATAN
1999
MONTAN · ITALIEN
Imbottigliato dal Produttore Viticoltore
www.weingutpfitscherhof.it
0,75l   ITALY   13% VOL
NON DISPERDERE IL VETRO NELL'AMBIENTE

Linticlarus Cuvée
VINO DA TAVOLA ROSSO
TIEFENBRUNNER
Gekeltert u. abgefüllt durch · Prodotto ed imbottigliato da
SCHLOSSKELLEREI TURMHOF · TIEFENBRUNNER S.R.L.
Entiklar, Kurtatsch (BZ) Italy
ITALIA

CASTEL
SALLEGG
Alto Adige / Südtirol
Denominazione di origine controllata V.Q.P.R.D.
MOSCATO ROSA
1997
Caldaro · Italia · Kaltern · Italien

★ SANCT VALENTIN ★
1999
SÜDTIROL · ALTO ADIGE
DENOMINAZIONE DI ORIGINE CONTROLLATA
SAUVIGNON
ERZEUGERABFÜLLUNG · IMBOTTIGLIATO ALL'ORIGINE
KELLEREI ST. MICHAEL-EPPAN
CANTINA PRODUTTORI SAN MICHELE/APPIANO · ITALIA

Ritterhof
2000
SÜDTIROL
DENOMINAZIONE DI ORIGINE CONTROLLATA
ST.MAGDALENER
PERLHOF
abgefüllt durch · imbottigliato da
KELLEREI RITTERHOF GmbH
I 39052 KALTERN/BZ ITALY
℮ 0.75 l   NON DISPERDERE NELL'AMBIENTE   12,5% vol.

LÖWENGANG
Lageder
IMBOTTIGLIATO NELLA
ZONA DI PRODUZIONE
IN PRODUZIONSBEREICH
ABFÜLLT DURCH
ALOIS LAGEDER · MAGREID · MAGRÉ · ITALIA
SÜDTIROLER CHARDONNAY ALTO ADIGE
DENOMINAZIONE DI ORIGINE CONTROLLATA
1996
ITALIA
12,5% vol 750 ml ℮

Kolbenhofer
LE LETTERE   2000
J. Hofstätter

ELENA WALCH
Cabernet Sauvignon
1 9 9 7
ALTO ADIGE
D O C
RISERVA
CASTEL RINGBERG

SCHWANBURG
TERLANER
CUVÉE
2000

1998
ALTO ADIGE
LAGREIN
DENOMINAZIONE DI ORIGINE CONTROLLATA
Imbottigliato nella zona di produzione da
PRODUTTORI COLTERENZO · SCHREKBICHL · Cornaiano (BZ) · Italia
13% vol
750 ml ℮
ITALIA NON DISPERDERE IL VETRO NELL'AMBIENTE

*Tirol Meridional
y Trentino*

Se recomienda

Bella Vista
en Erbusco (Lombardía)

Castel Ringberg
en Termeno (Tirol Meridional)

Cavalleri
*en Erbusco-spumante
(Lombardía)*

Cesconi
en Lavis (Trentino)

Ferrari
en Trento-spumante (Trentino)

Foradori
*en Mezzalombardo
(Tirol Meridional)*

Franz Haas
en Montagna (Tirol Meridional)

Hofstätter
en Termeno (Tirol Meridional)

Convento Muri-Gries
en Bolzano (Tirol Meridional)

Josephus Mayer
en Cardano (Tirol Meridional)

Kuenhof Peter Pliger
*en Bressanone
(Tirol Meridional)*

Monte Rossa
*en Cazzago S. Martino
(Lombardía)*

Nino Negri
en Chiuri (Valtellina)

Prima & Nuova
en Caldaro (Tirol Meridional),

Tenuta San Leonardo
en Avio (Trentino)

Produttori Santa Maddalena
en Bolzano (Tirol Meridional)

Produttori San Michele
en Appiano (Tirol Meridional)

Cantina Schreckbichl
en Cornaiano (Tirol Meridional)

Uberti
en Erbusco (Lombardía)

unos viñedos que se extienden sin límite. El viñedo de Lago di Caldaro se ha vuelto a reducir. Aquellos ocho pueblos del Trentino cuyas uvas eran tan bien recibidas antaño dejaron de pertenecer a él. Las cooperativas bodegueras que reciben dos tercios de la cosecha del Tirol Meridional han graduado los pagos de manera que a los viticultores proveedores ya no les compensa cosechar grandes cantidades. Los jefes de las cooperativas pretenden conseguir que la schiava (como también se denomina a esta vid) deje lugar a la burgunder blanca y a la chardonnay, en las que el Tirol Meridional tiene grandes esperanzas.

Revolución en las cooperativas

Hay una impresionante foto de Luis Raifer subiendo de la bodega mientras le ciega el sol. Es una imagen con mucho significado simbólico. Raifer es pionero de la nueva calidad enológica en el Tirol Meridional. Fue el primero de la provincia que no sólo predicó la reducción de los rendimientos, sino que la puso en práctica. En los años setenta la bodega Schreckbichl, que él dirige en Girlan, todavía participaba sin ningún tipo de problema en el gran flujo de Lago di Caldaro. Pero cuando el jefe se dio cuenta de que esta variedad ya no tenía futuro, aconsejó o, mejor dicho, ordenó a los viticultores que arrancaran la venatsch de todo lugar posible y plantaran las variedades burgunder o cabernet-sauvignon. Siguiendo un ejemplo francés se desarrolló en Schreckbichl una «Línea Cornell», que debe su nombre a una antigua finca perteneciente a la cooperativa. Especialmente los tintos de esta serie provocaron la admiración. Con unos 13 euros por botella no

resultan precisamente baratos, pero son al menos tan buenos como otros famosos vinos del mismo precio. Lo asombroso del intenso cambio producido en el Tirol Meridional es que el impulso inicial partió de las cooperativas bodegueras, a las que siempre se suele culpar de la decadencia de las buenas costumbres enológicas. Otras cooperativas como las de Andrian, y Eppan y también muchas bodegas privadas como Walch, Kuppelwieser o Schloss Schwanstein convencieron a sus proveedores para que limitasen las cosechas. Dejaron de comprar en Trentino o incluso en el sur de Italia y sacaron al mercado *cuvées* elaborados decentemente. A las estrellas del Tirol Meridional pertenece también Alois Lageder de Bolzano, jefe de una bodega a la que suministran 300 viticultores. Los importadores de todo el mundo se pelean por sus vinos Lowengang, chardonnay de lo más selecto. Lageder disfruta de tan buena fama que hasta puede ofrecer la desacreditada vernatsch. Elaborada por él resulta todo un placer.

Plantaciones en las laderas

También soplan aires de cambio en la vecina Trentino. «Hasta ahora cosechábamos nuestra uva para otros», se lamenta Mario Pojer, copropietario de la finca estelar Pojer & Sandri. Hasta 1990 destinaban anualmente 22 millones de litros de schiava al Lago di Caldero. El vigoroso chardonnay del Trentino es muy codiciado por la industria del spumante del norte de Italia. La burgunder blanca se lleva a Toscana, para proporcionar frescura al vino de Galestro. La bodega de Lavis, la mejor cooperativa de la región, sólo embotella una pequeña parte de la producción. El resto se tralada en depósitos a granel a otras regiones. Pero están cambiando muchas cosas. Los viticultores del Trentino empezaron incluso antes que los del Tirol Meridional a arrancar la vernasch. Su producción se redujo del 50 a un 20%. En su lugar se plantó abundante chardonnay. En el sur de la provincia, donde el valle del Etsch se abre formando amplias llanuras en dirección a Lombardía, el cultivo de la vid desciende. A fin de cuentas allí sólo se produce en masa. Los viñedos del Trentino se concentran en las empinadas laderas de la parte alta del Etsch, lo que casi supone un milagro, pues allí el trabajo es más arduo y el rendimiento menor. Los suelos formados por morrenas de la era glaciar son ideales para las vides. Sólo hay una llanura en Trentino que produce un tinto grandioso. El teroldego es un vino de color muy oscuro, robusto, algo áspero cuando es joven, y con un definido sabor a cereza. Otra especialidad de tinto es el marmezino, de acentuada fructuosidad, cuyas uvas crecen sobre suelo de basalto. Sólo se producen unas 100 000 botellas al año, que se venden muy despacio a pesar del homenaje que Mozart rindiera a este vino en *Don Juan*. Y otra peculiaridad: el spumante de chardonnay y burgunder blanca. La mejor bodega es la de Ferrari, en Trento.

Un sabroso infierno en el vaso

Además del Piamonte, Venecia y Friuli, que se describirán a parte, en el norte de Italia hay numerosas regiones vitivinícolas de las que apenas sale una botella fuera del país. Estas regiones son pequeñas y sus vinos de un tipo especial. La producción prácticamente no puede cubrir la demanda local. En Valtellina, que limita con la región suiza de Engadin, hay algunas localidades, como Grumello, Sassella y Valgella, donde se produce un tinto poco elegante, pero muy intenso. Allí, la viticultura está terriblemente

anticuada y debido a la crudeza del clima se limita a empinadas terrazas. Después de las tormentas es frecuente tener que volver a subir con camiones la tierra que ha arrastrado el agua. La uva más importante de Valtellina es la nebbiolo del Piamonte, que allí llaman schiavannesca. El broche de oro lo constituyen los vinos «inferno» y «sforzat» de cosechas que alcanzan los 15 grados de alcohol. Valtellina pertenece a la provincia de Lombardía, cada día más devorada por la industria, pero donde se dan bastantes buenos vinos. Entre el centro metalúrgico de Brescia y el lago de Isea se encuentra Franciacorta, conocida por su vino blanco de gran carácter y por su magnífico spumante. Las dos casas más famosas de allí, Cavaleri y Ca'del Bosco son importantes productoras de vino y de espumoso. La segunda *tenuta* de las dos mencionadas es famosa y cara. Para mi gusto es mejor la primera. De la orilla sur del lago de Garda procede un vino blanco cuya calidad oscila entre agradable y excelente: se trata del lugana. Como broche de oro prácticamente desconocido de la viticultura de Lombardía hay que citar los vinos de Oltrepó Pavese, la comarca cubierta de colinas al sur de Pavía. Allí se crían vinos de color granate con la potencia de una granada de mano y nombres tan fantasiosos como «buttafoco» (lanzallamas) o «barbacarlo» (barba del emperador Carlos).

ITALIA

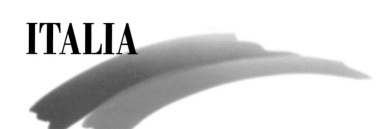

TRENTINO
DENOMINAZIONE DI ORIGINE CONTROLLATA
CHARDONNAY
La Vis
Vintage
1999

RITRATTI

Ritratto Bianco
Vigneti delle Dolomiti
1998
Imbottigliato all'origine
dalla Cantina La Vis s.c.r.l.
Lavis (Trento) Italia
Italia
750 ml e
13% vol.

PRODOTTO con
UVE PROVENIENTI
da AGRICOLTURA
BIOLOGICA

CABERNET
SAUVIGNON
TRENTINO
DENOMINAZIONE DI ORIGINE CONTROLLATA
2000
LA CASA DEL PICCHIO VERDE

Lunelli Villa San Nicolò
1998

Dai vigneti coltivati in proprio
sulle colline che circondano
Villa San Nicolò,
residenza estiva
dell'Arcivescovo di
Trento, nasce questo elegante
vino di sole uve Sauvignon d.o.c.

Le cure agronomiche e l'attenta
vinificazione hanno
valorizzato le note
aromatiche dell'uva
ed esaltato la struttura
del vino in una seducente
sinfonia di profumi di rara persistenza.

Azienda Agricola Lunelli
Trento

TRENTINO
DENOMINAZIONE DI ORIGINE CONTROLLATA
PINOT NERO
La Vis
Vintage
1999

IL PORTALE
1999
PINOT GRIGIO
TRENTINO
Denominazione di Origine Controllata
Imbottigliato all'origine dalla C.S.I.S.S.
SCRL LAVIS (TRENTO) Italia
0,75 l e
12 %vol. - ITALIA V.Q.P.R.D.

PRODOTTO con
UVE PROVENIENTI
da AGRICOLTURA
BIOLOGICA

PINOT
GRIGIO
TRENTINO
DENOMINAZIONE DI ORIGINE CONTROLLATA
2000
LA CASA DEL PICCHIO VERDE

i Baldazzini

TRENTINO
Denominazione di Origine Controllata
LAGREIN
2000
75 d e
IMBOTTIGLIATO NELLA ZONA DI PRODUZIONE
DALLA CANTINA LA VIS S.C.R.L. - I - LAVIS - TRENTO - ITALIA
12,5% vol.

TRENTINO
DENOMINAZIONE DI ORIGINE CONTROLLATA
CABERNET
2000
La Vis
Imbottigliato nella zona
di produzione dalla
Cantina La Vis s.r.l. - I
LAVIS (TRENTO) ITALIA
12,5% vol
75 cl e

TRENTINO
DENOMINAZIONE DI ORIGINE CONTROLLATA
MERLOT
La Vis
Vintage
1999

PRODOTTO con
UVE PROVENIENTI
da AGRICOLTURA
BIOLOGICA

PINOT
NERO
TRENTINO
DENOMINAZIONE DI ORIGINE CONTROLLATA
2000
LA CASA DEL PICCHIO VERDE

RITRATTI

TRENTINO
Denominazione di Origine Controllata
Pinot Grigio
2000
Imbottigliato all'origine
dalla Cantina La Vis s.r.l
Lavis (Trento) Italia
Italia
750 ml e
12,5 % vol.
NON DISPERDERE IL VETRO NELL'AMBIENTE

INDICAZIONE GEOGRAFICA TIPICA
OAK AGED
MERLOT
2000
La Vis
PRODUCT OF ITALY
Imbottigliato nella zona di produzione dalla
Cantina La Vis s.r.l - LAVIS (TRENTO) ITALIA
SELECTED IN ITALY BY
75cl e
Asda Wine
12,5% vol

168

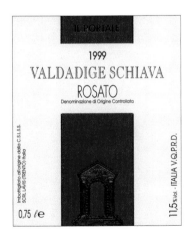

Los vinos del Trentino son muy codiciados pero por desgracia los principales demandantes son otras regiones. Hay vino del Trentino en el galestro toscano y en el spumante lombardo. Los productores de la hermosa región al pie de los Alpes van ganando poco a poco seguridad en sí mismos. Cada vez son más los viticultores que reconocen el valor de los propios vinos, los embotellan personalmente y reciben galardones por ellos.

Piamonte

En el Piamonte existen algunos de los vinos más tradicionales y exquisitos del mundo, pero también de los más caros.

Los paisajes moldean el carácter de las gentes. El de Le Langhe, en torno a la ciudad de Alba, es arduo y con un encanto melancólico. Así son también los viticultores de la región, de robusta estatura, circunspectos, casi parcos en palabras. Aunque algunos de ellos gocen de renombre internacional, en lo más profundo de su alma siguen siendo campesinos, muy unidos a la tierra y al escepticismo frente a todo lo moderno. Alfredo Currado es de este tipo de hombres. Todo en él es anguloso. Miles de arrugas, cejas pobladas y una espesa cabellera plateada caracterizan su aspecto. Rara vez ríe. Con cara aparentemente indiferente imparte sus instrucciones y puede estar seguro de que se cumplirán así y no de otra manera. Apenas posee viñedos

y sin embargo produce algunos de los mejores vinos del Piamonte. En Castiglione Falleto posee la bodega Vietti, a la que suministran los viticultores de la zona desde hace generaciones. Los campesinos podrían vender su uva en cualquier otro lugar, pero permanecen fieles a Currado. Saben que el viejo Alfredo es capaz de convertir su cosecha en un gran barolo.

Una revolución conservadora

Los hijos de Currado, Luca y Elisabetta, han estudiado enología. La hija fue una de las primeras enólogas diplomadas de Italia. Los jóvenes saben más sobre la elaboración del vino que el viejo, que se guía por la experiencia, tanto heredada como aprendida con la vida. Cuando uno se encuentra con los Currados, se da cuenta enseguida de que los hijos no lo han tenido siempre fácil con el enérgico padre. Y sin embargo, poco a poco han conseguido ir imponiendo su opinión, sobre todo el hijo, Luca, muy parecido a su progenitor. Por eso en Vietti no se llevó a cabo ninguna revolución, sólo se discutió sobre los matices. Hoy en día las uvas trituradas ya no fermentan durante semanas como antaño, sino que se prensan como muy tarde al cabo de un par de días, para que el mosto no se empape tanto con los taninos. Así los vinos ya no resultan tan ásperos cuando son jóvenes. Incluso después de los cautelosos cambios se puede decir que en Vietti se avanza de un modo ultraconservador. El barolo se elabora a la antigua, dejándose madurar paulatinamente, aunque ahora ya no es necesario que pasen diez años antes de poderlo degustar.

Aroma a trufas y a follaje otoñal

De vez en cuando Alfredo Currado viaja a la pequeña ciudad vecina de Annunziata y visita a su colega Lorenzo Accomasso, quien todavía sigue trabajando como lo hacía su bisabuelo. Su mosto, de color a tinta y amargo como la hiel, descansa tres años e incluso más en tonel. A continuación el vino sin tratar se pasa a damajuanas, recipientes de cristal de 50 litros de capacidad. Allí se pueden depositar los sedimentos y el vino se clarifica solo. Apenas se añade azufre y para que adquiera mejor aspecto basta con añadir clara de huevo. Cuando en su quinto año el barolo por fin se embotella, todavía tiene un sabor muy acerbo. Sólo al cabo de una larga espera se volverá suave y adquirirá su típico aroma a zarzamora. Aumentan también las notas de trufa y hojas secas. En su fuero interno Carrado admira esta elaboración propia del Antiguo Testamento, pero él personalmente, en eso da la razón a Luca, ya no quiere seguir elaborando así el vino. Pero lo que tampoco quiere de ninguna manera es hacerlo como sus elegantes vecinos, los hermanos Bruno y Marcello Ceretto. Su Cantina Bricco Rocche es una instalación muy bien construida y totalmente funcional. Allí el mosto fermenta brevemente con las uvas trituradas hasta que el alcohol fresco ha disuelto el

suficiente pigmento de los hollejos. Directamente después del prensado, el vino joven se filtra, eso sí, con sumo cuidado, y a continuación se almacena en depósitos refrigerados de acero inoxidable, en los que la fermentación se lleva a cabo rápidamente. Después el barolo se trasiega a barricas de roble nuevas, lo que acelera su crianza. Cuando al cabo de los cuatro años prescritos oficialmente el vino sale a la venta, tiene un sabor redondo y marcadamente frutal, y posee ya ese *profumo morbido* tan apreciado, un aroma algo marchito a bayas y follaje otoñal, fresco y caduco a la vez. «¿Por qué habrían de esperar años nuestro clientes para poder beber nuestro vino?», se pregunta Bruno Ceretto. Como es natural, sus productos ya no se conservan ilimitadamente. Pero, seamos sinceros, ¿quién guarda hoy en día botellas en la bodega durante veinte o treinta años?

Los modernistas no han conseguido imponerse

En la región del barolo, Lorenzo Accomasso y los Ceretto constituyen los dos extremos opuestos, si bien hay que reconocer que los hermanos de Bricco Rocche se pueden considerar conservadores si los comparamos con los métodos de elaboración de tinto habituales hoy en día en California o

ITALIA

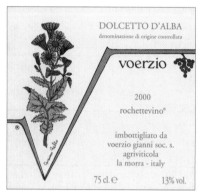

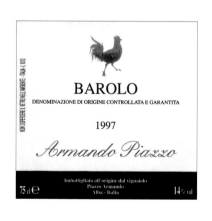

Siempre se hace alusión al barolo y al barbaresco, que actualmente ya no se pueden pagar, pero estos vinos de los que tanto se ha dicho sólo constituyen un 3% de la producción del Piamonte. La región que se extiende a los pies de las montañas tiene muchas más cosas que merece la pena descubrir: el frutal grignolino, el vigoroso barbera y vinos blancos frutales como el gavi y el arneis de Roero, tan apreciado por los cocineros italianos.

SAN NICOLAO
AZIENDE AGRICOLE

BARBERA D'ASTI
DENOMINAZIONE DI ORIGINE
CONTROLLATA
1997

75 d e MESSO IN BOTTIGLIA DA TERRE DA VINO S.P.A. - MORIONDO - PIEMONTE - ITALIA 13%vol.

1998

Bricco
dell'
Uccell'one

Barbera d'Asti
denominazione di origine controllata

Imbottigliato da "Braida"
di Giacomo Bologna s.r.l.
Rocchetta Tanaro (Italia)

14% alc./Vol.
750 ml. e

Product of Italy

NON DISPERDERE IL VETRO NELL'AMBIENTE

BRUNO ROCCA
Rabajà 1997

Barbaresco
Denominazione di Origine Controllata e Garantita

Prodotto da
BRUNO ROCCA
Az. Agr. Rabajà - Barbaresco - ITALIA

NON DISPERDERE NELL'AMBIENTE

14% vol.   L. 004.00   75 d e

LIVIO PAVESE®

BARBERA
DEL
MONFERRATO
DENOMINAZIONE D'ORIGINE CONTROLLATA
V.Q.P.R.D.
ITALIA

IMBOTTIGLIATO DA
LIVIO PAVESE - TREVILLE - ITALIA

Originaria del Piemonte, iscritta fra le famiglie nobili di Pugnetto Arnaldino teste nel 1217 alla rinuncia fatta da Nicolò e Bonifacio di Moriondo al Comune di Asti. Angelo professore di chimica, agraria e tecnologia; Stefano nel 1779 compositore, Nicola 1789, feudatario di Casali Nuovo Uno dei rami è rappresentato da Livio di Edoardo quondam Pietro

0,75 / e Gr. 12,5% Vol.

IL CARATO
BAROLO
Denominazione di Origine Controllata e Garantita

CASTELVERO

75 d e   13,5% vol

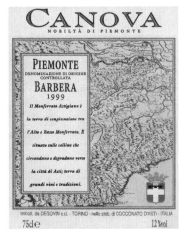

CANOVA
NOBILTÀ DI PIEMONTE

PIEMONTE
DENOMINAZIONE DI ORIGINE
CONTROLLATA
BARBERA
1999

Il Monferrato Astigiano è la terra di congiunzione tra l'Alto e Basso Monferrato. È situato sulle colline che circondano e degradano verso la città di Asti; terra di grandi vini e tradizioni.

Imbott. da DEGOVIN s.r.l. - TORINO - nello stab. di COCCONATO D'ASTI - ITALIA

75cl e   12 %vol

GAJA

DARMAGI®
1996

LANGHE
DENOMINAZIONE DI ORIGINE CONTROLLATA
IMBOTTIGLIATO DA - BOTTLED BY GAJA, BARBARESCO, ITALIA
RED WINE, PRODUCT OF ITALY

e750 ML 13,5%VOL.   ALC. 13.5% BY VOL.

1997

Barbera
d'Asti
Denominazione
di origine
controllata
Imbottigliato da
"Braida"
Giacomo Bologna s.r.l.
Rocchetta Tanaro
AT (Italia)
Product of Italy

750 ml e

NON DISPERDERE
IL VETRO
NELL'AMBIENTE

Bricco della Bigotta

"Braida" Giacomo Bologna

14% Vol.

Langhe
Denominazione di
Origine Controllata
Nebbiolo
Red Wine
Vendemmia 1997

Perbacco
Bottled by Vietti
Castiglione Falletto
Product of Italy
Alc. 13.50% by vol. 750 ml.

L. 98-99 ITALIA

tra
Nuit
e
Dì

BARBERA d'Asti
denominazione di origine controllata

Tenuta Garetto

IMBOTTIGLIATO DA VIETTI CASTIGLIONE FALLETTO ITALIA

Vietti®
1996
BARBARESCO
DENOMINAZIONE DI ORIGINE CONTROLLATA E GARANTITA
MASSERIA

13,50% vol.   PRODOTTE 4.500 BOTTIGLIE, 50 MAGNUM   e 75 cl

L. 351.8 - ITALIA

RENATO RATTI

ROCCHE
MARCENASCO®
1997

BAROLO
DENOMINAZIONE DI ORIGINE CONTROLLATA E GARANTITA

RED WINE - PRODUCT OF ITALY
IMBOTTIGLIATO DA - BOTTLED BY
RENATO RATTI
LA MORRA - ITALIA

NET CONT. 750 ml.   ALC. 13,5% BY VOL.

ROCCHE DEI MANZONI

BAROLO
DENOMINAZIONE DI ORIGINE CONTROLLATA
E GARANTITA

1995

Vigna Cappella di S. Stefano

MESSO IN BOTTIGLIA DAL PRODUTTORE NEL
PODERE ROCCHE DEI MANZONI
DI VALENTINO
MONFORTE D'ALBA - ITALIA

75 cl. e   NON DISPERDERE IL VETRO NELL'AMBIENTE - ITALIA   14% vol.

Vigna Cappella di S. Stefano

L.8.07.16

el sur de Francia. Los viticultores de Le Langhe están de acuerdo en que su vino necesita tiempo. Cualquier barolo digno de tal nombre sólo puede salir al mercado al cuarto año después de la cosecha, nunca antes. A comienzos de los años ochenta hubo intentos de aligerar estas normas tan estrictas, pero la vieja ola acabó imponiéndose. *Bene*, está claro que tiene que haber un vino joven y fresco que se beba rápidamente, pero, por favor, que no se le llame barolo. Los viticultores dicen que para ablandarse, sus uvas tienen que haber visto las primeras nieblas de noviembre, cuando las colinas de la escabrosa Le Langhe parecen envueltas en algodón. Resulta significativo que la variedad de uva de hollejo duro y madurez tardía se llame nebbiolo.

¿Por qué el vino bueno tiene que ser tan caro?

Hasta 1995 en el Piamonte se sostenía que a lo largo de una década se producía un gran barolo en dos ocasiones y en otras tres quizá uno agradable, de calidad media. En el resto de los años el vino no debería salir al mercado con el nombre majestuoso, sino como un modesto nebbiolo de alba (bien mezclado con variedades tempranas). Esta cuenta explica dos cosas: en primer lugar,

por qué un buen barolo tiene que ser caro; y en segundo lugar, por qué con ese nombre existen a veces productos ácidos y sin cuerpo, de una palidez defraudante, que ni siquiera tienen sabor cuando se embotellan. Son añadas sin estructura, que apenas se conservan tres años. Tanto a viticultores como a comerciantes les gusta vituperar a los clientes demasiado exigentes, que sólo están dispuestos a adquirir las añadas muy celebradas. Sin embargo, los amantes del vino tienen razón: comprar un barolo que cueste menos de 30 euros es tirar el dinero. Una persona sólo bebe una cosecha tan colosal, como mucho, dos veces al año. Para el resto del tiempo hay vinos buenos y baratos. Hasta aquí, las buenas noticias.

Los buenos vinos se crean en la bodega

La vieja creencia piamontesa tuvo vigor hasta 1994. Desde entonces sólo ha habido buenas añadas de barolo. Es comprensible que después de tres años miserables y uno mediano, en otoño de 1995 se disparasen los precios. Desde entonces han continuado subiendo con tantos por ciento de dos cifras, a pesar de que se siguen elaborando grandes vinos en cantidad suficiente. Esta es la razón principal: los autores enológicos

de todo el mundo se enamoraron del barolo. Y su euforia, emparejada con un dólar
sobrevalorado, contribuyó de modo singular a mantener la tendencia alcista. En Piamonte vive hoy una especie de fiebre del oro.
En los viñedos donde antes crecía grignolino y dolcetto para elaborar los agradables
vinos de consumo diario se plantan ahora
cepas de nebbiolo. Y si alguna vez al barolo
le falta un pellizco para tener gran cuerpo,
porque los terrenos no son de primera calidad y las cepas aún son demasiado jóvenes,
se extrae al mosto algo de agua, ya sea por
osmosis o con ayuda de la técnica de vacío.
Así, en la bodega, se crean grandes vinos.

Una lanza en favor del hermano pequeño

El barbaresco que se cría a 15 kilómetros,
dirección este, está considerado el hermano
pequeño del barolo, que no resulta tan denso y sabroso, pero a cambio es más fácil de
disfrutar con los sentidos. De todo esto, lo
único cierto es que al barbaresco le falta
solemnidad. Bruno Ceretto explica la diferencia desde un punto de vista italiano y
masculino: «Cuando se acerca mi hora
suprema, bebo barolo. Si voy a ver a una
mujer, llevo barbaresco». La estrella del
barbaresco es Angelo Gaja, un fanático de
la calidad, un virtuoso de la bodega lleno de
ideas y un vendedor genial. Anualmente
pasa varias semanas viajando por Europa
para promocionar los vinos de su diminuta
región vitivinícola. Esto explica por qué
Gaja debe, y además puede, cobrar por sus
mejores botellas 50 euros y más. Es el viticultor más caro de Italia. Quienes conocen
Le Langhe, ya sean hombres o mujeres, se
asombran de que en Barbaresco apenas
haya viticultores jóvenes y ambiciosos que
suban al tren tirado por la locomotora
Gaja. En cambio, en la región de Barolo es
frecuente encontrar estos talentos jóvenes.
Esta es otra razón por la que un buen barbaresco no resulta tan caro, así que, efecti-
vamente, es el hermano pequeño.

Una niña difícil de domar

Las dos cosechas sólo suponen el 3% de la
producción vitivinícola total del Piamonte.
Afortunadamente queda una amplia variedad de
vinos que se pue-
den calificar desde agradables hasta buenos. Algunos ejemplos son los tintos dolcetto y grignolino, vigorosos y frutales con
aroma de cereza, ideales para beberlos jóvenes, y el vino de barbera, la uva más extendida en el Piamonte y una «niña difícil»,
como la alemana müller-thurgau. En los
años ochenta aún había abrumadores excedentes de barbera. Los productos de las
mezclas más modestas y unos precios
demasiado bajos arruinaban su fama. Entre
tanto y con ayuda de abundantes subvenciones, se ha arrancado esta uva de muchas
superficies. No obstante, hay viticultores
que con la menospreciada variedad son capaces de elaborar un gran caldo. Giacomo
Borgogno, en su bodega Braida, en Roccheta Tanaro, es alabado como el «Rey de la
barbera». Trabaja con la misma ambición y
la misma meticulosidad que sus colegas con
el barolo. Con el mejor de sus vinos, el Bricco dell'Ucellone, demuestra una y otra vez
que la común barbera es capaz de proporcionar grandes resultados. Desde hace ya
tiempo hay otras buenas direcciones en Le
Langhe que en los viñedos llanos tienen
también barbera además de nebbiolo y se
esmeran con esta variedad. Producen vinos
vigorosos e intensamente frutales, con el
aroma de las ciruelas. Así pues, el problema
de la barbera parece solucionado.

Enfer
d'Arvier

Donnaz

Gattinara

Lessona

Erbaluce
di Caluso

Caluso Passito

Freisa
di Chieri

Dolcetto d'Alba

Gavi

Dolcetto di
Diano d'Alba

Dolcetto
di Dogliani

Dolcetto delle
Langhe

Monregalesi
Colli Tortonesi

Dolcetto d'Ovada

Dolcetto
d'Asti

Freisa d'Asti

Grignolino del
Monferrato
Casatese

○ Otras denominaciones

Italia

Peculiaridades en extinción

Los vinos blancos son raros en Piamonte. El gavi procedente de la esquina suroriental de la región está considerado el mejor. Durante mucho tiempo fue un vino de moda en Italia y, en consecuencia, más caro de lo debido. Ahora los degustadores de Milán y Turín se centran más en los vinos blancos del Trentino. Actualmente se puede encontrar gavi en los supermercados por menos de 3 euros. Debido a su nombre operístico, se vende igualmente bien el Erbaluce di Caluso, procedente del oeste del Piamonte, cerca de Turín. Pero este vino blanco no es nada especial. Mucho más recomendable es el areis de la región de Roero, que limita con la de Barolo. Este vino suave resulta excelente para acompañar los *piatti di verdure*, los típicos entremeses italianos a base de verdura. Cabe mencionar algunos tintos raros del norte del Piamonte: bova, carema, gattinara o gehemme. Son tesoros caprichosos, siempre un poco rústicos y relegados a la sombra del barolo y el barbaresco. Los montes de viñedo, muy empinados, se hallan en las estribaciones de los Alpes. El trabajo es muy penoso y los vinos raramente alcanzan la plena madurez. Estas rarezas corren un serio peligro de extinción.

Véneto

El Véneto es un mar de vino donde se encuentran buenos productos.

El viticultor sensato poda en primavera todos los tallos de la cepa menos uno. Este sarmiento se desarrolla y, sujeto a un entramado de alambre, da lugar a nuevos brotes con pámpanos y racimos. Esta «poda en arco» es lo común en las zonas climáticas moderadas, ya sea en Kaiserstuhl o en California, en Chile o en Chirouble, pero no en la llanura del Véneto. Allí, los *viticoltori* quieren más. En la poda de invierno dejan cuatro sarmientos y los tensan de manera que formen una cruz. En verano se abona intensamente y, además, en la zona al este del lago de Garda llueve en abundancia. En otoño se ofrece al espectador un panorama báquico con cantidades ingentes

Italia

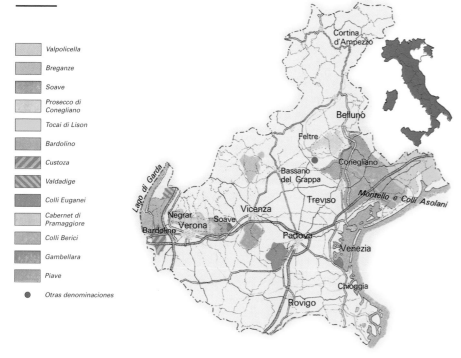

Valpolicella
Breganze
Soave
Prosecco di Conegliano
Tocai di Lison
Bardolino
Custoza
Valdadige
Colli Euganei
Cabernet di Pramaggiore
Colli Berici
Gambellara
Piave

● Otras denominaciones

cosecha considerablemente más. William Shakespeare quiso que su Romeo se entusiasmase con el aroma del soave que el joven percibió en los labios de Julieta al besarla por primera vez. Este era el vino que degustaban en aquellos tiempos las familias más nobles. ¿Y actualmente?

Desentenderse de la producción masiva

Siempre ha habido y vuelve a haber viticultores que elaboran un saove decoroso, un vino sutil, con un resplandeciente color dorado verdoso y un abundante regusto que recuerda a las almendras. Procede de las colinas de las localidades de Soave y Monteforte d'Alpone. Allí el suelo de caliza sólo está cubierto por una delgada capa de tierra. Las vides no crecen por sí solas como en la fértil y siempre húmeda llanura. Los turistas informados preguntan en el casco viejo de Soave por los vinos de Pieropan. El productor Leonildo Pieropan (hoy en día su nieto Nino dirige la bodega siguiendo su filosofía) siempre se entristecía cuando lo oía. No quería que el mérito fuera sólo suyo. «Quiero estar orgulloso del soave, no del

de gruesas uvas. Pero este tipo de ambición enológica no hace prosperar ni el cultivo ni la economía. El Véneto es el gran almacén de mosto de Italia. Bien mirado, la política debería gravar con un fuerte impuesto los abonos nitrogenados, cosa que no hace por respeto a la industria química. En vez de eso la legislación permite la generosa cantidad máxima de 1,2 litros por metro cuadrado y la autoridad mira para otro lado cuando se

vino de Pieropan», afirmaba y quien lo conoció sabe que era exactamente lo que pensaba. En Soave y en Monteforte hay una docena de viticultores que en los últimos años se han desentendido de la producción masiva y ofrecen un vino muy valioso. Pero son la excepción. La regla general la constituyen las dos docenas de bodegas industriales que controlan el 90% de las cosechas. De todas ellas, Bolla y Anselmi son las que trabajan con más meticulosidad.

Especialidad de uvas pasas

El segundo gran nombre del Véneto, Valpolicella, significa nada menos que valle de las muchas bodegas. En el siglo XVI, Catalina de Médici trajo a Francia este vino, que gozó del mayor aprecio en la corte del rey. Quien ve actualmente el mar de viñas que se extiende entre el Etsch y la autopista que conduce a Venecia no se lo puede imaginar ni con la mejor voluntad. Renzo Tedeschi, uno de los mejores productores de la zona, lo explica elegantemente: «Por desgracia, según la mentalidad del viticultor veronés, el otoño sólo es digno de alabanza cuando trae mucha uva». Los Tedeschi no son los únicos viticultores que podan sus cepas a conciencia y prensan un valpolicella intensamente afrutado, con aroma de cereza y un magnífico y refulgente color granate. Además, vuelve aumentar el número de productores concienzudos. Dignas de alabanza son las bodegas de Masi y sobre todo de Allegrini, que se han desentendido con total rigor de la producción en masa y se han especializado sobre todo en la elaboración de amarone. El vino procede de la cosecha de uvas pasas que, gracias a la acción de la *Saccharomyces bayanus*, una familia de levaduras especialmente robusta que sólo se da en esta zona, fermenta completamente y puede llegar a alcanzar los 17 grados de alcohol. Hay también una versión dulce, el recioto.

Los buenos vinos del este

Queda por mencionar el tercero y, en tiempos, gran nombre: la región de Bardolino, en la orilla suroriental del lago de Garda. Los vinos que proceden de allí son prácticamente desconocidos. También en la gama

de blancos, ya sea como bianco di Custoza o como rosado chiaretto, se encuentran sólo agradables vinos cotidianos. Mucho más recomendable es el vino blanco de Lugana que se produce muy cerca de allí. Mayor arte enológico se encuentra en la parte oriental del Véneto, en Colli Berici y la región de Breganze, donde la bodega Maculan se ha hecho un nombre con sus vinos blancos extraordinariamente frescos. También llegan buenas noticias de Colli Euganei, donde hay numerosas termas que, después de haber estado abandonadas mucho tiempo, han vuelto a resurgir. La demanda de los clientes envueltos en toallas ha fomentado de nuevo la ambición de los viticultores. No hay que olvidar un vino que se ha convertido en bebida de moda en todo el mundo y del que se sirve muchísimo más de lo que se pueda producir en su región de origen. Se trata del burbujeante prosecco, llamado así por la uva del mismo nombre. Sólo puede ser elaborado en un reducido valle, situado en las proximidades de la ciudad de Valdobbiadene.

Se recomienda

Tommaso Bussola
en Negrar (Valpolicella)

Domenico Cavazza & Figli
(Colli Berici)

Corte Gardoni
en Valeggio sul Mincio
(Bardolino)

Maculan
en Breganze

Leonildo Pieropan
en Soave

Umberto Portinari
en Monteforte d'Alpone
(Soave)

Prà
en Monteforte d'Alpone
(Soave)

Giuseppe Quintarelli
en Negrar (Valpolicella)

Ruggeri & C.
en Valdobbiadene (Prosecco)

Trabucci
en Illasi (Valpolicella)

Vignalta
en Torreglia (Colli Euganei)

Zenato
en Peschiera del Garda
(Lugana)

ITALIA

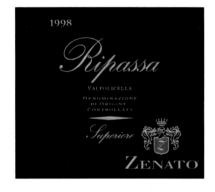

Hubo una época en la que el bardolino y el valpolicella estaban considerados un lujo especial en la corte francesa. El saove gozaba de un gran prestigio en la Inglaterra de Shakespeare. Por desgracia, estos vinos se elaboran actualmente en grandes cantidades, por lo que han dejado de pertenecer a los caldos selectos. Pero no hay que desesperar. Cada vez son más los productores del Véneto que apuestan por la calidad.

Azienda Agricola
S. Cristina
2000
chardonnay
Del Veneto
Indicazione Geografica Tipica

12% VOL   750 ML e
MESSO IN BOTTIGLIA ALL'ORIGINE DA ZENATO
SAN BENEDETTO DI LUGANA - ITALIA

Azienda Agricola
S. Cristina
2000
lugana
DENOMINAZIONE DI ORIGINE CONTROLLATA
VIGNETO MASSONI

13% vol   750 ml e
MESSO IN BOTTIGLIA ALL'ORIGINE DA ZENATO
SAN BENEDETTO DI LUGANA - ITALIA

2000
Lugana
DENOMINAZIONE
DI ORIGINE CONTROLLATA
SAN BENEDETTO

ZENATO

CAMPO
CAMINO
Bosco del Merlo

1998
Valpolicella Classico
DENOMINAZIONE
DI ORIGINE
CONTROLLATA
Superiore

ZENATO

PINOT GRIGIO
VENETO
INDICAZIONE GEOGRAFICA TIPICA

FATTORIA SCALIGERA

1999

PRODOTTO IN ITALIA

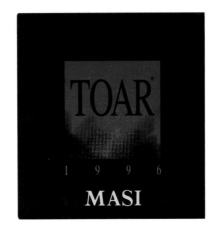

TOAR

1 9 9 6

MASI

SOAVE CLASSICO
DENOMINAZIONE DI ORIGINE CONTROLLATA
SUPERIORE
1999

ITALIA   75 cl 12% vol
VITICOLTORI IN SOAVE
IMBOTTIGLIATO
ALL'ORIGINE DALLA
CANTINA SOCIALE
DI SOAVE S.C.R.L.
SOAVE - ITALIA

S O A V E
denominazione di origine controllato
superiore

VINO OTTENUTO
CON UVE DA AGRICOLTURA BIOLOGICA

FASOLI GINO

2000   ITALIA   75 cl e   12% vol

VITICOLTORI DAL 1898

BARDOLINO
DENOMINAZIONE DI ORIGINE CONTROLLATA
1999

ITALIA   IMBOTTIGLIATO
DALLA
CANTINA SOCIALE
DI SOAVE S.C.R.L.
SOAVE - ITALIA
1,5 l 11,5% vol

Azienda Agricola
S. Cristina
cabernet sauvignon
Del Veneto
Indicazione geografica Tipica

12% VOL   750 ML e
MESSO IN BOTTIGLIA ALL'ORIGINE DA ZENATO
SAN BENEDETTO DI LUGANA - ITALIA

Friuli

Los viticultores del nordeste de Italia cada vez más se dedican al vino tinto.

El nombre correcto de la provincia es Friuli-Venecia Giulia y su viticultura se corresponde con el paisaje. Las colinas alternan con los llanos, con altibajos constantes. A los viticultores, que son un cruce entre el realismo austriaco y la elocuencia italiana, les gusta decir que sus bodegas están vacías hasta la última *bottiglia*, lo que naturalmente no cree nadie. En comparación con la década de 1980, cuando los friulanos creían que podrían subir sus precios por las nubes indefinidamente, sus vinos se han vuelto más asequibles. Lo que preocupa a los friulanos de un modo especial es el auge del chardonnay y el pinot grigio (burgunder gris), que ellos mismos iniciaron. También el amplio Véneto, el Trentino y el Tirol Meridional ofrecen grandes cantidades de estos vinos, aunque cabe preguntarse si en el norte de Italia crece tanta pinot grigio como para elaborar todo el vino de esta variedad que se sirve en Europa. El Viejo Mundo, por otra parte, recibe abundante chardonnay de ultramar.

Los padrinos fueron alemanes

Lo que tuvo lugar durante los años sesenta en el nordeste de Italia fue contemplado con asombro por el mundo entero como «el milagro de Friuli», un milagro por entregas. Hace casi cuarenta años, los vinos de esta región de los Prealpes, caracterizada por las colinas de origen glaciar, no tenían importancia más que a nivel local. En octubre de 1975, algunos viticultores se aventuraron a presentarse en la Anuga, la feria de la alimentación de Colonia. Nadie les prestó atención. Sus vinos tenían mucho alcohol y poca acidez. Actualmente, los pinot bianco y tocai, chardonnay y sauvignon de Friuli se cuentan en toda Europa entre los vinos blancos buenos, e incluso algo caros. Hasta llegar aquí ha habido años de esfuerzos, en los que también estuvo implicada Alemania. Viejos lazos unen al Friuli con la escuela técnica superior de Geisenheim. Surgieron amistades. Jóvenes viticultores italianos estudiaron a orillas del Rin y allí

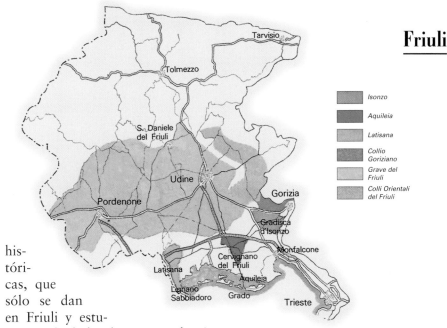

aprendieron a elaborar unos *bianci* más frescos, ligeros y frutales. Cuando los jóvenes regresaban a casa discutían con sus padres. Antiguamente, los ojos de los viticultores brillaban cuando las uvas pendían plenas de madurez, prometiendo un potente vino. Pero los hijos lo preferían más suave, más ligero. La pelea en casa de Jermann zu Villanova de Farra hizo historia en Friuli. Como el *senior* Angelo no estaba dispuesto a cambiar el antiguo método de hacer vino, el hijo, Silvio, emigró a Canadá. Al parecer, en su carta de despedida escribió que en Norteamérica también había viticultura, pero gracias a Dios no brillaba tanto el sol. Años después hicieron las paces y hoy se reparten el trabajo: Angelo en el viñedo y Silvio en la bodega, de donde salen algunos de los mejores vinos blancos de Italia.

históricas, que sólo se dan en Friuli y estuvieron olvidadas durante mucho tiempo: picolit, verduzzo, ribolla. Sin embargo, siguen imperando las variedades burgunder, un legado de la época en que Friuli estuvo bajo el dominio de Napoleón.

Bodegas menos técnicas

La enología internacional habló enseguida del estilo friulano, al que convenía imitar, aunque las técnicas procedieran en principio de Alemania. Actualmente, en todo el ámbito mediterráneo se da por sobrentendido que hay que cosechar las uvas un poco antes, prensar enseguida y con esmero, filtrar el mosto escrupulosamente y dejarlo fermentar en frío, a ser posible sin contacto con el oxígeno. El depósito de acero inoxidable es mucho más apropiado para ello que el antiguo buen tonel de madera. Al poco tiempo ocurrió que los jóvenes enólogos extremaron demasiado su atención a los relucientes juguetes de la bodega. Los vinos se volvieron cada vez más brillantes y elegantes, hasta perder sus peculiaridades y convertirse en bellezas vacuas. A la modernidad internacional le iban muy bien estos vinos de apariencias. Durante mucho tiempo, los consumidores se tragaron sin rechistar cada subida de precio, hasta que en los años ochenta se gestó una contrarrevolución cautelosa pero persistente. Los viejos pioneros comprendieron que habían exagerado un poco al aplicar el método friulano. Hoy en día, el tonel de madera ha dejado de estar tan mal visto y los mostos pueden volver a respirar un poco de oxígeno. Los viticultores aplican la última tecnología, pero preservando en lo posible los usos antiguos. Al estilo neoclásico pertenece también la reconciliación con las variedades de uva

De las colinas del vino delicado

Yo prefiero el pinot bianco, el burgunder blanco, porque no tiene tanto alcohol, pero sí más temperamento. El mejor se produce en el extremo oriental de la región, en Colli Orientali y en Collio Goriziano. La mayor zona de viñedo dentro de Friuli es Grave, donde ya no hay tantas colinas. Sus vinos son más intensos, más suaves. De allí procede una gran parte del pinot grigio ante el que se rinden millones de alemanes. Pero como en otras partes de Italia dedican ahora todo su empeño a imitar los elegantes vinos blancos, una nueva generación de viticultores de Friuli se ha acordado de que allí tienen más vides tintas que blancas. Los jóvenes que estudiaron en Burdeos y en Davis, California, se dedican ahora afanosamente al cabernet-sauvignon y al merlot. Cabe esperar muchas cosas buenas. La guía de vinos *Gambero-Rosso* reflejaba así la situación en el año 2000: las «tres copas» que representan la mejor nota se concedían a veinte vinos blancos y cuatro tintos.

Se recomienda

La Castellada
en Gorizia

Borgo San Daniele
en Cormons

Girolamo Dorigo
en Buttrio

Kante
en Duino-Aurisina

Livio Felluga
en Cormons

Jermann
en Farra d'Isonzo

Livon
en S. Giovanni als Natisone

Miani
en Buttrio

Rocca Bernarda
en Premariacco

Ronco del Gelso
en Cormons

Russiz Superiore
en Capriva

Mario Schiopetto
en Capriva

Franco Toros
en Cormons

Venica & Veniva
en Dolegna del Collio

Le Vigne di Zamó
en Manzano

Villa Russiz
en Capriva

Volpa Pasini
en Torreano di Cividale

ITALIA

LE VIGNE
DI ZAMO'
COLLI
ORIENTALI
DEL FRIULI
RONCO
DELLE
ACACIE 1998

Denominazione
di origine
controllata

PICOLIT
1995
Le vigne di Zamó

Colli Orientali del Friuli
Denominazione di Origine Controllata
Picolit 95 Riserva
12%vol   L. PIC95   500 ml e

CARANTAN
1998

ROSSO VENEZIA GIULIA
INDICAZIONE GEOGRAFICA TIPICA

MARCO FELLUGA

LIS NERIS

Isonzo del Friuli
denominazione di origine controllata
Sauvignon
2000

PUIATTI
1948   49ª   1997

1999

RUSSIZ
SUPERIORE

È uno dei più antichi vitigni friulani,
vino da tavola dolce dal finissimo e
inconfondibile aroma, ottenuto
esclusivamente da uve
dei vigneti di Russiz Superiore.

VERDUZZO
VENEZIA GIULIA

Indicazione Geografica Tipica

Imbottigliato all'origine dall'Az. Agr.
Russiz Superiore S.S. - Capriva del Friuli - Italia

MOLAMATTA
2000

COLLIO
DENOMINAZIONE DI ORIGINE CONTROLLATA
BIANCO

MARCO FELLUGA

Gris - Pinot Grigio
1997

vino prodotto con uve Pinot Grigio
messo in bottiglia all'origine dal viticoltore Alvaro Pecorari
San Lorenzo - Friuli

1997

GIOVANNI PUIATTI

ISONZO del FRIULI
DENOMINAZIONE DI ORIGINE CONTROLLATA
PINOT GRIGIO

VITTORIO PUIATTI
1997
COLLIO
DENOMINAZIONE DI ORIGINE CONTROLLATA
SAUVIGNON

RUSSIZ
SUPERIORE

Cabernet del Collio, V.Q.P.R.D., ossia vino di qualità prodotto
in una regione determinata, ottenuto esclusivamente dalle uve
dei vigneti di Russiz Superiore ed imbottigliato
in Capriva del Friuli dall'Azienda Agricola
Russiz Superiore s.s.
Si consiglia di berlo
alla temperatura di: 18-20° C.
Il contenuto di questa bottiglia
è di centilitri
75 e   13%vol
COLLIO
Denominazione di origine controllata
CABERNET
FRANC

1998

NON DISPERDERE IL VETRO NELL'AMBIENTE
Azienda Agricola Russiz Superiore s.s. - I - Capriva del Friuli - Italia

1998

RUSSIZ
SUPERIORE
COLLIO
Denominazione di origine controllata

RUSSIZ DISÔRE

Imbottigliato all'origine dall'Az. Agr.
Russiz Superiore S.S. - Capriva del Friuli - Italia

ITALIA

MARCO FELLUGA

Moscato Rosa

VIGNETI PITTARO

FRIULI
denominazione di origine controllata
GRAVE
SAUVIGNON

750 ml ℮ · Imbottigliato dalla Vigneti Pittaro · I · Codroipo · Italia · 12% vol

EUGENIO
COLLAVINI

MERLOT

VINO MERLOT DA UVE MERLOT E MERLOT DAL PIEMONTE ROSSO
QUEST'ETICHETTA È UN'ANTICA E RARA VARIETÀ TIPICAMENTE FRIULANA.
LA VENDEMMIA È TARDIVA, LE UVE RACCOLTE A MANO IN CASSETTE.
VINIFICATO ED INVECCHIATO PARTE IN GRANDI BOTTI E PARTE IN
PICCOLE BOTTI

RISERVA DI CASA

1998

CONTI
DI COLLOREDO MELS

PINOT GRIGIO

EUGENIO COLLAVINI
VITICULTORI IN FRIULI DAL 1896 · CORNO DI ROSAZZO

FRIULI
DENOMINAZIONE DI ORIGINE CONTROLLATA
GRAVE
PINOT GRIGIO

Vendemmia tardiva

750ml ℮   ITALIA   12% vol
NON DISPERDERE IL VETRO NELL'AMBIENTE

Se indugio nel raccoglierle le uve, non perché maturate
male, che pur del calore estivo hanno tratto vantaggio,
avrò l'effetto dei raggi di sole in più, restituiti dopo in
forme che del più suadenti aromi e sapori di gentilezza
andita, velluтаta e concettuali, che hanno la gloria loro;
non essent gloris.

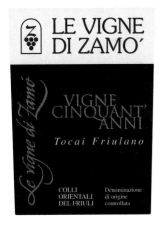

LE VIGNE
DI ZAMÒ

VIGNE
CINQUANT'
ANNI
Tocai Friulano

COLLI
ORIENTALI
DEL FRIULI
Denominazione
di origine
controllata

ANTONUTTI
Casa fondata nel 1921

FRIULI
denominazione di origine controllata
GRAVE
CABERNET

Vino di qualità prodotto in regione determinata
75 cl ℮ Messo in bottiglia dalla Casa Vinicola Antonutti in Colloredo di Prato · Italia 12% vol

Los mejores vinos blancos de Italia proceden sin duda de Friuli. Durante las guerras napoleónicas la región fue ocupada por los franceses, de ahí la abundancia de las variedades burgunder. Con un extraordinario chardonnay, los friulanos extendieron su auge en todo el mundo, cuya consecuencia fue que cada vez se ofrecieran peores vinos con ese nombre. Pero el chardonnay de Friuli sigue resultando muy placentero.

185

Emilia-Romaña

Quien no se lo crea, tiene que probarlo. Hay lambrusco excelente.

Se recomienda

Cavichioli
en S. Prospero (Lambrusco)

Giovanni Madonia
en Bertinoro

Rinaldo Rinaldini
en Sant'Ilario d'Enza
(Lambrusco)

Tenuta Santacruce
en Monteveglio

Tre Monti
en Imola

Fattoria Zerbina
en Faenza

Bolonia se conoce como «La Grassa», la ciudad gorda, en la que se cocina tanto y de un modo tan delicioso. Para acompañar a la comida se sirven los vinos más maduros de los alrededores, vinos que sólo beben los boloñeses. Prácticamente ninguno atraviesa los Alpes. Incluso el burbujeante lambrusco, cuya impetuosa corriente arrasaba antiguamente Centroeuropa, puede tener un magnífico paladar.

Un chispeante cabezota

Tanto la superficie de viñedo como las cosechas de Emilia-Romaña serán pronto tan grandes como las de toda Alemania. La uva se cría en interminables plantaciones en las llanuras de esa región de inmenso rendimiento que se extiende a lo largo de la Autostrada 14, dirección Rímini y Cattolica. Gran parte del vino que allí se produce se destina a Francia y Alemania como base para elaborar espumoso. En Piacenza y Parma se encuentran los caldos más placenteros a muy buen precio. Sin embargo, casi no hay importadores que se molesten en viajar hasta allí y reunir algunos de los tesoros que yacen esparcidos por la zona. Faenza, a medio camino entre Bolonia y Rímini, es una región prometedora. Allí se cría bien la uva albana, con la que se elabora un vino blanco generoso. Suele ser agradablemente seco, pero existe también una variente dulce, el «passito». Albana di Romagna recibió en 1989 la denominación de vinos de gran calidad DOGC (*Denominazione di Origine Controllata e Garantita*). Con la uva toscana sangiovese se prensan tintos afrutados. El frizzante pignoleto es un placer chispeante y veraniego, cuyo nombre se podría traducir libremente como «pequeño cabezota». En los próximos años Emilia-Romaña puede y debe convertirse en fuente de vinos más selectos y a la vez económicos.

Leyenda del mapa

- Lambrusco Salamino di S. Croce
- Sangiovese di Romagna
- Albana di Romagna
- Gutturnio dei Colli Piacentini
- Lambrusco di Sorbara
- Lambrusco Grasparossa di Castelvetro
- Lambrusco Reggiano
- Otras denominaciones

Piacenza, Monterosso Val d'Arda, Fidenza, Trebbianino Val Trebbia, Parma, Reggio Emilia, Guastalla, Sorbara, Cento, Modena, Bologna, Bianco Scandiano, Marano, Colli Bolognesi-Monte S. Pietro, Imola, Forlí, Cesena, Rimini, Ferrara, Comacchio, Ravenna, Trebbiano di Romagna, Cervia

Toscana

El chianti es un vino magnífico. Es una pena que con frecuencia se haga abuso de su nombre.

Bettino Ricasoli, apodado «el Barón de Hierro», debió de ser un hombre muy extravagante. Podía pasar días en su diminuto escritorio de Castello di Brolio parapetado tras los libros. Siempre vestía de negro. Cuando en las noches de luna llena salía a cabalgar en su caballo negro asustaba a los campesinos, que relacionaban su proximidad con todo tipo de desgracias. Llegó alto en política: en 1860 fue nombrado primer ministro, aunque sólo por nueve meses. Luego, el católico reformista chocó demasiado con la curia. La posteridad lo ha reconocido primordialmente como científico. El *Barone* Ricasoli, como se le llama hoy en día, fue el primer enólogo importante que profundizó los conocimientos de la téc-

nica bodeguera para el tratamiento del vino toscano a base de una investigación sistemática. Desarrolló el «Governo all'uso del Chianti», cuyo procedimiento es el siguiente: a la hora de cosechar se despalilla una parte de la uva y se deja pasificar sobre esteras de paja. Cuando se prensa esta uva, se obtiene un zumo espeso muy dulce. Este jarabe se añade a vino joven, que comenzará a fermentar por segunda vez y finalmente obtendrá un sabor más pleno y delicado. Ricasoli aconsejaba mezclar la uva tinta sangiovese con una pequeña parte de trebbiano blanca y malvasía, lo que hace el chianti especialmente dúctil. Los conocimientos del aristócrata desembocaron en una ley que estuvo vigente casi cien años.

ITALIA

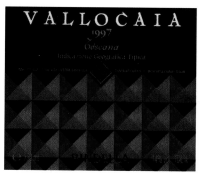

La Toscana no consiste únicamente en chianti classico. Hay siete regiones de chianti, aunque sus nombres apenas se utilizan. Sólo el chianti rufina ha adquirido una brillante fama. Y ¿qué ocurre con el nobile de montepulciano, la vernaccia di San Gimignano y el carmignano? La Toscana rebosa de vinos grandiosos, cuyos nombres no han sufrido con tanta frecuencia un lamentable abuso.

CASTELLO DI FARNETELLA

POGGIO
GRANONI
TOSCANA
INDICAZIONE GEOGRAFICA TIPICA
1995
150 cl   Italia
13,5% vol
PRODOTTO DA S.I.A. FELSINA S.P.A. - SIENA E IMBOTTIGLIATO NELLE CANTINE DI CASTELNUOVO BERARDENGA - ITALIA

BINDELLA
1998
VINO NOBILE
DI MONTEPULCIANO
DENOMINAZIONE DI ORIGINE CONTROLLATA E GARANTITA
Imbottigliato all'origine dal viticoltore Bindella Terra Vite Vita s.r.l. - Montepulciano - Italia.
ITALIA
℮ 750 ml   13,5% vol

BRUNELLO DI MONTALCINO
1994
COLLOSORBO
MONTALCINO - ITALIA
750 ml   13,5% vol.

1998
IL FONDATORE
ROSSO
DI
MONTEPULCIANO
DENOMINAZIONE DI ORIGINE CONTROLLATA

1998
NIPOZZANO
RISERVA
POST DEUM
CHIANTI RÚFINA
DENOMINAZIONE DI ORIGINE CONTROLLATA E GARANTITA
MARCHESI DE'
FRESCOBALDI
IMBOTTIGLIATO DA MARCHESI DE' FRESCOBALDI S.p.A. - SIECI - FIRENZE - ITALIA
750 ml   ITALIA   12,5% vol

CAMPO AI SASSI
1996
ROSSO DI MONTALCINO
DENOMINAZIONE DI ORIGINE CONTROLLATA
Castelgiocondo
MARCHESI DE'
FRESCOBALDI
750 ml   ITALIA   13% vol.
IMBOTTIGLIATO ALL'ORIGINE DA
TENUTA DI CASTELGIOCONDO S.P.A. - MONTALCINO - SIENA - ITALIA

Fontalloro
Messo in bottiglia alla Villa
1998
Imbottigliato
all'origine
dal viticoltore
Fattoria di
Felsina S.p.A.
Castelnuovo
Berardenga
Italia
ITALIA   TOSCANA   750 ml
13,5%vol   INDICAZIONE GEOGRAFICA TIPICA

Teruzzi & Puthod
VERNACCIA
DI SAN GIMIGNANO
DENOMINAZIONE DI ORIGINE CONTROLLATA E GARANTITA
ET·HIC·EPISCOPVS·CIBV·ET·
POTV·BENEDICIT·
IMBOTTIGLIATO DA TERUZZI E. & PUTHOD C.
PONTE A RONDOLINO s.s.
SAN GIMIGNANO - ITALIA
75cl ℮   1998   12%vol.

GUIDO CESARE DA FOLLONE
ROSSO DI TOSCANA
INDICAZIONE GEOGRAFICA TIPICA
1995
CASTELLO DI AMA
L'APPARITA
Ottenuto dalle migliori uve della varietà Merlot
provenienti da una piccola parcella
innestata ad Ama nel 1982.
Imbottigliato all'origine da Castello di Ama s.p.a.
Gaiole in C.- Italia
75 cl - L. 7153 - NON DISPERDERE IL VETRO NELL'AMBIENTE - ITALIA - 13% vol

SELLARI FRANCESCHINI
ANTICA ARTE CONTADINA SCANSANO
MORELLINO
DI SCANSANO
DENOMINAZIONE DI ORIGINE CONTROLLATA
1999
Imbottigliato dall'Az.Agr. Sellari Franceschini
di SILVIA GALLORI
SCANSANO - ITALIA
ITALIA
L.MN99GCD
℮ 750 ml   NON DISPERDERE NELL'AMBIENTE   Alc.13% vol

SANTA VENERE
1996
Vino Nobile
di Montepulciano
DENOMINAZIONE DI ORIGINE CONTROLLATA
E GARANTITA
TRIACCA
DALLA MIA VIGNA
CASA VINICOLA TRIACCA SA
MONTEPULCIANO/ITALIA
ITALIA
75 cl ℮   NON DISPERDERE IL VETRO NELL'AMBIENTE   13% vol.

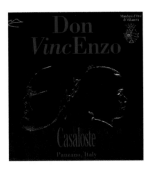

Marchesi d'Oro
di Villanova
Don
VincEnzo
Casaloste
Panzano, Italy

BRUNELLO DI MONTALCINO
DENOMINAZIONE DI ORIGINE CONTROLLATA E GARANTITA
BIONDI-SANTI
MARCA   PROPRIA
TENUTA "GREPPO"
Imbottigliato all'origine dal viticoltore
FRANCO BIONDI SANTI
NELLA CANTINA DELLA TENUTA "GREPPO"
MONTALCINO - ITALIA
℮ 750 ml   ITALIA   13% vol

Bianco Vergine della Val di Chiana

Bianco di Pitigliano

Morellino di Scansano

Bianco Valdinievole

Montecarlo

Montescudaio

Carmignano

Parrina

Rosso Colline Lucchesi

● Otras denominaciones

La vieja fórmula bajo análisis

Hoy en día, las pocas fincas que se toman el trabajo de pasificar las uvas son aquellas como Castello di Uzzano o Poggio al Sole, donde se valora la tradición. La mayoría de las empresas compra el mosto preparado industrialmente. Este procede incluso de Sicilia y está permitido añadir hasta un 15% al vino. Los enólogos modernos, con una buena formación, afirman que los avances de la técnica bodeguera hacen innecesario el método del Governo. Lo que hoy en día resulta especialmente polémico es el dictado de Ricasoli, según el cual el chianti ha de contener siempre algo de vino blanco. Los jóvenes viticultores, que han aprendido su oficio en Francia o en California, argu-

mentan que un chianti con adición de trebbiano no es longevo, pues la parte blanca envejece antes de que la tinta pueda madurar. Se crea así una mezcla con un sabor pasado y verde a la vez. El escocés Norman Bain, que compró una parte de la *tenuta* La Masse en Panzano, demuestra lo contrario y hace años que presenta tesoros de reserva, que contienen vinos blancos y, sin embargo, resultan en boca frescos y armónicos. Pero la mayoría de las empresas de prestigio de la región de Chianti insiste en no emplear más que variedades tintas y, como mucho, mezcla la tradicional sangiovese seca y rica en acidez con la cannaiolo, que es algo más suave, y quizá también con variedades extranjeras. Aunque no estaba permitido, muchos viticultores mezclaban cabernet-sauvignon en su chianti. Como suele ser normal en Italia, todo el mundo lo sabía pero nadie lo decía, porque a fin de cuentas los vinos elaborados así tenían buen paladar. Al final se permitió oficialmente.

Una nueva moda procedente de Francia

Los intentos de otro aristócrata pusieron finalmente en tela de juicio la «fórmula del chianti» de Ricasoli. El marqués Mario Incisa della Roccheta experimentaba en su *tenuta* San Guido, en Bolgheri, con la uva francesa cabernet-sauvignon. Lo que más amaba el marqués eran las cosechas de Burdeos y se le había metido en la cabeza elaborar en la Toscana un vino similar. Como él no disponía de bodega propia, habló con el marqués Piero Antinori, a cuya bodega hacía tiempo que vendía sus uvas. Este se declaró dispuesto a intentarlo y se adquirieron las típicas barricas bordelesas de roble nuevo y 225 litros de capacidad. Giacomo Tachis, el mejor maestro bodeguero en leguas a la redonda, también colaboró para hacer por una vez vino *alla francese*. El resultado tenía un paladar delicioso. Los señores pensaron que semejante exquisitez se podría vender por un buen precio, pero, les gustara o no, tuvieron que renunciar a la denominación «chianti classico». El vino, infravalorado, salió a la venta como simple *vino da tavola* (vino de mesa) y recibió el nombre de Sassicaia, como el viñedo en el que el marqués Incisa tenía plantada su cabernet-sauvignon.

El maestro bodeguero se tuvo que conformar

Piero Antinori siguió con el juego. Quería un vino de barrica como ese elaborado con sus propias uvas. «Por orden del señor marqués» el maestro bodeguero se puso en marcha en busca del viñedo correcto y se decidió por el de Tignanello. Se encontraba muy cerca de la finca Santa Cristina del propio Antinori y estaba plantado con cepas antiquísimas y muy valiosas de sangiovese. La primera añada de Tignanello fue la de 1971, y resultó un rasgo de ingenio. Las barricas nuevas habían estructurado el sangiovese de forma maravillosa, respetando sus peculiaridades, pero sin recargarlo con los aromas de la madera, como suele ser común actualmente en muchos vinos de barrica. Hoy en día, Sassicaia y Tignanello son marcas mundialmente cortejadas. El primero es más caro, pero yo prefiero el Tignanello. Para mí sigue siendo un italiano incluso redondeado con cabernet, como se suele hacer actualmente. El Sassicaia, por el contrario, no es ni toscano ni bordelés, es un vino cosmopolita sin patria.

Vinos de mesa escandalosamente caros

La ocurrencia de los señores Incisa y Antinori se puso rápidamente de moda en la Toscana. Decenas de *fattorie* y *tenute* plantaron cabernet-sauvignon, pero también merlot y pinot noir, equiparon las bodegas con barricas y vendieron *vini da tavola* escandalosamente caros. En un momento dado llegaron incluso a rebasar el umbral de las 20 000 liras, que el chianti no había superado nunca, por muy clásico que fuera. Por el mercado corrían ríos de vino de mesa con nombres tan fantasiosos como «Elegia», «Grosso Senese», «Sammarco» y «Vi-

gorello» o «Flaccianello». Todos ellos, por supuesto, envasados en botellas de diseño terriblemente modernas y puestos a la venta a precios demasiado caros, con bastante frecuencia, más que exagerados. Los vinos mencionados resultaron ser por regla general grandiosos, pero también hubo otros que no sabían más que a madera y vainilla, apaleados en vez de moldeados por la barrica de roble nueva. Los *vini di tavola* a la última moda estaban destinados antes que nada a hacer una clara demostración a los franceses.

La Toscana quería hacer una demostración a Burdeos

Yo mismo organicé una de las primeras catas-concurso entre la Toscana y Burdeos y tengo que reconocer que me alegré enormemente de que los celestiales barones del vino de la Gironda puntuaran a la baja. Pero a continuación las conquistas toscanas fueron ensalzadas hasta las alturas y los

ITALIA

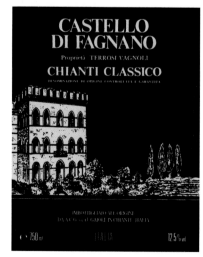

CHIANTI CLASSICO
DENOMINAZIONE DI ORIGINE CONTROLLATA E GARANTITA
BELLO STENTO
1998

PRODOTTO E IMBOTTIGLIATO DA
CASA VINICOLA TRIACCA SA
GREVE IN CHIANTI / ITALIA
75cl   12,5% Vol

GABBIANO
Chianti
DENOMINAZIONE DI ORIGINE CONTROLLATA E GARANTITA
1996

BOTTLED BY ICARO S.P.A. - MERCATALE V/P - ITALY
750 ML   PRODUCT OF ITALY   ALC. 12% BY VOL.

TENUTA GIBBIANO
Chianti Classico
DENOMINAZIONE DI ORIGINE CONTROLLATA E GARANTITA
Riserva
VIGNA DEL CAPANNINO
BOTTIGLIA N° 01503

Chianti Rufina
denominazione di origine controllata e garantita
FATTORIA
SELVAPIANA
VENDEMMIA 1999
Imbottigliato all'origine da
Francesco Giuntini A. proprietario viticoltore
Rufina - Italia   ITALIA
750 ml ℮   NON DISPERDERE IL VETRO NELL'AMBIENTE - L. 241   13% vol.

LUCILLA
1998
FARNETELLA

I SISTRI

TITOLATO
Gabbiano
GABBIANO
1994
Chianti Classico
DENOMINAZIONE DI ORIGINE CONTROLLATA E GARANTITA
PRODUCED & BOTTLED BY ICARO SPA
MERCATALE V.P. FIRENZE
750 ml   ALC. 12,5%
PRODUCT OF ITALY   BY VOL

El mundo tiene que vivir con el hecho de que bajo la sublime denominazione controllata e garantita *chianti classico* haya vinos corrientes y muy económicos, pero también caldos para enamorarse, de una intensidad arrolladora, generosos, con aromas de cereza. Estos vinos son, y con razón, cinco veces más caros. Las fincas de chianti invirtieron en años pasados inmensas cantidades de dinero y esfuerzo tanto en los viñedos como en las bodegas.

193

precios se dispararon. Hoy en día soy algo más listo y sé que, en primer lugar, un buen burdeos es difícil de abordar y sólo cuando se profundiza en él revela toda su grandeza. Por lo tanto, en las catas comparativas rápidas no se encuentran en la mejor situación. Segundo, por muy buen paladar que tengan los vinos de mesa toscanos, no dejan de estar mayoritariamente cortados para una modernidad internacional y, por lo tanto, siempre serán intercambiables. Al fin y al cabo, los *vini di tavola* no dejan de ser una traición al chianti, que siempre he apreciado y sigo apreciando. La cabernet-sauvignon se cuenta, sin duda, entre las variedades más valiosas, pero nunca reflejará de forma tan maravillosa como la buena y vieja sangiovese la peculiaridad de los suelos de marga y arenisca de la región.

¿Es posible todavía salvar el chianti?

Al principio de los ochenta, cuando surgió la mayoría de los elegantes vinos de mesa, el chianti perdió una vez más la buena reputación, como le ha pasado a menudo a lo largo de su azarosa historia. Es una fatali-

dad de este vino ser conocido a nivel mundial y por esa razón verse continuamente implicado en negocios fraudulentos. En 2001 volvió a hacerse público el caso de vinos de mezcla del Mezzogiorno que se transformaban en chianti classico en bodegas toscanas de las que no se tenía noticia. Especialmente mala fue la época en la que millones de turistas alemanes inundaban *la Bella Italia* y volvían con las sentimentales botellas de chianti forradas de mimbre (inventadas nada menos que por el genial Michelangelo Buonarotti para facilitar el transporte a salvo de roturas). Una vez en casa, los envases con el mimbre se convertían en pies de lámpara. Al contenido no se le daba la menor importancia. Una vez más tuvo que intervenir el Consorzio Chianti Classico, al que pertenece la mayoría de los productores toscanos de renombre. Para lavar la fama de la brillante y roja tarjeta de presentación se instauró un férreo autocontrol que obraba según reglas estrictas. Se realizaban varios exámenes y era frecuente que la mitad de una añada no los superase. En tal caso, el vino sólo podía venderse después como chianti sencillo, sin el suplemento «classico». El vino que conseguía aprobar se marcaba con un *bollino*, un pequeño sello con un gallo, el animal emblemático de la Toscana. Durante una temporada el gallo fue símbolo de alta calidad y dio nombre a la reformada asociación de viticultores Consorzio Gallo Nero.

Una querella sin sentido ni utilidad

Sin embargo, pronto se desató un enfrentamiento entre las pequeñas fincas vitivinícolas, que desean aferrarse incondicionalmente a la calidad, y las grandes bodegas. A estas últimas sólo les importaban sus negocios cuantitativos, pero compraban millones de *bollini* y financiaban así el consorcio. Asqueados por la incesante lucha en pro de la auténtica calidad del chianti, muchos socios dimitieron del consejo, como por ejmplo la modélica empresa Antinori. Por si fuera poco, el Consorzio recibió un golpe desde un flanco totalmente inesperado: Ernesto Gallo, jefe de la mayor bodega del mundo con sede en Modesto, California, lo llevó a los tribunales a causa de la denominación «Gallo Nero». Nunca se conocerán las razones que movieron al ítaloamericano, que entonces contaba 82 años de edad, a envolver a su antigua patria en una querella tan inútil y desprovista del menor sentido. Ernesto Gallo sufrió poco después un accidente mortal. Los jueces dictaminaron que el Consorzio podía seguir utilizando la imagen del gallo negro, pero tuvo que cambiar de nombre. Pasó a llamarse: «Marchio Storico – Chianti Classico».

Fresco, frutal y ligero: el «galestro»

Por aquella época, la legislación enológica italiana creó una nueva denominación: la *Denominazione di Origine Controllata e Garantita* (DOCG), una especie de vino de calidad superior. Sólo las cosechas más famosas, como las de Barolo o Brunello di Montalcino podían ostentar la honorable abreviatura. Los viticultores de chianti classico intentaron con todos los trucos políticos conseguir también la DOCG, con la esperanza de gozar definitivamente de una garantía segura para la pureza de su vino. Pero las denominaciones no sirven para nada si no existe una voluntad común de

protegerlas. Desgraciadamente, bajo el distintivo DOCG irrumpieron también en el mercado vinos que no estaban a la altura de este signo de calidad. Tan sólo unas pocas fincas de renombre tomaron partido valientemente por el chianti. No obstante, consiguieron imponerse para que se renunciara a la arcaica fórmula de Bettino Ricasoli que se había anclado como ley y según la cual había que redondear siempre los tintos con vino blanco. Esto conllevaba un problema muy especial: ¿qué hacer con toda la trebbiano y con la abundante malvasía? Los grandes productores de la Toscana encontraron entre todos una solución que los distinguía como maestros de la mercadotecnia. Se encargó a los mejores enólogos desarrollar un nuevo tipo de vino blanco fresco, frutal, ligero, algo verde y apropiado como bebida veraniega. Así se creó el «galestro», que recibió su nombre de un tipo de suelo especial de la Toscana central. En todo el mundo se venden millones de botellas a un precio que sólo alcanzan unos pocos vinos de *spätlese* del Palatinado o los Côtes-du-Rhône muy buenos.

Los muchos otros chiantis

La zona del chianti classico, de la que hemos estado hablando hasta ahora, es sin duda el corazón de la Toscana, pero no deja de ser un parte muy pequeña de esta desbordante región vitivinícola, que se extiende de 150 kilómetros en cada una de las cuatro direcciones. Existen otras seis regiones de chianti, universalmente desconocidas. De ellas, sólo una ha conseguido imponer su nombre en el mercado: Rufina, al nordeste de Florencia. En el estrecho valle del arroyo Sieve el clima es menos suave y las

laderas más empinadas. Antiguamente, los vinos de Rufina se distinguían como los más valiosos de la Toscana debido a su longevidad. Hoy en día están considerados de segunda categoría en comparación con el chianti classico, casi siempre injustamente. Es el imperio de los Frescobaldi, la antigua nobleza de esta zona. Los marqueses son actualmente hábiles empresarios vitivinícolas, cuyos Pomino y Nippozano son vinos de marca que ofrecen por su precio mucha y selecta calidad. Mi favorita en Rufina es Selvapiana, una *fattoria tradizionale*. Rara de encontrar es la definición «Chianti Colli Senesi», procedente del sur de la Toscana. Allí se produce mucho vino, pero la mayoría de los embotelladores sólo escribe «chianti» en la etiqueta.

El regreso del noble

En esta subregión destacan dos tintos especiales, el brunello di Montalcino y el vino nobile de Montepulciano. Las dos celebridades compiten por el primer puesto en las preferencias de los degustadores, aunque hay que decir que el brunello, que en los años ochenta fue un vino de moda con precios exorbitantes, cada vez pierde más terreno. El «vino noble» de la maravillosa ciudad de Montepulciano, tan celebrado en siglos anteriores, se convirtió después de la Guerra Mundial en una nulidad. Posteriormente y bajo la dirección del conde Alemanno Contucci, tan hábil como encantador, los viticultores alcanzaron un nuevo auge. El vino nobile es cada año mejor y tampoco resulta tan caro. El brunello ha tenido siempre una gran corte de admiradores. Yo nunca he acabado de entender el revuelo, al contrario, me parece que se exagera más al valorar la especialidad de Montalcino que con cualquier otro vino italiano. El brunello rebosa tanino y ni siquiera los cuatro años de crianza en barrica que prescribe la ley consiguen hacerlo más suave. Sólo cuando ha envejecido puede desarrollar un cierto encanto a la antigua. Pero por el elevado precio prefiero un barolo o un buen burdeos. Las fincas de Brunello venden su vino sencillo con el nombre «Rosso di Montalcino». Es mucho menos tanino y sin tanta madera, básicamente un placer y, además, asequible. Pero en beneficio del brunello, por desgracia cada vez se ofrece menos.

Los olvidados tesoros blancos

Lo que apenas se sabe es que en la Toscana se da más vino blanco que tinto. Montecarlo o el Bianco di Pitigliano eran antiguamente tesoros. Hoy son vinos de mesa muy corrientes y bastante planos. Un destino parecido podría correr una notable cosecha que estimo mucho, la vernaccia de San Gimignano. Elaborado a la antigua usanza, este vino de un color amarillo verdoso, increíblemente suave pero con densidad, con aroma casi de aceitunas, constituye una exquisitez pasada de moda, un *vino da meditazione*, como afirman sus admiradores entusiasmados. Su sabor se va adaptando cada vez más a las exigencias modernas, se va volviendo más ligero, más fresco, hasta que llegue el momento en que ya no se pueda distinguir del galestro, producto de la mesa de diseño.

De Las Marcas hasta Cerdeña

Hasta hace diez años, los viticultores de Las Marcas y Umbría estaban sumidos en el letargo, pero ya han despertado.

Hace diez años, los tintos rosso piceno y rosso cònero de Las Marcas eran insignificantes. Pero los viticultores de esta región verde y poblada de colinas que se extiende más allá de Ancona no son tontos y veían cómo se esforzaban los viticultores de la Toscana. Así pues, los productores, cuyos viñedos se extienden a los pies del monte Cònero, se pusieron manos a la obra, cuidaron a fondo sus vides de montepulciano y hoy disponen también de «tres copas» en la guía *Gambero Rosso*. Lo bueno para el degustador es que los precios siguen siendo más bajos que en la Toscana.

La variedad punta de Las Marcas es la verdicchio, con la que se prensa un vino blanco de aromas florales y suaves notas de almendra. Donde mejor resulta es en el suave paisaje de colinas que rodea la ciudad de Jesi. Este vino de mesa sin complicaciones se envasa tradicionalmente en botellas que imitan ánforas altas y producen una impresión muy turística. Los estetas las rechazan, pero a pesar de ello el Verdicchio dei Castelli di Jesi es correcto. Incluso una cooperativa de viticultores como la Terre Cortesi Moncara ofrece vinos blancos comparables a los *grands crus* de Alsacia.

ITALIA

Hasta hace unos diez años, en Italia central, Las Marcas y los Abruzos, en Umbría y el Lacio se producían auténticas nulidades líquidas. ¡Qué insignificantes eran el orvieto y el frascati! Pero los viticultores de las provincias situadas entre Florencia y Roma se han lanzado a las grandes obras. Allí se pueden degustar ahora algunos de los mejores blancos de Italia… y algún que otro tinto potente de la costa oriental le hace al chianti una seria competencia.

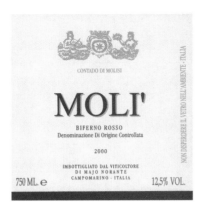

CONTADO DI MOLISI

MOLI'

BIFERNO ROSSO
Denominazione Di Origine Controllata

2000

IMBOTTIGLIATO DAL VITICOLTORE
DI MAJO NORANTE
CAMPOMARINO - ITALIA

750 ML. ℮   12,5% VOL.

RISERVA
1994

LAMEZIA
DENOMINAZIONE DI ORIGINE
CONTROLLATA

LENTO
LAMEZIA TERME (CZ) ITALIA

75 cl ℮   12,5%vol

passito

APIANAE
1 9 9 8

DI MAJO NORANTE

750 ml. ℮   14% vol.

AVEGIANO

MONTEPULCIANO
D'ABRUZZO
DENOMINAZIONE DI ORIGINE CONTROLLATA

dal 1890

1998

vini
d' antichi
vitigni

PRUGNOLO

DI MAJO NORANTE

TAVIGNANO

Rosso Piceno
DENOMINAZIONE DI ORIGINE CONTROLLATA

VILLA
CARACCIOLO

LENTO
LAMEZIA TERME (CZ) ITALIA

Falesco

UMBRIA ROSSO 1996
INDICAZIONE GEOGRAFICA TIPICA

xxxxx
CAMPOBELLO
IMBOTTIGLIATO DA AZ. VIN. FALESCO s.r.l. MONTEFIASCONE (VT) - ITALIA

750ml ℮   PRODOTTO IN ITALIA   12% vol.

Vernaccia di
Serrapetrona

Sangiovese dei Colli
Pesaresi

Rosso Cònero

Verdicchio di
Matelica

Rosso Piceno superiore

Verdicchio dei
Castelli di Jesi

Falerio dei Colli
Ascolani

● Otras denominaciones

La bodega más extraña en leguas

También en Umbría, que limita por el oeste, se puede apreciar un ambiente de cambio similar. Por ejemplo, la finca Castello della Sala, que pertenece a la noble casa Antinori de la Toscana, suministraba antes al comercio especializado unos vinillos de orvieto agradables pero fútiles. Hoy se cuenta entre los mejores productores de vino blanco de toda Italia. Orvieto está construida en lo alto de las rocas. Es una de las ciudades más maravillosas que he visitado nunca. Para poder resistir los asedios, los habitantes construyeron un pozo de casi 100 metros de profundidad, hasta cuyo fondo conducen dos estrechas escaleras instaladas como una espiral doble. De esta manera, en los transportes, tanto de subida como de bajada, nadie obstaculizaba a

nadie. Antiguamente los ciudadanos almacenaban allí su vino blanco, que debido al frescor no llegaba a fermentar completamente, quedando *abbocato*, es decir, un poco dulce. En la actualidad el orvieto se elabora básicamente seco, con una estructura cada vez mejor. Y lo mismo ocurre con el vino de la gran cooperativa Co.Vi.O. En otros tiempos, cuando la enología de Umbría estaba sumida en el letargo, destacaba la figura del *Dottore* Giorgio Lungarotti, que levantó un asombroso imperio cerca de Perugia. La pequeña *denominazione* de Torgiano, que contaba con una superficie de 300 hectáreas, le pertenece en exclusiva. Su finca es una bodega de tamaño medio que produce al año dos millones de botellas de un vino generalmente de alta calidad y no demasiado caro. Pero entre tanto la competencia ha mejorado mucho. Estoy seguro de que en Umbría aún es posible hacer algún que otro descubrimiento, por ejemplo, los potentes vinos de Montefalco, que he catado con placer en ese lugar, pero que hasta ahora me ha sido imposible encontrar fuera de Italia. Hoy hay en Montefalco una cuantas fincas de importancia que producen vino tinto. Por el sur limita la región doble de los Abruzos y Molise, que los *gourmets* italianos conocen en primer lugar porque allí se elabora la mejor pasta del mundo. Los viñedos llegan hasta lo alto,

Se recomienda

Antonio Argiolas
en Serdiana (Cerdeña)

Boccadigabbia Citanova
en Marche (Las Marcas)

Antonio Caggiano
en Taurasi (Campania)

Arnaldo Caprai
en Montefalco (Umbría)

La Carraia
en Orvieto (Umbría)

Colpetrone
en Gualdo Cattaneo
(Umbría)

Co.Vi.O.
en Orvieto (Umbría)

Falesco
en Montefiscone (Lacio)

Feudi in San Gregorio
en Sorbo Serpico (Campania)

Gioacchino Garofoli
en Loreto (Las Marcas)

Dino Illuminati
en Controguerra (Abruzos)

Giovanni Masciarelli
en San Martino sulla
Marrucina (Abruzos)

Paola di Mauro
en Marino (Lacio)

Mastroberardino
en Atripalda (Campania)

Villa Matilde
en Cellole (Campania)

Alessandro Moroder
en Ancona (Las Marcas)

Palazzone
en Orvieto (Umbría)

Umani Ronchi
en Osimo (Las Marcas)

Castello della Sala
en Ficule (Umbría)

Villa Simone
en Monteporzio Catone
(Lacio)

Cantina Sociale
en Santadi (Cerdeña)

Sartarelli
en Poggio S. Marcello
(Las Marcas)

Flli. Sportoletti
en Spello (Umbría)

Tavignano
en Cingole
(Las Marcas)

Le Terrazze
en Numana
(Las Marcas)

Terre Cortesi Moncaro
en Montecarotto
(Las Marcas)

Edoardo Valentini
en Loreto Aprutino
(Abruzos)

Conte Zandotti
en Roma (Lacio)

protegidos por el oeste de las inclemencias climatológicas por el macizo de Gran-Sasso. Los degustadores afirman que en el extremo este de los Abruzos se pueden criar los mejores tintos de Italia, con suficiente extracto, taninos vigorosos y bastante alcohol, pero sin resultar nunca briosos o burdos, porque juegan con una acidez magnífica. Este *rosso* es un espléndido acompañante de la cocina de los Abruzos y reúne todas las condiciones para resultar longevo. Antiguamente la bodega cooperativa Casal Thaulero exportaba con mucho éxito e hizo famosa la región con caldos robustos y algo toscos. Hoy en día tienen allí productos considerablemente mejores. La vid más importante es la montepulciano, una variedad de la sangiovese toscana. Con ella se elabora un rosado con prensado rápido, el cerasuolo, que para mi gusto tiene demasiado alcohol.

Los banquetes de Lúculo

Los romanos de hoy en día hacen como sus antepasados. Cuando el verano les resulta demasiado caluroso, huyen a las playas de Ostia o las montañas de Alba. Si hay alguien que sepa bien lo que es un romano entendido, este es un amable viticultor que trabaja su trebbiano amorosamente y en una de las muchas grutas de toba elabora un primitivo vino de la casa. Los clientes se sientan a la sombra en largos bancos y la mujer del viticultor escancia con la jarra de *foietta* y sirve *porchetta*, un asado de cochinillo con ajo y hierbas aromáticas. El frascati puede proceder también de Velletri, a 20 kilómetros de distancia, y haber sido elaborado en grandes bodegas con el equipamiento más moderno. Durante una temporada se dijo que era mejor el costero, que se produce a un par de kilómetros al sur de la ciudad de Frascati. Actualmente, tanto el uno como el otro saben exactamente igual. Pero en medio de todo ello también se realizan esfuerzos en pro de la calidad. Una docena de empresas elabora un frascati que se puede calificar de bueno a muy bueno.

Un banco que entiende de vino

A la Italia central pertenece la isla de Cerdeña. Hay allí agradables vinos a precios asequibles. Los mejores son el blanco vermentino, un efímero placer, y el tinto cannonau, de intenso sabor a ciruelas con notas de canela. Las cooperativas sardas tienen un alto nivel. El Banco di Sardegna apoya la exportación. Los directivos dicen que a su institución le va bien cuando los viticultores, sus clientes, ganan dinero. La principal oferta procede de la bodega Sella e Mosca, de Calghera, que suministra a Alemania grandes cantidades de un vino correcto con un precio no exagerado. La mejor cooperativa vitivinícola es la de Santadi.

ITALIA

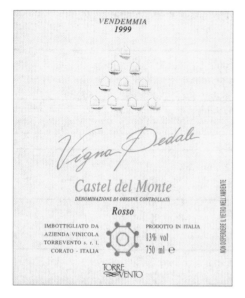

VENDEMMIA
1999

Vigna Pedale

Castel del Monte
DENOMINAZIONE DI ORIGINE CONTROLLATA

Rosso

IMBOTTIGLIATO DA
AZIENDA VINICOLA
TORREVENTO s. r. l.
CORATO · ITALIA

PRODOTTO IN ITALIA

13% vol
750 ml ℮

NON DISPERDERE IL VETRO NELL'AMBIENTE

TORRE
VENTO

CONTADO
1998
AGLIANICO
DI MAJO NORANTE

SALICE
SALENTINO

Denominazione di Origine
Controllata
ROSSO

VENDEMMIA
1999

Imbottigliato da:
Torrevento srl · Corato · Italia
ITALIA

75 d ℮   13% vol

FATTORIA DEL TESO

Riserva 1996

l'Anfiteatro
di Lucca
Affinato in barrique

Montecarlo Rosso
Denominazione di Origine Controllata

Indicazione d'arte della Fattoria del Teso di Montecarlo · Italia

75 cl ℮   ITALIA   12% vol

NON DISPERDERE IL VETRO NELL'AMBIENTE · L 901B

i Pastini

LOCOROTONDO
denominazione di origine controllata

Carparelli

VENDEMMIA
1998

Torre del Falco

PUGLIA
INDICAZIONE GEOGRAFICA TIPICA
ROSSO

PRODOTTO E IMBOTTIGLIATO
DALL'AZIENDA VINICOLA
TORREVENTO s. r. l.
CORATO · ITALIA

PRODOTTO IN ITALIA

13% vol.
750 ml ℮

TORRE
VENTO

1998

*Aglianico
del
Vulture*

DENOMINAZIONE DI ORIGINE CONTROLLATA
V.Q.P.R.D.

Imbottigliato nella
zona di origine dal
CONSORZIO VITICOLTORI
ASSOCIATI del VULTURE
BARILE ITALIA

ITALIA

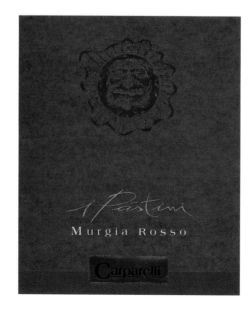

i Pastini

Murgia Rosso

Carparelli

Primitivo

VENDEMMIA
1999

TARANTINO
Indicazione Geografica Tipica
ROSSO

Imbottigliato da "I PASTINI"
Azienda Vinicola
Corato · Italia
ITALIA

750 ml ℮   Carparelli   14% vol

L 0 188 PT

NON DISPERDERE IL VETRO NELL'AMBIENTE

ITALIA

Teniendo en cuenta que la viticultura se practica en el sur de Italia desde hace 3000 años, hay que reconocer que ha sufrido un serio deterioro. Pero de un tiempo a esta parte vuelve a haber viticultores que se ponen manos a la obra, especialmente en Apulia. Con uvas antiquísimas, como la aglianico o la primitivo, se elaboran vinos barrocos, que pueden redondear una gran comida.

De Apulia hasta Sicilia

Hoy en día, los viticultores del sudeste de Italia se dedican más al tinto.

Allá a donde dirija sus pasos el extranjero en el Mezzogiorno encontrará siempre vestigios de los antiguos griegos. La mayoría de los nombres de las ciudades y de las variedades de uva tiene origen helénico. Lo que es seguro es que los marinos del Ática procuraban asentarse donde la región prometía producir riqueza. En este lugar siguen creciendo las mismas vides que los colonos griegos plantaran hace 3000 años: nero d'Avola, greco, troia y aglianico (literalmente, uva helénica). Dan lugar a vinos densos, extraños y de difícil acceso, que necesitan muchos años para madurar. Pero hay que decir que del bienestar pasado queda poco. El Mezzogiorno ha sido olvidado por Roma y saqueado por honorables sociedades. Y aunque se destinan abundantes medios para detener el éxodo, la mayoría se hunde en oscuros canales. ¿Cómo se va a dar bien la viticultura? El cultivo de la vid se realiza a lo grande, con un estilo casi industrial. Una importante fuente de ingresos para Apulia y Calabria es un concentrado de zumo de uva con el que los viticultores de zonas poco soleadas elaboran vinos cálidos. Y sin embargo, en el Mezzogiorno, sobre todo en Apulia y Calabria, cada vez se encuentran más vinos grandiosos, como piedras preciosas en el desierto.

Vino potente del país del rey

La pobreza está muy extendida en La Basilicata, en el «país del rey» (su traducción literal). Sobre una superficie de 14 000 hectáreas (tanta vid como tiene Baden) se produce un vino con mucho alcohol de color rojo oscuro. En bastante cantidad se envía al norte para reforzar el bardolino o el vino de Lago de Caldaro que resulte demasiado estrecho. En principio, La Basilicata puede producir vinos grandiosos, sobre todo en las laderas del monte Vulture, un volcán extinto. Donato D'Angelo se ha hecho un nombre en toda Europa con su grandioso aglianico. También está teniendo auge la cooperativa de viticultores Reforma Fondiaria en Venosa, la ciudad de Ovidio y Gesualdo. Siguiendo hacia el sur se encuentra Calabria, región aún más pobre, que produce más de un millón de hectolitros de un vino que con frecuencia alcanza 15 y 16 grados de alcohol y es muy codiciado en Francia para redondear vino de mesa. Disfrutan de buen nombre los vinos de Cirò, tinto y rosado, prensados de la uva galliopolo (otro nombre griego), desconocida en cualquier otro lugar. Algunas bodegas se esmeran con este vino, que, gracias a una cosecha más temprana y a la refrigeración, resulta más fresco y muchísimo menos cálido que en otros tiempos.

Menos alcohol es más

En Apulia, la remota región vinícola en el tacón de la bota italiana, el contenido alcohólico de los vinos se ha reducido por término medio de 15 a 13 grados en los últimos 20 años. También allí cosechan más temprano de lo que se hacía en tiempos de sus abuelos para poder atender la demanda de vinos menos fuertes. El barón Piernicola Leon de Castris, que ha realizado estudios de economía, dirige la bodega más renombrada de Apulia y defiende con orgullosa inflexibilidad las tradiciones de la casa. El Salice Salentino es un vino de gran peso, que recibe su nombre de la sede

de la empresa y se sigue elaborando como hace decenios. Tiene muchos amigos en Europa, pero la tendencia, desgraciadamente, es a la baja. También el *dottore* Cosimo Taurino, que explota una pequeña *casa vinicola* en el vecindario, se quiebra la cabeza pensando en el futuro de la región y en las oportunidades que él mismo tiene en el mercado. Persevera en su famoso tinto Notarpanaro, con sabor a ciruelas secas y uvas pasas, magnífico para una comida festiva. Parece que la elaboración de vinos de primera clase vuelve a merecer la pena, como apunta la llegada de extraños a la profesión. Giuseppe Dimastrodanoto, propietario de un gran despacho dedicado a la agromensura, ha vuelto a poner en pie la bodega Lomazzi & Sarli de Latiano que había ido a la ruina.

¿Quién bebe aún marsala?

Hay hallazgos que demuestran que en Sicilia ya se plantaban vides hace 5000 años. La superficie de cultivo de la isla ha sido siempre algo mayor que la de la República Federal. Antiguamente su vino era apreciado en las mejores casas de París, pero hoy en día la exportación desciende continuamente. Se ha acabado la época de los pesados vinos meridionales. ¿Quién bebe aún marsala? El conde Guiseppe Tasca d'Almarita, que dirige la más importante bodega privada de la isla, lucha en dos frentes. Junto al ligero vino de regaleali ofrece también el selecto Rosso di Conte, vino de la vieja escuela del que sólo hay unos miles de botellas. Recientemente, la casa Rallo de Marsala da mucho que hablar, pues se ha hecho cargo de la finca Donnafugata, que había caído en el olvido, y elabora allí con las técnicas más novedosas unos blancos y rosados fresquísimos y asombrosamente ligeros. Ahora bien, estos caldos elegantes y de corta vida ya no tienen nada que ver con un clásico vino siciliano.

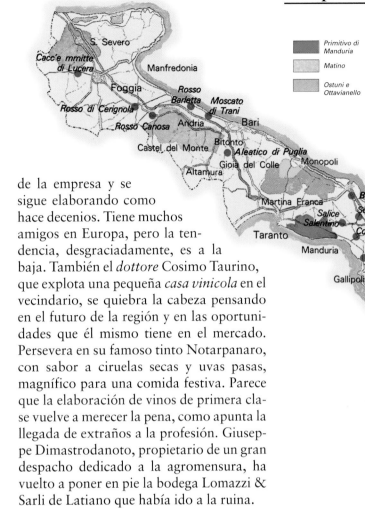

S. Severo
Cacc'e mmitte di Lucera
Manfredonia
Foggia
Rosso di Cerignola
Rosso Barletta
Moscato di Trani
Rosso Canosa
Andria
Bari
Castel del Monte
Bitonto
Aleatico di Puglia
Gioia del Colle
Monopoli
Altamura
Martina Franca
Brindisi
Salice Salentino
Squinzano
Taranto
Copertino
Lecce
Manduria
Leverano
Gallipoli

Apulia

Primitivo di Manduria
Matino
Ostuni e Ottavianello
Locorotondo
Martina Franca
Castel del Monte
San Severo
Otras denominaciones

ITALIA

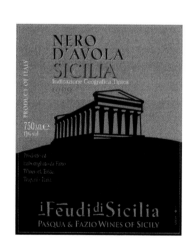

Aunque el sol caliente con justicia en verano, las dos grandes islas italianas se benefician del mar. Siempre sopla brisa. Por las noches refresca. El viento que viene de África aporta humedad. El clima es ideal para elaborar vinos con cuerpo. Sin embargo, tanto en Cerdeña como en Sicilia crecen las vides más variadas: aquí, cannaiolo y vermentino; allá, nero d'Avola y cataratto. Así de diferentes son también los vinos.

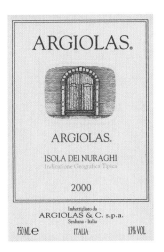

ARGIOLAS®

ARGIOLAS.

ISOLA DEI NURAGHI
Indicazione Geografica Tipica

2000

Imbottigliato da
ARGIOLAS & C. s.p.a.
ITALIA - Italia

750 ML℮   ITALIA   13% VOL

1997

villa Dorata
ELORINA

ELORO ROSSO
DENOMINAZIONE DI ORIGINE CONTROLLATA

ITALIA

PLANETA

La Segreta

2000

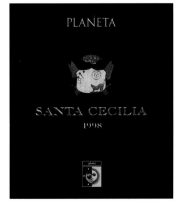

PLANETA

SANTA CECILIA

1998

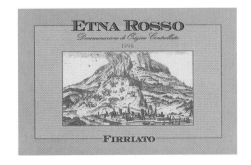

ETNA ROSSO
Denominazione di Origine Controllata

1998

FIRRIATO

villa Dorata
ELORINA

ELORO PACHINO
DENOMINAZIONE DI ORIGINE CONTROLLATA

CUSUMANO

benuara

NERO D'AVOLA, SYRAH
2000

SICILIA - Indicazione Geografica Tipica

SAN
PANTALEO

PRENDAS
Vermentino di Sardegna
DENOMINAZIONE DI ORIGINE CONTROLLATA

1997

Imbottigliato all'origine da: Cantine di Dolianova s.c.a r.l.
Dolianova - Sardegna - Italia

750 ml℮   ITALIA   11,5% vol

Camelot

1999

FIRRIATO

SICILIA
Indicazione Geografica Tipica
BIANCO

KOREM

ISOLA DEI NURAGHI
Indicazione Geografica
Tipica

IMBOTTIGLIATO DA ARGIOLAS & C. S.p.A.
SERDIANA - ITALIA

750 ml℮   ITALIA   13% vol

TURRIGA.

1997

ISOLA DEI NURAGHI
Indicazione Geografica Tipica

IMBOTTIGLIATO DA ARGIOLAS & C. S.p.A. - SERDIANA - ITALIA

750 ML℮ - ITALIA - 12,5% VOL

ANGIALIS
Vendemmia Tardiva

Isola dei Nuraghi
Indicazione Geografica Tipica

IMBOTTIGLIATO DA ARGIOLAS & C. s.p.a.
SERDIANA - ITALIA

500 ml℮   ITALIA   14% vol

CUSUMANO

jalé

CHARDONNAY
2000

SICILIA - Indicazione Geografica Tipica

Por las rutas del vino

España

El mar está abierto, pero las montañas son como murallas. Por eso entre España y Suramérica hay estrechas relaciones aunque sólo sea debido al idioma, mientras que, al parecer, los Pirineos impidieron durante mucho tiempo dirigir la vista a Europa. Pero tras décadas de autarquía, los españoles han comenzado a conquistar (con medios pacíficos) los países del norte. Hacia allí envían sus vinos que mejoran de año en año. En las bodegas desempeñan su labor jóvenes maestros bodegueros que han aprendido el oficio preferentemente en Francia. Llegan cosechas grandiosas de provincias hasta ahora desconocidas como Toro o Rueda. Emprenda un viaje por los viñedos de España y conozca placeres nuevos y muy interesantes.

Navarra

La región cada vez se desprende más de la sombra de la Rioja.

Se recomienda

Julián Chivite
en Cintruénigo

Bodegas Magaña
en Barillas

Guelbenzu
en Cascante

Luis Gurpegui Muga
en Villafranca de Navarra

Malumbres
en Corella

Ochoa
en Olite

Príncipe de Viana
en Murchante

Las cardas son unos rodillos espinosos que se hacían con la cabeza del tallo de una planta llamada cardencha y se utilizaban para sacar el pelo a los tejidos. Y con cardas se ganaba antiguamente el sustento Vicente Malumbres. La empresa poseía algunos viñedos desde tiempo inmemorial, pero hasta hace unos cuantos años nadie se interesaba especialmente por ellos. La cosecha se vendía a la bodega más próxima. Los hijos de Vicente Malumbres fueron quienes echaron la piedra a rodar. Propusieron al padre (más bien le obligaron) vinificar ellos mismos las uvas. El cabeza de familia meditó el asunto largo tiempo antes de tomar una decisión libre de compromisos. Invirtió bastante más de 750 000 euros en la tecnología bodeguera más moderna: todo en acero inoxidable, con su propio sistema de descalcificación del agua de limpieza y, por supuesto, con potentes grupos frigoríficos.

De otra forma es imposible elaborar vino fresco y frutal en la ardiente comarca de la Ribera Baja. Cuando las uvas llegan a la prensa después de la cosecha están demasiado calientes y sólo la refrigeración impide que el mosto fermente en pocas horas, perdiendo todos sus finos aromas. La bodega de Malumbres sólo necesitó un par de años para labrarse la reputación de ser quien elabora el mejor rosado de la zona, tarea delicada que requiere mucho conocimiento por parte del viticultor. Si manda cosechar demasiado pronto, el vino será ácido y flojo. Pero si la uva garnacha se cosecha demasiado tarde, resultará espeso y soso. Un sólo día puede resultar decisivo. Tal y como el jefe más joven, Javier Malumbres, ha escuchado en el curso de muchas transacciones, suavidad y frescura son los atributos que actualmente requiere un vino para poderse vender en todo el mundo.

Una respuesta juvenil y fresca

Malumbres ya no está seguro de que ese sea el único camino que conduce a un éxito económico estable. Las aspiraciones del vecindario se orientan en otra dirección: un número creciente de viticultores cambia las vides de garnacha por la uva estelar de La Rioja, la tempranillo; a parte de eso plantan variedades francesas como merlot y cabernet-sauvignon. Cada vez apuestan más por las barricas de 225 litros de roble nuevo, como es usual en Burdeos. Prototipo de esta tendencia es la bodega Magaña, en la vecina localidad de Barillas. Sus vinos gozan de la mejor reputación y son los más caros de Navarra. Malumbres experimenta ahora con barricas para así poder ofrecer reservas largamente envejecidos además del vino joven, el vino fresco del depósito de acero inoxidable. Sin embargo, los críticos de estas tendencias lo consideran un error. «Que hagan reservas los de La Rioja. Son los que mejor lo hacen. Nosotros tenemos el vino joven. Ese se nos da mejor a nosotros», dice Toni Barrero, director de exportación de Cenalsa en Pamplona, una organización semiestatal que se dedica a promocionar la exportación de vino. En la propia finca de Murchante se experimenta con las variedades de vid y las técnicas bodegueras más diversas. El Basiano, un tinto frutal de tempranillo y cabernet-sauvignon fermentado en depósito de acero, es el mejor ejemplo que hay una respuesta juvenilmente fresca al reto de las barricas.

¿Qué camino va a emprender Navarra?

Una muestra de la mentalidad de Barrero parece ser la bodega Guelbenzu, en Cascante. La finca vitivinícola fue famosa en tiempos, luego se dejó de explotar y fue «redescubierta» por los sucesores de la familia Guelbenzu hace unos años. Reformaron la técnología bodeguera con gran despliegue financiero y contrataron asesores muy entendidos. Los primeros vinos de crianza envejecidos en barrica de roble resultaron correctos, pero no pudieron desbancar a los grandes vinos de Rioja. En las bodegas de la familia Chivite, en Cintruénigo, una de las mayores y más importantes empresas de Navarra, siguen una estrategia que se podría definir diciendo que se decantan «tanto por lo uno como por lo otro». Aquí se elabora un rosado fresco que tiene mucho éxito en el extranjero. Pero también en las bodegas Chivite se apilan entre tanto las barricas. Julián Chivite Marco y sus hermanos sienten un cariño especial por el opulento tinto envejecido en madera. Es un vino más que considerable, pero no constituye un serio rival para La Rioja. Con más de ocho millones de euros reconstruyeron la antigua finca familiar en el norte de Navarra y ampliaron la superficie en 300 hectáreas, que plantaron sobre todo con tempranillo y cabernet-sauvignon. La bodega dispone del más alto nivel. Julián Chivite Marco está completamente convencido de que tiene posibilidades de producir en el futuro vinos que se podrán comparar sin temor alguno con los grandes riojas. Si los viticultores no estuvieran seguros de lo que llevan entre manos, todo este despliegue tanto financiero como ideológico no tendría sentido. Todavía queda por comprobar por qué camino se acabaran decidiendo.

ESPAÑA

BARON DE MAGAÑA
FINCA LA SARDA
1998
Embotellado por:
Bodegas Viña Magaña, S.L. Barillas-España
NAVARRA
Denominación de origen
PRODUCT OF SPAIN
13 % VOL
75 CL

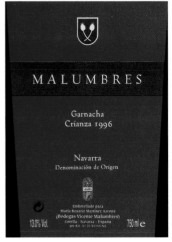
MALUMBRES
Garnacha
Crianza 1996
Navarra
Denominación de Origen
Embotellado para
María Rosario Martínez Azcona
(Bodegas Vicente Malumbres)
Corella · Navarra · España
13,0% Vol.
750 ml e

LUSCO
19 98
Albariño
Rias Baixas
Denominación de Origen
Embotellado por:
LUSCO DO MIÑO S.L. - Vigo
En Atxen - Salvaterra do Miño
Pontevedra - España
R.E.N. 40779-PO · R.S. 3906400-PO
75 CL
12,5%Vol.

COSECHA 1998
MONTE ORY
75 cl.
12,5% Vol.
NAVARRA
DENOMINACIÓN DE ORIGEN
EMBOTELLADO POR BODEGAS LUIS GURPEGUI MUGA, S.A. - VILLAFRANCA-ESPAÑA · N.R.E 31/0409-NA
LUIS GURPEGUI MUGA

RESERVA 1994
Chivite
NAVARRA
DENOMINACIÓN DE ORIGEN
COLECCION 125
ESTATE BOTTLED
BODEGAS JULIAN CHIVITE
750ml e
13% vol.
FROM FATHER TO SON SINCE 1847 · CINTRUÉNIGO · NAVARRA · ESPAÑA

MALUMBRES
ROSADO
NAVARRA
Denominación de Origen
2000
Embotellado en origen por
María Rosario Martínez Azcona
(Bodegas Vicente Malumbres)
Corella, Navarra, España
13,0 % vol.
750 ml e

ENATE
CHARDONNAY
FERMENTADO EN BARRICA DE ROBLE
SOMONTANO
Denominación de Origen
Embotellado es la propiedad por:
VIÑEDOS Y CRIANZAS DEL ALTO ARAGON, S.A.
SALAS BAJAS (HUESCA) ESPAÑA
PRODUCE OF SPAIN - R.E.N.° 7186 - HU
e 75 cl
13,5% Vol.

NAVARRA
DENOMINACIÓN DE ORIGEN
MONTE ORY
EMBOTELLADO POR
LUIS GURPEGUI MUGA
VILLAFRANCA-ESPAÑA · NRE-31/0409-NA
12,5% Vol.
75 cl.
RESERVA 1996

MARQUÉS DE VALCARLOS
ROSADO
NAVARRA
DENOMINACIÓN DE ORIGEN
EMBOTELLADO POR BODEGAS BORGIA, S.L.
31210 LOS ARCOS (NAVARRA) ESPAÑA
PRODUCTO DE ESPAÑA
N.R.E. 31/41.875-NA
75 cl e
12,5% Vol.

SOMONTANO
DENOMINACION DE ORIGEN
Montesierra
MACABEO
VENDIMIA TARDIA
1 9 9 6
13,5% VOL
e 75 cl.
EMBOTELLADO POR
Bodega Pirineos s.a.
R.E. N° 3.811-HU
EN BARBASTRO - ESPAÑA

DIGNUS
1997
Embotellado por:
Bodegas Viña Magaña, S.L., Barillas - España
NAVARRA
Denominación de origen
PRODUCT OF SPAIN
13 % VOL
75 CL

NAVARRA
DENOMINACION DE ORIGEN
RESERVA 1995
ORVALAIZ
EMBOTELLADO POR:
SDAD. COOP. AGRARIA ORVALAIZ
BODEGAS ORVALAIZ
OBANOS · NAVARRA · ESPAÑA
PRODUCT OF SPAIN · N.R.E. 31/01561-NA
75 CL
12,5% Vol.

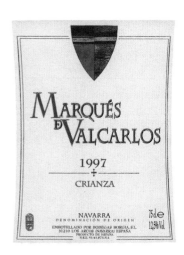
MARQUÉS DE VALCARLOS
1997
CRIANZA
NAVARRA
DENOMINACIÓN DE ORIGEN
EMBOTELLADO POR BODEGAS BORGIA, S.L.
31210 LOS ARCOS (NAVARRA) ESPAÑA
PRODUCTO DE ESPAÑA
N.R.E. 31/41.875-NA
75 cl e
12,5% Vol.

PALACIOS DE CASTILLA
Toro Joven
1999
Embotellado para Cuevas de Castilla
por R.E. n° 8034-ZA-00
TORO (Zamora) ESPAÑA
Producto de España
L-001
13,5% Vol.
TORO
DENOMINACION DE ORIGEN
75 Cl.

OLIGITUM

MERLOT
1999

NAVARRA
Denominación de origen

RED WINE-VIN ROUGE
Product of Spain

Embotellado en la propiedad
BODEGAS PIEDEMONTE, S.C.
OLITE-NAVARRA-ESPAÑA
NRE 31/41.580 NA

Alc. 13% by vol   750 ml.

RUEDA
DENOMINACION DE ORIGEN

PALACIO
DE MENADE

"Verdejo Fermentado en Barrica"
COSECHA 1998

EMBOTELLADO PARA CUEVAS DE CASTILLA, S.A.
POR R.E. 5693-VA – RUEDA (VALLADOLID)

75cl
12.5% vol   Producto de España

PRODUCTO DE ESPAÑA

Con Class
2000

EMBOTELLADO PARA
CUEVAS DE CASTILLA, S.A.
POR R.E. SAN VALLADOLID ESPAÑA   DENOMINACION DE ORIGEN

Piedemonte
Crianza 1995
cabernet sauvignon
NAVARRA
Denominación de origen

RED WINE-VIN ROUGE
Product of Spain

Alc. 13% by vol

Bodegas Piedemonte

Embotellado en la propiedad
BODEGAS PIEDEMONTE, S.C. OLITE-NAVARRA-ESPAÑA NRE 31/41.580 NA   750 ml.

PRODUCE OF SPAIN

ORVALAIZ

1997
Crianza

NAVARRA
DENOMINACION DE ORIGEN

RED WINE

EMBOTELLADO POR SDAD. COOP. AGRARIA ORVALAIZ

750 ML.   BODEGAS ORVALAIZ
ALC. 12.5% BY VOL.   OBANOS - NAVARRA - ESPAÑA
N.R.E. 31/41.587 NA

LA LEGUA
CRIANZA 1998

CIGALES
DENOMINACION DE ORIGEN   750 ML.
Elaborado y embotellado por   ALC.13% BY VOL.
Bodegas Emeterio Fernández, S.L. R.E. 8038-VA-00

COSECHA 2000

PALACIO
DE MENADE

SAUVIGNON BLANC

EMBOTELLADO EN ORIGEN PARA CUEVAS DE CASTILLA, S.A. POR
R.E. 5693-VA - RUEDA (VALLADOLID) - ESPAÑA   75 Cl

Ninguna otra provincia española es tan polifacética como Navarra. Con un trayecto de dos horas en coche, el viajero puede pasar de los Pirineos, al norte, cubiertos todavía por la nieve, al paisaje ardiente y casi desértico del sudeste. El antiguo reino es conocido por su frutal vino rosado. Los viticultores lo elaboran mejor y más económico que el de sus colegas de La Provenza. No obstante, los productores navarros cada vez apuestan más por el vino tinto.

RESERVA

Agramont

RESERVA
1994

Embotellado por
BODEGAS PRINCIPE DE VIANA, S.A.
N.R.E.31/40.930 NA. Murchante-Navarra-España

PRODUCTO DE ESPAÑA

NAVARRA
DENOMINACION DE ORIGEN

213

Rioja

Tras muchos altibajos, la situación a orillas del río Oja se ha vuelto a tranquilizar.

En una zona como La Rioja los habitantes viven todo el año entre sí, con excepción de un par de habitantes de los centros vascos, que tienen en las riberas del Ebro y del Oja sus segundas residencias. La Rioja está rodeada de sierras que la protegen de las nubes y el frío marítimo del Atlántico. En verano aprieta el calor y los inviernos son suaves. Los afluentes del Ebro han acumulado fértil tierra de aluvión: las mejores condiciones para una vegetación exuberante.

Intervienen los bancos y las aseguradoras

También el paisaje vitivinícola se ha desarrollado exuberantemente en los últimos años. En 1989 todavía se contaban en La Rioja 90 productores de vino. En 2001 la cifra casi se había triplicado. Las más de 250 bodegas constituyen una variada mezcla: las hay con viñedos propios y sin ellos, con y sin embotelladora, de tipo industrial y artesanales. En los últimos años, aparte de establecerse al mes dos nuevas empresas por término medio, muchas de las bodegas ya existentes crecieron considerablemente. También muchos bancos y aseguradoras, empresas multinacionales de bebidas y las bodegas dedicadas al jerez del sur de España olfatearon el gran negocio en el vino de Rioja. Tras años de retiro autosuficente despertaba el viejo espíritu conquistador, que se disponía a tomar parte intensamente en una Europa nueva y más abierta. 1994 se celebró como «el año de la apertura histórica». La exportación volvió a avivarse. Pero con los éxitos mundiales también aumentan los precios.

El tradicional auge tardío

Alzar el vuelo velozmente tras años de recogimiento es una práctica que en La Rioja resulta verdaderamente tradicional. Allá donde pensaban establecerse por una larga temporada y en todo lugar donde era posible, los antiguos romanos manifestaban su preferencia por el jugo de la vid plantando viñedos. Lo mismo ocurrió en el paisaje del valle del río Oja. Pero sus productos no se conocieron allende los límites de la región hasta el siglo XIX, cuando La Rioja se incorporó a la moderna infraestructura. Los viticultores de la región demostraron tener gran rapidez de reflejos y no sólo cuando en 1850 la filoxera devoró, por decirlo así, toda la producción de Francia. En aquella época los franceses entraban y salían de la vecina Rioja, y compraban todo el vino que había para comprar. A comienzos del siglo XX volvió a reinar el silencio en el valle, hasta que en los años sesenta ha tenido lugar un nuevo despertar, más enérgico que nunca. En este último auge el dinero no representa ningún papel, pero la posibilidad de obtener ingentes ingresos resulta tentadora. Tanto los viticultores como los propietarios de bodegas captaron enseguida que los pequeños clubes de la *jet-set* encontraban increíblemente elegantes las grandes cosechas de Burdeos y la Toscana, así como el costoso cabernet de California. Y además: cuanto más caro, mejor. La Rioja podía tomar parte en este mercado, tal y como habían demostrado espectacularmente y hasta la saciedad las catas internacionales. La cosecuencia fue que los precios empezaron a galopar. De pronto los mejores caldos de reserva pasaron a costar el doble. Las bodegas no tuvieron ninguna culpa, fueron más bien los cosecheros, perfectamente organizados, los que exigieron su parte en las ganancias que se esperaban. Todo lo que se había conseguido con tanto esfuerzo en cuanto a mercados de exportación se vino abajo en un santiamén. Tanto en Suiza como en Alemania, los dos principales países compradores, el volumen de ventas se redujo a un tercio. En primer lugar, la viticultura de La Rioja se tomó un respiro para reflexionar. Las bodegas procuraron adquirir sus propios viñedos para dejar de depender de los cosecheros. Actualmente, los precios del vino son estables, e incluso han bajado algo. Pero por mucho que discutan las bodegas entre sí, los españoles son demasiado orgullosos como para reducirse los precios los unos a los otros. Ahora el estancamiento se ha superado y los éxitos vuelven a aumentar. De momento hay algunas marcas, y no siempre las mejores, que se revelan como desmesuradamente caras.

Se inventó un remedio contra la filoxera

En catas comparativas entre vinos con un nivel de precio de unos 15 euros, la región bordelesa ha perdido terreno más de una vez frente a La Rioja. Quien prueba el rioja por primera vez se deja encandilar fácilmente por los seductores aromas de violetas y grosellas. En este sentido, el burdeos es un poco más complicado, no se despliega de golpe. Tales comparaciones resultan siempre muy llamativas y excitan los ánimos. Pero todo se relativiza rápidamente, en especial en lo que respecta al burdeos. Esta región ha servido desde siempre como modelo a los viticultores españoles, que adquieren allí todos sus conocimientos. Durante la plaga de la filoxera algunos viticultores del suroeste francés se trasladaron a La Rioja, para volver a comenzar de nuevo. De paso importaron una tecnología bodeguera finamente diferencida y la variedad cabernet-sauvignon. Hasta que en 1899 el voraz parásito amenazó también la viticultura de La Rioja. Pero entre tanto los franceses, por suerte para los españoles, habían descubierto como arremeter contra el insaciable insecto: injertaron los vástagos en pies de vides de las variedades americanas resistentes a la filoxera.

Dos variedades que se complementan a la perfección: la tempranillo y la garnacha

Por mucho que los viticultores de La Rioja se acercaran al modelo de Burdeos, en la elección de las vides mostraron autonomía: la cabernet-sauvignon perdió toda importancia y dominan la tempranillo y la garnacha. Por otra parte, ambas variedades se complementan perfectamente dentro de la diferencia: la tempranillo se encuentra a sus anchas en los porosos suelos de caliza de la Rioja Alta, aprecia el clima algo más fresco y los ocasionales chaparrones. Sus uvas maduran pronto y para finales de septiembre han reunido la suficiente glucosa para proporcionar un vino rico en alcohol y de color intenso, muy apropiado además para envejecer, particularidad que debe sobre todo a su magnífica acidez. La garnacha, por el contrario, prefiere el clima caliente y seco. Se desarrolla especialmente bien en la Rioja Baja, sobre los profundos suelos de aluvión de la parte inferior de la región, situada el este. Con ella se prensan unos vinos de color rojo claro, auténticamente suaves e intensos, ideales para el *coupage*, en caso de que el tempranillo pudiera resultar algo flojo. En La Rioja se cultivan, aunque en cantidades insignificantes, otras dos variedades autóctonas y muy tradicionales: la graciano, con un aroma extraordinariamente frutal, y la robusta y tanina mazuelo. Ambas han contribuido benéficamente a redondear algunos crianzas. En La Rioja, las variedades blancas desempeñan igualmente un papel subordinado, si bien ello no impide que en parte sean también sobresalientes.

El arte del maestro bodeguero

Los españoles no sólo emplean el término especializado francés *coupage*, sino que también utilizan esta técnica como dicta la costumbre en la región bordelesa o en Chianti. Los vinos de La Rioja son siempre una mezcla de diferentes variedades de uva. Tampoco resulta impropio, ni está en absoluto prohibido, combinar diversos lugares de procedencia. Mezclar un amplio e intenso mosto de garnacha de la cálida Rioja Baja con un tempranillo ligero, intensamente frutal y ácido, procedente de la fresca Rioja Alta, constituye un arte ancestral. De la capacidad del capataz, del maestro bodeguero, depende el reparto de las correctas proporciones entre cada una de las partes, de manera que se consiga un sabor redondo y típico de cada bodega, pero preservando también la longevidad de los vinos. Los vinos de La Rioja de alta calidad se pueden conservar sin problemas durante décadas. Los vinos jóvenes, más baratos, deberían consumirse como muy tarde en el segundo año después de la cosecha, pues su proporción de garnacha no envejece bien. Cuando se crean nuevos viñedos los viticultores de la región plantan cada vez más tempranillo. Con ello muestran claramente en que dirección apuntan: hacia calidades cada vez más exigentes.

Se mantienen los largos periodos de envejecimiento

No dejan de alzarse voces aquí y allá que hacen suponer un desarrollo a la contra. Las grandes embotelladoras como Campo Viejo o AGE presionan para que se reduzcan de una vez los periodos de envejecimiento; un tránsito de mercancía más acelerado significa para estas empresas un amortizamiento más rápido de las grandes inversiones. Los vinos envejecen apilados unos sobre otros en las típicas barricas de 225 litros y lo hacen estrictamente controlados para que respeten un tiempo mínimo prescrito. Pero ahora que el gusto del consumidor se decanta hacia vinos más frescos y frutales, ¿ha de seguir la región conservando las tradiciones? El intercambio de argumentos se prolonga desde hace ya varios años. Marcan la norma empresas

como López de Heredia, de Haro, que puede reclamar para sí el mérito de ser la bodega más a la antigua de La Rioja: ningún vino abandona la casa sin haber envejecido como mínimo tres años en barrica. Su producto cumbre, el Viña Tondonia, es un vino poderoso de asombrosa frescura que sale al mercado ocho años después de la cosecha. Está claro que los riojanos no piensan ceder ni una milésima en lo que respecta a los criterios de envejecimiento.

Estricto control estatal

Con mirada implacable vigila el Consejo Regulador, la autoridad enológica oficial con sede en la pequeña ciudad de Haro, la producción vitivinícola. Esta organización es una institución oficial, pero después de setenta años de existencia, funciona como un sistema de autocontrol entre las bodegas. A La Rioja le gusta hacerse publicidad afirmando que es la región vitivinícola más vigilada del mundo. Hasta ahora no he conocido ningún indicio que contradiga esta afirmación: se registra la calidad y cantidad de cada partida de vino. Si un viticultor vendimia demasiada uva, se expone a que la cosecha sea descalificada. Sobre todo a comienzos de año, cuando se elaboran los *coupages*, puede ser que el servicio de inspección llame a la puerta todos los días. Los cosecheros pueden renunciar a llevar su propia contabilidad, ya se encarga el consejo de anotarlo todo, para evitar en origen que se produzca la tentación de apañar algún que otro registro. Una vez que las partidas, listas ya para embotellar, no dejan lugar a la menor duda, el consejo reparte para cada una de las botellas un precinto contado y numerado. No deja de sorprender que allí funcione sin ningún tipo de problemas lo que en otros países, al parecer, supone unas dificultades técnicas insalvables. Este riguroso control fue el motivo de que La Rioja fuera la primera región vitivinícola a la que el Gobierno de Madrid concedió la Denominación de Origen Calificada (DOCa), que distingue a los vinos que hayan alcanzado altas cotas de calidad durante mucho tiempo. Los requisitos para el vino se extremaron todavía un poco más. Por ejemplo, la cantidad que puede cosecharse no puede rebasar en ningún caso los 0,55 litros por metro cuadrado, lo cual no supone el menor quebradero de cabeza para los viticultores riojanos, que cosechan una media de 0,35. La distinción DOCa equivale a la DOCG de Italia, con la diferencia de que los italianos no son especialmente estrictos a la hora de aplicar este título. Todos los indicios parecen señalar que los españoles no van a cometer el mismo error.

ESPAÑA

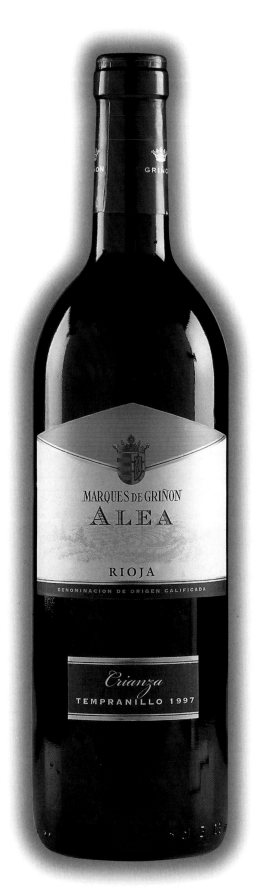

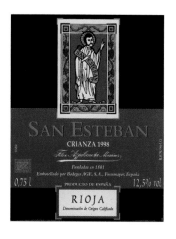

Al menos en su parte occidental, La Rioja Alta, el paisaje de la región se puede calificar entre sugestivo y grandioso. En el valle del Ebro hay preciosas ciudades pequeñas, exceptuando la aburrida capital, Logroño. Grandiosos monumentos arquitectónicos bordean los caminos. La gastronomía es correcta y no hay duda de que en la mesa se sirven buenos vinos. No deja se sorprender que esta región no sea más visitada por los turistas extranjeros.

Gran Reserva
Campillo
De esta cosecha 1989 se han destinado
78.676 botellas a Gran Reserva.
Embotellado en la propiedad
BOTELLA EXP Nº 020023
Rioja
DENOMINACION DE ORIGEN CALIFICADA
75 cl.
BODEGAS CAMPILLO
LAGUARDIA · RIOJA ALAVESA · ESPAÑA
12,5% Vol.

FUNDADA EN 1879
Viña Real
1997
Rioja
Denominación de origen calificada
embotellado por
COMPAÑIA VINICOLA DEL NORTE DE ESPAÑA, S.A.
HARO-ESPAÑA
13% Vol.
75 cl. e
R E Nº 44. LO
PRODUCIDO EN ESPAÑA

MARQUÉS DE MURRIETA
YGAY
ESTATE GROWN AND BOTTLED
75 cl e
13,5%Vol.
COLECCION
2100
RIOJA
Denominación de Origen Calificada
Vintage
1996
Produced and bottled by
BODEGAS MARQUES DE MURRIETA, S.A.
LOGROÑO · ESPAÑA · SPAIN

Crianza 1998
Bagordi
Agricultura *Ecológica*
RIOJA
Denominación de Origen Calificada
Embotellado en la propiedad por:
Bodegas Bagordi S.L.
Andosilla (España)
N.R.E.3U4171/8-NA
75Cl.e
Product of Spain
13,5%Vol.

Monopole
BLANCO SECO
RIOJA
Denominación de origen calificada
embotellado por
COMPAÑIA VINICOLA DEL NORTE DE ESPAÑA, S.A.
HARO-ESPAÑA
12,5% Vol.
75 cl. e
R E Nº 44. LO
PRODUCIDO EN ESPAÑA

RIOJA
DENOMINACION DE ORIGEN CALIFICADA
Sierra Cantabria
COSECHA 1999
Tempranillo
750 ML
ALC. 13% BY VOL.
Bottled by
Sierra Cantabria S.A.
San Vicente
de la Sonsierra · España

13% VOL.
75 cl e
MARTINEZ BUJANDA
CONDE DE VALDEMAR
ELABORADO CON UVAS DE LAS VARIEDADES TEMPRANILLO Y MAZUELO
RESERVA
EMBOTELLADO EN LA PROPIEDAD POR BODEGAS MARTINEZ BUJANDA, S.A. · OYON · ESPAÑA
RIOJA
DENOMINACION DE ORIGEN CALIFICADA
ESPAÑA

RIOJA
DENOMINACIÓN DE ORIGEN CALIFICADA
Viña Berceo
TINTO CRIANZA
1995
75 cl.
12,5% Vol.
EMBOTELLADO PARA
BODEGAS BERCEO, S.A.
HARO - LA RIOJA - ESPAÑA
POR N.R.E. 21-UO-174-NA · SAN ADRIAN · ESPAÑA

Rioja
DENOMINACIÓN DE ORIGEN CALIFICADA
Luberri
EMBOTELLADO POR:
BODEGAS LUBERRI, S.C.
Condición de Elciego · Rioja de Eiro · España
N.R.E.N.09165
PRODUCE OF SPAIN
75 cl.
13 % Vol.
1999

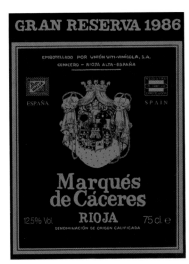

GRAN RESERVA 1986
EMBOTELLADO POR UNION VITI-VINICOLA, S.A.
CENICERO · RIOJA ALTA · ESPAÑA
ESPAÑA
SPAIN
Marqués de Cáceres
RIOJA
12,5% Vol.
75 cl. e
DENOMINACION DE ORIGEN CALIFICADA

BODEGAS BRETÓN
LORIÑON
RESERVA 1996
RIOJA
DENOMINACIÓN DE ORIGEN CALIFICADA
12,5% Vol.
75 cl.
EMBOTELLADO EN LA PROPIEDAD
BODEGAS BRETON Y CIA. S.A. LOGROÑO · ESPAÑA

Ribera del Duero

El valle del Duero vive hoy una suerte de fiebre del oro. En 15 años la región ha alcanzado una posición excepcional.

Se recomienda

Ismael Arroyo
en Sotillo

Pago de Carraovejas
en Peñafiel

Pérez Pasquas
en Pedrosa de Duero

Viña Pedrosa
en Pedrosa de Duero

Teófilo Reyes
en Peñafiel

El nombre suena a toque de clarines: Vega Sicilia. Literalmente no significa otra cosa que valle fértil de la santa Sicilia (Cecilia). Desde hace ya un siglo, los vinos de la finca de Valbuena se cuentan entre los mejores y más caros de la Península Ibérica, comparables en todo el mundo con las cosechas de alta calidad de la región bordelesa. Hasta hace veinte años esta empresa tan celebrada se hallaba aislada en medio de un ejército de viticultores que vendían casi toda su cosecha a la cooperativa local, cuando no arrancaban las vides de sus pequeñas parcelas para sustituirlas por la remolacha azucarera, mucho más rentable. A parte de Vega Sicilia, en la Ribera del Duero no se producía nada más. Por eso la familia propietaria, Álvarez Díaz, renunció a cualquier tipo de denominación geográfica. También el emblema de Vega Sicilia, el vino Único, impagable pero también insuperable en cuanto a cuerpo y longevidad, se comercializó siempre como un simple vino de mesa, lo que no supuso ningún perjuicio para su éxito mundial.

Una estrella de la noche a la mañana

Las cosas cambiaron en el año 1986, cuando entró en escena un competidor. Se tra-

220

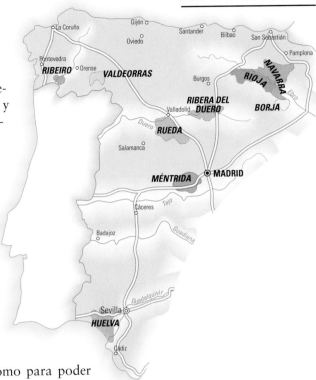

taba de Alejandro Fernández, un hombre muy inteligente y afectuoso, con un marcado carácter campesino. Para él supuso una bendición que la revista americana *Wine Spectator* alabara los productos del viticultor de Pesquera de Duero. De la noche a la mañana Fernández se convirtió en una estrella. Por afecto hacia él, la región vitivinícola recibió la Denominación de Origen con fecha de 1979 y carácter retroactivo. Pero no dejó que la fama repentina lo confundiera y siguió trabajando duramente, ampliando su negocio con mucho tacto. Actualmente sus vinos siguen estando considerados al mismo nivel que los de Vega Sicilia y son igualmente caros. La diferencia entre ambos dioses de la Ribera del Duero radica en la elección de las vides. Mientras Vega Sicilia emplea también las variedades francesas cabernet-sauvignon y merlot, los vinos de Fernández son varietales de tinta del país, vid que muy probablemente sea idéntica a la tempranillo de La Rioja.

Júbilo mundial y precios de vértigo

Después en el valle del Duero (que en Portugal se llama Douro) estalló una especie de fiebre del oro. El dinero del exterior afluyó pródigamente. En cuestión de pocos años surgieron docenas de empresas generosamente equipadas con el único fin de producir los mejores vinos posibles. La prensa gastronómica internacional rebosaba de entusiasmo. Cada dos meses se descubría una nueva estrella. También las viejas y conservadoras cooperativas se beneficiaron del auge y hoy las empresas emblemáticas les pagan muy bien por la uva. En las catas serias, los vinos de la Ribera del Duero suelen obtener sin excepción una buena puntuación, pero no resultan siempre tan sobresalientes como para poder justificar los precios de vértigo. No cabe duda de que en el valle del Duero las condiciones para la viticultura son ideales: en verano hace mucho calor durante el día, pero las noches son frescas. Los inviernos son cortos pero muy fríos, y los otoños dejan lluvias regulares. Además, el río proporciona una humedad productiva. En este clima madura la tinta del país más despacio que la tempranillo de La Rioja, con lo que el mosto adquiere más extracto y la acidez es más alta. Por esta razón los vinos son increíblemente longevos. Cuando los viticultores del valle del Duero afirman que sus cosechas son las que mejor envejecen de España, nadie osa llevarles la contraria.

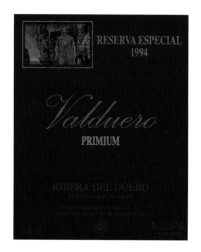

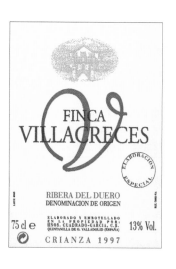

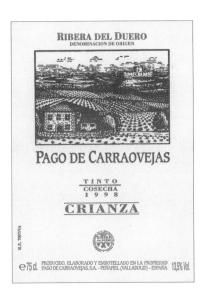

Los viñedos de la Ribera del Duero se encuentran a una altura de 800 metros sobre el nivel del mar. El paisaje se caracteriza por los rojos suelos de caliza porosa entremezclada con hierro. En ellos se crían las vides estupendamente. Además, el clima, caracterizado por días calurosos con noches frescas y abundante humedad, favorece la calidad del vino. Es asombroso que durante más de un siglo sólo hubiera una empresa que reconociera estas ventajas naturales.

Aragón y Castilla

Los viticultores del norte de España ofrecen tintos y blancos muy conseguidos.

Se recomienda

Álvarez y Díez
en Nava del Rey (Rueda)

Borruel
en Ponzano (Somontano)

**Enate Viñedos
y Crianzas del Altoaragón**
en Salas Altas (Somontano)

Fariña
en Toro

Martínez Gutiérrez
en Almonacid de la Sierra
(Cariñena)

Lalanne
en Barbastro (Somontano)

Luis Mateos
en Toro

Marqués de Riscal
en Rueda,

Ángel Rodríguez Vidal
en La Seca (Rueda)

Vinos Sanz
en Rueda

Cooperativa Somontano
en Barbastro (Somontano)

Herederos de Tejero
en Cariñena

En las estribaciones de los Pirineos yace la región del Somontano, cuyo nombre significa «bajo las montañas». Goza de un clima benigno que sienta extraordinariamente a la variedad tinta moristel, que es la que predomina en la zona, pero también se cultivan la cabernet-sauvignon y la merlot. En el Somontano se ha invertido mucho, sobre todo a tres grandes bodegas, las cuales, pese a disponer del 85% de las cosechas, por suerte no se dedican a la producción masiva. Ofrecen vinos de genuinos a muy buenos. El tinto de Enate es una pequeña estrella. Al sur se halla Cariñena, de donde proceden auténticas bombas alcohólicas con poco perfil. Las (de momento) escasas excepciones tienen un precio considerable. Damos ahora un salto hacia el oeste, hacia el Duero. Allí encontramos Rueda, la tierra del vino blanco español por excelencia. Hace tiempo que la comarca abandonó la actitud contemplativa en la que estuvo sumida durante décadas. En los últimos años, la técnica bodeguera mejoró considerablemente y los apreciados blancos de uva verdejo resultan ligeros, frescos y frutales, con notas de pera. Pero no son especialmente baratos. Río abajo está Toro, célebre por sus tintos robustos. Alguna empresa de la Ribera del Duero compró allí superficies de viñedo para incluir en su oferta vinos más económicos. Los vinos de Toro tienen por lo general mucho alcohol.

La Mancha

El mayor viñedo del mundo se encuentra en La Mancha.

En árabe el nombre de La Mancha viene a significar «tierra seca». La lluvia es escasa en esta llanura casi interminable, que se extiende al sur de Madrid y se caracteriza por los ardientes veranos y los gélidos temporales del invierno. Hace tiempo que los silos de las cooperativas han sustituido como símbolo a aquellos molinos de viento contra los que luchaba en vano Don Quijote. Y donde no hay trigo, se extiende la vid. En La Mancha se encuentra el mayor viñedo del mundo plantado sobre todo con la variedad airén. Poca gente sabe que esta es la variedad de uva blanca más cultivada del mundo. Con ella no se pueden elaborar grandes vinos y desde que están permitidas las instalaciones de riego las cantidades han aumentado desmesuradamente. El mejor vino tinto lleva el nombre Arva Vitis y se ofrece bajo la modesta denominación de «vino de la tierra de Castilla». La DO La Mancha, que en principio se encuentra por encima, carece de renombre. Al sur limita la comarca de Valdepeñas, bastante más pequeña pero también más refinada. También allí disponen de un clima arduo, marcado tanto por el calor como por el frío, y con precipitaciones escasísimas. Sin embargo, las bodegas no se han dedicado nunca a la producción masiva. Hace tiempo que los tintos de cencibel se elaboran con el mejor estilo. Gracias a la moderna tecnología bodeguera hay vinos blancos frescos y agradables, y junto a ellos se encuentran tintos de reserva suaves, con una madurez maravillosa y nada caros. En el extremo suroriental de la región encontramos una pequeña e interesante comarca vitivinícola en torno a la ciudad de Almansa, conocida principalmente por la producción de calzado. Fue una suerte para la zona que Mario Bonete, uno de los enólogos de primer orden de España, entrase por matrimonio a formar parte de la bodega de la familia Piqueras. Hasta entonces el vino se había vendido en toneles a granel, pero Bonete instaló su propia embotelladora y creó la marca Castillo de Almansa para uno de los tintos más agradables de la España meridional.

Se recomienda

Arva Vitis
en Fuente de Pedro Naharro (La Mancha)

Fermín Ayuso
en Villarrobledo (La Mancha)

Los Llanos
en Valdepeñas

Cooperativa Nuestro Padre Jesús del Perdón
en Manzanares (La Mancha)

Piqueras
en Almansa

Félix Solís
en Valdepeñas

Visan
en Santa Cruz de Mudela (Valdepeñas)

225

ESPAÑA

Los vinos españoles famosos se han vuelto por lo general muy caros. Quien no desee gastar tanto por una botella, tiene que echar un vistazo por el interior del país. Tanto en Somontano, como en Rueda y Toro hay buenos vinos. En Cariñena, Valdepeñas e incluso en la región de producción masiva de La Mancha, los viticultores han aprendido considerablemente y ofrecen algunos vinos muy agradables a precios económicos.

ARVA VITIS

SIERRA DE SILES

TEMPRANILLO

1998

12,5% BOL.   75 cl.

Reserva 1995
v.c.p.r.d.

Estola

Embotellado en origen por
Bodegas Ayuso, S.L.
Product of Spain

Lote

La Mancha
Denominación de Origen

Villarrobledo
R.E.: CLM-72/AB
R.S.I. 30-122/AB

2000   2000

JOSÉ PARIENTE
Varietal Verdejo

RueDA
DENOMINACION DE ORIGEN

12,5% Vol.   75 cl.

LAGUNA
DE LA NAVA

VALDEPEÑAS
Denominación de Origen

TEMPRANILLO

75 cl. Joven 12,5% vol.
         1997

Casa Azul

TEMPRANILLO

COSECHA 1999

LA MANCHA
Denominación de Origen

GRAN ORISTAN

LA MANCHA
Denominación de Origen

75 cl ℮
12,5% vol.

Crianza 1999

Viña Cuesta Colorá

CABALLERO DE
MESASRRUBIAS

LA MANCHA
DENOMINACIÓN DE ORIGEN

RED WINE

1 9 9 7

LA MANCHA
DENOMINACIÓN DE ORIGEN
V.C.P.R.D.

Añoranza

75 cl. ℮
11,5% by Vol.

Tinto Cencibel

COSECHA 97

CASTILLO
DE
ALHAMBRA

LA MANCHA
DENOMINACION DE ORIGEN

ELABORADO Y EMBOTELLADO POR
VINICOLA DE CASTILLA, S.A.
MANZANARES - ESPAÑA
750 ml.   12% vol.

Don Fadrique

GRAN RESERVA

TINTO CENCIBEL

COSECHA 1987

VINO DE CRIANZA EN ROBLE

12,5% Vol.   75 cl.
LA MANCHA
DENOMINACIÓN DE ORIGEN
ELABORADO Y EMBOTELLADO POR
BODEGAS J. SANTOS, S.L.
QUINTANAR DE LA ORDEN · TOLEDO ·ESPAÑA·

75 cl.   12% Vol.

v.c.p.r.d.

Estola
GRAN RESERVA

LA MANCHA
Denominación de Origen

Criado y embotellado en origen por BODEGAS AYUSO, S.L.

VILLARROBLEDO

Cataluña

El Penedès se ha hecho famoso con el cava, pero los catalanes también saben elaborar magníficos vinos.

El extranjero que cruce la frontera sur de Francia en dirección a España y abandone después la autopista tendrá problemas para orientarse. Los carteles indicativos están continuamente tachados con pintura. La intención de los pintores no es en absoluto despistar a los turistas, lo único que quieren es eliminar el odiado castellano, el idioma oficial español. Las gentes del norte de España dan importancia al hecho de no ser franceses ni españoles, sino catalanes. Entre tanto, todos los carteles son bilingües. Los catalanes exigen insistentemente, pero hasta ahora sin éxito, una Administración propia. Sin embargo, en otros aspectos hace tiempo que pudieron implantar su propia autonomía, por ejemplo, con los vinos del Penedès, que cada vez dan más que hablar.

En el imperio del cava

La comarca al sur de Barcelona es conocida sobre todo por su vino espumoso elaborado de forma tradicional, que se puede calificar desde bueno hasta grandioso, y recibe el nombre de cava. Su centro es la hermosa ciudad de Sant Sadurní d'Anoia. En su subsuelo, las bodegas forman una amplia red de galerías de muchos kilómetros de longitud, por la que incluso circulan trenes. El cava, que anteriormente constituía una especialidad para iniciados, ha conquistado en la actualidad los supermercados europeos. Los dos gigantes, Codorníu y Freixenet, pelean encarnizadamente por el primer puesto. En cuanto a volumen de ventas, Freixenet ocupa de momento la cabeza, mientras que Codorníu es más fuerte en cavas de primer orden. Mis marcas favoritas son Segura Viuda y Juvé y Camps, ninguna de las dos precisamente baratas. Hace ya años que el Penedès invadió el mercado también con sus vinos no espumosos. El pionero fue Miguel Torres, fallecido en 1991. Fundó la gran bodega que lleva su nombre e invirtió en el mejor viñedo con inmenso entusiasmo los millones que heredó de su padre, procedentes de negocios petrolíferos. Su meta declarada era elaborar vino tinto siguiendo el modelo del burdeos. Torres estudió en Francia y allí adquirió sus vides. Actualmente salen de sus bodegas unos vinos más que sólidos, que por suerte nunca se convirtieron en franceses. A pesar de la cabernet y la merlot, siempre siguieron siendo españoles. Hoy la bodega la dirige Miguel Torres hijo, quien ha seguido trabajando con el mismo proceder de su padre. Él es un poquito más ambicioso, tiene más sentido para la experimentación y se divierte más con ello. Un ejemplo de experimento logrado lo constituyen las laderas de Sierra Llacuna, a casi 800 metros de altura. Allí hizo plantar riesling renano y dio al vino el nombre de su mujer, nacida en Frankfurt, Waltraud. Con más de 600 hectáreas de terreno, Torres proporciona un ejemplo impresionante de cómo una gran empresa vitivinícola no tiene por qué limitarse a producir calidad masificada. Los vinos cotidianos de la casa Torres son definitivamente correctos. La mejor ladera de viñedo está plantada exclusivamente con cabernet-sauvignon. Se trata de Mas la Plana. Aquí Torres produce sus cosechas de la más alta calidad, que no se pueden adquirir por menos de 40 euros.

En pocos años famoso en el mundo entero

Un importante competidor en el Penedès fue y sigue siendo la gran bodega René Barbier, aunque sus vinos nunca han alcanzado el formato de los Torres. La familia vendió la empresa y el beneficio se perdió a través de la especulación. El heredero del mismo nombre, que había sido en tiempos un hijo de millonario contemplado, se encontró en la calle. Halló una nueva meta para su vida al sur de Cataluña, en el Priorato. El viñedo que cubre las montañas al oeste de Tarragona es antiquísimo, en tiempos fue famoso y posteriormente se malogró. René Barbier rindió un grandioso trabajo de pionero y construyó prácticamente sin medios una finca vitivinícola que hoy disfruta de fama a nivel mundial. Arrastró a otros con la misma orientación. También Miguel Torres hijo invirtió. En la actualidad, el Priorato es fuente de cosechas con muchos quilates, que, aunque resultan prácticamente impagables, son codiciadas por las gentes adineradas de todo el mundo. La bodega de Barbier se llama Clos Mogador, por un libro de su tía francesa. No puede emplear su propio nombre, pues este pertenece legalmente al gigante Freixenet. La diminuta cooperativa de Capçanes, localidad que se encuentra algo apartada del Priorato, también se dejó contagiar por el éxito. En una acción comunitaria sin precedentes, los socios invirtieron todos sus ahorros en la modernización. El enólogo alemán, Jürgen Wagner los asesoró y al final se acabó quedando en Capçanes. Sus espléndidos vinos resultan asequibles para todos los bolsillos.

Los socios aportan algo valioso

En el extremo sur de Cataluña, la pequeña comarca de Costers del Segre da mucho que hablar. Aquí el cultivo de la vid es digno de mención desde hace más de ochenta años. En aquella época, Manuel Raventós, jefe de la bodega Codorníu, fijó su atención en esta árida zona que finalmente acabaría siendo irrigada con ayuda de un canal procedente de los Pirineos. Raventós adquirió un castillo abandonado con una vasta extensión de terreno alrededor. Hoy tiene allí su sede Raimat, la bodega más moderna del mundo, fundada con un estilo que puede antojarse utópico. En la cooperativa de Artesa de Segre uno se encuentra en otro mundo. Setecientos socios aportan cereales. Sólo cinco de entre ellos son viticultores. Uno de los socios, Jordi Sartis, elabora con sus uvas el valioso tinto Artesià.

1 Valdepeñas
2 Almansa
3 Jumilla
4 Yecla
5 Alicante
6 Utiel-Requena
7 Valencia
8 Priorato

Se recomienda

Celler Cooperatiu
en Capçanes (Tarragona)

Jean Léon
en Torrelavit (Penedès)

Castillo de Perelada
en Sant Sadurní d'Anoia
(Penedès)

Castel del Remei
en La Fuliola
(Costers del Segre)

Raimat
en Raimat (Costers del Segre)

Rafols del Caus
en Avinyonet (Penedès)

Miguel Torres
en Vilafranca del Penedès

Cataluña es principalmente tierra de vinos blancos. Macabeo, parellada y xarello son los nombres de las uvas que, con contadas excepciones, sólo se dan en esta región. Se emplean casi exclusivamente para producir el clásico vino espumoso, el cava. Durante los últimos años, los éxitos de ventas han sido desmesurados en todo el mercado europeo.

ESPAÑA

Altas montañas protegen Cataluña por el oeste frente a las inclemencias del clima y frente al resto de España. Los catalanes tienen muchos más vínculos con Francia. Así por ejemplo, la rústica cocina catalana, a la que tan bien acompañan los vinos y cavas de la región, tiene una fuerte influencia francesa. Una especialidad de los alrededores de Barcelona es la sopa de pescado «bullabesca» cuyo parecido con la bullabesa no se limita a la fonética.

CAPÇANES
DESDE 1933
Cabrida
1998
Tarragona
Zona Falset
Denominación de Origen
Elaborado y Embotellado por Celler de Capçanes
R.E. 2161/T Spain
75cl. 14,5%vol

VINO BLANCO
GESSAMÍ
VENDIMIA 2000
Gramona
PENEDÈS
DENOMINACIÓN DE ORIGEN
SANT SADURNÍ D'ANOIA · CATALUNYA · ESPAÑA
EMB.1025-B   ELABORADO GRAMONA,S.A.   R.S.I 30.4101-Cat

1999
Cristiari
CABERNET - MERLOT
Costers del Segre
DENOMINACIÓN DE ORIGEN
75 cl   12,5% vol

CHARDONNAY
75cl. *Gramona* 12,5% vol.
GRAN CRU PENEDÈS MAS ESCORPÍ
R.E.1025-B DENOMINACIÓN DE ORIGEN
Elabora: Gramona, S.A. - SANT SADURNÍ D'ANOIA - España R.S.I 30.4101-Cat

PASANAU
Producido, elaborado y embotellado
en la propiedad
1998
Finca LA PLANETA
75cl   14%vol
Pasanau Germans S.L.
La Morera de Montsant - Product of Spain
R.E. 29.004.00 CAT
PRIORAT
Denominación de origen

ALBET i NOYA
COL·LECCIÓ
TEMPRANILLO
1 9 9 8
PENEDÈS
DENOMINACIÓN DE ORIGEN
13,5% vol   75 c
PRODUCE OF SPAIN
Embotellador Albet i Noya S.A.T. - Can Vendrell - 08739 SUBIRATS - Catalunya

L-021 - EMBOTELLADO POR R.E -8694-L
Vall de Baldomar
BALDOMAR · LLEIDA · ESPAÑA

VI DE LICOR
Pansal del Calàs
1998
Tarragona
Zona Falset
Denominación de Origen
Elaborado y Embotellado por Celler de Capçanes
R.E.2161/T Spain
50cl. 15,5%vol

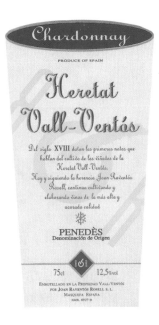

Chardonnay
PRODUCE OF SPAIN
Heretat Vall-Ventós
Del siglo XVIII datan las primeras notas que
hablan del cultivo de las viñedos de la
Heretat Vall-Ventós.
Hoy y siguiendo la herencia Joan Raventós
Rosell, continua cultivando y
elaborando vinos de la más alta y
acurada calidad.
PENEDÈS
Denominación de Origen
75cl   12,5%vol
EMBOTELLADO EN LA PROPIEDAD VALL-VENTÓS
POR JOAN RAVENTÓS ROSELL S. L.
MASQUEFA ESPAÑA
EMB. 6927-B

DESDE 1933
Lasendal
Garnacha
1998
Tarragona
Zona Falset
Denominación de Origen
Elaborado y Embotellado por Celler de Capçanes
R.E. 2161/T Spain
75cl. 13,5%vol
CAPÇANES

CASTILLO PERELADA
Reserva
1998
75 cl.   PRODUCE   OF SPAIN   14% vol.
EMPORDÀ - COSTA BRAVA
Denominación de Origen
Embotellado por C. del Castillo de Perelada, S.A. - Perelada (Girona)

DOMINIO
LOS PINOS
SELECCIÓN 2000
VALENCIA
DENOMINACION DE ORIGEN
75 cl.e   13,5 % Vol.
Manuel A. Olaechea A.
Embotellado en la propiedad - Nº Reg. NR002299-V

25 años
MONT MARÇAL
ROSADO
2000
PENEDÈS
DENOMINACIÓN DE ORIGEN

Levante

Los viticultores del Levante han ganado seguridad en sí mismos y la sensación de cambio se extiende por la región.

Bullas se halla en las montañas del Levante, un paisaje pobre y salvaje, conocido por su industria del calzado y del mueble, por el buen trigo y por sus tintos, ricos en alcohol y negros como la tinta, que durante mucho tiempo fueron bien recibidos como ingrediente de mezclas en países productores de vino menos favorecidos por el sol. Hasta los años ochenta, el alicante, como se denomina al mosto negruzco, proveyó su bello color a más de un burgunder del Aare y a algún lemberger de Württemberg. «Siempre hemos estado a disposición de los demás», recuerda Ramón Castaño de Yecla, quien pensó que cosechando antes y con una elaboración menos antidiluviana seguro que con la monastrell, la variedad de la región, podría elaborar un vino digno de beber. Yecla está considerado el rincón más yermo de la tierra alta de Levante. Fundar allí una bodega privada era toda una proeza. Este hombre áspero y parco en palabras decidió afrontarla. Los vinos de Castaño se escancian actualmente en los buenos restaurantes de la costa de Alicante. Últimamente cada vez se conocen más éxitos de este tipo, conquistados a base de esfuerzo. También las cooperativas, que hasta hace poco se limitaban a suministrar vinos a granel a las poderosas bodegas exportadoras de Valencia, han comenzado a embotellar ellas mismas su monastrell. A fin de cuentas, no hay razón alguna para que los veraneantes, que en las playas de Levante se cuentan por cientos de miles, beban sólo vino del norte.

Jerez

En las bodegas de Jerez domina la calidad sobre la cantidad, lo que favorece especialmente al «oro andaluz».

Una solera es algo que lleva largo tiempo. Se llena un tonel con vino joven. Un año después se añade un segundo tonel. En el tercer año se año se juntan los contenidos de ambos toneles y así sucesivamente. Al cabo de diez años hay preparados diez toneles cuyo contenido es una mezcla de todas las cosechas. Mediante una espera tan paciente se crea un gran amontillado, de color marrón oscuro, con reflejos de oro viejo y una cremosidad de ensueño. El paisaje al noroeste de Cádiz sufre la influencia del Atlántico. Salvo un par de días en agosto realmente ardientes, el clima es equilibrado y cae la lluvia necesaria, que es bien retenida por los suelos de creta, condiciones óptimas para la uva del fino, la palomino, que constituye el 95% de la vid que se cultiva en la zona. Con ella se elaboran los más diversos tipos de jerez. El mosto se refuerza básicamente con una cantidad mayor o menor de alcohol, que interrumpe la fermentación. El que menos se enriquece es el fino, en el que se forma una flor de levaduras que protege el vino contra la oxidación de modo parecido al vin jaune de Jura. Un fino es siempre de color claro y totalmente seco. Cuando el jerez permanece el tiempo suficiente en contacto con la solera no se forma la flor. Mediante oxidación se produce el oscuro amontillado (casi siempre semiseco) o el más envejecido oloroso (con frecuencia dulce). La manzanilla constituye una peculiaridad del fino y se elabora cerca del mar. Procede de la ciudad portuaria de Sanlúcar de Barrameda y es siempre seco como el polvo y especialmente suave. A menudo presenta un aroma salino.

Se recomienda

Bobadilla
en Jerez de la Frontera

Gómez
en El Puerto de Santa María

González Byass
en Jerez de la Frontera

Emilio Lustau
en Jerez de la Frontera,

Hijos de Rainera Pérez Marín
en Sanlúcar de Barrameda

Valdespino
en Jerez de la Frontera

Wisdom & Warter
en Jerez de la Frontera

ESPAÑA

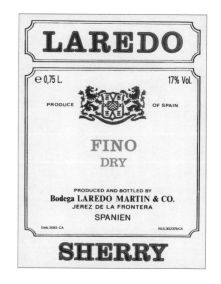

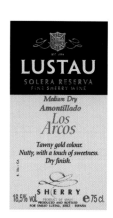

Tomarse un jerez seco antes de comer es un hermoso hábito. El trago no resulta pesado, estimula las papilas gustativas y despierta el apetito. Desgraciadamente se ha perdido un poco esta costumbre. Británicos y holandeses todavía la conservan, si bien la tendencia es cada vez menor. Los alemanes y los franceses prefieren como aperitivo un vino espumoso, pero este no puede sustituir a un excelente fino.

ESPAÑA

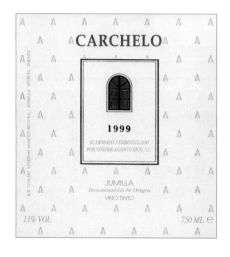

Levante es en el sentido literal de la palabra la tierra del sol naciente. Sus playas, de Valencia a Cartagena, bullen en verano con millones de turistas. Pero ninguno de ellos se imagina que en el interior del país, en lo alto de las montañas, tiene lugar una revolución. Los jóvenes viticultores se rebelan contra el comercio masivo. Demuestran que en Yecla y Jumilla, en Bullas y Alicante se pueden elaborar vinos únicos y vigorosos.

Por las rutas del vino

Europa

Alemania, Francia, Italia y España son todos países con una considerable tradición viticultora, pero Europa tiene más tesoros que ofrecer y que quieren ser descubiertos. Así, por ejemplo, Austria no había tenido nunca vinos tan buenos como hoy. De la misma manera, los maestros bodegueros suizos han desarrollado en los últimos años una increíble ambición; sus fendant y dorin hace tiempo que han dejado de ser normalitos para adquirir más frescura y desparpajo. Quien aprecie el vino tinto de la vieja escuela, lo encontrará en Portugal, mientras que en Grecia, donde ya había vid 2500 años antes de Cristo, los viticultores respiran aires de cambio. También Hungría, tras años de penuria socialista, invierte intensamente en viñedos y bodegas, en parte con ayuda alemana.

Portugal

Donde la gente sigue teniendo tiempo se elaboran vinos vigorosos vinificados a la antigua. Pero también lo nuevo avanza imparablemente.

La perserverancia y la reflexión de los portugueses son cualidades que en cierta manera se encuentran también en sus vinos. El apego a la tradición comienza con el mantenimiento de primitivas variedades de vid y determina cada uno de los pasos de la elaboración. Hay bodegas en absoluto anticuadas y dirigidas por jóvenes enólogos donde las uvas se pisan, pues se considera que este método es especialmente benéfico. Se encuentran *garrafeiras*, botellas con vinos, que tienen varias décadas de antigüedad y aún conservan un sabor maravilloso. Quien busque la añada de su año de nacimiento, la podrá encontrar en Lisboa. Pero igual que en todo el país se respiran aires de cambio y movimiento, la viticultura de Portugal experimenta también con nuevas corrientes. Por

ejemplo: Mateus Rosé, esta bebida dulce y tan poco portuguesa, se ha convertido en una de las marcas de más éxito del mundo. Su productor, Sograpes, es la empresa vinícola puntera del país y exporta casi 50 millones de botellas. Pero continuemos con los auténticos vinos de Portugal, atravesemos el sudoeste de Europa de norte a sur.

El verde puede ser tinto

El *vinho verde* procedente de la región septentrional, más fresca y lluviosa, es único en el mundo con su estilo peculiar. Su color no es verde en absoluto y puede ser incluso tinto. El término hace referencia más bien a la vendimia temprana. Las uvas se cosechan a menudo en agosto y por lo tanto tienen una elevada acidez. El mosto fermenta dos veces, la primera es una fermentación convencional, como la de todo vino, durante la cual la levadura convierte la glucosa en alcohol. A continuación se produce la «fermentación maloláctica», que normalmente sólo tiene lugar en los vinos tintos. En este caso, las bacterias del ácido láctico (las que hacen que la leche se ponga ácida) suavizan el fuerte ácido málico del vino inmaduro. Se crea así una bebida ligera y con aguja, un auténtico remedio contra la sed veraniega, que acompaña de manera excelente al pescado y los mariscos, siempre que no se le añada azúcar, cosa que también sucede. Como con todo el vino verde no supera los siete grados de alcohol, fue necesario establecer una excepción en la legislación enológica europea, donde se establece que los vinos de calidad han de tener como mínimo nueve grados. En la región cubierta de bosques que se extiende a ambas orillas del río Miño el suelo de labor es escaso y las vides, casi siempre de la variedad alvariño, trepan por los árboles o por altas espalderas para ahorrar espacio . A menudo se cosecha a diez metros de altura, por lo que se hace uso de escaleras.

El oporto pierde mercado

Por el sudeste limita la región del Douro (como se llama el Duero en portugués). En el estrecho valle, los viñedos, casi siempre aterrazados, trepan hasta alturas de vértigo. La mayor parte de la cosecha se destina al oporto, una celebridad por sí mismo. Sin embargo, desde hace unos años su producción se ve limitada para regular el mercado. Durante mucho tiempo erraron por Europa grandes cantidades de oporto sencillo, de un dulzor barato. Pero esto acabó. Las bodegas punteras opinan que el orgullo del valle del Duero tiene que ser escaso, bien envejecido y excelente, es decir, caro. Como consecuencia hay ahora más vino tinto, lo que no lamentan las grandes embotelladoras, pues así entra dinero en caja más rápidamente. Además, con las uvas regionales tinta roriz (emparentada con la tempranillo española) y tinta barroca se puede elaborar un excelente caldo mucho menos contundente que los vinos de las zonas más meridionales. Más suaves y vigorosos resultan los tintos de la región de Dão, al sur del valle del Duero. Las colinas se reparten uniformemente por esta región boscosa, rodeada por alturas de 2000 metros que le brin-

EUROPA

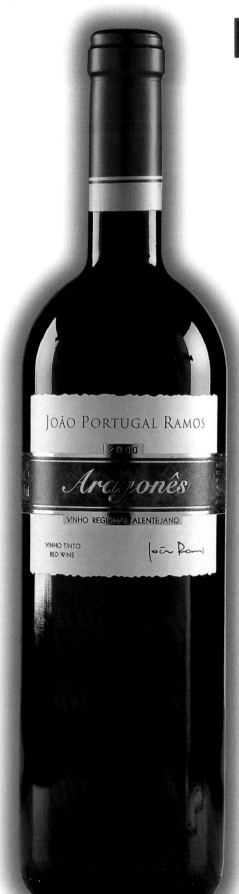

Hasta entrada la década de 1990, Portugal estaba considerado el país más pobre de Europa. Luego fluyó el dinero procedente de la caja de la Unión Europea y desde entonces se aprecia un cierto bienestar en la esquina suroeste de Europa. Se nota en general un aire de cambio. Únicamente en cuestión de vino, los portugueses siguen siendo en gran medida conservadores y se aferran a sus viejas variedades de vid. Por esta razón, los vinos son muy particulares y los expertos los reconocen simplemente por su aroma.

244

1996

QUINTA DO CARMO
**VINHO REGIONAL
ALENTEJO**
BRANCO
JB
PRODUZIDO E ENGARRAFADO NA PROPRIEDADE POR SOC. AG. QUINTA DO CARMO
ESTREMOZ - PORTUGAL
12,5% vol.   750 ml.
PRODUCE OF PORTUGAL

Marquês de Borba
ALENTEJO
DENOMINAÇÃO DE ORIGEM CONTROLADA
PRODUZIDO E ENGARRAFADO POR PORTUGAL RAMOS VINHOS S.A.
ESTREMOZ-PORTUGAL - PRODUCE OF PORTUGAL
13% alc. by vol.   750 ml ℮
VINHO TINTO - RED WINE
2000

J. PORTUGAL RAMOS

750 ML.   ALC. 12 % BY VOL.

VINHO DE
REDONDO
RED WINE   D.O.C.
ALENTEJO
Denominação de Origem Controlada
1997

ESTATE BOTTLED
ROQUEVALE.SOC. AGRÍCOLA DA HERDADE DA MADEIRA, LDA.
REDONDO - PORTUGAL
PRODUCE OF PORTUGAL

Monte
das Ânforas
VINHO REGIONAL ALENTEJANO

VINHO TINTO
RED WINE
2000

75cl ℮   13% Vol.
Engarrafado por J.P. Vinhos, S.A.
Azeitão - Portugal
PRODUCE OF PORTUGAL

Monte Velho
Alentejano
Vinho Regional
2000
Vinho Tinto - Red Wine - Vin Rouge
Produzido e engarrafado na
HERDADE DO ESPORÃO
por FINAGRA S.A. Lisboa · Produce of Portugal
Alc 13% by vol 75 cl ℮

MONTES CLAROS
BORBA PORTUGAL
MARCA REGISTADA

Borba
ALENTEJO
Denominação de Origem Controlada
Tinto
Montes Claros
Reserva
1997

PRODUZIDO E ENGARRAFADO POR
ADEGA COOPERATIVA DE BORBA, C. R. L.
BORBA - PORTUGAL
13% vol.   750 ml.

Tinto da Ânfora

RED WINE - VIN ROUGE
Vinho Regional Alentejano
1999
BOTTLED BY - MIS EN BOUTEILLE PAR:
J.P. Vinhos, S.A. · Azeitão · Portugal
750 ml   PRODUCT OF PORTUGAL - PRODUIT DU PORTUGAL   13% alc./vol.

D'AVILLEZ
GARRAFEIRA

VINHO TINTO 1997 RED WINE
VINHO REGIONAL
ALENTEJANO
PRODUZIDO POR JORGE d'AVILLEZ
ENGARRAFADO POR JOSÉ MARIA DA FONSECA SUCCS
AZEITÃO PORTUGAL   PRODUCT OF PORTUGAL

750 ml ℮   13,5% vol.

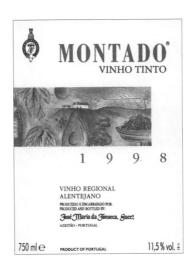

MONTADO®
VINHO TINTO

1 9 9 8

VINHO REGIONAL
ALENTEJANO
PRODUZIDO E ENGARRAFADO POR:
PRODUCED AND BOTTLED BY:
José Maria da Fonseca, Succr.
AZEITÃO - PORTUGAL

750 ml ℮   PRODUCT OF PORTUGAL   11,5% vol.

Cartuxa
Évora
ALENTEJO
Denominação de Origem Controlada
Tinto Colheita 1996

PRODUZIDO E ENGARRAFADO POR
FUNDAÇÃO EUGÉNIO DE ALMEIDA
NA ADEGA DA CARTUXA
ÉVORA - PORTUGAL
13,5% vol.   750 ml

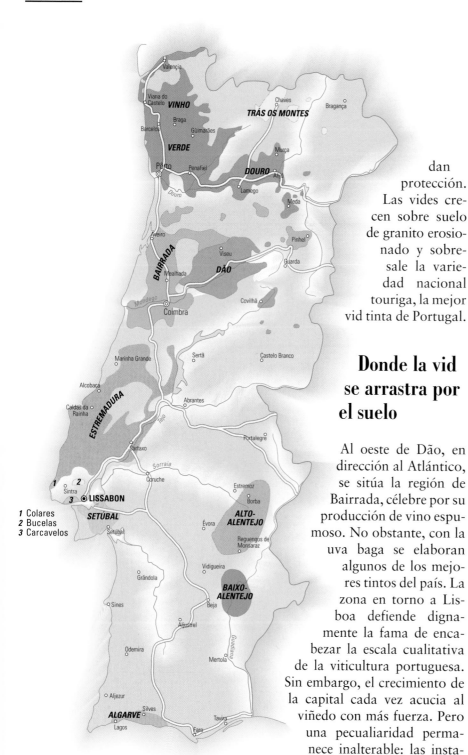

Colares
Bucelas
Carcavelos

dan protección. Las vides crecen sobre suelo de granito erosionado y sobresale la variedad nacional touriga, la mejor vid tinta de Portugal.

Donde la vid se arrastra por el suelo

Al oeste de Dão, en dirección al Atlántico, se sitúa la región de Bairrada, célebre por su producción de vino espumoso. No obstante, con la uva baga se elaboran algunos de los mejores tintos del país. La zona en torno a Lisboa defiende dignamente la fama de encabezar la escala cualitativa de la viticultura portuguesa. Sin embargo, el crecimiento de la capital cada vez acucia al viñedo con más fuerza. Pero una pecualiaridad permanece inalterable: las instalaciones de Colares. Sobre las dunas de arena crecen las vides de la inusual variedad ramisco protegidas de los fuertes vientos del Atlántico por esteras de paja. En vez de crecer sujetas a los habituales armazones metálicos, se arrastran por el suelo. Sus uvas dan lugar a vinos altivos y rebosantes de tanino. A la laboriosa vendimia y vinificación siguen años de envejecimiento en barricas de caoba, hasta que los vinos adquieren suavidad. El hecho de que en Colares se produzca muy poco y con costes muy altos hace que los precios se precipiten.

Modernistas contra tradicionalistas

Donde con más fuerza se encuentran arraigados los contrastes de la viticultura portuguesa es en dos regiones situadas a orillas del río Tajo. En Ribatejo, los que desempeñan el trabajo son imperturbables tradicionalistas. En las arcaicas bodegas de las casas de Dom Teodósio o de Carvalho, Ribeiro & Ferreira descansan inmensas pilas de botellas, que a veces envejecen durante diez años e incluso más antes de salir a la venta (la norma sólo exige en principio tres años). Estos caldos reciben el nombre de *garrafeiras*, que viene a significar bodega de botellas. La base son mostos sumamente concentrados, de color entre violeta y negro y rebosantes de tanino. Se extraen de la uva periquita, de granos pequeños y hollejos duros. Por lo general, los viticultores prensan la cosecha sin despalillar. El resultado es un zumo parecido a la tinta con un sabor que recuerda más a la leña que al vino y capaz de hacer contraer toda la boca como si fuera un colutorio. Es decir, imposible de beber en un principio. Ni siquiera un largo envejecimiento en barrica cosigue hacer el vino más suave. Por eso lo envasan en grandes botellas y lo dejan descansar durante años hasta que una parte de los astringentes taninos se deposita formando unas lías negruzcas. En la mitad de su envejecimiento, el vino es trasegado a botellas normales, tarea que a menudo se sigue realizando a mano. No se ha añadido ni un miligramo de azufre hasta que el vino, cuajado de extracto, llega al comercio. El copioso tanino, que con la edad acaba suavizándose, es un conservante natural. Por eso los vinos pueden conservarse durante años. En las Caves Dom Teodósio de Lisboa hay botellas de los años cincuenta, de las que ni siquiera los empleados más antiguos recuerdan de dónde procedían los vinos de base. Nadie sabe por cuánto tiempo seguirá habiendo *garrafeiras*, pues no en vano amenaza otro peligro: un legislador obsesionado por el orden. Es cierto que la autoridad estatal no deja de tener las mejores intenciones; de hecho, quiere elevar la calidad marcando regiones de procedencia para vinos de calidad superior y destacando los mejores viñedos, según el ejemplo de Francia. Todo esto se ajusta a los intereses de los ambiciosos viticultores jóvenes que en vez de seguir proporcionando su cosecha a las *caves* o a las *agedas cooperativas*, quieren establecer su propia quinta, su propia finca vitivinícola. Y como es obligatorio imprimir un viñedo especial en la etiqueta, aquellas botellas en las que no se lee más que la añada y *garrafeira* producen una impresión sospechosa.

Los revolucionarios pacíficos

En el extremo opuesto se encuentra la viticultura del Alentejo, que a pesar de haberse establecido en el pasado reciente ha experimentado un veloz despegue. En las causas de este impulso ascendente están implicados dos hombres de la más diferente procedencia. El uno es João Portugal Ramos, el enólogo más destacado del país, quien como asesor de algunas cooperativas y quintas ha conseguido un aumento general de las calidades. Y el otro, Hansjörg Böhm, quien en tiempos se dedicó a la explotación de una bodega industrial en el Palatinado hasta que dejó de creer en el futuro de este tipo de negocio y fundó en el Alentejo el mayor vivero de vid en leguas a la redonda. Él pudo al fin aportar la buena materia prima vegetal de la que había carecido la región en el pasado. El Alentejo es el corazón de Portugal. De allí partió la (pacífica) Revolución de los Claveles. Cuando no escaparon, los antiguos latifundistas de entonces llegaron a un acuerdo con los comunistas que ocuparon el poder. Las quintas de los que se fueron al extranjero fueron ocupadas por gente que quería empezar una nueva vida, procedente de otros lugares, y ahora se elaboran allí algunos caldos grandiosos.

Se recomienda

Quinta de Abrigada
en Alenquer (Extremadura)

Adega Cooperativa
de Cantanhede (Bairrada)

Quinta de Cardo
en Figueiras Castelo Rodrigo
(Dão)

Quinta do Carmo
en Estremoz (Alentejo)

Quinta do Crastro
en Covelinhas (Douro)

Quinta Cortez de Cima
en Vidigueira (Alentejo)

Quinta do Côtto
en Peso da Régua (Douro)

Quinta da Gaivosa
en Pousada da Coumieira
(Douro)

Herdade do Monte da Ribeira
en Marmelar (Alentejo)

Quinta de la Rosa
in Pinhão (Douro)

Quinta dos Roques
en Mangualde (Dão)

EUROPA

1997

QUINTA DA GAIVOSA

DOURO

DENOMINAÇÃO DE ORIGEM CONTROLADA

PRODUZIDO E ENGARRAFADO
NA QUINTA DA GAIVOSA POR
DOMINGOS ALVES DE SOUSA
VITICULTOR EM
5030 SANTA MARTA DE PENAGUIÃO

13% vol 750ml

PRODUCE OF PORTUGAL

RAMOS PINTO

PORTO SUPERIOR TAWNY

BARROS

Douro

DENOMINAÇÃO DE ORIGEM CONTROLADA

Vinho Tinto
1997

ENGARRAFADO POR
BARROS, ALMEIDA & Cª. - VINHOS, S.A.
V. N. GAIA - PORTUGAL

12% vol. 75 cl

PRODUTO DE PORTUGAL

Vilar da Galeira

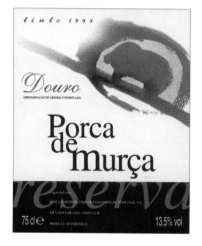

tinto 1998

Douro

DENOMINAÇÃO DE ORIGEM CONTROLADA

Porca de Murça

reserva

75 cl e 13,5% vol.

PRODUCT OF PORTUGAL

FONSECA GUIMARAENS

OPORTO - PORTUGAL

FONSECA

LATE BOTTLED VINTAGE 1990

PORT

BOTTLED IN 1996

75 cl 20% vol

BY FONSECA GUIMARAENS VINHOS S.A. - OPORTO
PRODUCT OF PORTUGAL

FONSECA GUIMARAENS
OPORTO PORTUGAL

FONSECA

GUIMARAENS

1991

VINTAGE PORT

BOTTLED IN 1993

BY FONSECA GUIMARAENS VINHOS S.A. - OPORTO
PRODUCT OF PORTUGAL

75 cl 20.5% vol.

IN VINO VERITAS

Redoma

Douro

Denominação
de Origem Controlada
V.Q.P.R.D.

Red Wine

1996

Bottled in 1999 by
Niepoort (Vinhos) S.A. Porto
EST. 1842

Alc.13,5% by vol. 750 ml e

Produce of Portugal

BOTTLED IN 1993

Quinta do Bom-Retiro

PORTO
20 years

75 cl e 20°/o vol

BOTTLED BY :
ADRIANO RAMOS-PINTO V. N. DE GAIA-PORTUGAL
PRODUCE OF PORTUGAL MATURED IN WOOD

1999

QUINTA do CÔTTO

Vinho Tinto
Red Wine

DOURO

Denominação de Origem Controlada

11,9% by vol.
Cidadelhe
Mesão Frio, PT.

Engarrafado
na
Quinta
por
Montez Champalimaud, Lda.

750ml.

Product of
Portugal

ESTD 1750

BURMESTER

LATE BOTTLED VINTAGE
PORTO

LBV

BOTTLED 1996 IN 2001

BOTTLED & SHIPPED BY
J. W. BURMESTER & Cª, S.A.
PORTO - PORTUGAL

20% vol 750ml e PRODUCT OF PORTUGAL

Evel

Douro

DENOMINAÇÃO DE ORIGEM CONTROLADA

2000

VINHO BRANCO

ENGARRAFADO POR
REAL COMPANHIA VINÍCOLA DO NORTE DE PORTUGAL, S. A.
VILA NOVA DE GAIA - PORTUGAL
PRODUCE OF PORTUGAL

12% vol 75 cl

Se considera que los mejores oportos son los Vintages, procedentes de las buenas añadas y envejecidos en botella. Por este motivo es posible que aparezcan sedimentos, que pueden disuadir de la compra al degustador menos apasionado. Para tales clientes existen los Late-bottled Vintages (o Vintages de embotellamiento tardío), que antes del embotellado han madurado en tonel, donde se han podido depositar las turbiedades. Quien no desea correr riesgos elige un maduro Tawny de color marrón dorado.

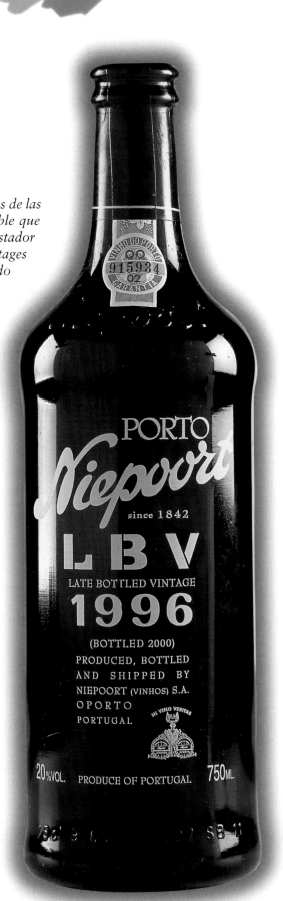

Suiza

Los *vinos de los helvéticos son conservadores y caros, pero lo moderno se va imponiendo.*

La legislación enológica de Suiza se limita a un pequeño párrafo en la ley de productos alimenticios. Los artículos están libres de esa marea de excepciones que tanto dificultan su existencia en otros países. Los legisladores han sabido reglamentar las cosas de manera que se puedan comprobar. No obstante, el mejor sistema de control son los propios degustadores helvéticos: aman su dorin, su dôle y también su fendant. En cuanto se superan los cuatro gramos de azúcar residual tiene que aparecer registrado en la etiqueta como *leicht süss* (ligeramente dulce). En un vino que ha fermentado hasta ese punto enseguida se percibe cualquier fallo de sabor.

Suavizante a la defensiva

Neutral y de toda confianza como el país mismo, así es la principal variedad de vid, la chasselas. Conocida en Egipto 3000 años antes de nuestra era, esta uva tiende a una fertilidad opulenta. Con el nombre de gutedel, proporciona un hermoso vino en Baden.

En Suiza se llama a la variedad fendant, dorin o perlan, según la región. Con los esfuerzos del viticultor y un buen viñedo provee algunas botellas de alta calidad. Como ocurre con la silvaner, la chasselas aporta pocos aromas por sí misma, por lo que refleja aún más las peculiaridades de cada suelo. Y como alrededor del lago Léman o en las laderas de Ródano estos suelen cambiar cada 50 metros, despliega una sorprendente diversidad gustativa. Pero una peculiaridad suiza mide todos los sutiles matices con el mismo rasero enológico: las bacterias del ácido láctico, aquellas que convierten la leche en requesón, llevan a cabo la llamada desacidificación biológica, abreviada en alemán como BSA. Estas bacterias transfoman el mordaz ácido málico en suave ácido láctico. A los vigorosos tintos les sienta bien. Pero a las variedades blancas esta «fermentación maloláctica» los convierte en realmente tiernos. El ligero aroma a col fermentada que produce esta reacción resulta tan familiar a los suizos que creen reconocer en él una marca de calidad especial. Sin embargo hace ya tiempo

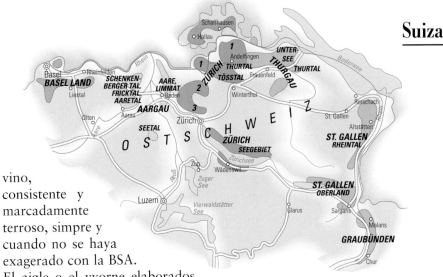

que se alzan las voces en contra de la suavizante BSA. Resulta sorprendente el éxito logrado por la bodega Provins de Sion, la cooperativa puntera de Valais, cuando se atrevió por vez primera a producir vinos de marcada acidez. Otros siguieron el ejemplo y cada vez retrocede más la preponderancia de la chasselas. Variedades casi olvidadas como la humagne y la arvine, que producen vinos más frutales y con más desparpajo, e incluso la silvaner viven una suerte de renacimiento. Ni siquiera la pinot noir, la burgunder tinta, se sigue ofreciendo tan suavizada. Los jóvenes maestros bodegueros han aprendido en Francia cómo se elabora un vino generoso. En una cata comparativa entre los tres países con spätburgunder de Baden, Alsacia y Suiza, los helvéticos ocuparon siete de los diez primeros puestos.

Una disposición del ministro

El vino suizo que llega al extranjero procede por regla general de Valais. La mitad de toda la producción nacional, fendant en su mayor parte, se cosecha entre Brig y Martigny, a lo largo de 70 kilómetros del curso del Ródano. Las superficies de viñedo están parceladas en extremo y para sobrevivir los pequeños viticultores cosechan a veces demasiado. Tras años de cosecha más que abundante, el ministro de Agricultura ordenó una estricta limitación de los rendimientos. Con una urgencia muy poco helvética, en sólo tres años, se creó un registro catastral de alrededor de 122 000 parcelas de viñedo; ahora el ordenador permite saber con exactitud la cantidad que cada viticultor puede cosechar. El fendant ha mejorado notablemente desde que no hay superávit. También los tintos a base de pinot noir y de gamay, la uva del beaujolais, han dado un gran salto cualitativo. Como «dôle» sólo llegan al mercado los mejores productos. Al resto, más sencillo, se le llama «goron» y se reserva para el consumo diario.

Una delicia para acompañar la trucha de montaña

Chablais, donde el Ródano se dirige hacia el noroeste del lago Léman, tiene un paisaje escarpado con empinadas terrazas apenas accesibles. El entorno se refleja en el vino, consistente y marcadamente terroso, simpre y cuando no se haya exagerado con la BSA.
El aigle o el yvorne elaborados tradicionalmente resultan una delicia con la trucha de montaña. Chablais va dejando paso paulatinamente a la feraz e imponente región de Vaud. Las vides cubren toda la orilla septentrional del lago Léman frente a los picos de 3000 metros de los Alpes franceses. En casi ninguna otra parte de Suiza hay tantos castillos; el paisaje podría resultar casi paradisíaco si no hubiera sido desmembrado por la autopista de Ginebra. La zona entre Vevey y Lausana recibe el nombre de Lavaux y allí se producen los mejores vinos blancos de Suiza, sobre todo el untuoso dézaley, que cuando se consigue en Europa nunca cuesta menos de 20 euros. Pero también villette y epesses, pully, cully y lutry. Allí los vinos de chasselas reciben el nombre de dorin y los de pinot noir, el de salvagnin.

Se recomienda

Clos des Abbesses
   en Echandens (Vaud)

Les Curiades
   en Lully (Vaud)

Germanier Bon Pére
   en Vétroz (Valais)

Charles Bonvin
   en Sion (Valais)

Bovard
   en Cully (Vaud)

Château Maison Blanche
   en Yvorne (Vaud)

Mathier-Kuechler
   en Salgesch (Valais)

Frédéric Varone
   en Sion (Valais)

EUROPA

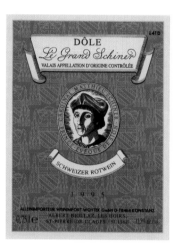

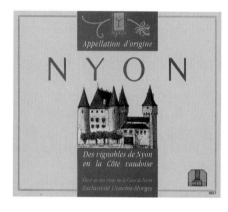

En Suiza, el mercado del vino está reglamentado y las importaciones muy limitadas. De esta manera los helvéticos beben sobre todo sus propios productos procedentes del Alto Ródano y el lago Léman. Como el franco suizo es una divisa fuerte, los viticultores consiguen buenos precios, lo que a su vez dificulta la exportación. Por esta razón, el vino suizo es muy poco conocido en el extranjero. No obstante, merece la pena probar una vez algún gran vino de la región de Vaud.

LUTRY
APPELLATION
D'ORIGINE

RÉCOLTE DU DOMAINE
DE LA COMMUNE

Dézaley
GRAND CRU
MÉDINETTE

Schweizer
Wein

Bovard
Cully

75 Cl.e   12,5 %VOl

ERZEUGER · DOMAINE LOUIS BOVARD SA, CH-1096 CULLY/SCHWEIZ

GRAND VIN VAUDOIS

PONVERROZ®

Villeneuve

APPELLATION D'ORIGINE CONTRÔLÉE

LOUIS AMIGUET
VIGNERON · ENCAVEUR
VILLENEUVE

DOMAINE DE LA GRILLE

Villette · Pinot-Noir

Appellation d'origine contrôlée

Alain Parisod
Propriétaire-encaveur · Grandvaux

12,5% vol.   70 cl

ST SAPHORIN
APPELLATION D'ORIGINE CONTRÔLÉE
"La Rionde."

Pour avoir refusé d'adorer Cybèle, St Symphorien fut martyrisé près de Beaune en 178 ✶ En hommage à leurs amis bourguignons, rons de les vignerins lui é St Sapho. un temdomi levèrent vignes ple, que du même nom nent les

FONJALLAZ S.A.
EPESSES

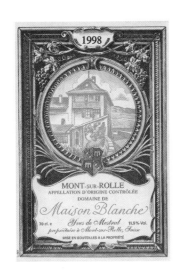

1998

MONT-sur-ROLLE
APPELLATION D'ORIGINE CONTRÔLÉE
DOMAINE DE
Maison Blanche
70 cl.e   11,5% Vol.
Yves de Mestral
propriétaire à Mont-sur-Rolle, Suisse
MISE EN BOUTEILLES À LA PROPRIÉTÉ

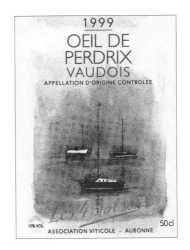

1999
OEIL DE
PERDRIX
VAUDOIS
APPELLATION D'ORIGINE CONTROLEE

12% VOL.   50cl
ASSOCIATION VITICOLE · AUBONNE

1995
DÉZALEY
EN PERTUZET

GRAND CRU
APPELLATION D'ORIGINE CONTRÔLÉE
ÉLEVÉ EN FÛT DE CHÊNE
ALEXANDRE CHAPPUIS & FILS, PROPRIÉTAIRES · RIVAZ

SWISS WINE
1996
V
SOLEIL DU VALAIS
Fendant de Sion
VALAIS AOC
VARONE
SION-SUISSE
75 cle   11,5% vol

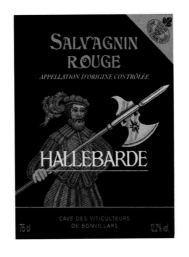

SALVAGNIN
ROUGE
APPELLATION D'ORIGINE CONTRÔLÉE

HALLEBARDE

75 cl   CAVE DES VITICULTEURS DE BONVILLARS   12,2% vol.

YVORNE
APPELLATION D'ORIGINE CONTRÔLÉE
Pierre à feu

La montagne d'Ai s'étant écroulée sur le village d'Yvorne en 1584, le vignoble fut replanté parmi les rochers. Il donna dès lors ce vin violent et aristocratique au léger goût de pierre à feu, qu'apprécient les connaisseurs.

FONJALLAZ S.A.EPESSES

Austria

Después de haber experimentado un fuerte declive, la viticultura del país del Danubio vuelve a levantar el vuelo.

Resulta inquietante observar qué poderes secretos y sospechosos influyen en los intereses del consumidor. Hasta 1994 los viticultores austriacos podían estar orgullosos de tener la legislación enológica más estricta del mundo: los rendimientos tenían que ser tan bajos como en Burdeos; se exigía un alto nivel, tanto en lo que respecta a la maduración de la uva como a la pureza del vino; en las etiquetas solamente se permitían enunciados claros, y se controlaban todas y cada una de las botellas. Este último punto, que proporcionaba una garantía especial al amante del buen vino de Wachau o de Burgenland, ha sido eliminado. Ahora, vuelve a ser posible exportar en camiones cisterna, lo que resulta difícil de controlar, y las botellas ya no tienen que llevar el precinto de verificación. De esta manera desaparecen unos requisitos que además de ser considerados onerosos también ocasionaban costes adicionales. Cuando los representantes de las bodegas y cooperativas austriacas hablaban ante los compradores de Alemania, Inglaterra o Bélgica, siempre tenían que escuchar lo mismo: sobre los vinos no hay nada que objetar, pero el precio es demasiado alto. La exportación en botellas con el superfluo distintivo de calidad pegado encarecía inútilmente la mercancía.

Para poder acrecentar de nuevo el negocio en el extranjero, los viticultores austriacos y con ellos los parlamentarios de Viena se acabaron doblegando.

Viticultores aclamados como artistas

Era totalmente innecesario. La viticultura a orillas del Danubio vuelve a disfrutar de buena reputación en todo el mundo. Los jóvenes viticultores con ganas de progresar son aclamados como artistas por la prensa gastronómica. Las más ilustres casas de venta por correspondencia, que hace diez años no hubieran querido tocar ni una botella de Austria, compiten por encargar los mejores caldos del país tanto tiempo denostado. Tampoco hay nada que objetar de los vinos sencillos. Con la relajación de la legislación enológica no se han confirmado los temores que auguraban una nueva afluencia de la mercancía masiva del Danubio.

Pero sigamos hurgando en la vieja herida. Los austriacos se quemaron los dedos a conciencia y fueron castigados por ello más de lo debido. El caso del glicol de 1995 fue a fin de cuentas un escándalo alemán, porque los vinos adulterados estaban exclusivamente destinados a la República Federal y después de llevar a cabo mezclas ilegales también se pudo demostrar su presencia en excrecencias del Mosela, el Rin y el Nahe. Entonces nadie resultó seriamente perjudicado. Un año más tarde se produjo en Italia el escándalo del metanol, por el que murieron dos docenas de personas. Hoy en día nadie habla de ello. No cabe duda de que los austriacos fueron los que más se horrorizaron ante el lío que les habían montado un par de granujas del lago Neusiedl. La exportación tan floreciente hasta ese momento se vino abajo de la noche a la mañana. Pero toda catástrofe entraña en sí misma algo bueno: con un despliegue de fuerzas sin parangón se divulgó una ley nueva y estricta, y la calidad de los vinos aumentó repentinamente. Wilhelm Schwengler, uno de los grandes pioneros de la viticultura de Wachau, afirma con convicción: «Si no hubiera sido por el escándalo, el positivo desarrollo de los últimos tiempos habría necesitado diez años más. Eso en caso de que se hubiera llegado a producir».

Un asombroso milagro tinto

A partir de entonces sólo se oyen opiniones favorables sobre Austria y sus nuevos y famosos vinos, que son vigorosos y elegantes, plenamente inspirados por ejemplos franceses y sin embargo con un estilo propio. El sabor es *resch*, como dicen ellos, es decir, sin azúcar residual. Hoy en día, prácticamente nadie elabora los «zuckerl» (vinos dulces) de antaño, a menos que se trate de excepcionales vinos dulces de calidad, como los legendarios «ausbruch» de Rust, junto al lago Neusiedl o los vinos de *auslese* de Wachau. Donde más claramente se aprecia el cambio es en las variedades tintas. En los años ochenta nadie lograba entender por qué Otto von Bismarck, un notorio *gourmet*, se hacía mandar grandes cantidades de vöslauer. La única explicación plausible es que aquello con lo que tanto disfrutaba el Canciller de

EUROPA

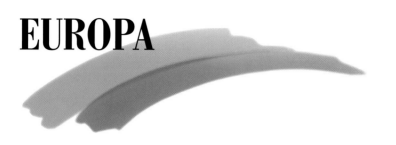

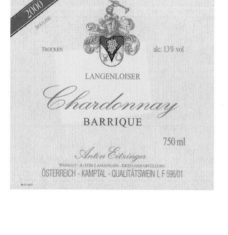

Justo detrás de la aclamada región de Wachau se extiende a lo largo del Danubio un extenso viñedo, formado por cuadrículas variopintas: Krems, Kamptal, Trais, hasta llegar a Carnuntum, fundada por los antiguos romanos. Allí se pueden encontrar vinos grandiosos, que mejoran de año en año. Tampoco hay que olvidar Weinviertel, considerada durante mucho tiempo tierra de vinos baratos, donde hace tiempo que se encuentran caldos arrolladores.

Hierro no tenía nada que ver con esos vinillos pálidos y algo dulzones que siempre han ofrecido los viticultores de Bad Vöslau en el pasado más reciente. Pero el sinsabor ya ha sido superado. El vöslauer actual es vigoroso y exquisito, con un color oscuro y una agradable nota tanina intensamente frutal y un toque bien conseguido de madera de roble.

Los tesoros del gran lago

Aún más empeño ponen los viticultores de Burgenland en el tinto. Han plantado nuevas superficies con la buena variedad blaufränkisch (la lemberger de Württemberg) y saben trabajar la uva azul oscura con conocimiento y dignidad. A menudo mezclan un poco de la bordelesa cabernet-sauvignon, que aporta un plus de temperamento. Destacan las localidades de Deutschkreuz, Gols y Horitschon. Allí nació la famosa asociación Renommierte Weingüter Burgenlands (afamadas fincas vitivinícolas de Burgenland), cuyos miembros se asesoran mutuamente en cuestión de técnicas bodegueras y, como es natural, se han comprometido a aspirar a la mayor calidad. Trabajan un tipo de tinto que, como buen mundano, encon-

trará sus amigos en el centro justo: ni es tan suave como un spätburgunder alemán ni tan seco como un burdeos, ni tampoco tan denso como los vinos españoles. A cambio es muy frutal, con aromas de cereza y ciruela. Burgenland es la segunda región de la república en extensión de viñedo y, en opinión de los demás austriacos, el comienzo de los Balcanes. Recobrar los buenos tintos constituye seguramente la única vía practicable para que la zona recupere un buen nivel de aceptación. Con sus antiguos tesoros, como los vinos de ausbruch y los de uvas sobremaduradas, los viticultores de los alrededores del lago Neusiedl tienen por ahora pocas oportunidades de lograrlo, pues aunque hay bastante demanda de especialidades dulces de calidad, las delicias austriacas siguen resultando sospechosas. Es una lástima. Alrededor del gran lago predomina un clima peculiar, cálido y húmedo, que hace madurar las uvas rápidamente y en otoño favorece la aparición de la *Botrytis cinerea*. Estos hongos microscópicos perforan el hollejo de las uvas extrayéndoles el agua hasta convertirlas en uvas pasas. Antiguamente el vino «ausbruch» de Rust, la pequeña ciudad de las cigüeñas, era una exquisitez que sólo se podía permitir la nobleza.

Nuevo orden, nuevos nombres

Más de la mitad de las vides austriacas se hallan en el estado federal de la Baja Austria, a ambas orillas del Danubio. Aquí reina una variedad de vid peculiar, única en el mundo: la grüner veltliner, cuya frescura y capacidad de conservar los aromas del suelo recuerdan a la silvaner alemana. A su vino, que no tiene nada que ver con el velt-lin italiano, se le atribuye un aroma que recuerda al asado recién salido del horno y que los austriacos denominan *pfefferl*. La Baja Austria está dividida en siete regiones vitivinícolas, algunas de las cuales aún han de luchar para adquirir un cierto grado de popularidad. ¿O acaso usted ha oído hablar de Carnuntum? Esta región al sudeste de Viena donde los viticultores aún plantan los viñedos en *gemischten Satz*, es decir, mezclando diversas variedades, es el resultado de una nueva ordenación de los viñedos austriacos. El mundo todavía ha de acostumbrarse a los nuevos nombres. La Región de las Termas hace referencia a la zona de balnearios al sur de Viena, que antaño se conocía como Südbahn. Allí se producen sedosos tintos como el ya mencionado vöslauer, pero también opulentos blancos como el gumpoldskirchner, que otrora fue toda una celebridad con frecuencia falsificada, hasta que llegó un momento en que nadie

Se recomienda

Matthias Beck
en Gols (Burgenland)

Othmar Biegler
en Gumpoldskirche
(Región de las Termas)

Freie Weingärtner
en Dürnstein (Wachau)

Gesellmann
en Deutschkreuz (Burgenland)

Hans Igler
en Deutschkreuz (Burgenland)

Franz Hirtzberger
en Spitz (Wachau)

Anton Kollwentz
en Markt Grosshöflein
(Burgenland)

Josef Lust
en Haugsdorf (Weinviertel)

Sepp Mantler
en Brunn (Kremstal)

Martin Nigl
en Senftenberg (Kremstal)

Rudolf Pichler
en Wösendorf (Wachau)

Prager
en Weißenkirchen (Wachau)

Franz Prechtl
en Zellerndorf (Weinviertel)

Sonnhof Jurtschitsch
en Langenlois
(Kamptal-Donauland)

Helmut Taubenschuss
en Poysdorf (Weinviertel)

Manfred Tement
en Berghausen (Steiermark)

Johann Topf
en Strass
(Kamptal-Donauland)

Ernst Triebaumer
en Rust (Burgenland)

Zull
en Schrattental (Weinviertel)

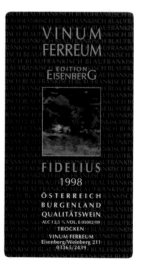

Hasta hace venticinco años los respetables viticultores austriacos se burlaban diciendo que justo detrás de Viena empezaban los Balcanes. Los productores de Wachau o Krems miraban con desdén hacia Burgenland. Hace tiempo que dejaron de hacerlo. Alrededor del lago Neusiedl se ofrecen hoy en día algunos de los tintos más jugosos de Europa. El zweitgelt y el blaufränkisch se pueden medir con las mejores cosechas de Côtes-du-Rhône.

ROTWEINGUT
IBY

2000

BLAUFRÄNKISCH

CLASSIQUE

BURGENLAND

AUSTRIA

PAUL
ACHS

SYRAH

1999

BURGENLAND

HEINRICH

Chardonnay
2000

BURGENLAND

Erzeugerabfüllung: A-7100 Neusiedl am See · Tel.+ Fax: 02167-3148

Burgenland-Österreich

DINHOF
WINZERHOF

BLAUFRÄNKISCH
trocken

LANDWEIN

alc. 11,5% vol

NOUVELLE VAGUE
1996

KRACHER

TRAMINER
BEERENAUSLESE

1
NUMBER

White Dessert Wine
ALC. 14% BY VOL.
net cont 375 ml

Erzeugerabfüllung:
Prädikatswein "L"-E 9055/98
Kracher · A-7142 Illmitz

PRODUCT OF AUSTRIA · NEUSIEDLERSEE

RENNER

Ausbruch
1999

SÜSS, ÖSTERREICHISCHER PRÄDIKATSWEIN LE 1306/01
13,5% vol   BURGENLAND   ℮ 0,375 l

REBENBURG

Südsteirischer Bergwein
Sauvignon blanc
Ratscher Schusterberg
Ernte 1996
Erzeugerabfüllung
Fam. WOLFGANG MAITZ
Ratsch a. d. Weinstraße 45
A-8461 Ehrenhausen, Tel. 0 34 53 / 21 53
Qualitätswein L-S 1580/97

alc. 12 % vol   Österreich   trocken
0,75 l

Schlosskellerei
FÜRST ESTERHÁZY

SCHLOSS EISENSTADT
brut

11,5%vol   ÖSTERREICHISCHER SEKT
SONDERFÜLLUNG SCHLOSSKELLEREI FÜRST ESTERHÁZY   ℮ 0,75 l

Privat
KOLLWENTZ
BURGENLAND
1997

BECK

BLAUFRÄNKISCH

2000

BURGENLAND
ÖSTERREICH
QUALITÄTSWEIN
Trocken 13 % vol   0,75 l
Erzeugerabfüllung WEINGUT BECK
A-7122 Gols, Unt. Hauptstr. 108, Tel.: + 43(0)2 1 73 / 27 55

L-E 5374 / 01

WEINGUT
JOSEF LEBERL
A-7051 GROSSHÖFLEIN
1999
PECCATUM
TROCKEN
13% vol   BURGENLAND   0,75 l
Erzeugerabfüllung   ÖSTERREICH   Qualitätswein LE 3788/01

quiso saber más de él. Hasta hace venticinco años los respetables viticultores austriacos se burlaban diciendo que tras Viena empezaban los Balcanes. Los productores de Wachau o Krems miraban con desdén hacia Burgenland. Hace tiempo que dejaron de hacerlo. Alrededor del lago Neusiedl se ofrecen hoy algunos de los tintos más jugosos de Europa. El zweitgelt y el blaufränkisch se pueden medir con las mejores cosechas de Côtes-du-Rhône. El entendido degusta el gumpoldskirchner original, menos dulce de lo que se cree, preferentemente en su lugar de origen y acompañado de sustanciosos platos a base de pimiento, pero nunca en fin de semana, cuando toda Viena se encuentra allí.

La joven y el toro

A partir de los términos Klosterneuburg y Traismauer surgió la región de Donauland (tierra del Danubio). Como el nombre no dice nada a nadie, una serie de viticultores de la orilla izquierda del río intentan recabar la atención con una «Wagramer Selektion» de cosechas seleccionadas. Para ello han diseñado un audaz símbolo: una cepa forma con sus ramas un cáliz en el que una joven juguetea con un toro, representando la unión de la belleza fresca y la fuerza. Antaño, la región se llamaba Langlois. En 1993 pasó a llamarse Kamptal. Esta zona es tan conocida por los corrientes vetliner en botella de litro como por las cosechas de la más alta calidad, como las del honorable Wilhelm Bründlmayer. Bajo su dirección surgió la Verein Österreichischer Tradiontsweingüter (asociación de fincas vitivinícolas tradicionales austriacas), con unas metas muy ambiciosas. La mayor comarca dentro de la Baja Austria es Weinviertel, un receptáculo de los vinos más diversos en el que no resulta fácil orientarse. La mayoría sale al mercado como vino de la casa, pero también hay jóvenes fincas que se esfuerzan sobremanera, aunque aún han de trabajar mucho para llegar a lo alto. En la gran feria VieVinum, que se celebra en el Palacio Real de Viena, los destierran a la última sala para que nadie los encuentre demasiado pronto. Franz Perchtl, uno de los optimistas viticultores de Weinviertel hace gala de un humor benevolente cuando dice: «Nuestra región es la mayor del país, por eso pasamos tan fácilmente desapercibidos». Una mina de buenos caldos es la comarca de Retzer Becken, en la frontera con Bohemia. Tiene un clima panónico, lo que quiere decir, es decir, caluroso como el húngaro. Allí, en Mailberg y Haugsdorf, se dan vigorosos tintos. Al este comienza la región de Falkenstein con vino veltiner, en parte de marcada acidez.

Federspiel de laderas de loes

La mejor estancia de Austria es Wachau. En 35 kilómetros a lo largo del río se encuentra la mayoría de las mejores direcciones vinícolas. Entre lo más selecto también hay cooperativas. El grüner veltliner local es bueno, pero en las terrazas de loes que se alzan junto al Danubio resulta mejor el ries-

ling, que se puede medir con las más finas cosechas de Alsacia y Rheingau. Franz Prager, propietario de una finca en Weissenskirchen que ha cosechado muchos honores a lo largo de su vida, fundó en 1993 la Schutzverband Vinea Wachau, que hoy en día es una asociación para el mantenimiento de las buenas tradiciones vitivinícolas. El grupo creó clasificaciones de vinos, que en principio estaban destinadas a ellos mismos, pero que arraigaron hace tiempo en una ley federal. Son las siguientes: en primer lugar los ligeros steinfeder, vino de calidad que no se debe chaptalizar; luego los federspiel, un caldo de calidad superior, a la altura de un kabinett; y por último los smaragd, la cosecha tardía sobremadurada. Sólo los vinos que han sido examinados varias veces, que no han sido mejorados ni chaptalizados, pueden llevar estos nombres. Son lo más selecto que ofrece Austria.

Vinos de mesa en grandes vasos

Quedan por describir los otros dos estados federales donde se cultiva la vid. Por una parte tenemos Viena, que junto con Santiago de Chile son las dos únicas capitales que poseen un extenso viñedo. Al sur de la me-

trópolis hay 700 hectáreas (más que en el Rin Central) de las vides más variadas. Las uvas se prensan juntas y el resultado es el heurige, un vino de mesa joven y fresco que se sirve en grandes vasos acompañando sustanciosos platos y puede acabarse subiendo a la cabeza. Steiermark, antaño conocida como región productora de vinillos dulzones, ofrece últimamente cosechas secas de gran finura. Los sauvignon, burgunder blanco y chardonnay (que allí se llama morillon) recuerdan a los vinos de Friuli, pero con un sabor más resuelto y seco.

«¿De dónde procede el mejor riesling?» Ante esta pregunta muchos expertos dudarán entre Mosela y Rheingau, entre Ortenau y Alsacia. Y desde hace algunos años tienen que añadir: «Y también de Wachau». Esta pequeña región ejemplar a orillas del Danubio ha sido siempre buena, pero las grandes cosechas que hoy en día se producen allí asombran una y otra vez. Los viticultores de Wachau tienen derecho a cobrar considerables precios por ellas.

EUROPA

«¿En una zona tan alta del Mosela se pueden elaborar buenos vinos?» Es verdad que el viñedo de Luxemburgo se eleva hasta los 300 metros de altura. Pero, por otra parte, la pequeña región vitivinícola se encuentra a la misma latitud que Worms. Los viticultores producían antes mucho elbling sencillo; ahora plantan burgunder blanco y gris que sobre los suelos de restos calcáreos de conchas se dan estupendamente. Los banqueros de la capital no son los únicos que los saben apreciar.

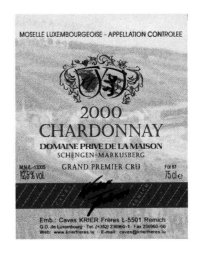

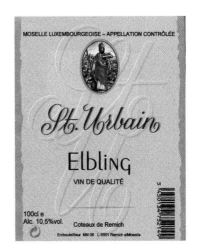

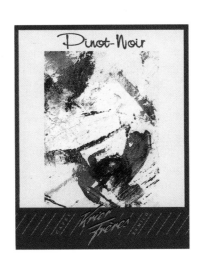

Hungría

Hungría fue un gran país viticultor y puede volver a serlo.

Hace algunos años se fundó en Budapest la Asociación de Bodegas Industriales Húngaras. Los 55 miembros, que dominan el 90% de la exportación, quieren reanimar los clásicos vinos magiares: el oscuro badscony kéknyelû elaborado a la antigua, o el auténtico szürkebarát de Szentgyörgyhegy, lugar impronunciable pero muy alabado por los entendidos. Son vinos plenos de sangre y fuego, sin rastro de azúcar residual, ideales para acompañar el *gulyas* de pura raza. Los húngaros lamentan que en Alemania sólo se les conozca por su «monje gris» y su «sangre de toro». El profesor Balzac Herpay, director de la asociación contempla la situación de manera completamente prosaica: «Los bebedores de vodka rusos nos adoran, pero en cualquier otro lugar tenemos mala fama. Vamos a necesitar por lo menos entre cinco y ocho años hasta que consigamos dar una nueva imagen en occidente y podamos convencer a los consumidores de la calidad de nuestros vinos. Yo no creo en los milagros».

Secretos en bodegas atávicas

A la emperatriz María Teresa de Austria se atribuye la frase *nullum vinum nisi hungaricum*, es decir, nada más que vino húngaro. En el siglo XVIII, el país de la *Puszta* y el *paprika* exportaba más de dos millones de litros a todo el mundo. No hay duda de que el kékfrankos y el leányka tenían en aquel entonces un sabor completamente diferente a los que se embotellan hoy utilizando la técnica de los depósitos de acero. Los vinos estaban reposados, tenían algo de un madeira, eran transportados por Europa en carros tirados por caballos y se podían conservar durante décadas. En secretas bodegas de Hungría todavía hay botellas de la época anterior a la Segunda Guerra Mundial, cuando el auténtico socialismo real aún no se había apoderado de la viticultura. Es asombroso el sabor tan refinado que siguen teniendo estas antigüedades, la plenitud de la acidez más fina y los aromas tan frutales que poseen. Nos tenemos que hacer a la idea de que ya no puede haber vinos semejantes. Pues aunque un maestro bodeguero quisiera darse la satisfacción de elaborar un debröer y un soproner como antaño (al fin y al cabo la literatura especializada sigue existiendo), ya no podría disponer de las uvas de entonces. Pero ¿es esta razón para que el egri bikavér, el sangre de toro que se supone es el mejor tinto de Hungría, tenga un paladar tan corriente como el que se ofrece hoy en día? Eger, situada en el límite meridional de las montañas Bikk, es una ciudad barroca con un laberinto de galerías de bodegas excavadas en la tova. Hay grandes bodegas industriales que los dirigentes de la época equiparon en los años setenta con tecnología a fin de producir grandes cantidades que aportaran divisas. En primer lugar se encuentra Egervin, privatizada con ayuda del banco Crédit Lyonnais. Habrá que esperar a ver lo que cambia con los nuevos propietarios. Esta fábrica de vino suministraba al gusto de cada cliente mayorista y embotellaba las más diversas variaciones de un «sangre de toro», que en tiempos había sido legendario, a base de componer blaufränkisch, kadarka, portuguesa y merlot. Correctas las destinadas a los ingleses, algo mejores las de los holandeses y aquellas tan corrientes ya mencionadas, para los alemanes.

Socios capitalistas occidentales

La viticultura húngara está en proceso de cambio como todo el país. La superficie de viñedo se reduce porque se cortan las antiguas subvenciones y porque algún que otro *Kombinat* de viticultores se ha hundido en medio del silencio. Los inversores occidentales parecen apostar por el futuro del viñedo húngaro. El consorcio European Wine Producers, en el que participan la casa Antinori de Chianti y el *holding* de empresas vinícolas Bömer de Bremen, se ha hecho cargo de una parte de la cooperativa Völgység Népe en Möscény, al sur del país. Burkhard Bovensiepen, que además de su empresa dedicada al *tuning* de BMW posee un noble comercio de vinos, se ha aliado con el marqués Nicolò Incisa, el productor de Sassicaia, para dedicarse en Hungría a elaborar grandes vinos. Lo más excitante tiene lugar donde los húngaros intentan salir del

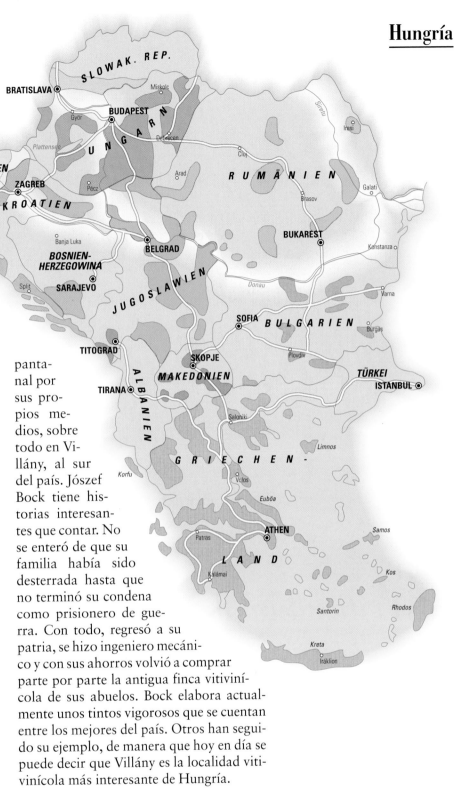

pantanal por sus propios medios, sobre todo en Villány, al sur del país. Jószef Bock tiene historias interesantes que contar. No se enteró de que su familia había sido desterrada hasta que no terminó su condena como prisionero de guerra. Con todo, regresó a su patria, se hizo ingeniero mecánico y con sus ahorros volvió a comprar parte por parte la antigua finca vitivinícola de sus abuelos. Bock elabora actualmente unos tintos vigorosos que se cuentan entre los mejores del país. Otros han seguido su ejemplo, de manera que hoy en día se puede decir que Villány es la localidad vitivinícola más interesante de Hungría.

Eslovenia

La viticultura de Eslovenia es la más desarrollada de las antiguas repúblicas yugoslavas.

Las regiones vitivinícolas eslovenas son la prolongación de Friuli. Ambos paisajes, repletos de ondulantes colinas, se parecen tanto que no es difícil confundirlos. Apenas hay diferencia en cuanto a suelos y clima. Auténticamente eslovena es la historia de Anton Kristančič. Cuando el país fue anexionado a Yugoslavia, la nueva frontera atravesaba por en medio el viñedo del enérgico viticultor. Diez hectáreas permanecieron en Italia y las pudo seguir explotando, y vendiendo personalmente su vino. En cambio, la uva que crecía en la parte yugoslava tenía que ser suministrada a la cooperativa local. Y él se negó. Era un viticultor libre y quería seguir siéndolo, lo que le acarreó un montón de problemas. Cuando la presión aumentó demasiado, escribió a un antiguo camarada de sus tiempos como partisano, Jošip Tito, y Kristančič recibió un permiso excepcional. Cuando el mariscal murió encontraron en su bodega 40 000 botellas del obstinado esloveno. Actualmente, su nieto Aleš Kristančič, que estudió enología en Italia y realizó prácticas en Burdeos, dirige la finca Movia, a la que convirtió en la mejor dirección de Eslovenia. Muchos de sus colegas han seguido su ejemplo, así que hoy en día hay abundantes fuentes de buen vino en el país. Entre ellas hay que incluir también una antigua cooperativa: Vinakoper, en la ciudad de Koper. Cuando hace algunos años se arruinó, el banco local, que era el mayor acreedor, se hizo cargo de la empresa e invirtió un dinero, sin duda muy bien destinado. Ahora Vinakoper está en auge.

Fueron arrasados por la guerra y abandonados como una ruina por el socialismo, pero en los países balcánicos vuelve a brotar la esperanza vitivinícola.

Por su propio natural, los comerciantes son siempre los primeros en llegar. También en tiempos de guerra son los pioneros, pues según sostienen, si no fuera así, habrían errado la vocación. Pero los comerciantes son también pacificadores. Por muy alto que vuelen las granadas, entre tanques y obuses, siempre acaban encontrando el camino que lleva a su mercancía. Serbia y Croacia estaban oficialmente en guerra, lo que no impidió que comerciantes serbios y croatas negociaran entre sí en medio del tronar de los cañones. Boris Soba, que en Ausburgo es el primer importador de vinos y conservas de la antigua Yugoslavia, viajó en agosto de 2001 a Macedonia. Una vez allí, ignoró todas las convulsiones guerreras y se proveyó de mercancías frescas. «Allí disponemos de nuestros conductos clandestinos», dice con una sonrisa. Pero los negocios discurren con muchas dificultades. Hace quince años había en Alemania 6000 restaurantes balcánicos, hoy no serán más de 2700. En los buenos tiempos, el padre, Franz Soba, importaba más de un millón de botellas del abocado y fresco vino blanco zilavka mostar de Herzegovina. El volumen de ventas se ha reducido hasta un cuarto de la cuantía anterior. Pero el importador de Ausburgo no pierde la esperanza, pues los turistas vuelven a viajar a la acribillada Dubrovnik y luego, en algún momento, les gustará revivir en casa los recuerdos de las vacaciones con una botella de zilavka.

gas industriales más o menos ilesas. Ahora vuelve a haber Amselfelder. La segunda buena noticia referente a la antigua Yugoslavia procede de la pequeña isla de Hvar. Allí, junto a la costa dálmata, se producía y se sigue produciendo el más salvaje, más denso y mejor vino tinto de los Balcanes, el dingac. Por este rincón pasaron rápidamente y sin dejar huella todas las turbulencias de la guerra. El tiempo se ha detenido. Se sigue plantando el viñedo que trepa en pendiente desde el mar con la variedad nativa plavac mali. La única diferencia es que las uvas ya no tienen que ser transportadas con burros monte arriba hasta el otro lado de la isla. Ahora hay un cómodo túnel. Dos jóvenes viticultores se han independizado, Zlatan Plenkovic y Frano Milos. Elaboran dingac al antiguo y salvaje estilo, un tinto negruzco, opulento, con marcado dulzor que acompaña magníficamente los platos de *sarma* o los *cevapcici*.

¿De dónde procede todo el kadarka?

Los ciudadanos de la República Federal de Alemania sólo conocen de Bulgaria el dulce rosentahler kadarka procedente de la parte occidental de la región vitivinícola de los Balcanes Meridionales. En el extenso valle que rodea la ciudad de Karlovo crecen con abundancia las rosas que le dan nombre y que constituyen un apreciado ingrediente para la fabricación de perfume. En cambio, las cepas de kadarka no crecen tan profusamente como para producir las cantidades de vino que se venden en Alemania. La esperanza se halla ahora depositada en la Bulgarian Wintners Company (BVC) y en la sociedad Domaine Bojar, procedente de la anterior. Su jefe es el severo Magarit Todorow, que se ha propuesto la meta de dar a conocer los vinos originales de su país. En Inglaterra vende con éxito unos correctos chardonnay y cabernet-sauvignon búlgaros. La oficina de BVC en Giessen se esfuerza con valentía por vencer las dificultades del mercado alemán. El vino seco más famoso de Bulgaria es el Zar Simeon, que el expedidor de Hamburgo Haweske no se cansa de alabar como «vino de culto». A fin de cuentas, en Alemania se vende se vende medio millón de botellas de este vino a un precio considerable.

Cuando el comerciante se puso sentimental

El ejemplo de la gran bodega Racke de Bingen debería infundir ánimo. Hasta 1992 la empresa obtenía en Kosovo la base para el Amselfelder, el vino de marca con más éxito en Alemania de todos los tiempos. Después ya no fue posible. La exitosa bebida fue rebautizada como Amselkeller y la materia prima procedía de la provincia de Valencia. Los clientes se lo bebían, así que Racke podía haberse dado por satisfecho. En junio de 1999, poco tiempo después de la entrada de las tropas de la ONU, el doctor Klaus Berking, del Consejo de Administración de Racke, recibió una llamada telefónica desde Tirana. Era Akim Hasku, quien durante muchos años había organizado el transporte a Alemania de los vinos de base. El albano quería saber cuándo sería posible retomar el suministro. En semejantes momentos, hasta el comerciante más curtido se pone sentimental. Berking viajó a Kosovo y encontró las viejas bode-

A la espera del buen vino de Rumanía

Rumanía podría producir unos vinos tan grandiosos como los de Italia. Paisaje, suelo y clima son muy parecidos en ambos países. Durante un viaje que realicé en 1997 Rumanía me produjo la impresión de estar cubierta por el polvo gris del mildíu. Sus gentes eran demasiado letárgicas como para querer cambiar nada. En las bodegas eran los mismos cabezas cuadradas de anteayer quienes seguían teniendo la palabra. Los colegas que visitaron el país cuatro años más tarde me informaron de que nada había cambiado. Hay atisbos de cambios: aquí y allá se encuentra un estupendo caldo, pero nadie tiene la fuerza ni el poder para convertirlo en un producto de exportación que prenda. Lo único que desde Rumanía se abate sobre Centroeuropa como si fuera un vuelo en picado son los millones de botellas de feteasca regala, que se ha convertido en la marca Königlichen Mädchentrauben y es siempre intensamente dulce, ya sea tinto, blanco o espumoso. El capital extranjero estaría dispuesto a invertir en los vinos rumanos, como sucede con gran éxito en Hungría, pero hay leyes que lo impiden. Por ello resulta aún más sorprendente la creación de la empresa Vinarte en Bucarest. Detrás está el italiano Fabio Albisetti, que hizo fortuna con el comercio de carne. Compraba en Argentina medios terneros y los hacía despiezar en industrias cárnicas situadas cerca de la capital rumana. Así llegaba la carne a Italia. Albisetti ahorró mucho dinero y dio empleo a los rumanos. En 1996 regresó a Bucarest para reunirse con los socios locales. La reunión no se celebró y el sol primaveral brillaba, así que se dejó secuestrar placenteramente hasta la región de viñedo de Cotnari. Abreviando, el italiano arrendó junto con otros socios viñedos que se extendían por cuatro regiones del país e instaló por varios millones modernas bodegas. Así surgió la empresa Vinarte, el arte del vino. La primera añada fue moderada, la segunda ya muy buena. Se pueden esperar caldos de gran finura.

Grecia

¿Por qué (casi) todo lo que se exporta es producto de masas? El país tiene también vinos de gran finura.

De todos los países del sudeste de Europa, la antigua Hellas, la patria de Dioniso, es el que más vino suministra a Alemania y siempre en grandes cantidades. El 99,9% son vinos sencillos que fluyen en la gastronomía del gyros alemana: el seco retsina, mezclado con resina como su nombre indica; el rosado kokinelli, que tiende a dulce, y para terminar, el imiglykos, que es la denominación general de un vino semidulce ya sea, blanco, tinto o rosado. Cinco poderosas bodegas se reparten el mercado de los vinos griegos, especialmente Kourtakis, que es la que más retsina vende en Alemania. Su competidora, Cambas, tiene un vino de resina mucho mejor pero no es tan barato. De Tsantalis y Achaia Clauss (la marca principal es Demestika) proceden ríos de vino

de mesa sencillo. Pero también las grandes bodegas tienen riconcitos en los que producen caldos selectos. Achaia Clauss ofrece con Château Clauss y Danielis vinos elaborados siguiendo ejemplos franceses. Cava Cambas y también Kouros y Calligas de Kourtakis son marcas distinguidas, pero tienen difícil salida en el extranjero. La mejor dirección de las cinco grandes fue durante mucho tiempo Boutari de Tesalónica. Allí, en el norte del país, el clima es algo más fresco, a veces hasta riguroso, pero se dan unos tintos con el mayor temperamento. El naoussa de Boutari, un vino conseguido, de marcada acidez, se podía encontrar a veces en los mejores restaurantes griegos, pero con los años fue perdiendo calidad. El jefe, Yanni Boutari, discutió con los socios.

Ya no se quería dedicar más a los productos de masa. Dejó la empresa y fundó en Naoussa con sus hijos Stellios y Mihalis su propia *ktima*, como llaman en la Hélade a las fincas vitivinícolas.

Los escasos vinos con finura

En Grecia hay una clase social acomodada que se muestra patriótica en cuestión de vinos y gasta mucho dinero en buenas cosechas. Estas exquisiteces apenas salen del país. Los consumidores extranjeros se han acostumbrado a los baratos vinos helénicos y no quieren entender que un vino griego también pueda costar hasta 10 y 15 euros por botella. Así que ¿para qué se van a molestar los productores en exportar, si en el propio país les quitan las botellas de las manos por un buen precio? Los sibaritas que viajan a Grecia se entusiasman con los vinos del antiguo comerciante de electrodomésticos Dimitris Hatzimichalis. Sólo los hermanos Niko y Konstantin Lazaridi, que hicieron fortuna con el mármol y la invirtieron en su propia *ktima* en Adriani, en la región de Tracia, exportan con éxito sus vinos, no precisamente baratos. Tristemente famoso en el país es Château Carras, en Meliton, en la península de Chalkidiki. Lo

fundó en 1965 el armador John Carras. La ambiciosa empresa producía vinos de la más alta calidad en una gran extensión de terreno, pero acabó teniendo dificultades económicas. El destino es incierto. Evangelos Gerovassiliou, quien fuera durante muchos años su director, se ha independizado entre tanto con una finca propia en las proximidades de Tesalónica.

Las vides necesitan el aire de las alturas

La viticultura de Grecia se encuentra dispersa por todo el país. Hay vides a una altura de 800 metros, donde el sol quema de un modo más bien despiadado. Los centros viticultores son claramente Macedonia y Tracia, en el norte, Patras y Nemea, en el Peloponeso, así como las islas de Samos, Santorín y Rodas. Hay cientos de variedades de vid, la mayoría autóctonas, que arraigan en el lugar desde la antigüedad y no se encuentran en ningún otra parte. Las mejores vides tintas son la agiorgitiko, muy extendida, sobre todo en Nemea, y la tracia limnio. Entre las variedades blancas destaca por su especial finura la roditis, que se planta preferentemente en los altos viñedos del Peloponeso.

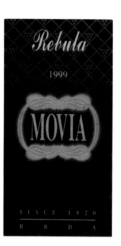

Los ánimos en el sudeste europeo oscilan entre el auge de Hungría y Eslovenia por una parte y la más profunda depresión de la antigua Yugoslavia por la otra. Todavía harán falta muchos años hasta que se superen las consecuencias del socialismo y se estabilice la paz tras la horrible guerra fraticida. Hay motivo para que el mundo espere impaciente los grandiosos vinos, pues ya empieza a haber atisbos esperanzadores.

HALBTROCKEN ROTWEIN POLU SUHO **REPUBLIK MAZEDONIEN**

Bojana

11% vol **POVARDASKI** 0,75 L

IMPORTEUR: FRANC ŠOBA GMBH · D-86167 AUGSBURG · ABFÜLLER: D-BY 7047

BJANA

CUVÉE PRESTIGE BRUT

Goriška Brda

Milan in Miran Sirk, Goriška 13, Dobrovo, Slovenija

VINAKOPER · VINAKOPER

Slovenija

Refošk

Rotwein

1999

Trocken

suho

0,75l · ***Koprski*** · 11,5%vol

MOVIA

C L A S S I C

Republik Mazedonien

POLU SLADKO LIEBLICH

1998

TRAMINER

Qualitätswein mit geografischer Herkunft
Kvalitetni vina so geografsko poteklo

11,5%vol · **POVARDASKI** · 0,75ℓ

Importeur: Franc Šoba GmbH · D-86152 Augsburg · Abfüller: D-BY 7047

Bosnien u. Hercegovina

SUHO TROCKEN

Žilavka mostar

Spitzenwein mit geografischer Herkunft
Vrhunska vina s oznakom geografskog porijekla

12,0%vol **HERCEGOVINA** 0,75ℓ

Importeur: Franc Šoba GmbH · Exclusiv-Importe · D-86167 Augsburg

Kroatien

Plavac

Rotwein

2000

Trocken

suho

12,0%vol · 0,75 l

Srednja i južna Dalmacija

suho vrhunsko vino · kontrolirano poreklo · brda vinorodni okoliš

reg. št. GO-393/99 · serija: 1/2000 · alkohol: 12,0 vol.% · steklenic: 0,75 l

BJANA®

1996

MERLOT

Goriška Brda

Milan in Miran Sirk, Goriška 13, Dobrovo, Slovenija

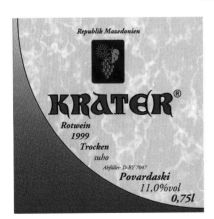

Republik Mazedonien

KRATER®

Rotwein

1999

Trocken

suho

Abfüller: D-BY 7047

Povardaski

11,0%vol

0,75l

Vila Marija

Sauvignon

2000

LJUTOMERSKO-ORMOŠKE GORICE JERUZALEM

V

1999

Sauvignon

Challenger suho

VRHUNSKO VINO Z GEOGRAFSKIM POREKLOM

Lastna trgatev in polnitev

KUPLJEN JOŽE JERUZALEM, SVETINJE

KONTROLIRANO POREKLO

Reg. B. Lj. 111/2000

Ser. L 17/3000

Alk. 12,5 vol.% · ℮ 750 ml

Product of Slovenija

VRHUNSKO VINO

VALDHUBER

renski rizling

IZ SVEČINE

Por las rutas del vino

Ultramar

Los primeros viticultores del Nuevo Mundo fueron soldados. Los estrategas como Hernán Cortés no consideraban que un país estaba completamente conquistado hasta que su gente no plantaba viñas en él. De esto hace ya más de quinientos años. En el siglo XVII, misioneros españoles trajeron la vid a California, mientras que en Australia fue un holandés el primer viticultor. No obstante, hace pocos años que las cosechas de ultramar nos resultan conocidas. En un principio fueron sagaces importadores quienes trajeron mercancía barata de América y el lejano Oriente para venderla aquí con un fuerte recargo en concepto de exotismo. Los aficionados al vino pronto quedaron defraudados. Ahora llegan por fin los buenos caldos de Chile y Argentina, de Sudáfrica y Australia, pero con unos precios absolutamente económicos. Sólo California se ha vuelto más cara.

Ultramar

Los vinos de California cada vez son más elegantes, y los de los estados de Oregón y Washington, más conocidos.

Prácticamente en todos los estados norteamericanos se cultiva vid, desde la subtropical Florida hasta Washington, ya casi en la frontera con Canadá. La única excepción es Alaska, pues no hay vid tan robusta como para resistir su clima. Las *wineries* en Virginia Occidental o Dakota del Norte son por lo general pasatiempos de locos que desean cambiar de vida o de ricos negociantes. Merece la pena mencionar el viñedo de Oregón y Washington. Desde allí llega hasta Europa más de una buena botella. Tampoco en la región de Finger Lakes, al norte del estado de Nueva York, ni en el vecino Canadá se cultiva mala vid, pero su importancia es más bien a escala local. La gran mayoría se encuentra en California. Allí se produce el 90% del vino norteamericano. Los viticultores californianos han aprendido a recabar la atención a base de una publicidad muy efectiva, pero también de una calidad en continuo aumento. No pocas fincas vitivinícolas de Napa, Sonoma y Mendocino gozan de prestigio internacional. Y aunque las primeras vides se plantaran en el siglo XVII, la auténtica historia de la viticultura californiana tiene apenas 30 años.

Con frecuencia, siempre se exagera

Octubre de 1979: los chardonnay y cabernet-sauvignon del Nuevo Mundo causan sensación en Europa. En la olimpiada enológica mundial de los críticos gastronómicos Henri Gault y Christian Millau las cosechas del Dorado Oeste acaparan los primeros puestos. En alusión al libro *El reto americano*, tan discutido en el momento, la publicación especializada *Revue Vinicole* finiquitaba el resultado de la olimpiada y hablaba del «reto californiano». Esta cata en París se puede considerar histórica. Pero siempre que la he llevado a cabo con los mismos vinos he llegado a la misma conclusión: los californianos impresionaban con su fuerta indomable y una elegancia absoluta, como si fueran, por así decirlo, forzudos con esmoquin que empujaban al último lugar a los *crus* de Francia de comportamiento impecable y sin tanto contenido alcohólico. Pero más tarde, cuando se vaciaban las mejores de las botellas empezadas, y cuanto más se prolongaba la velada, más se empezaba uno a hartar de las musculosas criaturas. Las amplias catas especializadas llevadas a cabo posteriormente, siempre con cinco docenas de californianos, acabaron convirtiéndose en el más duro de los trabajos. No cabe duda de que la mayoría de los vinos poseía una gran clase, pero tenían demasiado de todo: alcohol, extracto, aroma… Era como *Tristán y Las Valquirias* en una noche. A mediados de los ochenta, a los maestros bodegueros californianos todavía les gustaba jugar con barricas y solían exagerar. Cuando se había catado la botella número cincuenta, no quedaba en el paladar más que vainilla, canela y cardamomo, como si se hubiera uno rociado con pan de especias. Lo peor era el sabor grueso, a madera, de la variedad chardonnay. En estas condiciones casi se podía entender que los clientes de los res-

taurantes pidieran hielo con el vino. Incluso a los aficionados norteamericanos les acabó resultando excesivo. Despectivamente pedían «ABC-Wines», siglas de *Anything But Chardonnay*, o cualquier cosa menos chardonnay.

Los viticultores aprendieron deprisa

Cuando se alzaron las críticas los viticultores obraron inmediatamente en consecuencia: las uvas se cosecharon antes, la barrera del sonido a nivel de alcohol se redujo de 14 a 13 grados y los vinos dejaron de fulminar con exótica pujanza. Siguiendo el ejemplo bordelés, los maestros bodegueros mezclaron la variedad más perceptible, la cabernet-sauvignon, con merlot y malbec. Y lo que no es menos importante, el simple proceso de envejecimiento de las vides se acabó manifestando. Así el paladar adquirió más finura, una gama más amplia. Pero, sobre todo, los *wine makers* se volvieron más cuidadosos con las nuevas barricas de roble. Los aromas a madera que antes resultaban tan penetrantes se tornaron más discretos, pasaron a subrayar el vino en lugar de dominarlo. Para los finos restaurantes de pescado de San Francisco y Santa Barbara se elabora por fin un chardonnay más fresco, no tan pesado, *not oakie*, es decir, sin sabor a roble. También hay como vino de mesa un sauvignon blanc fresco y frutal. Las mejores direcciones ubicadas en los

de la Costa Oeste están hechos más bien para sibaritas generosos, siempre van a irradiar un poco del carácter de Hollywood. Aunque no hay que olvidar que de allí también provienen películas serias...

Una cultura enológica con raíces jóvenes

La cultura enológica americana no tiene un gran pasado. Las primeras vides europeas llegaron a California en el siglo XVII con los misioneros españoles. También Thomas Jefferson importó vides del Viejo Mundo, pero fueron víctimas de la filoxera. La viticultura que había conseguido florecer pereció a fines del siglo XIX a manos de la Ley Seca y la crisis económica. Como ya se ha dicho, la California del vino tal y como se presenta hoy en día no tiene más de 30 años. Como los australianos, los norteamericanos no tuvieron muchas oportunidades de dar rodeos o perderse por caminos equivocados. Como no hay una tradición a la que atenerse, los viticultores se pueden adaptar rápidamente a los deseos de sus clientes. Algunas de las fincas más alabadas por la prensa gastronómica internacional no tie-

alrededores de San Francisco ofrecen hoy grandes cosechas selectas que pueden ser los acompañantes de gala de un banquete festivo. Tienen una longevidad asombrosa y con un precio de entre 20 y 30 euros son caros, pero no más de la cuenta. Aunque los californianos se aproximen a sus ejemplos franceses, resulta inútil compararlos con Burdeos o Borgoña, pues las diferencias climáticas son demasiado grandes. Los vinos

nen más de 25 años. Fueron fundadas por gente a la que el estrés impulsó a cambiar de vida, como por ejemplo, Bruce Firestone, heredero del consorcio del caucho del mismo nombre; o Cecil de Loach, que estudió antropología y había trabajado muchos años como jefe de bomberos. En los años ochenta se duplicó la cifra de fincas vitivinícolas y bodegas. En California se produjo un auge como el que tuvo lugar con la Fiebre de Oro 150 años antes. Una quinta parte de la viticultura pertenece a inversores internacionales de Francia, Suiza, Japón y Alemania. Las mejores direcciones mencionadas antes rondan la centena y aproximadamente la misma cantidad de viticultores ambiciosos viene empujando desde atrás, un número asombroso para un total de 900 empresas con bodega propia en todo el país.

Viñedo con aeropuerto propio

El resto, todas las que están por debajo de la primera división, produce un mar de vinos masificados a unos niveles de gran industria inimaginables para la mente europea. En Modesto, la familia Gallo dirige una bodega que vista desde el aire se asemeja a una refinería y puede almacenar cómodamente una cantidad igual a la que cosechan todos los alemanes juntos. Gallo comercializa casi la mitad del total de vino californiano y ahora se introduce en Europa con una sagaz mercadotecnia y cara publicidad. El mayor viñedo único (con aeropuerto propio) abarca 3000 hectáreas, lo que equivale a la superficie de vid de Rheingau. Este viñedo interminable, con riegos totalmente automatizados y cuyo cuidado y cosecha están completamente mecanizados, es propiedad de Monterrey Vineyards, una empresa perteneciente a la multinacional de bebidas Seagram. A pesar de la producción industrial, su chardonnay está bien conseguido. En comparación, Domaine Beringer, fundada por alemanes y en la actualidad perteneciente a Nestlé, parece pequeña con sus 800 hectáreas y, no obstante, es seis veces más extensa que el mayor viñedo de Alemania.

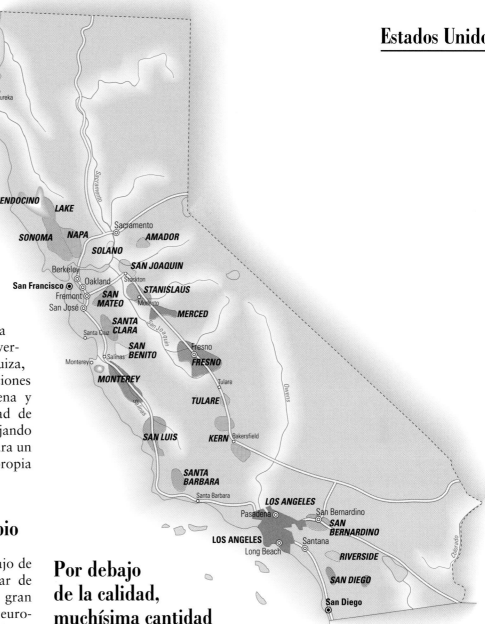

Por debajo de la calidad, muchísima cantidad

En California todavía no se ha conjurado el peligro de una producción excesiva. Durante los últimos años, la venta en el propio país disminuye y los mercados europeos no se dejan conquistar tan fácilmente debido a la fortaleza del dólar. La competencia de Chile y Sudáfrica crece. Las fincas de calidad de Napa y Sonoma no tienen por qué acobardarse, pero en las grandes fábricas de vino al sur de San Francisco crece la preocupación. El cultivo masivo se concentra en Central Valley, que se extiende a lo largo de 300 kilómetros entre San Francisco y Los Ángeles. Constituye un huerto de fruta y verdura inmensamente fértil, bañado por el sol y regado de forma artificial. Sobre una superficie de 210 000 hectáreas, el doble de la superficie de viñedo de Alemania, se plantan sobre todo las variedades colombard, la uva de Cognac de gran rendimiento y la más fina chenin blanc, cuya patria se encuentra a orillas del Loira. Alrededor del 50% de las cosechas californianas se desti-

na al comercio de fruta como uva de mesa, la otra mitad provee el 85% del total del vino californiano. En los distritos al norte se produce la sexta parte restante, mejor en muchos aspectos. Al norte de San Francisco, también en la costa del Pacífico, predomina un clima moderado que da lugar a las mejores condiciones para la chardonnay, la cabernet-sauvignon y la zinfandel, esa variedad tan típica de la zona cuya procedencia nadie hasta la fecha ha podido determinar. La mayoría de los ampelógrafos, los estudiosos de la uva, se ha decidido por la tesis de que se trata de la primitivo, procedente de Italia meridional. Es muy posible, pues, los primeros viticultores de las tierras californianas vinieran del Mezzogiorno y más tarde de Alemania.

El barón Rothschild presentó sus disculpas

Los valles de Napa y Sonoma, al norte de San Francisco, tienen la fama merecida de ofrecer las mejores superficies de viñedo. Allí se hallan, apretadamente reunidas, las mejores fincas, de las cuales las más famosas son los *vineyards* de Robert Mondavi, a quien se atribuye el honor de ser el pionero del vino de calidad californiano. Antiguamente el barón Philippe de Rothschild, señor del Château Mouton bordelés perteneciente a la primera categoría, criticaba los vinos de calidad norteamericanos sin el menor comedimiento: en su opinión, eran «demasiado maduros, demasiado uniformes, un poco como la cola». Pero luego el barón presentó sus disculpas a su manera asociándose con Mondavi. Entre los dos plantaron un viñedo de 35 hectáreas cerca de Oakville con vides de Burdeos y diez años después elaboraron su primer vino, Opus One, uno de los cabernets más caros del mundo.

Al norte se da bien el riesling

La viticultura californiana se apropia continuamente de nuevas tierras. Ha descubierto las Foothills en las estribaciones de la Sierra Nevada y Mendocino, en la frontera con Oregón. También la región costera en torno a Santa Cruz, Monterrey y San Luis Obispo. En todas estas nuevas regiones vitivinícolas hace más fresco que en el valle de Napa. La corriente de Humbold, procedente del mar glacial, aporta agua fría al Pacífico. Durante los últimos años la viticultura ha experimentado igualmente un considerable aumento en el vecino estado de Oregón. Ha habido temporadas en las que prácticamente cada mes se abría allí una nueva *vinery*. La viticultura de Oregón se concentra en el valle de Willamette, muy parecido al californiano valle de Napa en cuanto a clima y orografía. Dicho sea de paso, allí se produce más de un pinot noir muy bien conseguido.

La pinot noir se da mejor en las regiones frescas y constituye un nuevo reto para los viticultores jóvenes, porque resulta más difícil de vinificar que la cabernet-sauvignon. Walter Schug, un maestro bodeguero procedente de Rheingau que en el año 1980 se independizó con una finca en St. Helena, dice al respecto: «En toda California hay buen cabernet-sauvignon. Los buenos pinots noirs se cuentan con los dedos de una mano y yo quiero ser uno de los cinco». La pinot noir encaja admirablemente en la tendencia que se aleja del alto contenido en alcohol.

En Columbia River, en el estado de Washington se da incluso algún excelente riesling. También en este vino resalta más el componente placentero que el embriagador y constituye un acertado argumento contra todas esas voces que en EE UU pretenden prohibir completamente el vino. Pues no hay otra cosa que teman más los californianos que una restauración de la Ley Seca como la que se existió desde 1919 hasta 1933. Durante esa era memorable sólo les estaba permitido vender concentrado de zumo de uva, provisto de la siguiente advertencia: «No poner en contacto con levadura o azúcar, pues existe peligro de fermentación alcohólica».

Se recomienda

Beaulieu
en Rutherford
(Napa/California)

Bighorn Cellar
en Napa (Napa/California)

Callahan Ridge
en Roseburg (Oregón)

Columbia Crest
en Plymouth (Washington)

Clos du Bois
en Headsburg (Alexander
Valley/California)

Cuvaison
en Caligosta
(Napa/California)

Fetzer
en Mendocino (California)

Château Julien
en Monterrey (California)

Laurel Glen
en Sonoma (California)

Glen Ellen
en Sonoma (California)

Glenora
en Dundee (Finger
Lakes/Nueva York)

Grgich Hills
en St. Helena
(Napa/California)

Kenwood
en Sonoma (California)

Knudsen-Erath
en Newberg (Oregón)

Château St. Michelle
en Seattle (Washington)

Joseph Phelps
en St. Helena
(Napa/California)

Sutter Home
en St. Helena
(Napa/California)

Trefethen Vineyards
en Napa (Napa/California)

Willamette Valley
en Salem (Oregón)

ULTRAMAR

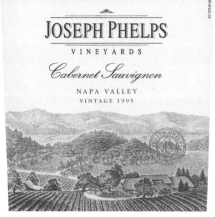

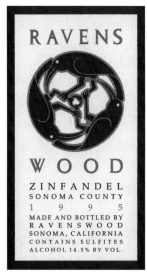

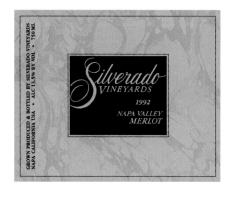

A los eruditos wine makers *que estudiaron en tiempos enología en la Davis University of California les gustaba presumir diciendo: «Dadnos cualquier uva y haremos con ella un buen vino». Actualmente impera en este estado una nueva generación de viticultores más reflexivos, que prestan atención a la diferencia de suelos y plantan sus vides en las laderas pobres, donde los rendimientos son menores y los vinos resultantes más expresivos.*

SILVER OAK®

1984
ALEXANDER VALLEY

Cabernet Sauvignon

Cellared and bottled by SILVER OAK CELLARS
Oakville, Napa County, California
Alcohol 13.0% by Volume

Product of USA

Bear Creek
California Red

0,75 l   12,5%VOL

WILD HORSE™

1993
MERLOT
CENTRAL COAST

PRODUCED AND BOTTLED BY WILD HORSE
TEMPLETON, CALIFORNIA BW 5169 ALC. 13.2% BY VOL.

1996

FETZER
VINEYARDS
Barrel Select
PINOT NOIR

CALIFORNIA

SIMONSIG
ESTATE WINE
1999
PINOTAGE

PEDRONCELLI
IN GEYSERVILLE SINCE 1927
Single Vineyard Selection
F. JOHNSON VINEYARD
1997
DRY CREEK VALLEY
CHARDONNAY
SONOMA COUNTY

Alc. 13.5% by Vol.

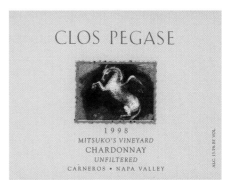

Imported by
Fetzer Vineyards
Brown-Forman
Wines International
London WIN 8JE
United Kingdom
L9810046

COLDWATER CREEK

California Red
CALIFORNIA

1998

PRODUCED AND BOTTLED BY FETZER® VINEYARDS,
HOPLAND, MENDOCINO COUNTY, CALIFORNIA, U.S.A.
PRODUCE OF THE U.S.A.
11.5% vol.   75cl

0 82896 70046 2

1998
ROBERT MONDAVI WINERY
STAGS LEAP DISTRICT
NAPA VALLEY
SAUVIGNON BLANC
UNFILTERED

ALCOHOL 13.5% BY VOLUME

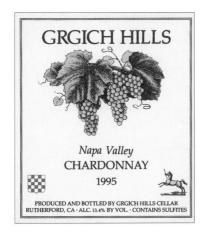

GRGICH HILLS

Napa Valley
CHARDONNAY
1995

PRODUCED AND BOTTLED BY GRGICH HILLS CELLAR
RUTHERFORD, CA · ALC. 13.4% BY VOL. · CONTAINS SULFITES

CLOS PEGASE

1998
MITSUKO'S VINEYARD
CHARDONNAY
UNFILTERED
CARNEROS · NAPA VALLEY

ALC. 13.5% VOL.

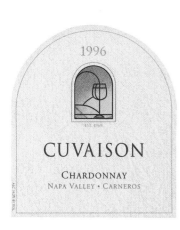

1996

CUVAISON
CHARDONNAY
NAPA VALLEY · CARNEROS

ALC 13.5% VOL

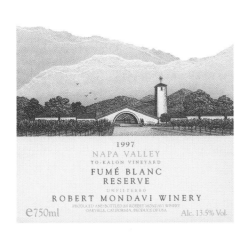

1997
NAPA VALLEY
TO-KALON VINEYARD
FUMÉ BLANC
RESERVE
UNFILTERED
ROBERT MONDAVI WINERY
e750ml   Alc. 13.5% Vol.

PRODUCED AND BOTTLED BY ROBERT MONDAVI WINERY
OAKVILLE, CALIFORNIA, PRODUCE OF USA

PRIVATE COLLECTION
NAPA VALLEY
FV
MERLOT

1998

Bonterra
VINEYARDS

CHARDONNAY
MENDOCINO COUNTY
CALIFORNIA
ORGANICALLY GROWN GRAPES

Sudamérica

Los vinos del Cono Sur no pueden negar el padrinazgo de los grandes franceses.

El rey español Felipe II no podía quejarse de los servicios que le prestaba su enviado Hernán Cortés. Pero uno de ellos deparaba al rey dolores de cabeza: los hombres del entorno de Cortés embarcaron desde Sudamérica tales cantidades de vino rumbo a la patria que acabaron haciendo la competencia al producido por los españoles. Las nutridas exportaciones guardaban estrecha relación con el método personal con que Cortés llevaba a cabo sus misiones conquistadoras. Cuando en 1521 México se doblegó definitivamente, ordenó matar a todo indígena que se negara a bautizarse y plantar diez vides por cada uno de ellos. Tres años más tarde, Cortés prosiguió su labor misionera en Chile del mismo modo. La viticultura alcanzó tal dimensión que el rey ordenó volver a arrancar una gran parte de las vides por consideración a la madre patria, pero la intervención del soberano naufragó en algún lugar del Atlántico. Así se mantuvo la viticultura y en un principio los viña-

dores de Chile, Argentina, Brasil y Uruguay se limitaron durante algunos siglos a cubrir la demanda de sus propios mercados.

Éxitos arrolladores en Europa

Los viticultores suramericanos se vuelven a esforzar por rivalizar con Europa. El éxito está repartido. Tras largos años de autarquía, Argentina, que ocupa el quinto lugar en la viticultura mundial, intenta esforzarse de cara a la exportación pero con resultados moderados. Sólo Chile consigue de momento conquistar el Viejo Mundo con vinos bien hechos y económicos. En este país se vive desde hace algunos años una ola de fundación de nuevas bodegas y traspaso de las que habían sido abandonadas. Grandes nombres europeos como el del barón Eric de Rothschild, de Château Lafitte en Burdeos, o William Fêvre, la principal dirección de Chablis, adornan de pronto las

etiquetas de botellas chilenas. Mucho antes que los franceses se implicó Miguel Torres, uno de los viticultores más importantes de España. También de EE UU ha fluido mucho dinero a la viticultura del país que se extiende entre los Andes y el Pacífico. Chile, que durante mucho tiempo estuvo fuera de juego, tanto política como económicamente, se recomienda en la actualidad como socio serio y fidedigno. Y si hasta hace poco sus vinos producían impresión de dudoso exotismo, ahora son ensalzados en la prensa gastronómica europea (el hecho de que estos informes sean en numerosos casos producto de una campaña publicitaria excelentemente tramada no tiene por qué reducir el nuevo prestigio de los vinos chilenos). Desde 1991, las ventas al mercado alemán aumentan constantemente en porcentajes de dos cifras.

Buen producto a buen precio

De todos los países viticultores de Sudamérica es hasta ahora Chile quien mejor fama tiene, y con razón. No se puede ignorar el padrinazgo de Francia ni en los métodos de cultivo ni en la técnica bodeguera. Las dos grandes empresas vinícolas de Chile, Concha y Toro y Santa Rita, situadas ambas en la mejor región de viñedo, en el valle del río Maipo, al sudoeste de Santiago, hace déca-

Se recomienda

Canepa
  en Cerrillos (Chile)

Echeverría
  en Molina (Chile)

Luis Felipe Edwards
  en Nancagua (Chile)

Errázuriz
  en Panquehue (Chile)

William Fèvre
  en San Luis de Pirque (Chile)

289

ULTRAMAR

TARIJA · BOLIVIA

Campos de Solana

1996

MERLOT
RESERVA

Producido y embotellado en origen por Bodegas Milcast Corp. Tarija - Bolivia
RUC2111195 RS01799ZTJ AB98103 CF270298 RA1598
Producto de Bolivia
75 cl e   12,4 % vol.

CALVINOR

Bella Unión
URUGUAY

VINO FINO TINTO
Tannat
1998

VOL
ALC 11,5%   75 cl e

ELABORADO Y ENVASADO EN ORIGEN POR
VIÑEDOS Y BODEGAS BELLA UNION S.A.
BELLA UNION · ARTIGAS · URUGUAY

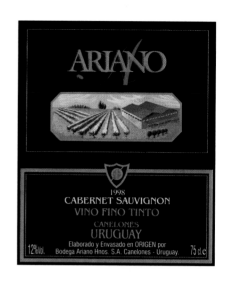

ARIANO

1998
CABERNET SAUVIGNON
VINO FINO TINTO
CANELONES
URUGUAY
12%Vol.   Elaborado y Envasado en ORIGEN por   75 cl e
Bodega Ariano Hnos. S.A. Canelones - Uruguay.

Casona López

CHARDONNAY

BODEGAS LOPEZ
GEGRÜNDET 1898

WEISS QUALITÄTSWEIN ABGEFÜLLT IN URSPRUNGSKELLEREI
PROVINZ VON MENDOZA - ARGENTINIEN

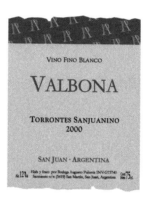

VINO FINO BLANCO

VALBONA

TORRONTES SANJUANINO
2000

SAN JUAN · ARGENTINA

Alc 12%   Elab y fraco por Bodega Augusto Pulenta (INV-G73740)   Cont 75
Vol   Sarmiento s/n (5419) San Martin, San Juan, Argentina   Nen

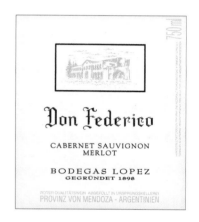

Don Federico

CABERNET SAUVIGNON
MERLOT

BODEGAS LOPEZ
GEGRÜNDET 1898

ROTER QUALITÄTSWEIN ABGEFÜLLT IN URSPRUNGSKELLEREI
PROVINZ VON MENDOZA - ARGENTINIEN

Finca de la

MONTAÑA

MALBEC

1999

MENDOZA
ARGENTINA

ELABORADO Y
ENVASADO EN ORIGEN
POR PEÑAFLOR S.A.
MENDOZA - ARGENTINA

ALC.12,5% Vol.   75 Cl e

VALLE de

LaLUNA

MERLOT - MALBEC
VINO FINO TINTO
1999
MENDOZA - ARGENTINA
ELABORADO Y ENVASADO EN ORIGEN
POR PEÑAFLOR S.A. MENDOZA, ARGENTINA
ALC.12% Vol.   75 CL e

Desde 1883

TRAPICHE

BROQUEL

VINO FINO TINTO
MENDOZA ARGENTINA
ELABORADO Y EMBOTELLADO EN ORIGEN POR
BODEGAS TRAPICHE MENDOZA ARGENTINA
13% vol.   75 CL e

1999

COLECCION
MICHEL TORINO
BODEGA   LA ROSA

FINE RED WINE
ESTATE BOTTLED

ALC. by Vol   PRODUCE OF ARGENTINA   75 cl e
13,5 %   CAFAYATE VALLEY
Produced and bottled by Michel Torino Hnos. S.A.I.C.A. in Cafayate - Salta - I.N.V. Nº 379121

MENDOZA   ARGENTINA

LAS LEÑAS
Vino Fino Tinto
1999

ENVASADO EN ORIGEN
Elaborado y envasado
por Bodegas Trapiche
ALC.12,5%vol.   Mendoza - Argentina   75cl. e

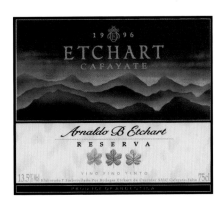

La cordillera de los Andes, de 7500 kilómetros de longitud, influye en la mayor parte de la viticultura suramericana. Los altos picos protegen frente a las tempestades y la lluvia, y proporcionan a los valles un clima seco y caluroso. El agua de deshielo de los glaciares empapa las vides y les suministra minerales. Por las noches, de las cumbres baja aire frío, que refresca las cepas y favorece el desarrollo de aromas en las uvas.

das que resulan muy recomendables con vinos de la más alta categoría. Y junto a estas dos grandes bodegas, cada una de las cuales posee más viñas que todo Rheingau, recaban la atención nuevas fincas con ambiciosos viticultores. Valles enteros se habilitan para el cultivo de la vid. Donde hasta ahora crecía la uva del país, de gran rendimiento, los cosecheros plantan hoy cabernet-sauvignon, merlot y chardonnay. A la exportación se destinan los mejores productos, comparables con los buenos vinos del Ródano y la mitad de caros. Esos miles de millones de pesos que se han invertido en el pasado reciente en la mejora de la economía bodeguera van a contribuir a que la calidad siga aumentando. De momento los precios apenas suben. Inglaterra es el principal comprador. También se destinan grandes cantidades a EE UU, lo que despierta el recelo de los productores californianos. Algunos son previsores y se implican en Chile fieles al lema comercial: «Si no puedes derrotarlos, únete a ellos».

Ventajas de la naturaleza

La naturaleza de Chile ofrece condiciones excelentes para los viticultores: los suelos están llenos de minerales y nitrato, por lo que apenas necesitan ser abonados. Contra la filoxera y otros parásitos existen barreras por todos los lados: al oeste los Andes, al este el océano, al norte el desierto de Atacama y al sur el gélido estrecho de Magallanes. No obstante, todo vegetal procedente de Europa tiene que pasar algunas semanas de cuarentena. A la menor sospecha se queman los plantones. El mildíu se da raras veces en ese clima tan seco, por lo que el uso de productos fitosanitarios resulta superfluo. Para regar los extensos campos de vid, los viticultores se sirven de un sistema de canales que se remonta en parte a los incas. Por las noches bajan mucho las temperaturas, lo que hace las uvas más aromáticas. Estas alcanzan todos los años su completa madurez. Los vinos son redondos y jugosos, sin demasiado alcohol. El cabernet-sauvignon tiene un sabor mucho menos penetrante a pimiento verde. El merlot resulta maravillosamente carnoso. Más fina todavía resulta una arcaica variedad de Burdeos, totalmente olvidada en Europa, la carménère, pariente lejana de la merlot. Gracias a la tecnología bodeguera más actual, los blancos muestran fructuosidad y carácter. Cuando las cepas envejecen y arraigan más profundamente, los vinos, al menos los tintos,

adquieren un peculiar aroma a eucalipto, que permite reconocer fácilmente los buenos vinos chilenos.

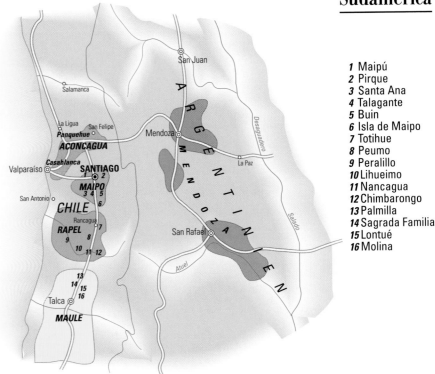

Los parásitos se ahogan

Al otro lado de los Andes, en la región de Mendoza, en Argentina, reinan unas condiciones muy similares. Sin embargo, las economías vitivinícolas no podrían ser más diferentes. Así, mientras se afirma de los chilenos que son los prusianos de Sudamérica, los argentinos se lo toman con más calma. Hasta hace muy pocos años, la llanura poco menos que interminable que se extiende a ambos lados del río Mendoza doblaba en cantidad la vid que crece en Alemania. Allí se producen cantidades colosales de un sencillo vino común. La zona es en principio un desierto, pero los Andes proporcionan abundante agua de deshielo. En primavera, las viñas se inundan, con lo que de paso se ahoga cualquier parásito que estuviera en incubación. En el país, las ventas descienden sin cese: la gente joven muestra escaso interés por la bebida de su padres y prefiere la cerveza. El Ministerio de Agricultura de Buenos Aires intenta incansablemente promocionar la producción de calidades superiores y de hecho la proporción de vinos finos aumenta, suponiendo actualmente un 20%, aunque los requisitos para estos productos de la más alta categoría deberían ser más estrictos.

Los chilenos invierten al otro lado de los Andes

De todos modos, se encuentran actualmente tintos que se pueden calificar desde buenos hasta muy buenos. Con la antigua variedad francesa malbec (malbeck en Argentina) se prensan caldos con personalidad propia, con los que los viticultores argentinos quieren destacar cada vez más a nivel mundial. Los vinos blancos resultan casi siempre planos, pero con la mejora de la técnica en las bodegas también progresan. En las estanterías alemanas sólo se encuentran los mejores productos argentinos, a precios considerablemente bajos. El volumen de exportación no es muy grande, pero permanece constante. De momento se vislumbra un mayor esfuerzo por exportar

a Europa, eso sí con el patrocinio del dinero público. Precisamente los elegantes expedidores alemanes que descubrieron Chile aún hacen caso omiso de los vigorosos y fidedignos tintos del país vecino. En Alemania, los vinos argentinos son consumidos por los clientes de las cadenas de restaurantes especializados en parrilladas, lo que representa un nivel considerable de calidad para este tipo de local. Lo que llama la atención es que las bodegas industriales chilenas cada vez se implican más en la viticultura argentina. El viñedo al este de los Andes cuesta poco dinero y de Mendoza a Santiago sólo hay una hora en avión.

Vides del sudoeste de Francia

El tercer productor de vino de Sudamérica es Uruguay. Al este y al sur de la capital, Montevideo, hay unas 10 000 hectáreas de vides, menos que en Alsacia. Desde hace unos años los viticultores presentan valientemente sus vinos en la feria especializada ProWein de Düsseldorf, aunque hasta ahora no se han encontrado grandes cosechas. Resultan interesantes los vinos de la vid tannat, que fue introducida en el siglo XIX procedente del sudoeste francés. Lo que no se acaba de comprender es que la Sociedad para la Cooperación Técnica alemana, en representación del Gobierno de Berlín esté proporcionando ayuda para el desarrollo de la viticultura uruguaya, pues se trata de un país rico, apodado «la Suiza de Surámerica».

293

ULTRAMAR

Los viticultores chilenos no han participado nunca en el dédalo de denominaciones que hace tan difícil el estudio de algunas etiquetas francesas y, sobre todo, alemanas. Salvo escasísimas excepciones, los vinos son siempre secos, con lo cual sólo hace falta indicar la añada y la variedad de uva. Se citan también el productor y el embotellador. Los mejores vinos envejecidos en barrica se llaman «reservas».

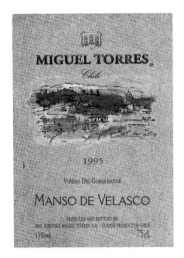

MIGUEL TORRES
Chile

1995

VIÑEDO DEL GOBERNADOR

MANSO DE VELASCO

PRODUCED AND BOTTLED BY:
SOC. VINÍCOLA MIGUEL TORRES S.A. · CURICÓ PRODUCT OF CHILE
13% vol.   75 cl.

ESTATE BOTTLED
1996
VIÑA
TARAPACÁ
Gran Vino Reservado
CABERNET SAUVIGNON
MAIPO VALLEY
Produced and Bottled by Viña Tarapacá Ex Zavala S.A., Santiago, Chile
75 cl   Product of Chile.   13% vol.

CANEPA

2000
SAUVIGNON
BLANC
CACHAPOAL
13% vol.   75cl
PRODUCE OF CHILE

PRIVATE RESERVE
LAST EDITION
1998
VIÑA TARAPACÁ
75 cl   13.5% vol
MAIPO VALLEY

RESERVADO

ECHEVERRIA

1998

CABERNET SAUVIGNON

MOLINA · CHILE

PRODUCED AND BOTTLED BY
VIÑA ECHEVERRIA LTDA. - MOLINA
750 ml   13 % Vol
PRODUCT OF CHILE

RESERVADO
Limarí Valley
PALO ALTO
MERLOT
1999
VIÑA
FRANCISCO DE AGUIRRE
Alc.14% vol.   COQUIMBO REGION · PRODUCT OF Chile   75 cl.

75 cl   13.5 % VOL

Laura Hartwig
COLCHAGUA VALLEY
ESTATE BOTTLED

CABERNET
SAUVIGNON
1998
PRODUCE OF CHILE · PRODUCED AND BOTTLED
BY SANTA LAURA S.A. · CAMINO BARREALES s/n SANTA CRUZ

MIS EN BOUTEILLE AU DOMAINE

LOS VASCOS
DOMAINES BARONS DE ROTHSCHILD (LAFITE)

1996
CABERNET SAUVIGNON
COLCHAGUA
75 cl
PRODUCE OF CHILE
PRODUCED AND BOTTLED BY
VIÑA LOS VASCOS, PERALILLO, COLCHAGUA-CHILE   12.5% vol.

VIÑA DOS
PILARES
Merlot
RESERVE
1998
MAIPO VALLEY, CHILE
Estate Bottled
in Chile by V C R
13.5 % Vol   75 Cle

RESERVADO
Merlot
SAN FERNANDO
1998
OCHAGAVIA
VINEYARDS ESTABLISHED IN 1851
Produced and bottled by Viña Ochagavía Ltda.
Product of Chile
13% vol.   75 cl

CONCHA y TORO
13% vol   PRODUCE OF CHILE   75 cl
MERLOT
RAPEL VALLEY
1999
CHILE

CABERNET SAUVIGNON · MERLOT
RESERVA ESPECIAL
TEMPUS
1998
LIMARI VALLEY
VIÑA
FRANCISCO DE AGUIRRE
Alc.13,5% vol.   ESTATE BOTTLED · PRODUCT OF CHILE   750ml

Sudáfrica

El vino de los dos mares confirma su puesto en la lista de éxitos de los degustadores.

Allesverloren (todo perdido), Buitenverwachting (esperando a los barcos), Vergelegen (trastocado), Twee Jonggezellen (dos solteros)... La primera vez que se oyen los nombres de algunas fincas vitivinícolas sudafricanas, de clara influencia neerlandesa, hacen sonreír. Es la verdad, fueron colonos holandeses quienes trajeron las vides a El Cabo. Está documentado en su propio diario que Jan van Riebeeck, el primer gobernador de Sudáfrica, plantó un viñedo en las estribaciones de Tafelberg el 2 de febrero de 1659. El hombre no tenía la menor idea de cómo había que trabajar las uvas y así de horrible debía de ser el sabor de los vinos. Un poco mejor resultaron cuando llegaron a El Cabo los hugonotes que huían de Francia y aportaron conocimientos enológicos. Se instalaron en un valle al este de Stellenbosch, donde por entonces aún habitaban elefantes, leopardos y rinocerontes.

Crearon una fértil región que los bóers holandeses llamaron Franschhoek, que significa algo así como el «rincón francés». Allí se encuentran nombres como La Bourgogne o Haute Provence. Pero también los vinos de Franschhoek debían de tener entonces, al menos para el paladar actual, un sabor muy tosco y oxidado. Hubo que recorrer un largo camino hasta alcanzar el alto nivel que la viticultura y la técnica bodeguera tienen hoy en Sudáfrica. Desde hace algunos años los viticultores sudafricanos tocan en la orquesta mundial de los buenos vinos.

El arte de cosechar a su debido tiempo

Dos océanos rodean Sudáfrica, el Atlántico y el Pacífico. Su influencia proporciona a Ciudad del Cabo un clima benigno. Con frecuencia sopla por las noches desde la costa una brisa fría que recibe el nombre de «Doctor del Cabo». Sin embargo, entre diciembre y febrero, que allí equivale a las postrimerías del verano y al otoño, hace un calor abrasador. A fin de cuentas, Ciudad del Cabo se encuentra a la misma altura que el desierto de Libia. Además, los grandes viñedos en torno a Stellenbosch y Paarl están rodeados por altas montañas que detienen el viento procedente del mar. Con frecuencia se observa cómo este arrastra las nubes desde la costa. Gruesos nubarrones trepan sobre las cumbres, pero los disuelve el calor que sube de los valles. Durante la vendimia el termómetro alcanza los 40°C, por eso muchas empresas cosechan por la noche. Es una imagen desacostumbrada: a la luz de los reflectores se observa a los vendimiadores, la mayoría de raza negra, trabajar con cascos provistos de frontales. El calor en otoño no deja de ser problemático. Las uvas adquieren pronto suficiente azúcar, pero, en realidad, están todavía verdes. Así se obtienen vinos vigorosos, pero con un sabor agraz y vacío. Dejar las uvas más tiempo en la cepa supone el peligro de que los ácidos precipiten y mediante la concen-

tración de azúcar se produzca después un exceso de alcohol. Hallar el momento adecuado para cosechar es a menudo cuestión de horas. Los *wine makers* conocen un truco sencillo: cuando las pepitas en el interior de los granos de uva empiezan a decolarse, ha llegado el momento de vendimiar.

La región vinícola está en movimiento

La técnica enológica se mueve en Sudáfrica a un alto nivel. Muchos jóvenes sudafricanos han pasado por las renombradas escuelas técnicas superiores de Burdeos o Giesenheim am Rhein. Al conocimiento se une la voluntad de producir grandes cosechas. Y desde que los mercados mundiales se han abierto para la república de El Cabo, los viticultores pueden cumplir sus deseos de competir con los vinos importantes de todo el mundo. Revive el antiguo espíritu pionero: continuamente se fundan nuevas *wineries* y *estates*. Cuando las cepas de un viñedo se agotan, se replanta con el mejor material. Se invierte en la modernización de bodegas, pero también en la mercadotecnia. Según

nomía vitivinícola de Sudáfrica tiene que exportar. Las ventas se han estancado después de un largo retroceso.

Las consecuencias de una errónea política de cultivo

Con una extensión de 100 000 hectáreas, la superficie de viñedo de Ciudad del Cabo es tan grande como la de la República Federal de Alemania. Pero en Sudáfrica viven sólo 30 millones de personas, de las cuales sólo una minoría bebe vino. Durante el *apartheid* se siguió produciendo de modo desenfrenado. Lo que no se podía vender como vino iba a parar a la caldera del alambique. A esto hay que añadir que se plantaron (al menos desde el punto de vista actual) las vides inadecuadas. Cuatro quintos de la producción se destina a vino blanco, sobre todo de la variedad steen. Es idéntica a la chenin blanc del Loira, pero con diferencia básica: con el benigno clima de Francia esta uva produce unos vinos frescos de magnífica acidez, mientras que con el calor surafricano da lugar a unos vinos insípidos y muy alcohólicos, que sólo pueden ser bebibles mediante la adición de ácido cítrico. Sin embargo, no hay necesidad de recurrir a esto. Jeff Grier, de la finca Villiera Estate de Paarl, elabora cosechas densas y con temperamento a base de steen. Su secreto: cepas viejas con poco fruto. Incluso el vino espumoso que Grier elabora a base de esta variedad tiene un sabor muy fresco. Hace años que se arranca chenin blanc en grandes cantidades y se sustituye por chardonnay, que se adapta mejor al clima caluroso y seco. Como suele ocurrir en el Nuevo Mundo, cuando el vino se pone en las barricas de roble adquiere un agudo sabor a vainilla y nuez. Este estilo está pasado de moda. También en Sudáfrica sacan a la mesa de quien lo pide un chardonnay *unwooded* (es decir, «sin madera») muy agradable. Pero allí es mejor el sauvignon blanc; en el valle de Constantia, el este de Ciudad del Cabo, se cosecha el de más calidad. En esa zona llueve mucho y el constante viento cálido seca las uvas rápidamente. Quien prueba el sauvignon de la finca Buitenverwachting queda entusiasmado.

Norma Ratcliffe, jefa de la finca vitivinícola Warwick, situada en Muldersvlei, cerca de Stellenbosch, «se vuelve a disfrutar siendo viticultor en Sudáfrica». Y los productos que hasta hace pocos años tenían un paladar mediocre y uniforme, producen la impresión de haberse contagiado del optimismo que reina a su alrededor. Mejoran continuamente siendo (todavía) asequibles. Los importadores de Europa están satisfechos con los buenos márgenes de beneficios y, pese a todo, los degustadores obtienen calidad por el dinero pagado. Además, la eco-

El tan especial pinotage

Pero el mundo pide a gritos vino tinto y en El Cabo hay demasiado poco. Allá donde es posible se cambian las vides de chenin y chardonnay por cabernet-suavignon y merlot. Esta última variedad produce en Sudáfrica unos caldos especialmente carnosos e incluso de gran sedosidad. Los maestros bodegueros también han aprendido a vinificar bien el merlot. Antes el vino siempre sabía un poco a goma quemada, lo que se debía a que las uvas llegaban a la prensa calientes por el sol. Hoy, con los sistemas de refrigeración, este problema ha dejado de existir. Más al norte, en Olifans River, donde puede llegar a hacer muchísimo calor, se han plantado nuevas superficies con ruby cabernet, un cruce obtenido especialmente para el clima caluroso. Produce unos vinos sencillos pero de acentuada fructuosidad, con intensas notas de cereza y grosella. A los compradores europeos todo el que consiguen les parece poco. Para mi gusto, el más agradable de los vinos surafricanos es el que se obtiene de la prensa de pinotage. Esta variedad es un cruce con casi 100 años de antigüedad desarrollado especialmente para el clima local. Como la fina pinot noir borgoñona proporciona con el calor otoñal unos vinos demasiado toscos, se cruzó con la cinsault del sur de Francia (llamada tam-

bién antiguamente hermitage). Se necesitaron muchos años hasta que los viticultores de El Cabo comprendieron el tesoro que tenían en las manos. La pinotage produce caldos muy particulares, con aromas ahumados y notas de ciruela. Quien apuesta por esta vid es Beyers Truter, *wine maker* de la selecta finca Kanonkop en Stellenbosch. «Durante mucho tiempo nos faltó seguridad en nosotros mismos», afirma, «siempre pensamos que nuestros productos no servían de nada. Ahora sabemos que el pinotage es nuestro orgullo: con él podemos ofrecer al mundo algo especial.»

El gigante de Paarl

El pinotage fue una creación de Abraham Izak Perold, un pionero de la ampelografía. Su nombre se lee actualmente en la etiqueta que adorna uno de los vinos mejores y más caros del país. La KWV de Paarl, la mayor bodega industrial de El Cabo ha puesto todo su empeño en este grandioso producto. La cooperativa central, que recibe el nombre de Ko-operatieve Wijnbouwers Vereiniging van Zuid-Afrika, dominó en tiempos casi el cien por cien de la economía vinícola, también a nivel político. La KWV era entonces una empresa semiestatal a la que

los viticultores estaban obligados a afiliarse. También la legislación enológica (muy razonable y a favor del consumidor) fue promulgada por este gigante. Hoy en día la descomunal empresa está organizada de modo privado y se dedica a la exportación. Los viticultores no sienten grandes simpatías por la KWV, pero la mayoría de las empresas está afiliada. Incluso las *estates* más ilustres han suscrito participaciones. Son conscientes de que sin la KWV, la economía vinícola sudafricana no sería nada. Antes, en la época en que era todopoderosa, la KWV ya sufrió una derrota. En 1967 se unieron 20 fincas vinícolas bajo la marca «Bergkelder Ltd.» para ejercer un contrapeso frente a la cooperativa central. Cada finca trabaja por su cuenta, pero el asesoramiento, almacenaje y distribución corren a cargo de la casa central. La mayoría de los miembros de Bergkelder también le confía la elaboración de los vinos, ya que reúne a la perfección todos los requisitos en materia de tecnología bodeguera. Lamentablemente, esto conduce a una cierta uniformidad en el paladar de los vinos Bergkelder. Algunas de las fincas miembros, como por ejemplo, Meerlust o Allesverloren, ambas muy buenas, dan mucha importancia al hecho de vinificar por sí mismas sus vinos. Y estos tienen también más personalidad.

Viñedos para los trabajadores de raza negra

Los blancos sólo representan la décima parte de la población sudafricana. Ellos elaboran el vino y también lo beben, pues este producto no forma parte ni de la cultura ni de la historia de la raza negra, que, además, en su mayoría es demasiado pobre para permitirse una botella de chardonnay o de merlot. Pero entre la población negra comienza a surgir una clase media constituida por artesanos y comerciantes que han hecho algo de dinero y se pueden permitir visitar un restaurante y beber vino. Son la excepción. Vernon Davis, director de comercio internacional de la KWV, expresa la opinión de la mayoría de sus semejantes: es indispensable hacer desaparecer las colosales diferencias sociales y con ellas las explosivas tensiones que vive el país, y no sólo por razones políticas o humanitarias. También con el fin de reforzar la economía hay que hacer todo lo posible para contribuir a que la población negra alcance como mínimo un discreto bienestar. Davies tampoco tiene recato en reconocer en ello ventajas económicas para su ramo: «Ahí reside un potencial de ventas que en estos momentos está inutilizado. Si todas las gentes de este país bebieran vino de vez en cuando no tendríamos suficiente». La KWV apoya un proyecto llamado *New Beginnings*. Alan Nelson, propietario de una finca vitivinícola de Worchester ha donado una gran parte de su viñedo a sus trabajadores negros. Ahora trabajan por cuenta propia, explotan los terrenos bajo su propia gerencia y venden las uvas a su antiguo *baas* por un buen precio. Y reciben su parte del beneficio obtenido con la venta de los vinos. Así les queda dinero para adquirir maquinaría y construir casas. En los últimos años han surgido en El Cabo más proyectos similares. Tienen nombres tan apropiados como *Fair Valley*, *Wind of Changes* o *Freedom Road*. Cerca de Darling, en la costa oeste, se ha creado la finca Papkuilsfontein, explotada exclusivamente por trabajadores de raza negra. La fundó la Maluti Foods & Beverages Companie, una empresa de Soweto cuyos propietarios son hombres de negocios negros.

ULTRAMAR

Wine of Origin Stellenbosch — Wyn van Oorsprong Stellenbosch
VINTAGE **1996** OESJAAR
CABERNET SAUVIGNON/MERLOT
From the Zonnebloem Cellars
ZONNEBLOEM WINES LIMITED
OUDE LIBERTAS, STELLENBOSCH, SOUTH AFRICA
0,75ℓ   12,5%vol
PRODUCT OF THE REPUBLIC OF SOUTH AFRICA

PRODUCT OF SOUTH AFRICA
VINTAGE **1998**
L A I B A C H
Cabernet Sauvignon
WINE OF ORIGIN STELLENBOSCH

Constantia Wine of Origin
KLEIN CONSTANTIA
1997 SAUVIGNON BLANC
Estate Wine
GROWN, MADE AND BOTTLED ON THE ESTATE
PRODUCE OF SOUTH AFRICA
13% VOL   A296   750ml

HAMILTON RUSSELL VINEYARDS
Ashbourne
WALKER BAY WINE OF ORIGIN
GROWN, MADE, MATURED AND BOTTLED BY HAMILTON RUSSELL VINEYARDS
HEMEL-EN-AARDE VALLEY, HERMANUS, CAPE OF GOOD HOPE
750ml   PRODUCE OF SOUTH AFRICA   Alc.13.0%Vol.

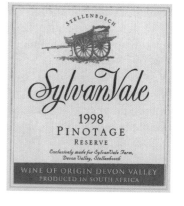

STELLENBOSCH
SylvanVale
1998
PINOTAGE
RESERVE
*Exclusively made for SylvanVale Farm,
Devon Valley, Stellenbosch*
WINE OF ORIGIN DEVON VALLEY
PRODUCED IN SOUTH AFRICA

GOEDVERWACHT
ESTATE WINE
GROWN AND MADE ON THE ESTATE
2000
Sauvignon Blanc
W.O. BONNIEVALE
A404·750 ML PRODUCE OF SOUTH AFRICA   12.0% VOL.

1983
Rozendal Farm
Produced & bottled by
ROZENDAL FARM (PTY) LIMITED
JONKERSHOEK, STELLENBOSCH
PRODUCE OF REP. OF SOUTH AFRICA
WINE OF ORIGIN COASTAL REGION   750ml

TenFiftySix
CABERNETSAUVIGNON
1998
750 ml
A526   WINE OF ORIGIN FRANSCHHOEK SOUTH AFRICA   13% vol

SINCE 1791
Nederburg
PINOTAGE
1997
DRY RED WINE · WESTERN CAPE · PRODUCE OF SOUTH AFRICA
0,75ℓ   PRODUCED AND BOTTLED BY NEDERBURG WINES (PTY) LTD., PAARL, SOUTH AFRICA   12,5% vol

L'ATRIUM
Rouge M
Net Contents 750 ml   PRODUCT OF SOUTH AFRICA   Alc. 12.0% by Vol.

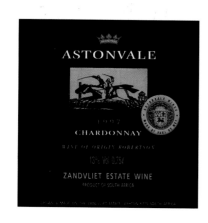

ASTONVALE
1997
CHARDONNAY
WINE OF ORIGIN ROBERTSON
13% Vol. 0.75ℓ
ZANDVLIET ESTATE WINE
PRODUCT OF SOUTH AFRICA

KWV
ROODEBERG
WINE OF WESTERN CAPE
1999
750 ML PRODUCT OF SOUTH AFRICA 13.5% VOL
A100

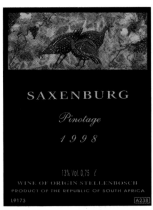

La población blanca de Sudáfrica tiene ascendencia holandesa. Durante mucho tiempo estuvieron bajo el dominio británico. Con ese pasado es asombroso que en El Cabo se encuentre buena cocina. Hay pocos restaurantes de alta calidad. La mayoría se concentra en Franschhoek, «el rincón francés» fundado por los hugonotes. El avestruz, el kudu y el antílope proporcionan una carne delicada excelente para saborear con el pinotage.

Las Antípodas

Donde hasta hace pocos años pastaban las ovejas, se producen actualmente vinos de la más alta calidad.

Roland Wirtz de Valwig, un pueblecito en la ribera del Mosela, puede atribuirse el mérito de haber dado a conocer a los alemanes el vino del otro lado del mundo: una gira por Australia en la primavera de 1978 le condujo entre otros lugares al viñedo Barossa Valley, cerca de la ciudad de Adelaida. Los vinos que probó allí le produjeron una impresión tan perdurable que entabló negocio con una bodega cooperativa e hizo mandar a Alemania 18 000 litros de shiraz y cabernet-sauvignon. El negocio fue poco más que flor de un día, pero siguieron otros competidores. En 1980, las botellas de ultramar registraon un mini-auge. La oferta consistía en mercancía mediocre que, so pretexto del exotismo, se vendía demasiado cara. Los consumidores sólo acep-taron seguir el juego brevemente, pero los lazos que había tendido el comerciante del Mosela no se rasgaron, en parte gracias al instinto comercial de los australianos.

Flor de un día, moda, irrupción

Hace como mucho quince años el comercio de vino alemán volvió a experimentar una segunda ola de productos exóticos, esta vez con vinos intachables. La prensa especializada informó presa de excitación de que el especialista alemán en productos franceses Jacques' Wein-Depot incluía australianos en su programa. Con una gama de precios entre los cinco y los diez euros los viticultores australianos podían triunfar. Una exten-

304

sa cata profesional en Stuttgart con chardonnay y cabernet-sauvignon de todo el mundo presenció cómo las cosechas australianas se hacían con los primeros puestos. A pesar de ello, los comerciantes de Bélgica, Holanda y Alemania no se atreven a acercarse a estos vinos grandiosos y caros, con una excepción: Penfolds. El nombre corresponde a una estructura multinacional que domina la cuarta parte del mercado del vino australiano. A ella pertenecen productores tan renombrados como Lindemanns, Seppelt y Wynns. Este grupo de empresas cubre todo tipo de demanda, desde vinos de mesa corrientes envasados en *tetrabrik* hasta las legendarias cosechas Grange con precios que superan los 150 euros. En Max Schubert hallaron un maestro bodeguero muy capaz, que supo convencer a sus jefes de que el suelo australiano permitía elaborar vinos con el formato de las grandes cosechas europeas. Fallecido en 1994, Schubert fue digno ejemplo de una generación de enólogos que se cuentan entre los mejor formados del mundo. En ningún otro lugar, ni siquiera en California, se ha investigado tan a fondo el crecimiento de la vid y el proceso de elaboración del vino. En un plazo de veinte años, los australianos se prepararon para el liderazgo. «Nuestra ventaja es que carecemos de tradiciones que nos supongan una carga», dice Bob Oatly, jefe de la finca Rosemount-Estates, en Upper Hunter Valley, al norte de Sídney, «no hemos tenido oportunidad de cometer los errores con los que los europeos se han complicado la vida desde hace 300 años».

El «Kaiserstuhl» de Barossa

La historia de la viticultura australiana es reciente. La flota que en 1788 trajo a los primeros colonos al quinto continente también aportó la vid. Los primeros viñedos surgieron en el extremo oeste. Posteriormente, superficies de viña cada vez mayores se fueron extendiendo en torno a las ciudades de Adelaida y Melbourne. Sin embargo, una plaga de filoxera extinguió la viticultura durante décadas. Aunque situada más al norte, con el consecuente aumento de las temperaturas, en el extremo este surgió la región vinícola de Hunter Valley, fundada por alemanes. En el valle de Yarra, al norte de Merlbourne, fueron pioneros suizos

quienes roturaron la naturaleza para dedicarse a la viticultura. También alemanes fueron quienes instauraron el cultivo de la vid en Barossa Valley, al norte de Adelaida. Actualmente los habitantes de esta región siguen celebrando fiestas de la vendimia con salchichas y pasteles alemanes, y eligen a sus reinas de la vendimia como en su antigua patria. Colonos procedentes de Baden

invadidos por la morriña bautizaron como «Kaiserstuhl» un destacado viñedo plantado sobre una montaña. A los abogados de la Asociación Alemana de Viticultores les costó su trabajo conseguir que se prohibiera esa denominación para vinos australianos.

El gran arte del coupage

La mayor parte del vino australiano es un producto masivo, pero incluso los vinos más sencillos están elaborados con dignidad. La temperatura contribuye y las uvas maduran siempre. La vendimia empieza pronto, se realiza con máquinas y se vinifica en grandes bodegas industriales con un gran despliegue tecnológico. Expresiones como *wine making* o *wine industry* no suponen para los australianos el menor problema. Consiguen que un cabernet elaborado en gigantescos depósitos sepa como si procediera de la barrica. Las virutas de roble se encargan de hacer su parte. El *coupage* está considerado un arte. No resulta impropio mezclar vinos del caluroso Barossa Valley con los de la fresca isla de Tasmania, aunque ambos territorios estén a 1000 kiló-

metros de distancia. Lo que cuenta es el producto final, que en todo segmento de precios está al nivel de los productos europeos equivalentes, cuando no resulta mejor. La legislación enológica australiana es tan distendida como los viticultores. Al no haber ninguna denominación, cada uno puede escribir en la botella todo lo que quiera. Pero en interés propio no se cometen abusos. Tampoco las bodegas australianas tienen ninguna necesidad.

Buen riesling en todo el sur

De vez en cuando se producían inundaciones de vino, pero se ha arrancado más de la mitad de las variedades de alto rendimiento que ocasionaban un exceso de existencias, y se ha sustituido por las mejores vides de Francia y Alemania. Se ha plantado sobre todo la uva del Ródano syrah, que en el quinto continente recibe el nombre de shiraz y proporciona los mejores resultados. Durante el auge de la cabernet en los años noventa, este tesoro casi quedó olvidado, pero ahora vuelve a gozar del puesto que merece. También hay, por supuesto, exce-

lente cabernet-sauvignon. La mejor crece en Padthaway y Coonawarra, al sudeste de Adelaida. En el extremo más meridional de Nueva Gales del Sur reina un clima fresco tan agradable que hasta las variedades nobles sensibles al calor, como la riesling y la pinot noir, producen resultados dignos de atención. A fin de cuentas, Melbourne, la capital de la región, se encuentra a la misma altura que Sicilia o San Francisco y las corrientes frías del Antártico bañan sus costas. Los australianos también saben vinificar bien el chardonnay. Se elaboran vinos maravillosamente cremosos, con insinuaciones a notas de madera y menos pesados que los californianos. Pero desde que impera en todo el mundo el «movimiento ABC» («cualquier cosa menos chardonnay»), esta variedad retrocede en beneficio del vino tinto.

El doble de vino en diez años

Los viticultores australianos, inteligentes negociantes, tienen clientes en todo el mundo, aumentan su volumen de ventas de año en año y no tienen el menor recato en destinar grandes inversiones a la creación de nuevo viñedo. En 1995 se lanzó la consigna de duplicar las 60 000 hectáreas de superficie destinadas a este cultivo en el plazo de diez años. En 2003 eran ya 148 275 hectáreas. Así pues, los extravagantes planes se han convertido en algo más que una utopía. Donde antaño pastaban las ovejas, se extienden hoy en día enormes viñas que producirán próximamente vinos de primera clase. Los australianos han demostrado ya con creces que son capaces de ello. *From zero to hero* («de ser un cero a ser un héroe») es

uno de sus lemas. Algunas regiones vitivinícolas que hace quince años apenas conocía
nadie se han hecho un nombre en poquísi-
mo tiempo: Langhorn Creek, al sur de Adelaida, Glenrowan-Milawa o Corowa-Ruth-
erglen, al norte de Melbourne. Un estado de
ánimo similar al de la Fiebre del Oro es precisamente el que imperaba y sigue imperando en el salvaje oeste australiano, en la costa meridional de Perth. A orillas del río
Margareth, donde predomina un clima
mediterráneo, se han extendido en los últimos años los cultivos de vid. La búsqueda

de terrenos con un clima más fresco acabó
llevando necesariamente a la isla de Tasmania, al sur de Melbourne. Las vides han de
protegerse con redes del fuerte viento que
sopla allí. Las uvas maduran despacio y así
tienen tiempo de acumular sustancias minerales. Se ha catado ya algún riesling de Tasmania que hubiera podido ser del Mosela.

Maestros de la bodega y de la mercadotecnia

Pero todo este vino ha de venderse. A los
propios australianos les gusta mucho tomar
vino: beben tres veces más que los norteamericanos. Los preferidos son los *cask wines*,
vinos envasados en *tetrabrik*. Además, la
superficie del país *Down under* equivale a
tres cuartas partes de Europa, pero sólo tiene 15 millones de habitantes, así que hay
que exportar, y los australianos saben vender. Primero estudian el mercado, tasan los
precios que quieren alcanzar y luego orientan sus productos en consecuencia. Si de las
conversaciones con los compradores europeos se desprende, por ejemplo, que de cara
al público inglés se pueden comercializar
mejores cosechas, el gerente del viñedo y el
vinicultor reciben la orden de producir

botellas por 30 dólares en vez de por 10. Los jefes de las grandes bodegas calculan así: una décima parte del trabajo corresponde al viñedo y a la bodega, el resto es cosa de la mercadotecnia. Quien pretende deducir de esta frase que los productores no se esfuerzan con el vino, se equivoca. Los enólogos australianos disfrutan en todo el mundo de una fama legendaria. Durante la primavera australiana, los más jóvenes de ellos se marchan a Europa, donde son recibidos con los brazos abiertos como *flying wine makers*, o vinicultores con alas.

Masiva tendencia a la calidad

Los viticultores de Nueva Zelanda aún necesitaron menos tiempo para entrar a formar parte de la cultura vitivinícola mundial, si bien el cultivo de la vid en el país de las dos islas tiene 200 años de antigüedad. Las condiciones son buenas: a pesar de tratarse de una región tan austral, su clima es suave y benigno, similar al de Centroeuro-

pa. En el año 1960 había en Nueva Zelanda unas 600 hectáreas de vid, en 2001 eran ya 10 000. Incluso en el sur, mucho más fresco, se cultiva sauvignon blanc cerca de Christchurch. Hasta hace quince años los embotelladores prestaban poca atención a la calidad de los vinos. Más de la mitad de la superficie de viñedo estaba plantada con müller-thurgau. No hay duda de que con ella se podía prensar un vino suave, pero con las uvas se elaboraban casi sin excepción productos masivos demasiado dulzones que se envasaban en la caja rectangular. Hasta que hace diez años se produjo una masiva tendencia a la calidad. Los viticultores de Nueva Zelanda sorprendieron en catas realizadas en Europa con un pinot noir brillante y un chardonnay de gran elegancia. Pero la mayor sorpresa la depara la uva sauvignon blanc, sobre todo la que se cultiva en Hawke's Bay, al norte de Wellington. De pronto el mundo se entera de que esta variedad no proporciona en ninguna otra parte vinos tan suaves y frutales como en Nueva Zelanda.

Se recomienda

Brands Laira
en Coonawarra (Australia)

Claudy Bay
en Blenheim (Nueva Zelanda)

Cullens
en Cavaramup
(Río Margareth/Australia)

Elsewhere
en Cygnet (Tasmania)

Grosset
en Auburn
(Clare Valley/Australia)

Hunter's
en Blenheim
(Nueva Zelanda)

Petaluna
en Clare
(Clare Valley/Australia)

Rosemount
en Denman
(Hunter Valley/Australia)

Selak Wines
en Kumeu (Nueva Zelanda)

Château Tahbilk
en Nagambie
(Goulburn Valley/Australia)

Tyrrels
en Cessnock (Nueva Gales
del Sur/Australia)

Vasse Felix
en Cowaramup
(Río Margareth/Australia)

Veritas
en Tanunda
(Barossa/Australia)

Wolf Blass
en Nuriootpa
(Barossa/Australia)

Wyndham
en Branxton (Nueva Gales
del Sur/Australia)

Yalumba
en Angaston
(Barossa/Australia)

Yarra Yarra
en Healesville
(Yarra Valley/Australia)

ULTRAMAR

Se critica a los australianos diciendo que tienen la cabeza cuadrada y además son bastante incultos. Devoran, según los rumores, inmensas cantidades de carne y cerveza. Todo esto no puede ser cierto. En Australia ha surgido en el menor tiempo posible una espléndida viticultura. Sus viticultores sorprenden al mundo con magníficas cosechas a unos precios (todavía) razonables. Y dicho sea de paso, de Nueva Zelanda llegan noticias similares.

Penfolds
KOONUNGA HILL
— SHIRAZ - CABERNET SAUVIGNON —

Koonunga Hill is a richly flavoured, full-bodied, dry red.
Featuring ripe, spicy Shiraz in combination with rich, berry-like
Cabernet, this wine is ideal for drinking now or for short to
medium term cellaring.

750ML

ANGOVE'S

CHALK HILL BLUE

2000
PRODUCED & BOTTLED BY
ANGOVES PTY LTD BOOKMARK AVE
RENMARK SOUTH AUSTRALIA 5341

COLOMBARD
CHARDONNAY

11.5% vol   75cl

MOUNTADAM

CHARDONNAY 1996

PRODUCT OF AUSTRALIA

BARRAMUNDI®

SHIRAZ
MERLOT

SOUTH EASTERN AUSTRALIA

Quality   The
Wines   Cranswick
By   Estate

12.5%vol   GRIFFITH, NSW, 2680, AUSTRALIA   75cl
PRODUCE OF AUSTRALIA

YALUMBA

BAROSSA
SHIRAZ
— 1998 —

REGIONAL CHARACTER,   From the heart of the Barossa
VARIETAL FLAVOUR AND   Region in South Australia
INDIVIDUAL PERSONALITY
ARE THE HALLMARKS OF   PRODUCT OF
THIS FINE HANDCRAFTED   AUSTRALIA
WINE FROM YALUMBA.

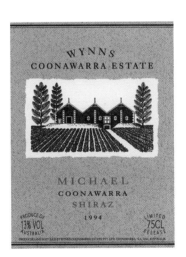

WYNNS
COONAWARRA ESTATE

MICHAEL
COONAWARRA
SHIRAZ
1994

PRODUCE OF
13% VOL
AUSTRALIA

LIMITED
75CL
RELEASE

PRODUCED AND BOTTLED BY WYNNS COONAWARRA ESTATE PTY. LTD, COONAWARRA, S.A. 5263, AUSTRALIA

CRANSWICK
ESTATE

AUSTRALIA

Te MATA
ESTATE
CASTLE HILL
SAUVIGNON BLANC
HAWKES BAY
1997

PRODUCE OF   AUSTRALIA

MOSS WOOD

Glenmore Vineyard
Margaret River
1999
CABERNET SAUVIGNON
750mL

GROWN AT GLENMORE VINEYARD, YALLINGUP.
VINTAGED AND BOTTLED AT MOSS WOOD.
METRICUP ROAD, WILLYABRUP, WESTERN AUSTRALIA, 6280.

14.0 % Vol

CULLEN

MARGARET RIVER
Cabernet Sauvignon
Merlot
1998

PRODUCED & BOTTLED BY CULLEN WINES AUSTRALIA
CAVES ROAD, COWARAMUP, W.A.
PRODUCT OF AUSTRALIA
13.5% Vol.   75cl

THE SCHRAPEL FAMILY VINEYARDS
Bethany®

1996
P R E S S I N G S
G R E N A C H E
BAROSSA

14.5% VOL   PRODUCE OF AUSTRALIA   750ml
BETHANY WINES PTY. LTD, BETHANY RD, BAROSSA VALLEY SOUTH AUST.

Disfrutar el vino

Supongamos que usted pertenece a ese grupo de personas a las que les gusta disfrutar con una buena copa pero se asustan ante las cartas de vinos y pasan de largo frente a las tiendas especializadas porque tantos nombres y tantas botellas sólo les crean confusión. Al final termina usted acudiendo al omnipresente pinot grigio porque así al menos sabe lo que tiene entre manos. Resulta comprensible, pero también lamentable, pues de esta manera se pierde muchos placeres. Lea los próximos capítulos, que tratan sobre la compra de un vino determinado y el ritual correcto para disfrutarlo. Al final se moverá por la diversidad de esta magnífica bebida con la misma soltura con la que un niño espabilado maneja el ordenador.

Comprar vino

La última aventura: «trucos y consejos» para los aficionados al vino que deseen comprar directamente al viticultor.

¿Tombuctú? Hace ya tres años que estuvimos. ¿La Antártida? Cualquier crucero destartalado va hasta allí. Ah, y en Bora-Bora hace tiempo que hay unos de esos clubes de vacaciones. El mundo no da más de sí, la superficie de la Tierra ya no tiene nada nuevo que ofrecer. ¿O a lo mejor sí? Si quiere llevar a cabo una auténtica exploración, si desea ir en busca de un tesoro, dirija sus pasos hacia un agradable y desconocido pueblo de viticultores e indague allí donde hay un buen vino que todavía se pueda pagar. Vaya preguntando de uno en uno. Barr en Alsacia, Mettenheim en el Hesse Renano o Gols en el lago Neudsiedl son sólo tres ejemplos de lugares donde puede encontrar viticultores dignos de confianza. Conocerá gentes maravillosas y oirá leyendas bodegueras asombrosas. Comprar vino en las fincas vitivinícolas es una de las últimas aventuras que nos depara el globo terráqueo. Y al contrario que si busca oro en el Kalahari, según todo cálculo humano, siempre tendrá éxito, con tal de que no repita el error mil veces cometido por los aficionados al vino que se ponen manos a la obra sin un plan preconcebido.

Estanterías llenas de acertijos

Cada vez son más los degustadores que disfrutan haciendo una escapada con el coche a la bodega de un viticultor para traerse en el maletero su provisión de vino. El fenómeno es consecuencia de la inescrutable normativa que reglamenta las denominaciones del vino alemán. En el caso del beaujolais, el soave o el rosé d'Anjou, hasta el aficionado inexperto sabe con bastante exactitud qué puede esperar. Pero detrás de nombres como Edesheimer Ordensgut Kabinett o Bechtheimer Pilgerpfad Spätlese se pueden esconder las sensaciones gustativas más diversas. Comprar en una tienda un vino alemán es como jugar a las adivinanzas. Hoy los supermercados disponen de una amplia oferta donde escoger, pero el cliente necesita los conocimientos que le proporciona la lectura de este libro para poderse decidir. Lo mismo se puede aplicar a las tiendas especializadas, mucho mejor surtidas todavía. Con tantas botellas en las estanterías el aficionado al vino aún se siente más inseguro. Frente a ello, el productor que explica con todo detalle como se ha elaborado el vino despierta más confianza.

Mayo es el mejor momento para comprar vino

De todas las ramas de la economía alemana la viticultura es la que mejor atención presta al cliente. ¿Dónde si no pueden los interesados llamar a la puerta un domingo, darse una vuelta por toda la empresa y catar sin el menor miramiento distintas botellas? La generosidad de las fincas vitivinícolas de cara al comprador es algo único, que sería impensable en cualquier otro lugar. Desgraciadamente se abusa en exceso y con demasiada frecuencia de esta amabilidad. Yo he vivido escenas vergonzosas, en las que gentes sin seso ni sentimiento se presentaban sin avisar interrumpiendo la merienda del domingo, arrancaban al viticultor de la compañía de su familia y no accedían a marcharse hasta haberse tomado unos sorbitos de los *beerenauslese* de 25 euros, mientras la mujer del viticultor les servía un tentempié con una sonrisa forzada. A esto se le llama venir a pasar un buen día a costa de gente que trabaja duramente. Se siente una especial predilección por ir a comprar vino en otoño. Por alguna extraña razón, parece que la bodega privada siempre se vacíe cuando las hojas cambian de color. A los habitantes de las grandes ciudades les vienen de pronto a la mente multicolores imágenes, pintorescas escenas de vendimia con cestas llenas de uvas doradas. En esta disposición el cliente se encamina al viticultor cuando este menos lo necesita, porque para él octubre es la época más dura del año. Continuamente tiene que correr entre el viñedo y la bodega, vigilar la vendimia al tiempo que trabaja las uvas para que en los primeros momentos no se cuelen ya furtivamente notas discrepantes. El mejor momento para comprar es mayo. Para entonces la mayor parte de la nueva añada está embotellada y lista para ser catada. El viticultor aún no ha decidido el precio definitivo y a lo mejor vende todavía con las mismas condiciones del año anterior, y sobre todo tiene más tiempo para dedicárselo a usted.

Descubra su propio vino

Se calcula a *grosso modo* que en la República Federal de Alemania hay unas 15 000 empresas que elaboran vino o, al menos, cultivan uva. La mayoría de estos viticultores pertenece a una cooperativa o suministran a una bodega comercial y sólo embotellan ellos mismos una parte de su cosecha. En el país debe de haber alrededor de 2 000 fincas vitivinícolas que merezcan esta denominación, lo que no deja de ser una cifra desconcertantemente grande. El principiante que por primera vez reúne coraje para llamar a la puerta de un viticultor ¿cómo se va a orientar entre tantas direcciones? La guía *Gault-Millau-Weinführer* ofrece una preselección. Y la revista económica *DM* publica todos los años listas de las mejores fincas y cooperativas. En el capítulo de este libro dedicado a Alemania se hace referencia a numerosos viticultores. Pero usted no quiere sólo fiarse de los catadores, sino descubrir su propio vino, es decir, involucrarse en la aventura descrita al principio de este capítulo. Es muy loable de su parte. Pero proceda de forma inteligente antes de que se encuentre de vuelta a casa con el maletero lleno de botellas, que a lo mejor luego, en la intimidad de su hogar, ya no le complacen tanto.

Disfrutar el vino

Cuidado con el romanticismo

No se comporte como algunos insensatos que llegan al primer pueblo viticultor y se dejan atraer por el cartel publicitario más ostentoso. Quien no tiene ni idea escucha boquiabierto las explicaciones del viticul-

tor y se deja seducir por su amabilidad y por las bóvedas de la bodega en la que tan misteriosamente huele a mosto y a un hongo negro llamado *Racocium cellare*. Quien va a la búsqueda prueba esto y aquello, se pueden mantener conversaciones desde desenfadadas hasta inteligentes (yo todavía no he conocido un viticultor tonto), el alcohol se va subiendo poco a poco a la cabeza hasta que por fin se acaba comprendiendo el sentido oculto de un viejo dicho del Palatinado según el cual «es más difícil subir una escalera que bajarla». Finalmente, el visitante, convertido en cliente sin el menor esfuerzo, cree haber encontrado el caldo con el que será feliz hasta el fin de sus días. En un principio sólo quería comprar veinte botellas, pero ahora vence la insensatez y el resultado es un gran pedido. Lo único que puedo aconsejar en tales casos es volver a hacer acopio de sentido común e imaginarse ante la mirada de la razón con un cartel enmarcado en rojo y con la inscripción: «¡Peligro de romanticismo!». Está demostrado que el encantador paisaje vitícola más el acohol y la luz de las velas en la bodega paralizan el pensamiento crítico. Objetivamente, un vino sabe igual en una idílica finca vitivinícola

que en su casa. Pero subjetivamente, se puede usted dejar llevar por la ilusión. Ni siquiera los entendidos en vinos se libran de entusiasmarse en el lugar de origen con una variedad que más tarde, en un entorno más neutral, ya no sabe igual.

Seleccionar previamente en origen y decidir en casa

Cuando salga a descubrir vinos, tómese su tiempo. Dedique a ello unas cortas vacaciones y visite varios viticultores de la localidad. También puede preguntar en el lugar donde se hospede cuáles son las empresas que merece la pena visitar. Mientras pasee por el pueblo, observe atentamente cómo hace publicidad cada viticultor, si lo hace con emperejilados rótulos, con cajones de exposición llenos de botellas descuidadamente apiladas, o discretamente, con estilo, de manera que despierte confianza. Los mejores viticultores que conozco a menudo no tienen más que una insignificante placa de latón en la puerta. Antes de llamar al timbre, llame por teléfono y comuníquele tranquilamente que se ha propuesto encontrar los mejores vinos de la localidad. Díga-

se a sí mismo que ese modo tan amable de hablar del viticultor no es más que publicidad y no cate toda la lista de precios. Limite su visita como mucho a una hora. Usted sabe más o menos qué le gusta, si los vinos muy, muy secos, los ligeramente abocados o los dulces. Así pues, limite la cata a sus preferencias o, de lo contrario, enseguida entrará en escena el ya descrito doble efecto alcohol-romanticismo. Una vez que haya probado cinco o seis variedades pida el señor de la casa que le permita volver a probar el primer vino, el más sencillo. Si después de haber probado un barroco vino de *auslese* todavía encuentra razonablemente bien el sencillo vino del país, es que el viticultor dispone de un buen surtido. Cuando termine su recorrido no compre más que los dos vinos que más le hayan gustado de cada viticultor. De vuelta a casa, invite a sus amigos y vuelva a hacer con ellos el recorrido en el ambiente exacto en el que más tarde desee usted disfrutar de su riesling o su müller-thurgau. Después de esta cata no le quepa duda de que sabrá quién tiene los mejores productos de la localidad. Seguro que a alguno de los que disfruten el vino con usted también le gustará este o aquel y de esta manera se puede hacer un pedido

sobre vino que los comerciantes y sus estanterías repletas ya no le impresionan. A lo mejor llega a la conclusión de que las botellas de la tienda no son en absoluto peores y sólo parecen más caras a primera vista.

El coche es lo más caro

Haga la cuenta de cuánto necesita en cuestión de tiempo, gasolina y desgaste de neumáticos para comprar vino al viticultor. Además, el envío por correo o por una empresa de transporte es caro y sólo compensa en pedidos importantes. Cuando se reúne una gran cantidad, porque por ejemplo los vecinos también participan, suele ser el viticultor quien se encarga del envío y además hoy en día es normal que recoja las botellas vacías en las cajas de cartón originales. Todo se vuelve a reciclar, como es razonble desde el punto de vista ecológico.

mayor, lo que contribuye a reducir los elevadísimos costes de transporte. Déjese guiar por el sentido común y se convertirá en el cliente feliz de un productor feliz, una singularidad dentro de la economía. Se pueden entablar amistades, pero no tenga recato en ser infiel a su viticultor alguna vez. No se conforme con un solo viaje exploratorio; el mundo del vino es demasido diverso para ello. En otros lugares hay también buenos caldos, quizá incluso mejores. Quien cree haber encontrado su variedad y a partir de ahí ya no desea probar nada más es un pobre diablo comparable a quien pasa sus vacaciones treinta años seguidos en la misma pensión de la Alta Baviera. De vez en cuando, y sólo como una forma de autocontrol, debería comprar una botella de características similares a su tesoro. Entre tanto ha adquirido tantos conocimientos

De expedición sin tener que recorrer cientos de kilómetros

Hay otro tipo de expedición para el que no necesita recorrer un montón de kilómetros, por muy banal que resulte. Equipado con los conocimientos que le ha proporcionado la lectura de este libro puede contemplar las ofertas de los supermercados desde un punto de vista que hasta ahora posiblemente le estaba vedado y sondear así sus favoritos personales. Sin más complicaciones puede elegir de forma espontánea dos o tres botellas para la velada con sus invitados y meterlas al frigorífico. No hay prácticamente vino alguno que no resista esta prueba.

In vino veritas

Toda la verdad o una verdad a medias: el degustador dubitativo puede remitirse al «análisis oficial», la carta credencial de todo vino.

El vino es como el universo: encierra secretos que ni los químicos más avezados comprenden. Así pues, nosotros sólo trataremos los componentes más importantes de esta sustancia que da alas a la imaginación y promueve la unión internacional a la que Homero definió de un modo tan hermoso como «lágrimas del cielo». Para todo vino de calidad producido en la Unión Europea hay una especie de documento de identidad, un análisis químico con el que puede ser identificado. En él se reseñan cin-

co componentes: alcohol, extracto, azúcar, acidez y azufre (este último, añadido).

Lo que tolera una persona

Vayamos por orden: los efectos del alcohol (concretamente, el alcohol etílico) se conocen desde hace más de 6000 años. Los agricultores del legendario país de Sumeria, situado entre los ríos Tigris y Éufrates, fueron los primeros en darse cuenta de que el

zumo fermentado de la uva puede desencadenar una magnífica euforia. Como también fueron ellos quienes aprovecharon y perfeccionaron su descubrimiento, tienen derecho a ser designados los primeros viticultores. Sin embargo hubo que esperar hasta que en el siglo XIX el médico y químico francés Louis Pasteur descubriera el secreto de la fermentación alcohólica y comprobara que unos diminutos hongos de levadura provocaban la transformación del azúcar del mosto en alcohol y dióxido de carbono. Sin sus conocimientos no existiría la técnica bodeguera moderna que permite controlar el vino durante la fermentación, ayudándolo a retener los aromas de la uva. Una persona sana puede tomar sin perjuicio 70 gramos de alcohol al día, cantidad que corresponde a una botella de 0,75 centilitros de un vino con 12 grados, por ejemplo, muscadet o un *spätlese* de Rheingau. El hígado femenino digiere bastante menos, unos 30 gramos, lo cual por desgracia no es ningún invento de represores chovinistas sino una realidad médica. Así pues, la regla debería ser: dos copas para ella y el resto de la botella para él.

Así puede calcular el alcohol

La normativa europea exige desde hace algunos años imprimir también en la etiqueta de los vinos el contenido alcohólico,

lo que sólo supone para el consumidor una ayuda limitada porque la ley no permite indicar más que grados completos o medios, con lo cual el embotellador puede redondear a voluntad. Así, puede suceder que en el caso de dos vinos con prácticamente el mismo contenido alcohólico, en la etiqueta de uno se expresen once grados y en la del otro doce. Si compra directamente al viticultor puede pedir que le muestre el análisis oficial, el carnet de identidad del vino. De alcohol se indican dos valores: uno más alto para el alcohol «total» y otro más bajo para el «real», casi siempre expresados en grados y en gramos por litro. Al degustador le interesa sólo el segundo valor, pues lo que quiere saber es lo fuerte que es un vino. El alcohol total es un valor teórico que incluye el azúcar que ha quedado en el vino, capaz en principio de fermentar. La indicación en grados expresa el porcentaje del volumen e indica lo elevada que es la proporción respecto al líquido total de la botella. Para saber cúantos grados representa hay que multiplicar por 0,8, que es el peso específico del alcohol. Un ejemplo: la etiqueta indica 12 grados. Para un litro supondrían 120 centímetros cúbicos de alcohol o, multiplicado por 0,8, 96 gramos. Pero como se trata de una botella normal con una capacidad de 0,75 centilitros, el aficionado al vino se toma 72 gramos de alcohol si se la bebe él solo.

Una injusticia legal

Es verdad que la presencia de abundante azúcar en las uvas indica un alto grado de maduración y que este, por fermentación, produce mucho alcohol. Pero, en primer lugar, esto se puede conseguir también añadiendo azúcar, método que no está permitido en España pero sí en Alemania, y en segundo, el alcohol por sí solo no puede dar lugar a un buen vino. Mucho más importante en cuanto a calidad es el extracto. Este es la suma de todas las sustancias sápidas, los alcoholes superiores, la glicerina, los ácidos, minerales, oligoelementos y vitaminas, es decir, todo lo que hace que el vino sea vino. Elimine el agua, el alcohol y el azúcar y obtendrá el extracto. Ha de haber como mínimo 20 gramos por litro y más de 25 gramos es una cantidad excelente. Cuando un vino contiene abundantes sustancias sápidas es porque las uvas han madurado durante mucho tiempo. Con frecuencia, las añadas reducidas, cosechadas tardíamente, son más ricas en extracto que las bombas alcohólicas de años demasiado calurosos. Cuando el verano ha sido lluvioso y el sol otoñal se mantiene en segundo plano, la regia riesling no madura. Las uvas tienen poco azúcar y los grados Öchsle no dan para un vino de *prädikat*, como un *spätlese* o un *auslese*. Como no queda otro remedio, el viticultor chaptaliza el mosto, es decir, añade algo de sacarosa, deja que fermente todo junto y finalmente obtiene un vino de intenso sabor, pero que sólo puede sacar a la venta como un sencillo vino de calidad. Existen nuevas variedades de vid, como la sieger, la optima y la ortega, cultivadas con el único fin de que incluso en años flojos produzcan mucha glucosa y, por tanto, un nivel alto de grados Öchsle. La diferencia consiste en que estos productos de maduración rápida no poseen tanto extracto como la riesling, a la que quizá habrá que ayudar con azúcar, pero que siempre deleita con una intensidad de sabor incomparable.

La levadura ya no es lo que era

En muchas regiones de viñedo, especialmente a orillas del Mosela y del Rin, pero también en Alsacia y Borgoña, se observa que las levaduras que se presentan en otoño de modo natural haciendo fermentar el mosto se han vuelto más débiles en los últimos años y ya no pueden convertir tanto azúcar como en el pasado. Detienen su proceso antes de tiempo, apagadas por el alcohol que ellas mismas producen. En el vino elaborado queda dulzor sin fermentar, el llamado azúcar residual. Algunos años, viticultores que venden con éxito burgunder blanco y gris tenían dificultades para conseguir que sus vinos fermentasen completamente. Sólo era posible tratar el azúcar con cepas de levaduras criadas por ellos mismos. Nadie conoce la razón por la que esto sucede, quizá se deba al uso irreflexivo de los pesticidas que se hacía antes. En España y en el sur de Italia sigue habiendo vigorosas cepas de levaduras naturales que devoran cantidades de azúcar casi ilimitadas y el vino alcanza un 15% de alcohol. Cada vez son más los viticultores que recelan de la naturaleza y sólo trabajan con cepas de levaduras de cultivo. Alegan que se crea

un sabor más limpio. Sin embargo, en este punto hay una gran división de opiniones.

Azúcar auténtico y añadido

Un azúcar residual auténtico, de ese que queda después de la fermentación de un mosto rico en grados Öchsle, puede constituir un afortunado regalo de la naturaleza. Es el caso, por ejemplo, de las grandes cosechas de *auslese* alemanas o las especialidades dulces de calidad del Loira, de la región bordelesa o de Burgenland. Ahora bien, no todos los años ni en todas partes se producen tales exquisiteces y, cuando se dan, sólo lo hacen en cantidades limitadas. La demanda de vinos semidulces es bastante más fuerte, al menos en Alemania. Para satisfacerla, los maestros bodegueros recurren a diversos trucos. El más viejo consiste en el encabezado: en el mosto que está fermentando se vierte algo de alcohol, que amortigua prematuramente el efecto de las levaduras. En Alemania está prohibido, pero en otros lugares se elaboran de esta manera célebres vinos de postre como el marsala siciliano o el oporto portugués. Una artimaña antiquísima consiste en añadir anhídrido sulfuroso, que destruye las levaduras.

Hay secos y secos

La forma más elegante de conservar en el vino algo de la glucosa natural es la aplicación de frío. Cuando la temperatura de la bodega baja radicalmente se detiene el proceso de fermentación de las levaduras. Antes del embotellado estas se extraen con un filtro estabilizador muy fino. Este método fue desarrollado en los años setenta en las bodegas estatales de Niederhausen an der Nahe. Hoy en día la refrigeración de las bodegas es habitual en todo el mundo, no tanto para detener la fermentación como para conservar la mayor cantidad posible de aromas de la uva. Con excepción de algunas especialidades de postre, todos los vinos de Francia, Italia, España y Portugal son secos, con menos de dos gramos por litro de azúcar residual. La legislación alemana permite que los vinos secos tengan hasta nueve gramos de azúcar, siempre que la acidez alcance como máximo dos gramos menos. Esta disposición resulta correcta para el riesling del Mosela, el Rin, el Sarre y el Nahe. La variedad regia tiene por naturaleza una magnífica acidez y en consecuencia soporta bien un ápice de dulzor. Pero en el caso de la silvaner y la burgunder la presencia de azúcar casi siempre molesta.

El límite para los vinos secos de Franconia está generalmente en cuatro gramos, límite que también respeta la mayor parte de los viticultores de Baden aunque allí no exista una disposición. Si no le gustan los vinos completamente secos, pero tampoco semidulces, puede centrarse en los abocados, para los que está permitido un máximo de azúcar residual de 18 gramos por litro, mientras que la acidez no puede rebasar la mitad de esta cantidad. No existe legislación para los vinos semidulces. A los viticultores que no consiguen hacer desistir a sus clientes de lo dulce les gusta hablar de vinos «frutales» o «armónicos», como si un burgunder blanco seco no pudiera ser frutal o armónico. A los suizos les gustan sus fendant o sus dorin completamente fermentados, y todos los vinos con más de cuatro gramos de azúcar por litro tienen que llevar la inscripción *leicht süss*, ligeramente dulce. Lo que resulta un insulto para el consumidor es la clasificación del *sekt*, el espumoso alemán, según el contenido de azúcar. Bajo la denominación «trocken», o seco, están permitidos hasta 35 gramos de azúcar, mientras que como «extra trocken» se permiten hasta 20 gramos, lo que sigue siendo bastante dulce. Quien desee un vino espumoso realmente seco tiene que buscar las denominaciones «brut» y «extra brut».

No despreciemos los ácidos

De acuerdo con el dicho alemán que afirma que lo ácido te obliga a sonreír, a la gente de este país le gusta añadir unas gotas de limón al pescado, servir las costillas con pepinillos en vinagre, elaborar salsas ácidas para asados, alubias y riñones, o acompañar los platos con col fermentada. La única acidez que mucha gente no puede soportar aun siendo considerablemente más fina es la del vino. Como mucho aceptan un vino de spätlese del Hesse Renano rebosante de dulzor, pero desprecian el silvaner magníficamente seco de esta misma región, porque, según afirman, produce acidez de estómago. Permítanme que lo diga, pero todo es mera sugestión. Esta misma gente se mete entre pecho y espalda hectolitros de zumo de naranja, con una acidez mucho más elevada y agresiva que la del vino y que sólo a base de

323

abundante azúcar pasa desapercibida para el paladar. En años pasados se pudo observar cómo una multitud creciente de degustadores se entusiasmaba con los vinos de marcada acidez, especialmente el riesling de Nahe, Sarre, Mosela y el Rin Central. Para algunos aficionados ningún vino podía ser lo suficientemente duro y ácido. Lo justo era una acidez de diez milequivalentes (o gramos por litro). Ahora se vuelve a apreciar la tendencia contraria. Los aficionados al vino se apartan del riesling demasiado chirriante y tienden hacia cosechas más suaves, sobre todo de burgunder blanco y gris, chardonnay o sauvignon. Pero también estas variedades han de tener una acidez que oscile entre seis y siete milequivalentes, si no su sabor resulta aburrido.

Lo que agria la leche suaviza el vino

La diferencia entre el ácido tartárico y el málico es que el primero tiene un paladar maduro y más bien suave, mientras que el

último es frutal y acerbo. En años suficientemente soleados la relación es equilibrada, el sabor redondo y agradable. Pero si durante el verano no ha hecho más que llover, además de aumentar la acidez total también predomina el agresivo ácido málico. El viticultor podría meter esta sustancia tan astringente en un buen tonel de madera y esperar un par de años. El tiempo lo suaviza todo y parte del ácido precipita también en forma de tártaro (esos cristales blancos, que horrorizan a los degustadores desinformados, se encuentran también en algunas botellas, lo que no es más que un signo de maduración natural). Pero como hoy todo tiene que ir deprisa, el maestro bodeguero desacidifica el mosto. Para ello utiliza carbonato cálcico, la misma sustancia que se encuentra también en el agua del grifo y estropea las lavadoras. Pero esta intromisión en la vida íntima del vino tiene que ser cuidadosa. Un pequeño exceso de cal y la desacidificación ya no se puede frenar, resultando en un sabor increíblemente soso. Una tercera posibilidad es la fermentación maloláctica. Las bacterias que la producen son las mismas que agrian la leche y también se alimentan vorazmente de ácido málico cuando lo hay. Hoy en día, en el buen vino tinto la fermentación maloláctica se da por hecho: sin ella el sabor resultaría demasiado duro. Pero en el vino blanco esta desacidificación biológica puede tener consecuencias no deseadas y originar sabores extraños a requesón o a col fermentada. Los viticultores alemanes evitan en lo posible que las bacterias lácticas entren en acción o añaden un par de miligramos de azufre al mosto. Con ello hay suficiente. En suiza la «fermentación maloláctica» es moneda corriente, por eso los vinos helvéticos son extremadamente suaves y se parecen todos tanto.

La cuestión del azufre

Documentos antiquísimos indican que ya los antiguos romanos utilizaban el azufre en la elaboración del vino. Hacen referencia al escrito *De Agricultura* de Catón, pero justo el pasaje dedicado al trabajo de la viticultura se acabó perdiendo. Lo que es cierto es que en la Edad Media era normal utilizar azufre para conservar el vino. En el reglamento vinícola más antiguo del que se tiene noticia, el margrave Christian von Baden ordenaba en 1495 que se debería «dejar toda cosecha en estado puro, tal y como crece». Lo único que permite en la bodega es un «anillito de azufre». Hasta hoy en día no se ha encontrado un método mejor para mantener fresco un vino. Sin esa sustancia que tan mala e inmerecida fama tiene, el mosto se tornaría enseguida marrón, soso y maloliente. Hace ya tiempo que dejaron de quemarse anillos o virutas en el barril abierto. El maestro bodeguero emplea en la actualidad anhídrido sulfuroso, un gas de olor picante que, envasado en acero, se puede dosificar exactamente hasta la milésima de gramo. Destruye las bacterias y se combina con el oxígeno descomponiéndose poco a poco en sulfato, una sal inocua más abundante en muchas aguas minerales que en el vino. En los últimos años el contenido de azufre en el vino que permite la ley se ha reducido continuamente. Los valores se calculan de manera que no representen ningún riesgo para el degustador, pero dejando un margen de acción al maestro bodeguero si en un otoño difícil la

cosecha presenta una fuerte podredumbre. Hay que decir en favor de los viticultores de todo el mundo que el uso de azufre se sitúa básicamente muy por debajo de lo permitido. En los análisis oficiales encontrará usted dos valores: uno para el azufre «libre» y otro para el «total». Sólo el primero resulta de interés, es el que indica el azufre todavía efectivo, y no el anhídrido sulfuroso saturado de oxígeno. En ningún caso debe superar los 50 miligramos y ha de suponer el 40% del azufre total. Valores entre 45 y 110 miligramos se consideran correctos. Así el vino se mantiene estable y no provoca dolores de cabeza. Como ya se ha dicho anteriormente, el azufre libre se descompone con el tiempo dando lugar al sulfato, una de las muchas razones por las que los vinos añejos sientan mejor que los verdes. La ley permite que los vinos dulces contengan más azufre que los secos, y los blancos más que los tintos. Así pues, quien piense que este conservante secular le produce dolor de cabeza o de estómago, lo que casi siempre es una sugestión, debería centrarse en el tinto seco.

Etiquetas

Con frecuencia los viticultores se lo ponen difícil al consumidor.

A primera vista, las etiquetas de las botellas alemanas producen una sensación de orden y claridad. Indican la añada, región, viñedo, variedad, nivel de calidad, nombre del embotellador, en suma, todo lo que el cliente necesita saber. En otros países no se ofrecen ni remotamente tantos detalles. Pero esto es sólo apariencia. Cuando el bebedor sediento echa mano de un muscadet o un chianti sabe con bastante exactitud lo que le espera. Italianos, franceses y españoles relacionan la denominación de un vino con un sabor determinado. Por el contrario, en el caso de los productos alemanes, el consumidor puede experimentar las sorpresas más insospechadas. Por ejemplo, pongamos que ha probado en casa de unos amigos un Siebeldinger Königsgarten y le ha gustado mucho. Se fija en el nombre y se pasa medio día buscándolo en diferentes comercios hasta que lo encuentra. Sin embargo, ahora el Königsgarten tiene un sabor completamente distinto. Lo que hace la vida tan difícil al consumidor de a pie a la hora de encontrar el caldo de su elección es la tan elogiada y a la vez denostada diversidad del vino alemán. En la República Federal de Alemania, la etiqueta de un vino es como un libro con siete sellos. Intentemos romperlos uno tras otro.

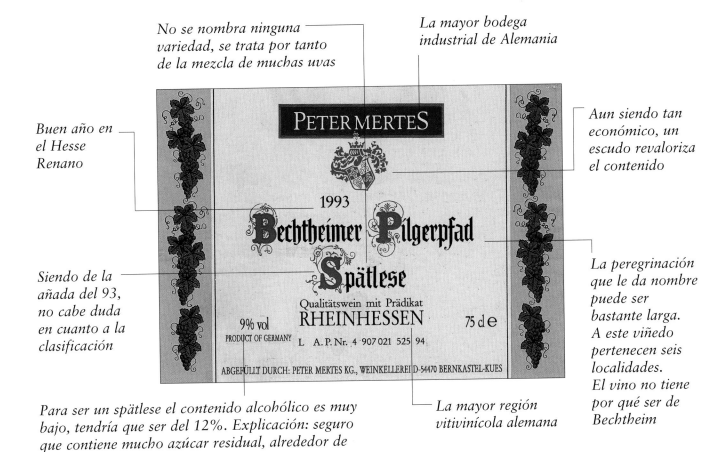

No se nombra ninguna
variedad, se trata por tanto
de la mezcla de muchas uvas

La mayor bodega
industrial de Alemania

Buen año en
el Hesse
Renano

Aun siendo tan
económico, un
escudo revaloriza
el contenido

Siendo de la
añada del 93,
no cabe duda
en cuanto a la
clasificación

La peregrinación
que le da nombre
puede ser
bastante larga.
A este viñedo
pertenecen seis
localidades.
El vino no tiene
por qué ser de
Bechtheim

Para ser un spätlese el contenido alcohólico es muy
bajo, tendría que ser del 12%. Explicación: seguro
que contiene mucho azúcar residual, alrededor de
40 gramos por litro

La mayor región
vitivinícola alemana

A Bruselas no le gusta la excesiva nitidez

La región vitivinícola: la región de la que procede el vino aparece casi siempre en la parte superior de la etiqueta. En Alemania hay trece, algunas enormes como el Hesse Renano o el Palatinado, otras diminutas como la Hessische Bergstrasse o la Saale-Unstrut (todas ellas se describen detalladamente en el capítulo dedicado a Alemania). La región indicada ha de ajustarse a la realidad al 100%. Las mezclas tipo Palatinado-Mosela, tan comunes en los años sesenta, pertenecen al pasado. Hubo intentos de que determinar por ley que el vino sólo se embotellase en la región de origen para garantizar la autenticidad, pero fueron rechazados en la CE alegando que esto suponía una «restricción al comercio», lo que se debió sin duda a la presión de las grandes bodegas industriales que vinifican mosto de todo el mundo. A continuación aparece en la etiqueta la añada. Este dato sólo ha de ajustarse a la realidad en un 75%. Un viticultor puede mezclar el vino de una añada excelente con los restos de otros años no

tan buenos. En Alemania de momento no hay motivo para ello, pues desde 1987 sólo ha habido años soleados. Pero es posible imaginar que en la Toscana se mezce la buena añada del 94 con los excedentes de años anteriores en los que llovió en exceso.

Un vino de mesa, pero uno especial. Para elaborar su Flaccianello, los jefes de Fontodi utilizan exclusivamente sangiovese, la mejor variedad tinta de la Toscana. Esto contradice todas las reglas, según las cuales siempre hay que mezclar algo de vino blanco. Por esta razón, los hermanos Manetti renunciaron a la denominación de calidad DOCG Chianti y se conformaron con el nivel más bajo: vino da tavola

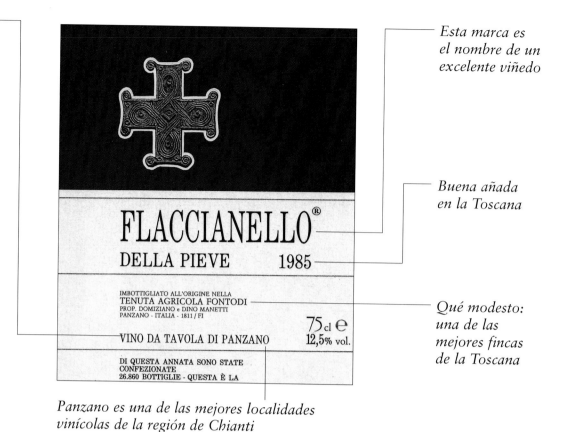

Esta marca es el nombre de un excelente viñedo

Buena añada en la Toscana

Qué modesto: una de las mejores fincas de la Toscana

Panzano es una de las mejores localidades vinícolas de la región de Chianti

¿Qué ha pasado con el Lump?

A continuación se indica el viñedo, que en la legislación alemana representa el mayor problema. Antes de la Segunda Guerra Mundial la cantidad de nombres constituía un número de cinco cifras. Durante la reforma de 1971 se reagruparon hasta quedar 2600, una cantidad todavía considerable. Pero lo que en un principio pareció razonable se desveló más tarde en muchos casos como fraudulento. Viñedos de fama mundial, de los que procedían los mejores vinos alemanes, fueron ampliados sin consideración añadiéndoseles viñas de segunda y tercera categoría. El Lump, viñedo de la comarca francona de Eschendorf, abarcaba diez hectáreas, exactamente la superficie correspondiente al vértice orientado al sur del recodo del Meno. Hoy son sesenta. Así pues, quien quiera degustar un vino clásico del Lump, un caldo de paladar único, tendrá que comprobar dónde tiene sus vides el viticultor. El Piesporter Goldtröpfchen se duplicó, el Erdener Treppchen se triplicó y el Winkeler Hasensprung multiplicó por seis su superficie. Como sucede con la aña-

da, la indicación del viñedo sólo tiene que concordar en un 75%. Así que el vino puede contener añadidos de viñedos vecinos.

Un 25% del que nadie sabe nada

Seguidamente se expresa en la etiqueta la variedad de vid. En Alemania está permitido el cultivo de 50 variedades, desde la auxerrois hasta la würzer (las más importantes se describen entre la página 16 y la 19). También en este caso se tiene que respetar el citado porcentaje de las tres cuartas partes. Pero, en consecuencia, el valioso vino de spätburgunder puede contener un generoso chorro de la barata variedad portuguieser sin que el embotellador tenga que indicarlo. Al margen de las proporciones permitidas en las mezclas de añada, viñedo y uva no pueden sumarse sin más. El vino tiene que cumplir lo que promete la etiqueta en un 75% total. En principio es correcto que el maestro bodeguero haga mezclas. Tiene que poder llenar los toneles, así que añade un par de litros de un viñedo vecino

En la Toscana meridional esta añada sólo fue regular

La DOGC es el nivel de calidad más alto de Italia

Uno de los mejores tintos de Italia; no sale a la venta hasta cuatro años después de la cosecha

Buena finca vitivinícola

Asombroso porcentaje de alcohol tratándose de la añada del 87. Sólo se ha podido conseguir con una estricta cosecha de selección de avanzada madurez

semejante. A menudo es también beneficioso que la nueva añada con un sabor todavía algo acerbo se redondee con un poco de vino más añejo y suave. Un vino de silvaner que transmita la sensación de ser abierto adquirirá un sabor más fresco con un riesling chispeante. Pero un 25% de añadidura del que el consumidor no sabe nada es ya exagerar bastante.

Requisitos poco estrictos

Pasemos a los niveles de calidad, otro capítulo que llena de confusión al consumidor. El aficionado al vino tenía que aprenderse diez clases diferentes, hasta que en 1995 se añadió la undécima. La categoría más inferior son los *tafelweine,* o vinos de mesa, que en Alemania no desempeñan nin-

Disfrutar el vino

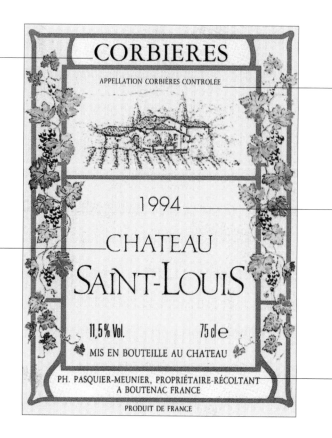

Región vitivinícola de toda confianza en el sur de Francia. La mezcla de uvas está reglamentada por eso los vinos tienen un sabor muy similar

Esto no significa siempre castillo, también se aplica a la finca vitivinícola

Denominación de vinos de calidad controlada

Buena añada en el sur de Francia

El propietario, Philippe Pasquier-Meunier, cosecha y embotella él mismo los vinos en su finca. Su empresa no pertenece a una cooperativa, como suele ser lo normal en el sur de Francia

gún papel. El nivel requerido en cuanto a maduración de la uva (medido en grados Öchsle) es tan bajo que hasta el más astringente de los vinagrillos de un viñedo nororiental puede adornarse con el título *Qualität*. Tampoco la categoría *landwein*, vino del país, ha conseguido imponerse en Alemania, al contrario que en Francia donde los *vins du pays* desempeñan un papel muy importante... y placentero. Sigue la modesta *QbA* para los vinos de calidad de una región determinada, de autenticidad verificada y provistos de un número de control

oficial. Está permitido que los vinos de calidad sean enriquecidos o chaptalizados. Esto quiere decir que el maestro bodeguero añade azúcar al zumo fresco de uva para que fermenten juntos, elevando así el grado de alcohol de manera que el vino resulte más redondo y pleno. Como una especie de *QbA* selecta se creó el título *Hochgewächs*. Los requisitos son algo más estrictos que para los vinos de calidad normales y se puede chaptalizar. Se puede decir que sólo desempeñan un papel en el Mosela. Cuando una finca ofrece esta categoría se trata por lo general de algo bueno.

Más claridad aunque aumenten los términos

En un nivel superior se encuentran finalmente los *prädikatweine* (vinos de calidad con regulación y tipo de cosecha), que no se pueden chaptalizar. Se dividen en *kabinet*, *spätlese* y *auslese*. La cima más cara de la jerarquía está ocupada por las especialidades dulces de calidad Beerenauslesen, Trockenbeerenauslesen y Eisweine. Para aclarar un poco la confusión de los niveles de calidad, los taberneros alemanes se acogieron a un recurso temerario. Al undécimo titulito

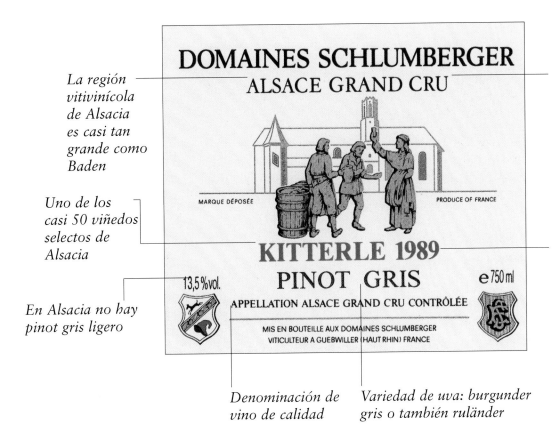

La región vitivinícola de Alsacia es casi tan grande como Baden

Uno de los casi 50 viñedos selectos de Alsacia

En Alsacia no hay pinot gris ligero

Por lo general en Francia no se indican los viñedos, con excepción de los grands crus o los premier crus de Alsacia, Borgoña y Burdeos

Buena añada en Alsacia

Denominación de vino de calidad

Variedad de uva: burgunder gris o también ruländer

ya existente añadieron otros dos: Classic, para vinos sencillos, y Selection, para los clados más extraordinarios. Los vinos de ambas categorías son sólo secos. No se menciona el viñedo y tienen que pasar ciertos controles. Los viticultores iniciados consideran a largo plazo la ventaja de que Classic y Selection acaben eliminando a los *prädikatweine* secos, así los Spätlese y Auslese podrían volver a ser sólo semidulces, como antes.

Sólo un par de cifras en lugar de nombres

En sexto lugar las indicaciones en cuanto al sabor: *trocken* es siempre un vino seco con un máximo de nueve gramos de azúcar por litro, los de Franconia y Baden se dan por satisfechos con un gramo como máximo. Los *halbtrocken* (abocados) pueden tener hasta 18 gramos, pero nunca más del doble del valor de la acidez. Si no consta nada en la botella, el cliente puede dar por sentado que el vino es dulce. Lo que tiene validez para el vino no la tiene para el *sekt*. En este caso *trocken* es bastante dulce y *halbtrocken* muy dulce. El último de los siete sellos es el nombre del productor o del embotella-

dor. Algunas bodegas industriales se parapetan tras su número de registro. Aunque está permitido, el aficionado al vino no debería comprar estas botellas anónimas.

En cualquier otro sitio es todo más fácil

Con los productos de otros países es todo mucho más fácil. En Francia, Italia y España tienen para el consumo cotidiano los sencillos vinos de mesa, *vins de table*, *vini da tavola*. Para los galos, un vino de calidad con la *Appellation d'Origine Contrôlée* (AOC) ya es una cosa mejor, equivalente a las DOC y DO de Italia y España. Casi siempre se menciona sólo la región de origen, en Italia a veces en relación con una variedad de uva (como pinot bianco di Friuli). Tras esas denominaciones siempre hay una idea clara en cuanto a sabor, por lo general seco. Así el consumidor sabe enseguida lo que compra. También en Alsacia, Borgoña y Burdeos es normal mencionar los nombres de los viñedos, pero sólo en el caso de los vinos de la más alta calidad como los *premiers crus* o los *grands crus*. Lo mismo hacen los viticultores de Wachau cuando mencionan *Ried* en sus etiquetas.

331

La bodega privada

Los pequeños trucos resultan muy útiles, pues son sobre todo los grandes cambios de temperatura lo que más daña el vino que se ha de guardar mucho tiempo.

Una de las mejores bodegas del mundo se encuentra debajo del castillo de Johannisberg, en Rheingau: la extensa galería excavada en la montaña tiene más de 250 años de antigüedad y alcanza una profundidad de hasta 20 metros bajo el nivel del suelo. Tanto en invierno como en verano, allí abajo reina una temperatura continua de 12°C, condición óptima para conservar el vino durante muchos años. Para obtener un almacen similar, la finca Reichsgraf zu Kesselstatt, que antes sólo disponía de una bodega bastante inaccesible en el centro urbano de Tréveris, mandó excavar toda una colina junto al castillo de Marienlay, dominando a gran altura el río Ruwer.

La colosal cueva se rodeó de gruesos muros y sobre ella se creó un estanque artificial que equilibra las oscilaciones de temperatura. Además, un inteligente sistema de refrigeración aprovecha el frío de la noche. «Ahora podemos almacenar nuestros vinos sin que se dañen y envejecen sensiblemente mejor», dice satisfecha la jefa de Kesselstatt, Annegret Reh. Antes de llevar a cabo el caro proyecto, su administrador, Gert Nußbaum, le demostró con un simple experimento lo importante que era la obra. Metió durante unos días unas cuantas botellas en un frigorífico a casi 0°C. A continuación los almacenó por un tiempo a 16°C y finalmente los volvió a poner en contacto con el

hielo. De esta forma simuló de modo acelerado las condiciones que se dan en una bodega con un mal aislamiento entre invierno, verano y, de nuevo, invierno. Y ya sabemos por las clases de física que con el calor el vino se expande, es comprimido por el corcho y se evapora. Con el frío se vuelve a contraer y deja penetrar el aire. Después del experimento faltaba en cada botella una media de 6,5 centímetros cúbicos de vino, casi el 1% del contenido, cuyo lugar había ocupado el agresivo oxígeno.

Las botellas, mejor unas junto a otras

Como demostró el experimento de Gert Nußbaum, son las grandes oscilaciones entre invierno y verano lo que más perjudica al vino. Los frigoríficos especiales o una cámara climatizada propia pueden costar miles de euros y sólo compensan cuando alguien colecciona durante años cosechas que superan los 50 euros. Hay trucos sencillos que ayudan a compensar diferencias bruscas de temperatura. Algo se logra ya regando el suelo en verano regularmente, pues la evaporación consigue reducir el calor en unos dos grados. Bastante más se consigue aislando las paredes norte y sur de la bodega: simplemente fijar a la pared con tacos un par de listones y sobre ellos grapar placas de estiropor, de manera que entre estas y la pared pueda circular el aire. Hacer algo así está al alcance incluso del más torpe. Lo importante es que las botellas reposen lo más juntas posible, así se protegen mutuamente. Quien tenga la posibilidad puede utilizar un viejo armario ropero y construir con paneles muchos cajetines

pequeños. Mejor que los estantes más elegantes han demostrado ser los bastidores hechos de tablas. En ellos las botellas reposan, pero, por favor, no sueltas, sino empaquetadas ordenadamente en cajas de cartón de paredes gruesas, a ser posible envueltas además en papel. Las botellas especialmente valiosas se colocan en un cajón lleno de copos de espuma o de arena seca. También suele ser normal que los viticultores estén dispuestos a conservar en su bodega mercancía ya pagada que no se vaya a consumir inmediatamente.

Ya no son tan longevos como antes

¿Cúanto tiempo se puede conservar el vino? Algunos viticultores con demasiadas ganas de vender y casi todos los comerciantes adornan sus listas de precios con fechas de caducidad impresionantes. No se crea todo

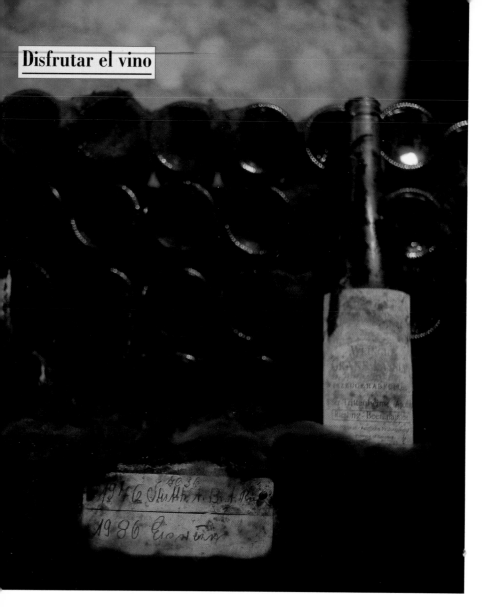

tiempos del abuelo, el mosto entraba frecuentemente en contacto con el aire mientras lo trabajaba en la bodega. Es verdad que cuando por fin se embotellaban los vinos, a menudo poco antes de la nueva cosecha, no tenían un sabor ni la mitad de fresco que hoy en día, pero envejecían considerablemente más despacio. Al principio siempre se oxidaban un poco y así, digamos, se endurecían frente al oxígeno. Ese sabor maduro y mórbido ya no tiene demanda actualmente, a pesar de que tales caldos sientan muchísimo mejor que los productos verdes que hoy en día gozan del favor del público. Prosigamos: el vino tinto ya no fermenta tanto tiempo en contacto con la uva prensada y por eso contiene menos taninos que lo protejan y, por último, hoy en día se sulfata el vino considerablemente menos que antes. Para mi gusto, los maestros bodegueros son demasiado cuidadosos con este conservante, que no es ni mucho menos tan peligroso como nos hacen creer algunos inquietos protectores de los consumidores. Así que no se crea una palabra cuando alguien le ensalce un vino del 99 con la promesa de que alcanzará su plena madurez en 2015. Todo esto no quiere decir tampoco que el vino de la última cosecha tenga que beberse ya en marzo, como es el caso más frecuente. El vino blanco debería tener como mínimo un año y el tinto (con excepción de los jóvenes) por lo menos dos.

Cosechas especialmente longevas

Cuatro son las sustancias naturales que mantienen vivo el vino: alcohol, azúcar, acidez y tanino. Las tres primeras se emplean desde la antigüedad para conservar alimentos, de lo que se deduce que los vinos fuertes se conservan mejor que los ligeros, y los dulces se guardan más tiempo que los secos. Una acidez fuerte proporciona estabilidad y los vinos tintos ricos en tanino sobreviven a los blancos, aunque por lo general se sulfaten menos. Hay añadas que resultan sorprendentemente longevas, pero no se pueden establecer reglas al respecto, ni siquiera es capaz de ello el viticultor más experimentado. Hay que ver cómo se entusiasmaron en el Mosela con el vino del 90, que reunía alcohol y acidez, signos seguros de

lo que le cuente la publicidad. Al fin y al cabo, los alegres vendedores rara vez se van a ver en la tesitura de tener que demostrar sus afirmaciones. Lo que está claro es que hoy el vino ya no es tan longevo como hace 40 o 50 años. Y ello se explica por una serie de razones. Los rendimientos de las cosechas han aumentado en todas partes, ya sean de burdeos o de borgoña, de rioja o de riesling alemán. Los vinos ya no tienen la densidad de otros tiempos. Además, se embotellan mucho antes de lo que se hacía antiguamente y por lo tanto no permanecen tanto tiempo en contacto con las levaduras, que los mantienen vivos. En tercer lugar, el maestro bodeguero moderno tiende a que el vino se pueda beber lo antes posible. Trata los mostos de forma reductiva, protegiéndolos todo lo posible del contacto con el aire. Esto hace los vinos bien frescos y les proporciona un agradable sabor a uva, pero también los vuelve especialmente sensibles al oxígeno. Esos 1 o 2 centímetros cúbicos que poco después del embotellado penetran en la botella a través del corcho bastan para oxidar el delicioso líquido. En

longevidad tal y como ellos prometían. Sin embargo, tres años más tarde muchos vinos de esta añada tan ensalzada mostraban ya signos de cansancio. En aquel momento, los del 88 eran mucho más frescos. Y los del 87, la añada más mediocre del Mosela desde hacía mucho tiempo, todavía resultan agradables de beber, siempre y cuando los vinos no hubieran sido desacidificados. Pero fueron pocos los viticultores que tuvieron el valor de no hacerlo. En otoño de 1997 tuve tiempo de combatir el caos en mi bodega. Con algunos amigos caté durante semanas varios cientos de vinos viejos. Está claro que de aquella experiencia no se puede extraer ninguna norma, pero sí un par de puntos de referencia. Entre los vinos blancos alemanes de entre diez y doce años tuve dos tipos de sorpresas: el silvaner francón, que no tiene fama de poder envejecer, resultó después de tanto tiempo asombrosamente fresco. El riesling del Ruwer y el Sarre, famoso por su longevidad, estaba ya fuertemente oxidado, mientras que los vinos de Rheingau seguían pareciendo jóvenes. De los vinos maduros de *auslese* de 20 años, los que mejor resultaron fueron los del Rin Central y, sobre todo, el bacharacher. Los más estables entre los tintos de 20 años fueron el barolo, el rioja y

especialmente el burdeos, pero solamente cuando se trataba de cosechas valiosas. El chianti, los vinos del Ródano y, lo que más me escamó, el borgoña hacía tiempo que se habían pasado. Suponiendo que busque usted el año del nacimiento de su hija pequeña para escanciarlo el día de su boda, sólo puedo aconsejarle lo siguiente: compre botellas selectas de burdeos y barolo, siempre y cuando la añada fuera buena, o busque en el Mosela o el Rin Central un buen riesling de *beerenauslese*. También se puede aconsejar un vouvray del Loira discretamente dulce, lo mismo que un sauternes. Estos vinos resisten sin problemas hasta un cuarto de siglo.

Botellas, corchos, copas

Desde el corcho hasta el decantador hay muchas cosas que pueden influir en el vino. Pero con todo se puede exagerar.

El corcho es un material maravilloso, ligero al tiempo que consistente, elástico al tiempo que estable. En un centímetro cúbico de corcho hay más de un millón de células, que bajo el microscopio parecen cámaras con forma de lenteja. El corcho es indestructible, y puede resistir durante años sumergido en agua salada o en soluciones ácidas o alcohólicas sin enmohecerse. Un líquido sólo se deja comprimir por un corcho bajo presión y a través de él no pasan más que cantidades mínimas de aire. Los tapones recortados de la corteza del alcornoque (*Quercus suber*),

una variedad del roble que crece junto al Mediterráneo, son el cierre perfecto para botellas en las que el vino envejece paulatinamente pudiendo respirar sólo un poco. Seguro que el monje benedictino Dom Perignon, de la abadía de Hautvillers, junto al Marne, no fue el primero que utilizó un corcho para cerrar botellas, aunque siempre se narre así (como tampoco fue quien inventó la elaboración del champaña). Pero perfeccionó este método con una meticulosidad científica y lo hizo accesible al mercado. «No hay nada mejor que el corcho», gustaba de decir.

336

Sabor a vieja escalera de bodega

Pero desde hace un tiempo esa afirmación se pone en duda cada vez con más frecuencia. Cuando hace treinta años empecé a escribir regularmente sobre vino, el sabor a corcho era un hecho como la fiebre del heno, se hablaba de él, pero se daba muy raramente. Cuando hoy en día realizo catas con mis colegas, por lo general, una de cada siete muestras huele y sabe como si se hubiera mezclado con el moho de una vieja escalera de bodega. Y en la mayoría de los casos, no es que catemos precisamente las botellas más baratas.

Una lanza a favor del tapón de rosca

¿A quién le sorprende? En estos últimos treinta años el consumo de corcho en Europa prácticamente se ha triplicado y la naturaleza no puede suministrar recambios tan deprisa. Sólo crecen alcornoques en los países mediterráneos y han de transcurrir más de diez años hasta que la corteza que se ha pelado vuelve a crecer. Se intentó de diversas maneras abonar los árboles, con el resultado de que el corcho ya no es ni con mucho ni tan hermético ni tan elástico, sino mucho más quebradizo y débil frente a las bacterias que antes. Como no obtenían suficiente dinero por las cortezas, los campesinos de Portugal, que es el principal país proveedor de corcho, talaron los alcornoques y plantaron en su lugar eucaliptos con

los que ganaban más. Antiguamente, para la fabricación de tapones sólo se empleaba la materia prima de primera y segunda categoría, todo lo demás sólo se consideraba bueno para hacer conglomerado. Hoy en día hasta con el material de cuarta categoría hay que conformarse. Y los vinificadores alemanes, cuyo objetivo primordial es siempre ser los más baratos de Europa (para satisfacer a unos consumidores demasiado ahorradores), sólo adquieren la peor mercancía. En mi opinión es un lujo disparatado emplear corcho para vinos que cuestan

menos de tres euros y que sin lugar a dudas se van a beber en cuestión de pocos meses. En este caso es más oportuno, más práctico y más barato usar el tapón de rosca. Sin embargo, hasta la fecha su uso sólo ha conseguido imponerse en Württemberg. Los suizos lo consideran indiscutiblemente mejor y taponan con él incluso los mejores vinos del lago Léman. En cualquier otra parte del mundo, según aseguran los embotelladores, los clientes no lo aceptan. El Instituto de Investigación Enológica de la localidad francona de Veitshöchheim inició en 1986 un experimento a gran escala: con un müller-thurgau de Thüngersheim se embotelló una docena de partidas, cada una cerrada con un corcho de marca diferente y también con tapones de rosca. Una parte del vino se dejó en un depósito de acero inoxidable. Mes tras mes, los expertos compararon los diferentes lotes, por supuesto en cata a ciegas. Fue asombroso comprobar cómo iban cambiando los diversos embotellados con el tiempo, a menudo a peor. La única partida que al final seguía teniendo el mismo sabor que al principio del experimento fue la del tapón de rosca.

Lo que importa es «el alma» del eje

Una botella buena necesita un buen corcho y también un buen sacacorchos. La espiral tiene que estar hecha de metal fino pero sólido, con una punta afilada. El eje de esta espiral, lo que los alemanes, románticos empedernidos, llaman «el alma», ha de ser lo suficientemente ancho como para que se pueda hacer pasar una cerilla. Si el sacacorchos parece una barrena no servirá para extraer los corchos demasiado duros o quizá quebradizos. Los mejores modelos a la venta son caros, pero también apropiados para las más delicadas manos femeninas. El modelo más destacado se inspira en el sacacorchos de mesa que se utilizaba antiguamente en las tabernas. Cuesta casi 150 euros y es un juguete magnífico para el niño que todos llevamos dentro, pero también una ayuda inestimable cuando en una gran cata hay que abrir docenas de botellas. Quien sólo descorcha una de vez en cuando tiene suficiente con el modelo plegable de los camareros cuya palanca se apoya en el borde de la botella.

Copas y decantadores: la vista también bebe

Un famoso fabricante de cristalería alemán invitó una vez a una cata hecha a su manera. Llenó las copas de su colección, todas ellas con las formas más variadas y dejó catar. El resultado fue asombroso. Los invitados torcieron el gesto con un vino porque era excesivamente ácido, otro resultó un poco demasiado dulce, el tercero por fin pareció redondo y maravillosamente equilibrado. El fabricante de cristal se echó a reír: en el último caso se había elegido al fin la copa correcta para el vino. Todo lo que se bebía en la extraña cata era el mismo riesling, que cambiaba de paladar según la copa en que se servía. El mensaje que quería transmitir el fabricante es que con cada modelo el vino alcanzaba primero una zona distinta de la lengua y según donde se estimulaba el rosado órgano se percibían sensaciones ácidas, dulces, saladas o amargas. El hombre tenía básicamente razón, pero la conclusión a la que llegaba el espabilado comerciante de que habría que emplear una copa diferente para cada tipo de vino (por

supuesto de su extensísimo y escandalosamente caro surtido) no dejaba de ser una inteligente estrategia de marketing. Y lo que hacía era estimular un esnobismo que no nada tiene que ver con el conocimiento del vino. Quien está convencido de que debe emplear una copa diferente para el burdeos y el borgoña, para el chardonnay y el riesling, o tiene mucho dinero o mucho sitio en el armario.

Dos formas básicas de los viejos buenos tiempos

Si en vez de limitarse a tomar un primer sorbo sorprendente va usted bebiendo con satisfacción a lo largo de la noche, la forma de la copa no tiene la menor importancia, pues la lengua hace ya tiempo que se ha acostumbrado al correspondiente estímulo. Desde un punto de vista meramente objetivo, el vino bebido en un vaso de plástico no sabe diferente a si se bebe en uno de cristal de 30 euros. No hay duda de que por la vista también se bebe, pero no es el único sentido importante. Cuando entro en una de las elegantes tiendas de cristalerías y veo lo que los diseñadores crean me pregunto si el imaginativo creador conoce la norma básica de su oficio, según la cual la forma ha de servir a la función y no a la inversa. Hay creaciones finas como un soplo, con pies largos como patas de flamenco que se apoyan sobre bases de lo más delicado. Todo muy bello y quebradizo, pero muy poco apropiadas para beber y aún menos para fregarlas luego. Mi pasión oculta es coleccionar copas antiguas y visitar los museos donde se conservan. Allí siempre se repiten dos formas básicas: el cáliz redondeado como una manzana para los vinos blancos y el trofeo cónico acabado en punta para los tintos. Ha de tener un pie no demasiado largo que permita sujetarla bien, así la copa es estable como el soldado de plomo del cuento. Si se cae en la mesa no se quiebra enseguida y se puede secar bien. Lo que ha servido durante cientos de años no puede ser un error hoy en día.

El arte de servir vinos añejos

Coleccionar decantadores antiguos es una pasión bella y todavía asequible. Las piezas

bien formadas y finamente pulidas resultan muy decorativas y se utilizan, como corresponde, para escanciar un tinto añejo con la debida dignidad.

«Decantar» es el proceso con el que los degustadores ejercitados impresionan a sus invitados y aunque lo parezca a primera vista, no es nada difícil. Su finalidad es liberar al vino de los sedimentos que se han depositado en la botella después de un largo envejecimiento. Un signo de madurez. El degustador saca con cuidado la botella de la bodega (no se puede agitar mientras lo hace), la descorcha muy lentamente y con mano segura vierte el contenido en el decantador. Mantiene el cuello de la botella sobre la luz de una vela para poder observar exactamente cuando se sueltan las «lías» negruzcas y de esta manera saber cuándo tiene que dejar de verter. En la botella queda aproximadamente la décima parte del contenido, que es turbio y no sabe especialmente bien. Es lo más triste de los valiosos vinos añejos. Los degustadores con experiencia decantan incluso el vino blanco, también añejo. El contacto con el aire abre los aromas rápidamente.

339

La armonía del disfrute

Cualquiera puede distinguir entre vinos buenos y no tan buenos. Entre vino y comida debería haber armonía.

En una ocasión me dejó estupefacto un colega que, tras saborear someramente sugirió: «Riesling, Palatinado Central, más bien de Ruppertsberg que de Deidesheim, probablemente del 92, Bassermann-Jordan diría yo». Todo era cierto. Mi amigo soltó una carcajada sonora. Dos días antes había estado en una finca y todavía recordaba claramente ese vino. Realmente hay ejemplos admirables de sentidos del gusto y del olfato absolutos que permiten que un catador pueda reconocer de pronto un vino sin comparación ni referencia alguna. Yo, honestamente, no soy capaz de hacerlo, y son contados los casos de personas capacitadas para ello. He presenciado cientos de intentos en los que quienes se autodenominan conocedores se ponían en rídiculo. Sin duda, los catadores con muchos años de oficio, que prueban al año miles de vinos, pueden reconocer por el olor las variedades de uva y distinguir las añadas. Si yo sé que en una cata a ciegas entre 24 botellas hay tres de una finca que conozco bien, casi siempre las descubro porque distingo el estilo de la empresa. ¿Cómo aprende este arte una persona? Es como tocar el piano, jugar al golf o al ajedrez. La habilidad para hacerlo con destreza se adquiere sólo con mucho entrenamiento, tras un ejercicio largo y continuado. Sin embargo, hay algo que los legos aprenden siempre enseguida: encontrar el mejor vino entre varios. Para ello tan sólo tienen que imitar a los expertos y comparar.

Lo mejor a la hora de hacer una cata es no saber nada

Supongamos que a usted le gusta beber un vino tinto cotidiano y sin complicaciones, preferentemente del Midi francés. Supongamos también que cerca de su casa hay un supermercado muy bien surtido con una docena de tintos franceses diferentes. Usted sospecha, y con toda la razón, que entre ellos se encuentran dos o tres vinitos agradables. Naturalmente, no quiere comprar las doce variedades y bebérselas una detrás de otra, porque después de acabar la última ya no se acordará de cómo sabía la primera y además no quiere sobrecargar demasiado ni el hígado ni el monedero. ¿Qué solución le queda? Se le ocurre que quizá entre muchos se consigue lo que no puede uno solo, así que se junta con alguien de intereses parecidos, parientes, amigos y vecinos a los que les guste el vino. Comprarán las doce botellas entre todos y se divertirán un viernes por la noche. No hay que hacer grandes preparativos, sólo tiene que poner a disposición pan blanco y agua sin gas para neutralizar el paladar. Las botellas se envuelven en papel y se numeran. Es mejor no saber nada, pues siempre hay gente que con juicios y conocimientos fragmentarios quiere influir en su entorno.

La mejor botella se vacía la primera

Una persona puede catar sin embriagarse hasta doce vinos diferentes tomando pequeños sorbitos de unos y otros. En cuanto su grupo de amigos y usted lleven un rato catando vinos se darán cuenta inmediatamente de que se va plasmando una preferencia común por uno u otro. Me gustaría apostar con usted que al final todos están de acuerdo en cuáles son las dos mejores botellas. Las reconocerá también por el bajo nivel de su contenido. Puede afirmar-

se, por tanto, y sin temor a errar, que existen criterios absolutamente objetivos sobre la calidad de un vino. Haga de estas catas algo habitual dentro de su círculo, y practíquelas, por decir algo, una vez al mes. Siempre deberían tener un tema, digamos: chianti classico, sólo Côtes du Rhône, tintos españoles, riesling del Mosela abocado, blancos italianos, chardonnay de todo el mundo, rosado de todas partes… Lo único importante es que los vinos se puedan comparar de algún modo entre sí. A uno le gustará más el rioja, otro tenderá más al beaujolais, eso es cuestión del gusto personal, en el que usted no puede intervenir con ninguna cata. Pero encontrar la mejor entre varias botellas de beaujolais es algo que resulta fácil también a los no entendidos. Al cabo de un año se dará cuenta de que dispone de un conocimiento sobre vino con el que puede impresionar absolutamente.

Vino para comer: el complemento perfecto

Durante un banquete en Burdeos cometí uno de los errores más tontos de mi vida. Al llegar al tercer plato me enfrenté a un solomillo tierno como el agua con el que se sirvió un Château Figeac del 62, un vino como una catedral cuya presencia no precisamente escasa también se apreciaba en la salsa. Mi vecino de la izquierda, presidente de la Asociación de Viticultores de Saint-Emi-

lion, se informó sobre mi bienestar y yo opiné, sin pararme a medir el alcance de mis palabras, que en principio era una pena servir un caldo tan divino para beberlo en la mesa. Sin entender una palabra, me preguntó *Monsieur le Président*: «¿Por qué? ¿no está buena la carne?». Me debí de poner rojo como la grana e intenté explicar prolijamente que, por supuesto, tanto los manjares como los vinos servidos eran soberbios, pero que, sin embargo, los alemanes a la hora de relacionar vino y comida carecen de la superioridad gustativa de los franceses. La conversación languideció pronto y estoy convencido de que en aquel preciso instante confirmé el viejo prejuicio galo según el cual el pueblo que habita al este del Rin se ha debido detener a un nivel cultural mucho más bajo, al menos en lo que respecta al trato con vinos *grand-cru* del 62.

Ningún vino es demasiado bueno para la mesa

No cabe duda alguna de que gastronomía y vino son inseparables. Para franceses, italianos, españoles, portugueses y griegos ha sido siempre así y consideran el vino, *vin*, *vinho* u *oinos* un alimento imprescindible en la mesa. Los alemanes son los únicos que, a pesar de conocer el cultivo de la vid desde hace 2000 años, mantienen una relación tensa con el vino. Lo quieren considerar siempre como algo especial, aunque se trate de un simple vino del país. Y a la hora de celebrar las grandes ocasiones son demasiado tacaños para abrir en la mesa un gran caldo pecaminosamente caro. El presidente de la asociación de viticultura bordelesa con el que compartí mesa tenía toda la razón al afirmar que ni siquiera la cosecha más principesca puede ser demasiado buena si lo que hace es servir al placer. El vino redondea una comida, y no sólo en cuanto a sabor se refiere. También ayuda a digerir más fácilmente un menú algo opulento. La fresca acidez de un vino blanco estimula la digestión y el tanino del tinto disgrega los platos grasos y tranquiliza el estómago delicado. Se producen además efectos sinérgicos: una copita de riesling alsaciano puede elevar una simple comida a un nivel de exquisitez. Los alimentos, por su parte, despliegan sus aromas y pueden conseguir que un modesto vino del país parezca casi un gran caldo.

Las reglas más sencillas son correctas

Los esnobs han redactado ya tratados poco menos que científicos acerca de la correcta relación entre vino y platos. Por el amor de Baco se lo pido, no se complique innecesariamente la vida. La antigua regla básica según la cual el vino blanco se debería servir con carnes blancas y el tinto con rojas casi siempre es correcta, pero se puede incumplir sin la menor pena. Sin duda no constituye ningún dictado gustativo decir que con la comida sólo va bien el vino seco, con contadas excepciones. Hasta el aficionado más fanático de lo vinos dulces se da cuenta por sí mismo una vez que se ha acostumbrado a beber regularmente una copita con la cena. Ya se sabe que es clásico acompañar el *foie-gras* con un sauternes dulce de calidad, pero nadie se lo puede tomar diariamente. Un vino especiado de traminer o scheurebe con un matiz de dulzor es un excelente acompañamiento para un queso azul como el roquefort. Y los caldos abocados de magnífica acidez combinan asombrosamente con los platos de caza. Pero todo esto no son más que excepciones.

El riesling necesita una cierta edad

El bueno y viejo riesling estuvo considerado durante mucho tiempo un problema culinario y son muchos los cocineros que han fracasado al enfrentarse a su fresca acidez y su incitante aroma a melocotón. Cuando el vino de la «reina de las vides» resulta un poco vigoroso, lo mejor es acompañarlo con embutidos ahumados. El grácil riesling que crece en la pizarra renana no se deja subordinar a las comidas, al menos mientras es joven. Recuerde el degustador que esta valiosa variedad necesita su tiempo en

todos los aspectos. En compañía de una trucha, unos sesos de ternera o una pechuga de pintada este vino puede transportarle al opíparo paraíso, siempre y cuando se trate de un riesling no dulce del Mosela o el Rin Central, de Wachau o Alsacia, con tres o cuatro años de edad, bien pulido y que muestre las primeras notas de vejez (rancio). Se ha demostrado en varias ocasiones, que con unos entremeses italianos es más adecuado el riesling que un pinot grigio. Y un nuevo descubrimiento culinario es que también resulta excelente con la especiada comida tailandesa.

Qué vino con qué plato

En la tabla los símbolos representan copas de vino (🍷 = "puede, no necesariamente") y la marca de inapropiado (✗).

	Solomillo de ternera, cordero	Asado a la parrilla	Carne de vacuno hervida	Estofado de vacuno	Asado de vacuno	Escalope vienés	Hígado, sesos de ternera	Chuleta de cerdo	Curry de cordero	Pollo al horno	Guiso de pollo, conejo	Pato, ganso, volatería	Caza	Salchichas, hamburguesas	Cocidos, fabadas, ollas	Embutidos, asados fríos	Terrinas de ave y caza
Riesling ligero abocado (Mosela, Sarre, Nahe)	X	X	X	Y	Y	Y	YY	X	YY	YY	Y	YYY	YYY	X	X	Y	YYY
Riesling vigoroso seco (Rheingau, Palatinado, Baden)	Y	YY	YY	Y	YYY	YYY	YYY	YY	YY	YYY	YYY	YYY	YY	YYY	YYY	YYY	YY
Riesling de Alsacia o Wachau	Y	Y	YYY	Y	YY	YY	YY	YY	Y	YY	YY	YY	YY	YY	YYY	YYY	YYY
Rieslings añejos de *auslese* con dulzor discreto	X	X	X	X	X	X	Y	X	YY	Y	Y	YY	Y	X	Y	X	YY
Silvaner seco (Hesse Renano, Franconia)	YY	YY	YYY	Y	YYY	YY	YY	YY	Y	YY	YY	YY	Y	YYY	YY	YYY	YY
Burgunder blanco y gris seco	YY	YY	YYY	YY	YYY	YYY	YY	YY	YY	YY	YY	YYY	YY	YY	YYY	YYY	YYY
Müller-thurgau, rivaner seco	Y	Y	YY	Y	YY	YYY	YYY	YY	Y	YYY	YYY	Y	Y	YY	YYY	YYY	YY
Gewürztraminer seco	X	X	X	X	X	X	Y	X	YYY	YY	YY	YYY	YY	X	X	X	YYY
Scheurebe seco	Y	YY	X	YY	X	X	YY	Y	YYY	Y	Y	YY	YY	Y	YYY	Y	YY
Gewürztraminer, scheurebe abocado	X	X	X	X	X	X	Y	X	YY	YY	Y	YYY	YYY	X	YY	X	YYY
Sancerre, chablis, borgoña blanco	X	Y	YY	X	YYY	YYY	YYY	YY	Y	YYY	YYY	Y	Y	YY	YY	YYY	YY
Vinos blancos del norte de Italia (Terlan, Gavi, Friuli)	X	Y	YY	X	YY	YY	YYY	YY	Y	YYY	YYY	YY	Y	YY	Y	YYY	YY
Vinos blancos frescos españoles (Rueda, Rias Baixas)	X	Y	YY	X	YY	YY	YYY	Y	Y	YYY	YYY	Y	Y	YY	Y	YYY	YY
Chardonnay de ultramar con marcada nota de madera	YY	YY	Y	YYY	Y	Y	Y	YY	YYY	Y	Y	YY	X	YY	Y	YY	YY
Sauvignon blanc sin madera	X	Y	YY	Y	YY	YY	YYY	Y	YY	YY	YY	YY	Y	YYY	YYY	YYY	YYY
Rosado vigoroso, weißherbst seco	YY	YY	YYY	YY	YYY	YYY	YYY	YYY	YY	YYY	YYY	YY	YY	YYY	YY	YYY	YY
Rosado ligero, frutal, seco	Y	Y	YY	Y	YYY	YYY	YY	Y	X	YYY	YYY	YY	Y	YYY	Y	YY	YYY
Portugieser, trollinger, seco	YY	YY	YYY	YY	YYY	Y	Y	YY	Y	YY	YY	YY	YYY	YYY	YY	YYY	YY
Dornfelder seco	YYY	YYY	Y	YY	YY	X	X	YY	YY	X	X	YY	YY	YY	Y	YY	Y
Spätburgunder suave, muy frutal (Aare, Rheingau)	YYY	YY	YY	Y	YY	Y	YY	YY	YY	YY	X	YY	YY	YY	YY	YY	YY
Spätburgunder vigoroso (Baden, Palatinado, Alsacia, Buergenl)	YYY	YYY	Y	YY	YYY	X	Y	YY	YY	YY	X	YY	YY	YY	YY	YY	YY
Beaujolais, dôle de Valais	YY	YY	YY	Y	YY	Y	Y	YY	Y	YY	Y	X	YY	YYY	YY	YYY	YY
Chianti	YYY	YYY	Y	YYY	YY	X	X	YY	YYY	YY	Y	X	YY	YY	YY	YYY	YY
Rioja, Ribera del Duero	YYY	YYY	X	YYY	YYY	X	X	YYY	YYY	YY	X	YY	YY	YY	YY	YY	YY
Borgoña tinto, Côtes du Rhône	YYY	YYY	Y	YY	YY	X	Y	YYY	YY	YY	X	YY	YY	YY	YY	YY	YY
Burdeos tinto	YYY	YYY	Y	YY	YYY	X	X	YY	YYY	YY	Y	YY	YY	YY	YY	YY	YY
Merlot, cabernet-sauvignon de ultramar	YYY	YYY	Y	YY	YY	X	Y	YY	YYY	YY	Y	YY	YYY	YYY	Y	YY	YY
Vinos dulces de *auslese*, Sauternes, Ausbruch	X	X	X	Y	Y	X	X	X	X	X	X	Y	X	X	X	X	YY

344

YYY = excelente   YY = muy apropiado   Y = puede, no necesariamente   X = inapropiado

Qué vino con qué plato

	Foie gras	Mariscos, ostras	Pescado de mar, salmón	Pescado de río	Salmón ahumado	Langosta, bogavante	Cocina tailandesa en wok	Sushi	Espárragos	Pasta	Entremeses	Brie, chaource, vignotte	Munster, livarot, queso del Harz	Roquefort, gorgonzola	Gouda maduro, parmesano	Pasteles poco dulces
Riesling ligero abocado (Mosela, Sarre, Nahe)	🍷🍷	✗	✗	✗	🍷	🍷	🍷🍷🍷	🍷	🍷	✗	✗	🍷🍷	🍷🍷	🍷🍷🍷	🍷	🍷
Riesling vigoroso seco (Rheingau, Palatinado, Baden)	🍷	🍷🍷🍷	🍷🍷🍷	🍷🍷🍷	🍷🍷🍷	🍷🍷🍷	🍷🍷🍷	✗	🍷🍷	🍷🍷🍷	🍷🍷🍷	🍷🍷	🍷🍷	🍷🍷	🍷🍷🍷	✗
Riesling de Alsacia o Wachau	🍷	🍷🍷	🍷🍷🍷	🍷🍷🍷	🍷🍷🍷	🍷🍷🍷	🍷🍷🍷	🍷🍷🍷	🍷🍷🍷	🍷🍷🍷	🍷🍷🍷	🍷🍷	🍷🍷	🍷🍷	🍷🍷	✗
Rieslings añejos de *auslese* con dulzor discreto	🍷🍷🍷	✗	✗	✗	🍷	✗	🍷	🍷🍷	✗	✗	✗	🍷	🍷🍷	🍷🍷🍷	🍷	🍷🍷🍷
Silvaner seco (Hesse Renano, Franconia)	🍷	🍷🍷	🍷🍷	🍷🍷🍷	🍷🍷	🍷🍷	🍷	🍷🍷	🍷🍷🍷	🍷🍷🍷	🍷🍷	🍷🍷🍷	🍷🍷	🍷	🍷🍷🍷	✗
Burgunder blanco y gris seco	🍷🍷	🍷🍷	🍷🍷🍷	🍷🍷🍷	🍷🍷🍷	🍷🍷	🍷	🍷🍷🍷	🍷🍷	🍷🍷🍷	🍷🍷🍷	🍷🍷🍷	🍷	🍷🍷	🍷🍷🍷	✗
Müller-thurgau, rivaner seco	🍷	🍷	🍷🍷	🍷🍷🍷	🍷🍷	🍷	🍷	🍷🍷🍷	🍷🍷	🍷🍷🍷	🍷🍷	🍷🍷	🍷🍷	🍷	🍷🍷🍷	✗
Gewürztraminer seco	🍷🍷	✗	✗	✗	🍷	🍷	🍷🍷🍷	🍷	✗	✗	✗	🍷🍷	🍷🍷🍷	🍷🍷🍷	🍷🍷🍷	🍷🍷
Scheurebe seco	🍷🍷	✗	✗	✗	🍷	✗	🍷🍷🍷	🍷	✗	🍷	🍷🍷	🍷🍷🍷	🍷🍷🍷	🍷🍷🍷	🍷🍷🍷	✗
Gewürztraminer, scheurebe abocado	🍷🍷🍷	✗	✗	✗	🍷	✗	🍷🍷🍷	🍷	✗	✗	✗	🍷🍷	🍷🍷	🍷🍷🍷	🍷🍷	🍷🍷🍷
Sancerre, chablis, borgoña blanco	🍷	🍷🍷🍷	🍷🍷🍷	🍷🍷	🍷🍷	🍷🍷🍷	🍷	🍷🍷	🍷	🍷🍷	🍷🍷	🍷🍷	🍷	🍷	🍷🍷	✗
Vinos blancos del norte de Italia (Terlan, Gavi, Friuli)	🍷	🍷🍷	🍷🍷	🍷🍷🍷	🍷🍷	🍷🍷	🍷	🍷🍷	🍷🍷🍷	🍷🍷🍷	🍷🍷🍷	🍷🍷	🍷	🍷	🍷🍷	✗
Vinos blancos frescos españoles (Rueda, Rias Baixas)	🍷	🍷🍷	🍷🍷🍷	🍷🍷🍷	🍷🍷	🍷🍷	🍷	🍷🍷	🍷🍷🍷	🍷🍷🍷	🍷🍷	🍷🍷	🍷	🍷	🍷🍷	✗
Chardonnay de ultramar con marcada nota de madera	✗	🍷	🍷🍷🍷	🍷🍷🍷	🍷🍷🍷	🍷🍷	🍷🍷🍷	🍷	🍷	🍷🍷	🍷🍷	🍷🍷	🍷	🍷	🍷	✗
Sauvignon blanc sin madera	🍷🍷	🍷	🍷🍷🍷	🍷🍷🍷	🍷🍷🍷	🍷	🍷🍷🍷	🍷🍷	✗	🍷🍷🍷	🍷🍷🍷	🍷🍷🍷	🍷🍷🍷	🍷🍷	🍷🍷	✗
Rosado vigoroso, weißherbst seco	🍷	✗	🍷🍷	🍷	🍷	🍷	🍷	🍷🍷	✗	🍷🍷🍷	🍷🍷🍷	🍷🍷	🍷	✗	🍷🍷	✗
Rosado ligero, frutal, seco	🍷	✗	🍷	✗	🍷🍷	🍷🍷	🍷	🍷🍷	✗	🍷🍷🍷	🍷🍷🍷	🍷🍷	🍷🍷	✗	🍷🍷🍷	✗
Portuguieser, trollinger, seco	✗	✗	✗	🍷	🍷	✗	✗	✗	✗	🍷🍷	🍷	🍷	✗	✗	🍷🍷	✗
Dornfelder seco	✗	✗	✗	✗	✗	✗	✗	✗	🍷	🍷	🍷	✗	✗	✗	🍷	✗
Spätburgunder suave, muy frutal, (Aare, Rheingau)	✗	✗	✗	✗	✗	✗	✗	✗	✗	🍷🍷	🍷🍷	✗	✗	✗	🍷🍷	✗
Spätburgunder vigoroso (Baden, Palatinado, Alsacia, Buergenl.)	✗	✗	✗	✗	✗	✗	✗	✗	✗	🍷🍷	🍷🍷	🍷	✗	✗	🍷🍷	✗
Beaujolais, dôle de Valais	✗	✗	✗	✗	✗	✗	✗	✗	🍷	🍷🍷	🍷🍷	✗	✗	✗	🍷	✗
Chianti	✗	✗	✗	✗	✗	✗	✗	✗	✗	🍷🍷🍷	🍷🍷	🍷	✗	✗	🍷🍷	✗
Rioja, Ribera del Duero	✗	✗	✗	✗	✗	✗	✗	✗	✗	🍷🍷	🍷🍷	🍷	✗	✗	🍷🍷🍷	✗
Borgoña tinto, Côtes du Rhône	✗	✗	✗	✗	✗	✗	✗	✗	✗	🍷🍷	🍷	🍷	✗	✗	🍷🍷	✗
Burdeos tinto	✗	✗	✗	✗	✗	✗	✗	✗	✗	🍷	🍷🍷	🍷	✗	✗	🍷🍷🍷	✗
Merlot, cabernet-sauvignon de ultramar	✗	✗	✗	✗	✗	✗	✗	✗	✗	🍷🍷	🍷	🍷🍷	🍷	✗	🍷🍷🍷	✗
Vinos dulces de *auslese*, Sauternes, Ausbruch	🍷🍷🍷	✗	✗	✗	✗	✗	✗	✗	✗	✗	✗	✗	🍷🍷	🍷🍷🍷	✗	🍷🍷🍷

Vino y salud

El vino ingerido con moderación es una gustosa medicina.

Quien desee vivir muchos años no debería ser totalmente abstemio. Beber una copa de vino al día protege contra los resfriados, favorece la circulación y mantiene elásticas las arterias, además de regular la presión arterial y el nivel de colesterol, contribuyendo a reducir el riesgo de infarto. Así lo demuestran 27 estudios sobre población realizados en todo el mundo, de modo independiente y a lo largo de muchos años, con miles de voluntarios. El catedrático Horst Kreiskott, farmacólogo de la Universidad de Maguncia, apoya las investigaciones modernas desde el punto de vista de la historia de la medicina. Los efectos beneficiosos del alcohol ya eran conocidos por los sumerios hace 6000 años. También se cita muy a menu-

do la frase de Plutarco que describe el jugo de la vid como la más útil de las bebidas y la más agradable de las medicinas.

Los bebedores de vino viven más

Cayo Julio César ordenaba a sus tropas llevar siempre vino y plantar cepas cuando la ocupación se prolongaba. El estratega sabía hacer los honores a un buen trago y veía en el *vinum bonum* un remedio preventivo contra los resfriados y otras epidemias. Dos mil años después, los ensayos de laboratorio han acabado demostrando científicamente cuánta razón tenía el romano. El inglés A. Pick comprobó que el vino destruía en pocas horas los estreptococos que originan cólera y tifus. Otros efectos beneficiosos: el rosado de Navarra y el riesling del Nahe favorecen la digestión, fortalecen dientes y huesos, y estimulan la producción de células sanguíneas. Está demostrado que los pueblos con cultura vinícola tienen una mayor esperanza de vida. Dos vasos de un vino lo más natural posible contienen más cantidad de bioelementos, como flúor, cobre, magnesio, manganeso, fósforo y cinc, que los complejos multivitamínicos. A quien no lo crea, le aconsejo la obra de consulta de Heinrich Kliewes *Vino y salud*. El ex catedrático de Higiene y Bacteriología de Maguncia finaliza su libro citando una bibliografía de trece páginas. Menciona a cientos de colegas que apoyan su tesis de que «el vino... tiene un efecto estimulante para la salud». Un caldo así entona igualmente el espíritu y el ánimo, lo que desde el punto de vista médico no tiene más que ventajas.

¿Qué quiere decir «con moderación»?

Para todo lo dicho anteriormente sólo hay una limitación de importancia vital: beber con moderación. El etílico, que es el nombre científico del alcohol del vino, es tóxico, pero en pequeñas dosis sienta bien al cuerpo. Ya sabía Paracelso que la dosis es lo que determina el veneno. Pero el ser humano tiende a la exageración. Thomas Fuller tenía razón cuando en 1732 escribió que Baco había ahogado a más gente que Neptuno. Los degustadores inteligentes se atienen a Sócrates, que aconsejaba alejarse tanto de la abstinencia como de la desmesura. Pero, ¿qué significa realmente «con moderación»? Un hombre sano puede tomar sin perjuicio entre 70 y 80 gramos de alcohol diariamente, lo que equivale a una botella normal de un vino de doce grados, por ejemplo burdeos o un *spätlese* de Rheingau seco. La constitución de las mujeres es diferente y toleran bastante menos. Por desgracia está comprobado científicamente. Lo que una persona puede asimilar depende también un poco de su condición y de la limpieza del aire de su entorno, pues el hígado además del alcohol tiene que encargarse de gran cantidad de gases nocivos. El anhídrido sulfuroso, que es el otro veneno del vino e imprescindible para la conserva-

ción, ha dejado actualmente de ser peligroso gracias al nivel de la técnica bodeguera porque la persona tolera cantidades mayores que el máximo de 150 miligramos permitido por litro.

Un elogio de los vinos añejos

Sólo el agresivo ácido málico del riesling joven puede ser perjudicial para las personas mayores, porque favorece la gota. Sin embargo, el problema se puede solucionar fácilmente: dos o tres años de reposo en la bodega suavizan el ácido, también degradan el azufre, así como los alcoholes superiores procedentes de la fermentación, que no resultan especialmente saludables. Como destaca Heinrich Kliewe: «La combinación de los agentes activos en una disolución y mezcla armónicas sólo se da en los vinos añejos, lo cual reviste gran importancia para su efecto y provechosidad». Sin embargo, un caldito añejo no tiene demanda hoy en día. Resulta descorazonador observar como en las ferias especializadas de primavera los comerciantes se precipitan sobre la nueva cosecha. La añada anterior que doce meses antes recibió entusiastas elogios ha dejado de ser interesante. Los vinos con más de un año se consideran ya viejos. Y sin embargo, un vino reposado no sólo sienta, sino que también sabe mejor. Un ligero aroma a vejez, llamado rancio, es extremadamente excitante, como las primeras canas plateadas. El entendido observa al respecto dos reglas: también el vino añejo necesita oxígeno, debería dejarse abierto (quizá incluso en un decantador) durante un rato y despliega todo su encanto cuando acompaña la comida.

Glosario del vino

Terminología básica para entender y describir un vino

Cuando se escucha una conversación sobre vino, ya sea entre expertos o entre aficionados, se pueden oír los términos más audaces. Para describir un buen vino se sirven a menudo de las comparaciones más complicadas y las metáforas más extrañas. Es difícil encontrar una terminología más o menos estándar que permita describir el sabor y el carácter de un vino y ayude a hacerse una idea concreta del concepto. De todas formas, por muy subjetivo que sea el gusto, la comunidad de degustadores se ha puesto de acuerdo de modo tácito sobre una especie de vocabulario básico. Las siguientes páginas contienen una terminología básica que ayudará a entender, tanto a los expertos como a los principiantes, el complejo mundo del vino, así como disfrutar y saborear a conciencia este magnífico producto de la tierra.

Abierto. Dícese del vino con poca densidad de color o que, con los años, ha perdido su color intenso.

Abocado. Dícese del vino moderadamente dulce con una cantidad de azúcar residual que oscila entre 5 y 15 gramos.

Acerado. Se dice de un vino blanco, joven, que exhibe reflejos metálicos, grises, como el acero.

Acerbo. Vino acídulo y agraz que contiene una cantidad excesiva de ácido málico y tartárico, procedente de uvas poco maduras.

Acético. Se dice de un vino picado o afectado por las bacterias acéticas que causan el avinagramiento.

Ácido. Sustancia constitutiva de los vinos. Hay muchos ácidos que se detectan fácilmente en la cata: el tartárico, el málico, el cítrico y el acético.

Afrutado. Dícese del vino que exhibe aromas de frutas (melocotón, albaricoque, plátano, grosella, frambuesa, fresa, cereza, ciruela, casis, moras, granada, mango, manzana, etc.). El riesling (blanco) y el beaujolais (tinto) son vinos afrutados.

Agresivo. Se dice de un vino demasiado duro (ácido y tánico) que ataca desagradablemente las papilas.

Agrio. Adjetivo que corresponde a un vino enfermo, dominado por la acidez acética, cuyo aroma evoca al vinagre.

Aguado. Se dice de los vinos pobres, dilui-dos, faltos de pigmento, de aroma, de fruta, de extracto, de vinosidad y de acidez.

Amaderado. Dícese del vino que ha estado demasiado tiempo en una barrica de roble.

Ambarino. Color amarillo denso con reflejos dorados, característico de ciertos vinos generosos o licorosos.

Ardiente. Vino con expresiva riqueza alcohólica. En la degustación produce una sensación de ardor.

Armónico. Dícese de un vino que tiene carácter, es completo, lleno, bien armado, vigoroso y redondo.

Aromático. Vino fragante, que exhibe una amplia gama de aromas.

Aspereza o áspero. Defecto de un vino, debido a la mala maduración de la uva vinificada.

Astringencia. Sensación de origen químico que provoca una contracción de las papi-

las, pone los labios tirantes, corta la salivación y produce una sensación rasposa en la lengua y el paladar.

Azúcar residual. Eufemismo para designar la presencia de azúcar en el vino. Sólo las cosechas de gran valor a partir de uvas seleccionadas, cuyo mosto contiene tanta glucosa natural que no se puede fermentar complementamente, contienen auténtico azúcar residual.

Barrica. Recipiente de madera de roble que se emplea para la crianza del vino.

Botrytis. Hongo microscópico responsable de la podredumbre blanca de la uva. En ciertas uvas centroeuropeas da lugar a la podredumbre noble, que origina vinos especiales muy valorados.

Bouquet. Conjunto de sensaciones olfativas de un vino de crianza en su punto óptimo.

Brillante. Vino que al trasluz se presenta limpio y transparente.

Brut. Vino espumoso natural que contiene una proporción de azúcar inferior a 15 g/l.

Carácter. Personalidad o singularidad de un vino. «Con carácter» se aplica a los vinos que ejercen una viva y grata impresión.

Carnoso. Vino con cuerpo y bien conjuntado que produce una amplia impresión física en la boca.

Cata. Acción de valorar el vino por medio de los sentidos, de forma técnica, analítica y objetiva. No debe ser confundida con la degustación.

Chaptalización. Adición de añadir azúcar al mosto. Práctica prohibida en España, desarrollada por el francés Chaptal.

Clarificación. Práctica enológica destinada a la eliminación de determinadas sustancias existentes en el vino en solución verdadera, o, la mayor parte de las veces, en suspensión coloidal.

Corcho. Conjunto de células muertas que forman la corteza de algunos árboles, en

especial del alcornoque, utilizado para la elaboración de tapones. Vino «acorchado»: con olores y sabores muy desagradables debidos a la contaminación del vino con sustancias del tapón, generalmente se trata de ciertos hongos que han contaminado el corcho.

Corona. La que forman las burbujas de un bien espumoso en la copa al llegar a la superficie.

Corto. Vino con caracteres gustativos o aromáticos fugaces o poco intensos.

Crianza. Proceso controlado de envejecimiento y maduración de un vino. Se suele aplicar de forma genérica a todos los vinos sometidos a modificaciones positivas o negativas con el paso del tiempo.

Cuvée. Término refinado que define la mezcla de diferentes vinos.

Elaboración. Tratamiento del vino desde el lagar hasta el embotellado.

Fatigado. Mareado. Cuando no ha transcurrido el tiempo necesario para que el vino se haya recuperado de la elaboración.

Fermentación alcohólica. La que realizan varias especies de levaduras, y que transforman los azúcares del mosto de la uva en alcohol, anhídrido carbónico, glicerina, y otro elevado número de sustancias.

Fino. Tipo de vino generoso de crianza biológica que se obtiene de las Denominaciones de Origen de Jerez, Montilla-Moriles y Condado de Huelva.

Flor. Conjunto de levaduras responsable de la crianza biológica de los vinos finos (levaduras de flor). La «flor» también llamada «velo», se desarrolla en la superficie del vino de forma espontánea.

Floral. Aplicado a los aromas de algunos vinos que recuerdan el perfume de flores.

Fresco. Vino con adecuada acidez; que produce sensación de frescura en la boca.

Frutal. Vino que presenta diferentes aromas de frutas, con predominio de los aromas primarios.

Fuerte. Vino con caracteres de alcohol y cuerpo muy marcados.

Gama. Un nuevo despliegue de aromas en cada sorbo.

Gasificado. Vino con alto contenido en gas carbónico exógeno, es decir, no originado por el propio vino, sino añadido artificialmente.

Gerianol. Olor que recuerda al de las hojas de geranio, producido por degeneración del ácido sórbico.

Comprar vino

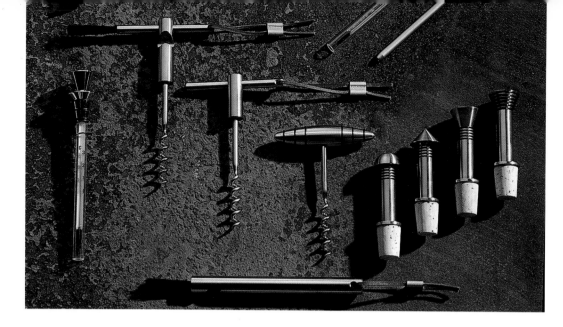

Glicérico. Vino suave, de buen paso en boca.

Gran Reserva. Expresión que define ciertos periodos mínimos de crianza en los vinos. Para poder ser calificado como gran reserva, un vino tinto debe envejecer al menos durante 24 meses en barrica de roble y otros 36 meses también como mínimo en botella.

Hectárea. Medida de superficie equivalente a 10 000 metros cuadrados.

Hollejo. Piel que envuelve la pulpa o parte carnosa de la uva. Sin.: orujos, casca.

Inmaduro. Se dice del vino que todavía ha de mostrar su belleza y seguir madurando.

Intensidad. Esquema para medir la cantidad de color, aroma o sabor de un vino.

Joven. Vino nuevo del año sin crianza.

Justo. Vino que apenas alcanza el nivel mínimo de calidad exigido.

Lácteos. Aromas terciarios presentes en los vinos de crianza de alta calidad, y que recuerdan delicados productos lácteos.

Lagar. Lugar donde se realiza la molienda y el estrujado de la uva.

Levadura. Hongos microscópicos responsables de la fermentación alcohólica-pirúvica. Fermento.

Lías. Sustancias sólidas (sobre todo restos de levaduras) acumuladas en el fondo de los depósitos tras la fermentación del vino. Crianza sobre lías: sistema peculiar de envejecimiento en el que el vino evolucio-

na en unión de sus lías, lo que le confiere un carácter peculiar.

Ligero. Vino débil, pequeño, que puede ser agradable pero que tiene poco alcohol y poco extracto.

Limpio. Vino de aspecto transparente, sin materias sólidas en suspensión, bien presentado. En la fase olfativa y gustativa define un vino con sensaciones positivas y sin defectos, aunque también se aplica a vinos sin olores extraños.

Maceración. Contacto del mosto o el vino con sus hollejos para extraer materias colorantes y componentes del extracto de los aromas. Se utiliza generalmente en la elaboración de los tintos.

Maduración. Proceso biológico en la uva mediante el cual una serie de sustancias ácidas se transforman en azúcares.

Madurez. Momento óptimo de la vendimia.

Moho. Hongo generalmente microscópico que se desarrolla en situaciones de hume-

dad, temperatura y aireación. Defecto del vino causado por uvas atacadas por hongos (botrytis, mildiu) o por haber estado en recipientes enmohecidos.

Mosto. Zumo fresco de uva que no ha iniciado la fermentación.

Nariz. Conjunto de cualidades olfativas de un vino.

Nervio. Término que se aplica a un vino rico en componentes ácidos, materias minerales y taninos. Vino con carácter.

Oxidado. Vino alterado grave o irreversiblemente por la acción del oxígeno. Tales alteraciones afectan al color, aroma y comportamiento en la boca del vino.

Pequeño. Calificativo aplicado a un vino que sin tener defectos ni desequilibrios graves, presenta una escasa potencia en las sensaciones aromáticas y gustativas.

Persistencia. Duración y calidad de las sensaciones que siguen apreciándose en la boca después de la ingestión del vino.

Personalidad. Conjunto de cualidades distintivas de un vino o de algunas de sus fases organolépticas. Carácter.

PH. Medida de la energía ácida de un vino. Su valor reviste especial importancia en la fermentación, conservación y carácter final de un vino. Los vinos presentan un Ph variable entre el 3,9 y 4.

Picado. Vino con evidentes síntomas de avinagramiento.

Posgusto. Es la impresión que deja un vino en la cavidad bucal y en las fosas nasales después de ingerirlo.

Rancio. Vino añejo obtenido mediante un proceso de crianza oxidativa que a veces se acelera exponiendo el vino al sol en grandes garrafas de vidrio.

Redondo. Vino cuyos componentes están en armonía sin destacar ninguno de ellos. Sinónimos: equilibrado, sin aristas.

Reducido. Calificativo que se aplica a los aromas de un vino o al propio vino que ha permanecido durante bastante tiempo aislado del contacto con el aire.

Robusto. Vino de alta graduación natural y bien dotado de cuerpo.

Rosado. Tipo de vino elaborado a partir de uvas tintas o mezcla de tintas y blancas cuya fermentación se realiza en ausencia de los hollejos, alcanzando los vinos cierta coloración.

Seco. Vino con escasa proporción de azúcares (menos de 5 g/l).

Sedoso. Vino de gran suavidad en el paso de boca.

Semidulce. Vino con un contenido de azúcares residuales de 30 a 50 g/l.

Soso. Vino falto de frescura por escasa acidez. Vino plano.

Suave. Vino agradable de beber por no producir ninguna acción agresiva en su paso por la boca.

Tánico. Vino astringente por exceso de taninos.

Tanino. Sustancia química natural en el vino, de acción astringente y curtiente, que procede de las partes sólidas del racimo. Su presencia es normal (incluso deseable) en los vinos tintos.

Terroso. Que recuerda a la tierra. Un contenido elevado de sulfuroso produce también la sensación terrosa, así como el enyesado de algunos vinos.

Tinto. Tipo básico de vino elaborado a partir de uvas tintas (a veces con inclusión de una proporción de uvas blancas) y fermentado en presencia de los hollejos. Presenta color variable entre rojo guinda y negro azulado.

Típificado. Vino que presenta características uniformes de una cosecha a partida.

Tranquilo. Vino sin presencia aparente de carbónico.

Turbio. Vino sin transparencia debido a las materias coloidales en suspensión.

Vainilla. Aroma de algunos vinos de crianza que recuerda a esta especie.

Variedad. Tipo de uva. Variedad autorizada: tipo de uva cuyo uso está autorizado para la producción de vino de una determinada Denominación de Origen.

Vigoroso. Vino con potencia de sensaciones en la boca, sabroso y con cuerpo, acidez, taninos y alcohol notables y bien conjuntados.

Vinificación. Elaboración del vino. Conjunto de operaciones para obtener vino a partir del mosto de las uvas.

Vinoso. Vino de alta graduación, pesado en la nariz y denso en la boca.

Vintage. En inglés «añada».

Virgen. Sistema de elaboración mediante el cual la fermentación se efectúa en ausencia de los hollejos de la uva. El sistema habitual de elaboración de vinos blancos y rosados.

Vivo. Vino de aspecto brillante, que parece emitir luz propia. Con carácter juvenil en boca, aunque se trate de un vino con crianza.

Volumen. Sensación conferida en la boca por vinos sabrosos y con cuerpo; contrario de un vino ligero o estrecho.

Índice temático

Índice temático

Índice temático

Créditos fotográficos

Quiero expresar mi más sincero agradecimiento a las numerosas instituciones y empresas, así como a todas aquellas personas que han contribuido con información y material en la elaboración de este libro, especialmente al Instituto del Vino Alemán en Maguncia (www. deutscheweine.de) por su colaboración en el capítulo dedicado a Alemania.

Cartografía: Alemania (con excepción de Saale-Unstrut y Sajonia) en base al material cartográfico puesto a disposición por el Instituto del Vino Alemán en Maguncia; Italia: Arnoldo Mondadori Editores; © de todo el material cartográfico restante: Naumann & Göbel Verlag, Colonia

Todas las fotografías: Armin Faber & Thomas Pothmann, Düsseldorf
con excepción del Instituto Italiano de Comercio Exterior (5), P.-P. Falkenstein (3),
Instituto del Vino Alemán/Europress (3), Lagrézette (1)